D1718377

Kohlhammer

Kenneth J. Gergen

Konstruierte Wirklichkeiten

Eine Hinführung
zum sozialen Konstruktionismus

Mit einem Vorwort von
Hans Westmeyer

Verlag W. Kohlhammer

Die Deutsche Bibliothek – CIP-Einheitsaufnahme

Gergen, Kenneth J. :
Eine Hinführung zum sozialen Konstruktionismus / Kenneth Gergen. – Stuttgart :
Kohlhammer, 2002
Einheitssacht.: An invitation to social construction <dt.>
ISBN 3-17-017102-X

Dieses Werk einschließlich aller seiner Teile ist urheberrechtlich geschützt. Jede
Verwendung außerhalb der engen Grenzen des Urheberrechts ist ohne Zustimmung
des Verlages unzulässig und strafbar. Das gilt insbesondere für Vervielfältigung, Übersetzungen, Mikroverfilmungen und für die Einspeicherung in elektronischen Systemen.

Aus dem Englischen übersetzt von Eric Kearney
English language edition published by Sage Publications of London, Thousand Oaks and
New Delhi, © Kenneth J. Gergen 1999.

Umschlagsabbildung: „Ho incontrato Paolo in un sogno e ho parlato con lui dei colori e
torme delle Sicilia", 1998 (J. G.)

Für die deutsche Ausgabe:
© 2002 W. Kohlhammer GmbH Stuttgart
Umschlag: Data Images
Gesamtherstellung:
Druckerei W. Kohlhammer GmbH + Co. Stuttgart
Printed in Germany

Inhaltsverzeichnis

Mein Dank gilt all jenen meiner Weggefährtinnen und Weggefährten, deren
Stimmen sich in den Diskussionen dieses Buches wiederfinden,
sowie
Jenna und John,
die die von uns geschaffenen Wirklichkeiten erben werden.

Vorwort zur deutschen Ausgabe

Liebe Leserinnen und Leser,

erlauben Sie, dass ich direkt das Wort an Sie richte und Sie damit schon vorbereite auf das, was Sie in diesem Buch erwartet. Dies ist kein Buch, das aus einer distanzierten Sicht der Dinge geschrieben wurde und in dem der Autor nichts von sich als Person preisgibt. Dieses Buch spricht eine ganz persönliche Einladung aus, eins Einladung an Sie als Leserin oder Leser zum Dialog mit dem Autor. Im Verlauf dieses Dialogs werden Sie hingeführt zu dem, worum es in diesem Buch inhaltlich geht, zum Sozialen Konstruktionismus. Der Autor wird sich dabei als verständnisvoller und einfühlsamer Gesprächspartner erweisen. Er wird immer wieder auf Probleme und Bedenken eingehen, die bei Ihnen an der einen oder anderen Stelle im Dialog auftreten mögen. Nicht selten wird er Ihre Einwände, bevor Sie sie äußern können, vorwegnehmen und Sie davon überzeugen, dass es sich lohnt, den Dialog trotz noch bestehender Bedenken mit Gewinn für beide Seiten fortzusetzen.

Dies ist auch in anderer Hinsicht ein bemerkenswertes Buch. Autorinnen und Autoren wird immer wieder vorgeworfen, dass sie das, was sie in ihren Schriften von anderen fordern oder über andere behaupten, nicht einlösen oder erfüllen, wenn es um sie selbst geht. Viele Psychologinnen und Psychologen, gerade im Bereich der sogenannten Allgemeinen Psychologie, konstruieren ihre Versuchspersonen als abhängige, von äußeren Bedingungen, die der Versuchsleiter manipulieren kann, gesteuerte Wesen, eben als Objekte, während sie sich selbst ganz anders konstruieren, natürlich als Subjekte, die die Situation beherrschen, die Manipulationen nach Belieben durchführen, ihre Ergebnisse beobachten und sie dann so, wie sie es für richtig halten, analysieren und interpretieren. Diese Zweiteilung der Menschheit in forschende und beforschte Wesen, für die jeweils eigene Regeln und Gesetze gelten, werden Sie in diesem Buch vergeblich suchen. Die am Dialog beteiligten Personen begegnen sich auf gleicher Augenhöhe. Der Autor nimmt ausdrücklich für sich in Anspruch, dass für ihn dasselbe gilt wie für seine Dialogpartnerin bzw. seinen Dialogpartner. Er hat sein ganzes Buch von Anfang an gleich so geschrieben, dass es seinen Forderungen und Ansprüchen Genüge tut und, soweit das innerhalb eines Buches überhaupt gelingen kann, seine Vorstellungen bestmöglich verkörpert. Der Text sagt nicht nur etwas aus, er demonstriert zugleich auch vieles von dem, was er aussagt. Lassen Sie mich ein paar Beispiele geben:

1

Wir erfahren etwas über die Bedeutung von Dialogen für die Konstruktion unserer Welt – und das Buch nutzt die Dialogform, um die Leserinnen und Leser von dieser Bedeutung zu überzeugen; wir erfahren etwas über die Bedeutung von Metaphern für die Konstruktion unserer Welt – und das Buch macht geradezu verschwenderischen Gebrauch von dieser Ausdrucksform; wir erfahren, dass der Soziale Konstruktionismus unsere Welt als einen vielstimmigen Chor begreift – und das Buch lässt diesen Chor hörbar werden, wenn es die Stimmen der Vertreterinnen und Vertreter unterschiedlichster Ansätze, Richtungen und Meinungen in den Dialog einfließen lässt; schließlich erfahren wir, dass auch künstlerische Ausdrucksformen in diesem Konzert ihren Platz haben – und das Buch führt dies am Beispiel einer Verbindung von Malerei und Poesie ganz anschaulich vor.

Das ist mutig und nicht ohne Risiko, werden hier doch Sphären miteinander vermischt, die gewöhnlich strikt voneinander geschieden sind. Aber dies ist auch kein Buch, das nur für diejenigen geschrieben wurde, denen eine peinlich genaue Beachtung traditioneller Gebiets- und Fächergrenzen bereits in Fleisch und Blut übergegangen ist, auch wenn es gerade diese sind, die von einer Lektüre dieses Buches am meisten profitieren können. Geschrieben ist dieses Buch ganz sicher auch für diejenigen, die nicht festgelegt sind und ihren Weg noch suchen, aber bereit sind, sich auf einen Dialog mit dem Autor einzulassen. Und das können Sie ohne Risiko tun.

Der Autor will nicht, wie so viele andere Autorinnen und Autoren, bekehren. Er will zum Nachdenken anregen, alternative Sichtweisen eröffnen, zeigen, dass es mehrere Optionen gibt; er will unsere Denkmöglichkeiten nicht einschränken, sondern erweitern, Vielfalt an die Stelle von Einfalt treten lassen. Allzu oft wird das Ziel der Wissenschaft darin gesehen, das Wesen oder die Natur der Dinge zu ergründen, herauszufinden, wie es sich tatsächlich, wirklich oder eigentlich mit den Dingen verhält: „x ist y" und dieses y gilt es zu entdecken. Die Wissenschaft betreibenden Personen kommen in dieser Formulierung gar nicht vor, denn wissenschaftliche Wahrheit hat nach traditioneller Auffassung unpersönlich zu sein. Im Sozialen Konstruktionismus stellt sich die Situation anders dar. Hier haben die zentralen Aussagen eine ganz andere Struktur: „x wird von z als y zur Zeit t konstruiert" mit y nicht als dem Wesen oder der Natur von x, sondern als der Art und Weise, wie x von der Personengruppe z zur Zeit t konstruiert wird. Von unterschiedlichen Personengruppen z und/oder zu unterschiedlichen Zeitpunkten t kann x mehr oder weniger unterschiedlich konstruiert werden. Das führt zu eben jener Vielstimmigkeit in der Betrachtung von Selbst und Welt, die der Autor immer wieder in seinem Buch hervorhebt und illustriert. Auf den ersten Blick könnte nun der Eindruck entstehen, dass sich der Autor mit dieser Sichtweise gerade jenen Einwänden aussetzt, die in den letzten Jahren insbesondere von naturwissenschaftlicher Seite gegen „Zumutungen der Postmoderne" vorgebracht wurden und weit über die Gemeinschaft der Wissenschaftlerinnen und Wissenschaftler hinaus ein breites Echo in der Öffentlichkeit gefunden haben. Auf den zweiten Blick wird aber deutlich, dass die Vorwürfe, die z.B. Sokal und Bricmont (1999) in ihrem viel beachteten Buch[1] gegen „die Denker der Postmoderne" erheben, das vorliegende Buch nicht treffen. Dem Autor geht es nicht um eine Auseinandersetzung mit den Erkenntnisansprüchen der modernen Naturwissenschaften. Sehen wir von einigen wenigen Passagen ab, ist von den Naturwissenschaften in diesem Buch kaum die Rede. Es geht um die Wissenschaften, die sich mit einem „Gegenstand" beschäftigen, der selbst zu Konstruktionen in der Lage ist und schon insoweit die traditionelle Rollenverteilung von Forschenden und Beforschten in Frage stellt. Dass konstruktivistische und konstruktionistische Positionen[2] in den Human- und Sozialwissenschaften eine wichtige Funktion haben können, ist von Sokal und Bricmont gar nicht in Frage gestellt worden. Das war auch nicht ihr Thema. Dass diese Positionen auch für ein adäquates Verständnis der Naturwissenschaften hilfreich sein können, hat im Übrigen der postmoderner Anwandlungen ganz und gar unverdächtige Wissenschaftsphilosoph Philip Kitcher (1998) in seinem Plädoyer für Wissenschaftsstudien[3] überzeugend belegt.

Es sind die überzogenen Geltungsansprüche, die imperialistische Attitüde, mit der einige Vertreterinnen und Vertreter der Postmoderne sich auf ihnen unvertrautes Gebiet wagen, was immer wieder zu empörten und oft nicht weniger überzogenen Reaktionen derjenigen führt, die sich in ihrem fachlichen Selbstverständnis in Frage gestellt fühlen. Eine solche Attitüde ist dem Autor dieses Buches fremd. Auch traditionelle Sichtweisen sind Stimmen, die Gehör verdienen und nicht unterdrückt werden sollen. Gerade sie sind eingeladen, sich an dem Dialog mit dem Autor aktiv zu beteiligen. Seine Absicht ist es eben nicht, einzuengen und zu beschränken, zu sagen, was richtig und was falsch ist; er will den Horizont der am Dialog beteiligten Personen erweitern und im Dialog zum Entwurf neuer Perspektiven und Handlungsmöglichkeiten anregen.

Einen Dialog zu führen setzt voraus, dass alle Beteiligten einander zu Wort kommen lassen, dass niemand die Meinung der anderen unterdrückt, dass jede und jeder sich bemühen zu verstehen, was die jeweils anderen meinen, dass alle bereit sind, auch die eigene Position in Frage zu stellen und zu überdenken. Einen Dialog zu führen setzt nicht voraus, dass alle Beteiligten am Ende zu

---

1   Sokal, A & Bricmont, J. (1999). *Eleganter Unsinn – Wie die Denker der Postmoderne die Wissenschaften missbrauchen*. München: C.H. Beck.

2   Zur Unterscheidung zwischen konstruktivistischen und konstruktionistischen Positionen siehe Anmerkung 30 am Ende des zweiten Kapitels dieses Buches.

3   Kitcher, P. (1998). A plea for science studies. In N. Koertge (Hrsg.), *A house build on sand: Exposing postmodern myths about science* (S. 32–56). Oxford: Oxford University Press.

einem Konsens kommen oder dies zumindest anstreben. Der Autor versteht den Dialog gerade nicht als ein Verfahren, das wir einsetzen, um zu bestimmen, was richtig oder falsch, gut oder böse ist. Hier liegt ausdrücklich keine Konsenstheorie der Wahrheit zugrunde. Der Dialog soll nicht Vielfalt in Einfalt überführen, sondern ganz im Gegenteil die Vielstimmigkeit der Welt zum Ausdruck bringen. Natürlich schließt dies nicht Einigungen im Rahmen eines Dialogs aus. Solche Einigungen sind in vielen Bereichen unseres Lebens unerlässlich. Aber diese Einigungen sind und bleiben historische Ereignisse und in ihrer Geltung gebunden an bestimmte situative und zeitliche Bedingungen. Sie können jederzeit wieder zur Disposition gestellt werden, wenn neue Stimmen Gehör verlangen oder in den Hintergrund getretene Stimmen sich wieder bemerkbar machen.

Einem Missverständnis, dass sich mit konstruktivistischen und konstruktionistischen Positionen häufig verbindet, will ich gleich an dieser Stelle entgegen treten. Der Umstand, dass möglichst viele Stimmen bzw. Sichtweisen im Dialog Gehör finden sollen, hat nicht zur Folge, dass damit alles willkürlich und beliebig wird. Für die jeweiligen Vertreterinnen und Vertreter einer Sichtweise hat diese in der Regel nichts Willkürliches oder Beliebiges an sich. Sie erleben sie als konsistent und sind von ihr überzeugt. Der Eindruck von Willkür und Beliebigkeit entsteht aus der Vorstellung, es gäbe so etwas wie eine Metaposition über allen Sichtweisen, aus der sich die verschiedenen Sichtweisen beurteilen ließen. Diese Vorstellung führt aber zu Schwierigkeiten, wenn wir bedenken, dass Personen in Sichtweisen eingebunden sind und deshalb auch eine solche „Metaposition" nur aus einer bestimmten Sichtweise heraus eingenommen werden kann. Dann handelt es sich aber offensichtlich nicht um die Metaposition, von der aus Willkür und Beliebigkeit diagnostiziert werden könnte. Auch die verwandte Vorstellung, dass innerhalb konstruktivistischer oder konstruktionistischer Positionen traditionelle empirische Forschung keinen Sinn mehr macht und zum empirischen Gehalt wissenschaftlicher Theorien deshalb nichts mehr ausgesagt werden kann, beruht auf einem Missverständnis.[4]

Eine Bemerkung vielleicht noch zum Unterschied zwischen konstruktivistischen und konstruktionistischen Positionen. In den deutschsprachigen Ländern ist der Radikale Konstruktivismus sicher die bekannteste Richtung.[5] Der Titel dieses Buches zum Sozialen Konstruktionismus, „Konstruierte Wirklichkeiten", könnte ebenso gut als Titel eines Buches zum Radikalen Konstruktivismus dienen. Die Vorstellung, dass unser Wissen von uns selbst und unserer Welt das Resultat von Konstruktionsprozessen ist, verbindet Sozialen

---

4 Westmeyer, H. (1999). *Konstruktivismus und Psychologie.* Zeitschrift für Erziehungswissenschaft, 2, 507–525.

5 Glasersfeld, E.v. (1998) *Radikaler Konstruktivismus: Ideen, Ergebnisse, Probleme* (2. Aufl.). Frankfurt am Main: Suhrkamp.

Konstruktionismus und Radikalen Konstruktivismus. Was beide Richtungen trennt, sind die unterschiedlichen Vorstellungen zur Eigenart dieses Wissens. Der Radikale Konstruktivismus geht von der Subjektgebundenheit aller Erfahrung und allen Wissens aus. Die Annahme ist, „dass alles Wissen, wie immer man es auch definieren mag, nur in den Köpfen von Menschen existiert".[6] Der Soziale Konstruktionismus stellt demgegenüber die soziale Eingebundenheit allen Wissens und aller Erfahrung in den Mittelpunkt. Die radikal-konstruktivistische These von der prinzipiellen Geschlossenheit kognitiver Systeme[7] steht in direktem Gegensatz zur Auffassung des Sozialen Konstruktionismus von kognitiven oder anderen sogenannten mentalen Prozessen. Diese werden gerade nicht als private Ereignisse innerhalb einer Person konstruiert, sondern als Ereignisse, die sich zwischen Personen bzw. innerhalb von Personengruppen abspielen. Dieser Gegensatz zwischen Radikalem Konstruktivismus und Sozialem Konstruktionismus kommt auch in der Gegenüberstellung von „Ich denke, also bin ich" und „Ich kommuniziere, also denke ich" zum Ausdruck.[8] Die relationale Reinterpretation üblicherweise als individuumsbezogen konstruierter Zustände und Prozesse ist aus meiner Sicht das eigentlich Revolutionäre am Sozialen Konstruktionismus. Der Autor hat deshalb auch sehr treffend einem früheren Buch den Titel „Realities and Relationships" gegeben[9] und damit schon im Titel die zentrale Rolle von Beziehungen für die Konstruktion von Wirklichkeiten zum Ausdruck gebracht. Die relationale Sichtweise dessen, was wir gemeinhin unter dem „Gegenstand der Psychologie" verstehen, ist es gerade, was den Sozialen Konstruktionismus in besonderer Weise charakterisiert.

Diese Sichtweise hat immense Bedeutung für unser Verständnis dessen, womit sich Psychologinnen und Psychologen befassen und wie sie dabei vorgehen sollten. Die sich aus dieser Sichtweise ergebenden Konsequenzen lassen sich noch nicht einmal annähernd überblicken. Was bedeutet die relationale Sicht kognitiver und emotionaler Prozesse z.B. für die moderne Hirnforschung, die bisher ganz selbstverständlich von der Subjektgebundenheit mentaler Prozesse ausgegangen ist?[10] Was sind die Konsequenzen dieser Sichtweise

---

6   A.a.O., S. 11
7   Siehe z.B. Schmidt, S.J. (1996). *Kognitive Autonomie und soziale Orientierung* (4. Aufl.). Frankfurt am Main: Suhrkamp.
8   Frindte, W. (1998). *Soziale Konstruktionen. Sozialpsychologische Vorlesungen.* Opladen: Westdeutscher Verlag. S. 41ff.
9   Gergen, K.J. (1994). *Realities and relationships. Soundings in social construction.* Cambridge, MA: Harvard University Press.
10 Besonders deutlich wird dies in Lenk, H. (2001). Kleine Philosophie des Gehirns. Darmstadt: Wissenschaftliche Buchgesellschaft. An keiner Stelle wird in dieser ausgezeichneten Auseinandersetzung mit der modernen Hirnforschung der Aspekt der sozialen Eingebundenheit von Personen thematisiert.

für die Untersuchung der genetischen Grundlagen sogenannter Persönlichkeitseigenschaften wie Intelligenz, Kreativität, emotionale Stabilität, Extraversion usw.? Natürlich werden diese traditionell als Eigenschaften von Personen konstruierten Begrifflichkeiten im Sozialen Konstruktionismus relational reinterpretiert. Der Begriff der Kreativität z.B. bezieht sich nicht mehr auf ein bestimmtes Charakteristikum einzelner Personen, sondern auf eine komplexe Beziehung zwischen einer in einen persönlichen Hintergrund eingebetteten Person, einem Feld als Teil der Gesellschaft und einer Domäne als Teil der Kultur. Kreativitätsforschung bekommt so eine ganz andere Richtung.[11] Es wäre außerordentlich fruchtbar, viele Bereiche der Psychologie aus sozialkonstruktionistischer Sicht neu zu durchdenken. An Anregungen dazu lässt es der Autor in diesem Buch nicht fehlen.

Nun aber noch kurz zum Autor selbst. Wer ist Kenneth J. Gergen? Ken Gergen ist Professor für Psychologie am renommierten Swarthmore College, das nicht weit von Philadelphia entfernt in Pennsylvania liegt. Er hat seinen Bachelor an der Yale University erworben und an der Duke University promoviert und war dann vor Antritt seiner Position in Swarthmore an der Harvard University tätig. Er gilt, spätestens seit seinem 1985 im *American Psychologist*, der psychologischen Fachzeitschrift mit der höchsten Auflage weltweit, erschienenen programmatischen Beitrag[12] als der führende Vertreter des Sozialen Konstruktionismus. Ken Gergen hat mehr als zwei Dutzend Bücher geschrieben oder herausgegeben. Viele davon sind in andere Sprachen übersetzt worden. Seine Bücher können u.a. in Spanisch, Italienisch, Französisch, Dänisch oder Japanisch gelesen werden. Die erste deutsche Übersetzung eines seiner Bücher erschien 1996.[13] Die Zahl seiner übrigen Publikationen ist kaum noch zu überblicken.[14] Auch darunter gibt es bereits etliche in deutscher Sprache.[15] Die Anerkennung, die Ken Gergen international genießt, kommt neben mehreren Ehrendoktoraten auch in den zahlreichen Einladungen zu Gastaufenthalten zum Ausdruck, die von Universitäten und führenden Forschungseinrichtungen in der ganzen Welt an ihn ergangen sind.

---

11 Westmeyer, H. (2001). Kreativität: Eine relationale Sichtweise. In E. Stern & J. Guthke (Hrsg.), *Perspektiven der Intelligenzforschung* (S. 233-249). Lengerich: Pabst Science Publishers.

12 Gergen, K.J. (1985). *The social constructionist movement in modern psychology.* American Psychologist, 40, 266-275.

13 Gergen, K.J. (1996). *Das übersättigte Selbst.* Heidelberg: Carl Auer.

14 Detailliertere Informationen zu Ken Gergen finden sich auf seiner umfangreichen Website: http://www.swarthmore.edu/SocSci/kgergen1

15 Sie z.B. Gergen, K.J. (1998). *Erzählung, moralische Identität und historisches Bewusstsein: Eine sozialkonstruktionistische Darstellung.* In J. Straub (Hrsg.), Erzählung, Identität und historisches Bewusstsein (S. 170-202). Frankfurt am Main: Suhrkamp.

Als Herausgeber, Mitherausgeber bzw. Berater einer ständig wachsenden Zahl von Buchreihen[16] und Fachzeitschriften trägt Ken Gergen wie kein anderer zur Verbreitung des Sozialen Konstruktionismus bei.

Das vorliegende Buch hat aber nicht nur einen Autor, es hat auch einen Übersetzer. Ich habe schon darauf hingewiesen, dass der Autor reichlichen Gebrauch von Metaphern macht, die Grenzen zwischen Poesie und Fachliteratur mehrfach überschreitet und in sein Buch einen Chor vieler Stimmen aus den unterschiedlichsten Bereichen einfließen lässt. All dies macht die Übersetzung zu keiner leichten Aufgabe. Zudem ist sie an die heute im Verlagsgewerbe üblichen Produktionsbedingungen gebunden. Eine Bearbeitung, bei der jedes *Zitat*, auch wenn es nicht mit Seitenangaben versehen ist, in der deutschsprachigen Originalliteratur oder in einer vielleicht schon vorhandenen deutschsprachigen Übersetzung aufgesucht wird, kann nicht Aufgabe eines Übersetzers sein. Dessen ungeachtet hat sich der Übersetzer bemüht, wo deutschsprachige Versionen aufzufinden waren, diese in die Literaturangaben einzubeziehen, und, wo ihm die deutschsprachigen Versionen zugänglich waren, sie für die Übersetzung der zumindest mit Seitenangaben versehenen Zitate zu nutzen.

Auf zwei Punkte muss ich in diesem Zusammenhang noch verweisen, die mit Besonderheiten der deutschen Sprache zusammen hängen und sich so im Englischen gar nicht finden. Im Original ist an vielen Stellen von „real", „reality" und im Plural von „realities" die Rede. Im Radikalen Konstruktivismus wird streng unterschieden zwischen der bewusstseinstranszendenten und direkt prinzipiell unzugänglichen Realität und der als Resultat von Konstruktionsprozessen entstehenden subjektiven Wirklichkeit.[17] Diese Unterscheidung wird im Sozialen Konstruktionismus nicht gemacht. Der Soziale Konstruktionismus verzichtet durchaus konsequent auf ontologische Annahmen. Er ist, wie Gergen das einmal ausgedrückt hat, ontologisch stumm. Er könnte nicht beredt sein, ohne zu konstruieren. Sprechen wir, konstruieren wir bereits. Deshalb werden in diesem Buch die Ausdrücke „real" und „wirklich", „Realität" und „Wirklichkeit", „Realitäten" und „Wirklichkeiten" als Synonyme verwendet und nicht systematisch unterschieden.

Der zweite Punkte betrifft die angemessene Übersetzung von „mind", „minds" und „mental". Wer sich in der Philosophie auskennt, weiß, dass lange Zeit z.B. der Ausdruck „mind-body problem" mit „Leib-Seele Problem" übersetzt wurde. Nun ist es in der Psychologie unüblich geworden, von der Seele

---

16 Von zentraler Bedeutung ist dabei die bei Sage Publications, London, erscheinende Buchreihe *Inquiries in Social Construction*, in der zentrale Arbeiten zum Sozialen Konstruktionismus veröffentlicht werden.

17 So z.B. in Roth, G. (1994). *Das Gehirn und seine Wirklichkeit*. Frankfurt am Main: Suhrkamp.

zu sprechen, auch der Ausdruck „Leib" ist kaum noch gebräuchlich. Im Zuge der modernen Hirnforschung ist deshalb immer öfter vom „Geist-Gehirn Problem" die Rede. Und „Geist" steht für alle jene Bereiche, Zustände und Prozesse, die oft auch als „psychisch" oder gar als „psychologisch" bezeichnet werden, als z.B. Wahrnehmung, Denken, Bewusstsein, Vorstellung, Motivation und Emotion. Aber auch in der Philosophie wurde schon früher der Ausdruck „mind"[18] mit „Geist" übersetzt. Das führt allerdings dann zu Schwierigkeiten, wenn es um den Plural geht. „Minds" wird eben nicht mit „Geister" übersetzt, da dieser Ausdruck fest in einem ganz anderen Diskurs verwurzelt ist. In diesem Buch wurden „mind" mit „Geist" und „mental" sowohl mit „geistig" als auch mit „mental" übersetzt. Der Ausdruck „minds" wurde nicht direkt übersetzt; der jeweilige Satz wurde so umgeformt, dass der Plural vermieden werden und durch den Singular ersetzt werden konnte.

Schließlich sei noch auf den vielleicht gewöhnungsbedürftigen Umstand hingewiesen, dass der Autor großzügig von Anführungszeichen zu unterschiedlichsten Zwecken in seinem Text Gebrauch macht. Anführungszeichen können bei ihm für die wörtliche Rede, für die Erwähnung von Ausdrücken, für die Anführung von Beispielen, für den metaphorischen Gebrauch von Begriffen oder für die Hervorhebung eines Ausdrucks stehen. Welche Funktion Anführungszeichen in jedem einzelnen Fall haben, müssen die Leserinnen und Leser dem jeweiligen Kontext entnehmen. Der Übersetzer hat sich bemüht, diese Eigenart auch in der deutschsprachigen Fassung des Buches zum Ausdruck kommen zu lassen.

Nach diesen Anmerkungen, die der Ordnung halber gemacht werden mussten, wünsche ich Ihnen einen fruchtbaren Dialog mit dem Autor dieses ungewöhnlichen Buches, das Sie, dessen bin ich mir sicher, nicht unberührt bleiben lässt. Geben Sie dem Autor eine Chance. Folgen Sie seiner Einladung zum Dialog. Seien Sie offen für die neuen Erfahrungen, die dieses Buch für Sie bereit hält. Dann werden Sie von seiner Lektüre am meisten profitieren.

Hans Westmeyer

---

18 Siehe z.B. Ryle, G. (1969). *Der Begriff des Geistes.* Stuttgart: Reclam.

Prolog: Wie sollen wir vorgehen?

Die Ziele, die ich mit diesem Buch erreichen möchte, sind keineswegs bescheiden. Es ist meine Hoffnung, dass es mir gelingt, Ihnen als meinen Leserinnen und Lesern mit diesem Buch einen Einblick zu geben in ein breites Spektrum aufregender Diskussionen, die gegenwärtig weltweit innerhalb verschiedener Disziplinen der Wissenschaft und Domänen der Kultur geführt werden. Für viele an diesen Diskussionen beteiligten Personen sind diese von enorm weitreichender Bedeutung. Sie erinnern an die radikalen Veränderungen des Denkens und der gesellschaftlichen Strukturen, die sich im Europa des sechzehnten und siebzehnten Jahrhunderts ereigneten, als das „Mittelalter" vom „Zeitalter der Aufklärung" abgelöst wurde. Die gegenwärtigen Debatten stellen all das in Frage, was wir als wahr und gut ansehen; gleichzeitig eröffnen sie uns neue Möglichkeiten des Verstehens, aus denen eine neue, bessere Welt entstehen kann. Sie haben mein Leben und das Leben vieler Personen in meinem Umfeld verändert. Im Gegensatz dazu betrachten einige diese Diskussionen als gefährlich. Die neuen Ideen und Vorgehensweisen scheinen ihnen das Fundament des Wissens und der Moral zu zerstören und uns in ein heilloses Chaos zu stürzen, in dem es nichts mehr gibt, woran wir glauben oder uns orientieren könnten. Die Kontroversen sind in vollem Gange. Habe ich mit diesem Buch jedoch Erfolg, so werden Sie in der Lage sein, sich an diesen Diskussionen zu beteiligen, ihre Bedeutung, ihr Potenzial und ihre Grenzen zu erkennen. Meine größte Hoffnung ist, dass Sie persönlich von diesen neuen Einsichten profitieren werden. Dieses Buch ist nicht als eine Art autoritäres Schlusswort gedacht – es stellt vielmehr erst einen Anfang dar.

Wie sollen wir – Autor und Leserin und Leser – vorgehen? Beide unterliegen wir wichtigen Einschränkungen in Bezug auf dieses uns verbindende Werk. Meine Begrenzung liegt darin, dass ich den Großteil meines Lebens als Akademiker verbracht habe. Meine Ausdrucksweisen sind für meine Kolleginnen und Kollegen einigermaßen annehmbar, mögen jedoch von Außenstehenden als seltsam oder unklar empfunden werden. Für nicht aus dem akademischen Bereich kommende Personen mag der Eindruck entstehen, meine Tendenz zur abstrakten Analyse gehe an den Anforderungen des Alltagslebens vorbei. Mein Vorhaben wird umso schwieriger, als ich hoffe, mit vielen sehr unterschiedlichen Leserinnen und Lesern ins Gespräch zu kommen – mit Studierenden, mit im akademischen und wissenschaftlichen Bereich tätigen Personen und mit Personen aus anderen Berufsfeldern. Ich vermute, dass ich mich nicht immer klar ausdrücken werde. Einige werden finden, dass ich wichtige Themen nur oberflächlich behandle. Sie haben sich womöglich eingehendere Darstellungen erhofft. Um in diesem Punkt eine Hilfe anzubieten, finden Sie am Ende eines jeden Kapitels eine Übersicht über weiterführender Literatur.

Meine Begrenzungen als Autor sind noch bedeutsamer als die Unzulänglichkeiten meiner Ausdrucksweise. Meine Worte werden unweigerlich von meiner Herkunft, meinem Geschlecht, meinem Alter und meiner sexuellen Ausrichtung gefärbt. Letztendlich sind meine Lebenserfahrungen sehr begrenzt. Ich habe ein privilegiertes Leben geführt: Ich war immer berufstätig, musste nie in einem Krieg kämpfen und lebte nie in Armut. Sicher erfuhr auch ich Leid und Sorgen. Dennoch kann ich nicht mit den Erfahrungen jener Angst und jenes Schmerzes schreiben, die das Leben vieler Menschen und Familien prägen. Ich kann nur hoffen, dass ich genügend Mitgefühl und Verständnis aufbringe, damit sich alle Leserinnen und Leser irgendwo in meinen Ausführungen wiederfinden.

Während ich schreibe, stelle ich mir Sie als Leserin und Leser vor, wie Sie vor mir sitzen und sich mit mir interessiert unterhalten. Meine Worte werden für Sie mehr oder weniger bedeutsam sein – je nachdem, welches Bild Sie sich von mir machen. In diesem Buch lernen Sie mich durch die Rhythmen und Melodien der Beziehungen kennen, die ich über die Zeit und verschiedene Umstände hinweg aufgebaut habe. Sie können mit meinen Worten machen, was Sie möchten – arbeiten, spielen, erfinden, fantasieren, verschlingen, ausspucken. Vielleicht hilft es Ihnen, wenn Sie mich als jemanden sehen, der von Ihren Reaktionen auf meine Ausführungen lernt. Es ist nicht mein Anliegen, zu überzeugen, zu gewinnen oder Sie „auf den rechten Weg" zu bringen. Es liegt an Ihnen, meine Worte mit Leben zu erfüllen. Sind wir in unserer Autor-Leserin/Leser-Beziehung erfolgreich, könnten sich neue Wege eröffnen. So, wie wir miteinander in Beziehung treten, konstruieren wir auch unsere Zukunft.

1 Traditionen in Schwierigkeiten

Die großen Fortschritte in der Zivilisation sind Prozesse, welche die Gesellschaften, in denen sie sich abspielen, zum Einstürzen bringen.

Alfred North Whitehead

Ich bin mit Füllfederhaltern aufgewachsen. Als Kind waren sie für mich so „natürlich" wie meine Familie. Der Füller meines Vaters produzierte eine endlose Flut von mathematischen Formeln, die sich irgendwie in Beiträge zu Fachveröffentlichungen verwandelten. Die Überlegungen meiner Mutter führten zu einer Vielzahl inspirierter Schriften – Kurzgeschichten, Reiseberichte und die schönsten Briefe, die ein in der Ferne befindlicher Junge jemals erhalten könnte. Der Füllfederhalter war mein Schicksal und prägte mein Leben. Im Laufe der Jahre erarbeitete ich mir eine Professur in Psychologie. Ich liebte es, nachzudenken und zu schreiben. Ich genoss das Geräusch des Füllers auf dem Papier, den Fluss der Tinte und den stetig wachsenden Stapel meiner zu Papier gebrachten Ideen. Und das größte Wunder war, dass ich sogar für mein Schreiben bezahlt wurde! Mittlerweile ist der Füllfederhalter verschwunden. Vor einigen Jahren wurde mir gesagt, es gäbe keine Sekretärinnen mehr, die meine handschriftlichen Manuskripte tippen würden. Ich sollte lernen, auf einem Computer zu schreiben. Ich hasste diese Vorstellung. Das Schreiben war für mich stets ein Handwerk und keine Technologie. Ich brauchte das Gefühl, das Papier anfassen zu können und meine innersten Gedanken mit Hilfe eines Stiftes sichtbar werden zu lassen. Das Schreiben war für mich wie ein direkter Kontakt mit den Leserinnen und Lesern. Der Computer erschien mir dagegen wie eine Barriere zwischen uns – ein Stück kalte Maschine, die keine Menschlichkeit zuließ. Ich weigerte mich, einen Computer zu kaufen. Voller Frustration entschloss sich die Verwaltung meines College schließlich, mir einen zu schenken. Eine Gänsefeder steht heute noch auf meinem Schreibtisch, um mich an meine Wurzeln zu erinnern. Meinen Füller verwende ich nur noch, um meine Briefe zu unterschreiben.

Die Maschine Computer hat mein Leben verändert. Es ist nicht nur die Einfachheit des Schreibens. Es gibt so viele Möglichkeiten, zu experimentieren und Ideen zu speichern. Ich erhalte elektronische Post und erkunde den schier unendlichen Horizont des Internet. Überall nimmt das „elektronische Element" in Beziehungen zu. Es dehnt sich rasant in alle Richtungen und zu allen Punkten aus. Dutzende Male am Tag erhalte ich Post, nicht nur von Kolleginnen und Kollegen aus meinem College oder meiner Stadt, sondern aus der ganzen Welt: Oslo, Istanbul, Wien, Buenos Aires, Adelaide, Kyoto, Hongkong, Neu-Delhi. Diese Personen sind nicht weit entfernt. Ihre Gedanken sind hier bei mir, direkt vor mir auf meinem Bildschirm. Ich wähle mich ins Netz ein und sehe mich von Bergen von Information umgeben: Einsichten, Polemik, Humor, Erotik und vieles mehr. Mein Computerbildschirm bewegt sich wie ein magischer Teppich um die Welt und zeigt mir die Büros, das Wohnumfeld und die sehr persönlichen Fantasien anderer Leute.

Ich schreibe über diese Dinge, da sie beispielhaft sind für eine Situation, mit der wir alle konfrontiert sind: rasante und umwälzende globale Veränderungen – in Politik, Wirtschaft, weltweiter Mobilität, dem Austausch von Lebensstilen und vielem anderem mehr. Obgleich es globale Veränderungen sind, dringen sie bis in die wichtigsten Bereiche unseres eigenen Lebens vor. Im Zuge dieser Veränderungen stellen sich uns entscheidende Fragen: Welche Dinge sind es wert, von uns geschätzt, gefördert und verteidigt zu werden? Was können wir aufgeben, um uns für das Neue und Exotische zu öffnen? Noch drastischer ausgedrückt: Was sollen wir tun, wenn fremde oder sogar feindselige Lebensstile drauf und dran sind, das uns Altvertraute zu verdrängen? Derartige Fragen werden umso dringlicher, je mehr ich die vielfältigen Stimmen bedenke, die sich auf dieser Welt Gehör zu verschaffen suchen. Früher schien es einfach, zwischen Wahrheit und Täuschung, Objektivität und Subjektivität, guten und schlechten Gründen und Moral und Unmoral zu unterscheiden. Jene Tage liegen jedoch lange hinter uns. Über Fernsehen, Radio, Bücher, Zeitungen, E-mail und flüchtige Bekanntschaften werden wir mit unterschiedlichen Sichtweisen, Werten und Formen des Verstehens konfrontiert. In welche Worte können wir unser Vertrauen kleiden, wenn wir uns unendlich vielen Variationen des Wirklichen und des Guten gegenübersehen? Wer „hat recht" und weshalb? Ist Vertrauen überhaupt möglich?

In genau diesem Kontext nimmt dieses Buch Gestalt an. Lassen Sie uns ein Beispiel betrachten. Don DeLillo beschreibt, wie ein Vater seinen 14-jährigen Sohn Heinrich zur Schule fährt.[1] Heinrich beginnt das Gespräch:

„Es wird heute Abend regnen."
„Es regnet jetzt", sagte ich.
„Das Radio sagte heute Abend." …
„Schau auf die Windschutzscheibe", sagte ich. „Ist das Regen oder nicht?"
„Ich sage dir nur, was die gesagt haben."
„Nur weil es im Radio gesagt wird heißt das nicht, dass wir die Beweise, die uns unsere Sinne liefern, ablehnen sollten."
„Unsere Sinne? Unsere Sinne liegen viel öfter falsch als richtig. Dies wurde im Labor bewiesen. Weißt du nicht von all den Theoremen, die uns sagen, dass nichts so ist, wie es zu sein scheint? Es gibt keine Vergangenheit, Gegenwart oder Zukunft außer in unserem

Bewusstsein…Selbst Laute können den Geist täuschen. Nur weil du nichts hörst, heißt das nicht, dass nichts da ist. Hunde können es hören. Und andere Tiere auch. Ich bin sicher, dass es auch Geräusche gibt, die nicht mal Hunde hören können. …"

„Es regnet", sagte ich. „Oder etwa nicht?"

„Ich würde mich da nicht festlegen wollen."

„Und wenn dir jemand eine Pistole auf die Stirn setzen würde?"

„Wer, du?"

„Irgendjemand. Ein Mann mit Trenchcoat und Sonnenbrille. Er setzt dir eine Pistole auf die Stirn und fragt: ‚Regnet es oder regnet es nicht? Du musst nur die Wahrheit sagen und ich werde meine Pistole wegstecken und verschwinden.'"

„Welche Wahrheit will er? Will er die Wahrheit von jemandem, der sich nahezu mit Lichtgeschwindigkeit in einer anderen Galaxie bewegt? Will er die Wahrheit von jemandem, der sich in der Umlaufbahn eines Neutronensterns bewegt? …"

„Er hält dir die Pistole an den Kopf. Er will deine Wahrheit."

„Welchen Wert hat meine Wahrheit? Meine Wahrheit bedeutet nichts. Was ist, wenn dieser Kerl mit der Pistole von einem Planeten in einem anderen Sonnensystem stammt? Was wir Regen nennen, bezeichnet er vielleicht als Seife. Was wir Apfel nennen, ist für ihn Regen. Was soll ich ihm also sagen?"

„Sein Name ist Frank J. Smalley und er kommt aus St. Louis."

„Er will wissen, ob es jetzt regnet, in dieser Minute?"

„Ja, genau. Hier und jetzt."

„Gibt es so etwas wie das Jetzt? ‚Jetzt' kommt und geht schneller als wir es sagen können. Wie kann ich behaupten, es würde jetzt regnen, wenn dein sogenanntes Jetzt zur Vergangenheit wird, sobald ich das Wort ausgesprochen habe?"

„ …Gib mir einfach eine Antwort. Okay, Heinrich?"

„Das Beste, was ich tun könnte, wäre zu raten."

„Entweder es regnet oder es regnet nicht", sagte ich.

„Genau. Das ist der entscheidende Punkt. Man müsste raten."

„Du siehst doch aber, dass es regnet."

„Du siehst auch, wie sich die Sonne entlang des Himmels bewegt. Bewegt sich die Sonne tatsächlich oder dreht sich einfach nur die Erde? …Was ist Regen überhaupt?"

„Es ist das Zeug, das vom Himmel fällt und dich in einen Zustand bringt, den man nass nennt."

„Ich bin nicht nass. Bist du nass?"

„Na gut", sagte ich. „Wirklich toll."

„Nein, mal ehrlich, bist du nass?"

„Wunderbar", sagte ich ihm. „Ein Sieg für die Unsicherheit, die Willkür und das Chaos. Das größte Verdienst der Wissenschaft."[2]

Aus einer Sicht ist dies ein lächerlicher Dialog. Der mächtige Vater wird von der unerbittlichen Haarspalterei seines Sohnes an den Rand der Verzweiflung gebracht. Gleichzeitig liegt darin jedoch eine schmerzhafte Einsicht. Sprechen nicht in bestimmter Weise sowohl der Vater als auch der Sohn für uns? Bringen nicht beide Ansichten zum Ausdruck, die auch wir vertreten? Teilen wir nicht den Glauben des Vaters an eindeutige Fakten, die Bedeutung der Vernunft und die Wahrheit der Wissenschaft? Wirkt Heinrich nicht wie ein verwöhnter Junge, der einfach nur angeben will? Haben wir jedoch nicht gleichzeitig auch Verständnis für Heinrichs Berücksichtigung vielfältiger Sichtweisen, die Begrenztheit des gesunden Menschenverstandes und die Kurzsichtigkeit des Festhaltens am bereits Bekannten? Aus dieser Sicht erscheint der Vater als spießig und altmodisch. Somit bringt DeLillos fiktiver Dialog die allgemein verbreitete Spannung in unserer gegenwärtigen Gesellschaft zum Ausdruck.

Ist dies ein wichtiger Konflikt? Für Studierende, die in die akademische Welt eintreten, mag ihre Zukunft davon abhängen. Stellen werden vergeben und verloren in Abhängigkeit davon, wie sehr man wie der Vater von Heinrich klingt. Universitäten stecken mitten in diesem Konflikt. Die Konflikte werden in verschiedenen Bereichen mit ihren verschiedenen Schwerpunkten auch auf unterschiedliche Weise bezeichnet: materialistisch versus postmaterialistisch, strukturalistisch versus poststrukturalistisch, empiristisch versus postempiristisch, kolonial versus postkolonial und, die beliebteste Variante, modern versus postmodern. An meinem College sind die meisten Mitarbeiterinnen und Mitarbeiter meines Fachbereichs Traditionalisten. Etwa ein Drittel lässt sich den diversen „Post"-Begriffen zuordnen. Es ist für beide Lager schwer, miteinander zu kommunizieren. In den Literatur- und Sprachwissenschaften hat sich nahezu die gesamte Fakultät den „Post"-Sichtweisen angeschlossen. In vielen Universitäten sind Abteilungen gespalten. Neue Programme sind aus diesen Entwicklungen entstanden. Auch vor den Naturwissenschaften, die sich lange in Sicherheit wähnten, machen diese Veränderungen nicht Halt. Die Intensität der Debatte hat zum Ausdruck „Wissenschaftskrieg" geführt. Es ist kaum möglich, neutral zu bleiben.

Sprechen wir lediglich von einer Auseinandersetzung innerhalb der Wissenschaft? Folgen wir verschiedenen Kulturkritikerinnen und -kritiker lässt sich diese Frage verneinen. Diesen Stimmen zufolge befinden wir uns inmitten einer Umwälzung kultureller Überzeugungsmuster, die in ihrer Bedeutung mit dem Übergang vom Mittelalter ins Zeitalter der Aufklärung vergleichbar ist. Für viele ist die gegenwärtige Umwälzung eine Katastrophe. Sie repräsentiert die Erosion von Überzeugungen, die für unsere Lebensweise eine zentrale Stellung einnehmen. Dazu zählen unsere Annahmen über Wahrheit und Moral, den Wert des individuellen Selbst und das Versprechen einer besseren Zukunft. Die Traditionen der Demokratie, Religion, Erziehung und Nationalität sind in Gefahr. Viele andere sehen in diesem Wandel jedoch eine Vielzahl an neuen Möglichkeiten. Nicht wenige halten die traditionellen westlichen Sichtweisen wie etwa den Glauben an Wahrheit, Vernunft und Individualität für sehr begrenzt. In der globalisierten heutigen Welt erscheinen sie als veraltet und in ihren Auswirkungen als potenziell gefährlich. Des Weiteren haben die großen Institutionen der Wissenschaft, Religion, Regierung und Erziehung – die dem Wohle aller dienen sollen – nicht nur ihre Ziele verfehlt, sondern darüber hinaus zu Unterdrückung, Umweltzerstörung und kriegerischen Auseinandersetzungen beigetragen. Die Koryphäe der Postmoderne, Jean-Francois Lyotard, sagte dazu: „Das neunzehnte und das zwanzigste Jahrhundert haben uns mehr Terror gebracht, als wir aushalten können. Wir haben für die Nostalgie der Ganzheit und der einen Erfahrung einen enorm hohen Preis gezahlt."[3] Es gilt somit, nach neuen Ideen und Praktiken für ein vielversprechenderes neues Jahrtausend zu suchen. Was sollen wir bewahren? Wovon können wir uns trennen? Wofür sollten wir uns stark machen?

Das vorliegende Buch

Es ist dieser Kontext des Konfliktes und der Veränderung, in dem dieses Buch
entstanden ist. Seit über zwanzig Jahren habe ich mich in meinen Gesprächen
mit akademischen Kolleginnen und Kollegen und Studierenden, Psycho-
therapeutinnen und -therapeuten, Führungskräften aus der Wirtschaft sowie
meinen Freunden und Familienangehörigen intensiv mit diesen Konflikten
beschäftigt. Zu Beginn meiner Karriere klang ich etwa so wie Heinrichs Vater. Im
Laufe der Jahre wurde ich jedoch immer skeptischer und kritischer. Ich war nicht
der einzige, der umdenken musste. Überall um mich herum sah ich die
Zeichen der Veränderung. In den letzten Jahren wurde ich jedoch zunehmend
optimistischer. Ich habe erkannt, dass wir über Traditionalismus, Skeptizismus,
Fundamentalismus und Nihilismus hinausgelangen können. Die neuen uns
offen stehenden Möglichkeiten zeigen sich am deutlichsten in den Schriften
und der Praxis des Sozialen Konstruktionismus, dem Thema dieses Buches. Ich
hoffe in diesem Buch zeigen zu können, dass der Konstruktionismus die
Stimmen der Tradition und der Kritik zu einem Dialog einlädt, ohne eine
dieser beiden Richtungen zu bevorzugen. Verpflichtungen bedingen keine
Rigidität, ebenso wenig wie Kritik zu einem Verlust der Vergangenheit führt.
Vor allem aber beinhalten die konstruktionistischen Dialoge ein enormes
Potenzial. Sie bieten uns eine Vielfalt an Möglichkeiten, unsere Zukunft zu
gestalten. Dies gilt sowohl für die Wissenschaft als auch für die Arbeitswelt und
das Alltagsleben.

Zum Aufbau dieses Buches: Das erste Kapitel beschäftigt sich mit der Schat-
tenseite. Wir nehmen die gefährdeten Traditionen unter die Lupe, um zu verstehen, was sie in ihre missliche Lage gebracht hat. Anschließend wenden wir
uns der Kritik zu. Im zweiten Kapitel wollen wir die neuen Entwicklungen
näher kennen lernen. Wir begeben uns auf die Suche nach alternativen Visionen
von Wissen, Wahrheit und Identität. Die mit diesen Alternativen einhergehenden
Dialoge sind im Wesentlichen die des Sozialen Konstruktionismus. Nach der
Beschreibung einiger grundlegender Ideen zur sozialen Konstruktion reflektieren wir im dritten Kapitel unsere gegenwärtigen Überzeugungen hinsichtlich Realität, Selbst und Moral. An dieser Stelle werden wir erkennen, dass
das Hinterfragen unserer etablierten Annahmen – in Wissenschaft und Alltagsleben – eine wahre Befreiung darstellen kann. Kritik führt zu Emanzipation
und zur kreativen Konstruktion von Alternativen. Im vierten Kapitel erkunden
wir die neuen Möglichkeiten des sozialen Zusammenlebens, zu denen uns der
Soziale Konstruktionismus einlädt. Wir geben dabei unsere alten Traditionen
des wissenschaftlichen Forschens nicht auf, sondern bereichern diese mittels
des Konstruktionismus durch neue Sichtweisen und Methoden. Es ist meine
Überzeugung, dass der Soziale Konstruktionismus zu neuen, freundlicheren

Formen des Zusammenlebens beiträgt. Im fünften Kapitel beschäftigen wir uns mit diesen neuen Möglichkeiten, indem wir uns einer Alternative zu der fest etablierten Sichtweise des individuellen Selbst zuwenden. Es wird der Versuch unternommen, das individuelle Selbst als ein in vielfältige Beziehungen eingebundenes Wesen zu sehen.

Je mehr die Argumente dieses Buches Gestalt annehmen, umso deutlicher wird erkennbar, dass Theorie und Praxis untrennbar miteinander verknüpft sind. Die konstruktionistische Lehre und die konstruktionistische Praxis gehören zusammen. Die Sorge um die gegenwärtigen Bedingungen unserer Gesellschaft und alternative Möglichkeiten für die Zukunft sind die Themen der folgenden drei Kapitel. Im sechsten Kapitel begeben wir uns von theoretischen Überlegungen hin zu Formen des Dialogs, die zu einem Abbau von Konflikten und Feindseligkeiten beitragen können. Besondere Beachtung gilt dabei den Komponenten des transformativen Dialogs, aus denen sich Alternativen zur sozialen Isolation ergeben. Im siebenten Kapitel wollen wir die neuen Praktiken beleuchten, die aus dem Sozialen Konstruktionismus entstehen. Unsere Aufmerksamkeit gilt dabei insbesondere der Psychotherapie, den Führungsstrukturen in Unternehmen, der Erziehung und den Formen der Kommunikation in der Wissenschaft. In jedem Bereich erkunden wir neue Möglichkeiten der Koordination von Beziehungen, um neue Wege in die Zukunft aufzuzeigen. Im achten Kapitel beschäftigen wir uns mit der konstruktionistischen Analyse gesellschaftlicher Bedingungen. Von besonderem Interesse sind dabei die Kommunikationstechnologien mitsamt der täglich auf uns einwirkenden Flut an Informationen, Bildern, Meinungen, Werbung etc., sowie deren Einfluss auf unser Leben.

Immer wieder werden Sie im Rahmen dieser Diskussionen Vorbehalte bei sich entdecken – wahrscheinlich sogar Ablehnung. Sie könnten gar nicht in unserer modernen Gesellschaft aufgewachsen sein, ohne gewisse Zweifel an dem zu hegen, was in diesem Buch vorgestellt wird. Hin und wieder werde ich mich diesen Vorbehalten zuwenden. Im letzten Kapitel, dem neunten, werden wir uns mit einigen der bedeutendsten Kritikpunkte am Sozialen Konstruktionismus beschäftigen. Ich werde auf Themen wie Wahrheit, Objektivität, Wissenschaft, moralischen Relativismus und politischen Aktivismus eingehen. Ich lade Sie dazu ein, während der Lektüre dieses Buches immer wieder einmal in diesem Kapitel zu schmökern.

Lassen Sie uns nunmehr mit einigen Annahmen beginnen, bequemen und unbequemen. Dazu zählt unser Gefühl, wir seien rationale Individuen, die Entscheidungen treffen und ihre eigenen Handlungen kontrollieren. Wir trennen uns nur ungern von dieser Sichtweise, etwa um sie durch die Vorstellung zu ersetzen, wir wären wie Roboter oder die Opfer unserer Gene. Das Gefühl, unser eigenes Verhalten willentlich steuern zu können, ist ein zentraler Bestandteil unseres Selbstbildes. Wie wir sehen werden, sind diese Annahmen über unser Selbst eng verbunden mit Annahmen über Wissenschaft und Wahrheit. Unser Glaube an das individuelle Selbst und die wissenschaftlich gesicherte Erkenntnis steht seinerseits in engem Zusammenhang mit den wichtigsten Institutionen der Gesellschaft, einschließlich unseren Moralvorstellungen, unserem Erziehungs- und Bildungswesen und unserer Demokratie. All diese Überzeugungen sind eng verflochten. Um Bestand zu haben, bedarf jede dieser Annahmen all der anderen Überzeugungen. In diesem Buch wollen wir uns jedoch mit den Stimmen des Zweifels auseinandersetzen. Selbst als diejenigen, die in diesen Traditionen leben, erfahren wir sie nicht immer nur als hilfreich. Unser Weg in die Zukunft sollte von dem Wissen um die Nachteile unserer Sichtweisen begleitet werden.

Das Nachdenken über das Selbst und die damit einhergehenden Annahmen bereitet uns auf die in den letzten Jahren zunehmend schärfer werdende Kritik vor. Die neuen Argumente sind so weitreichend, dass viele den unmittelbar bevorstehenden Untergang mancher Traditionen erwarten. Alles, was einst so wichtig erschien, fällt in sich zusammen. Was wollen wir bewahren, wovon wollen wir uns trennen?

Das wacklige Gerüst des Selbst

> Die ganze liebgewonnene Vorstellung vom eigenen Selbst —
> ausgestattet mit freiem Willen, frei handelnd, autonom, un-
> abhängig, eine isolierte Insel des Selbst — ist ein Mythos.
>
> Lewis Thomas, *The Lives of a Cell*

Hätten Sie einen Autounfall, aufgrund dessen Sie ein Organ Ihres Körpers opfern müssten, um am Leben zu bleiben, was würden Sie auf keinen Fall verlieren wollen? Höchstwahrscheinlich würden Sie sich für das Gehirn entscheiden, insbesondere jene Gehirnprozesse, die für das bewusste Denken zuständig sind. Für die meisten von uns wäre der Verlust der Fähigkeit zum bewussten Denken und Entscheiden gleichbedeutend mit dem Verlust des Selbst – jenem Aspekt, der uns von anderen unterscheidet und uns unsere Bedeutung als Mensch verleiht. Salopp formuliert würde uns dieser Verlust zu unreflektiert vor sich hin vegetierenden Wesen machen. Die Bedeutung, die wir dem Selbst beimessen, hat eine lange kulturelle Geschichte. Wir sind die Erben von mehr als zweitausend Jahren der Wertschätzung des subjektiven Selbst – jener rationale und bewusste Entscheidungen treffenden individuellen Instanz. Von Platons Ausführungen über „reine Ideen" über die christliche Würdigung der

17

menschlichen Seele bis hin zur gegenwärtigen kognitiven Psychologie – stets haben wir die Bedeutung des individuellen Selbst betont.[4]

Es würde den Rahmen sprengen, diese Geschichte detailliert nachzuzeichnen. Meist wird jedoch das Zeitalter der Aufklärung als die Geburtsstunde unserer gegenwärtigen – modernistischen – Sichtweise des Selbst angesehen.[5] Jahrhundertelang hatten die Menschen Europas den autokratischen Herrschern zu gehorchen – oftmals ergänzten sich Krone und Kreuz in der Unterdrückung der Massen. Einfache Menschen hatten kaum Kontrolle über ihr Schicksal. Leben oder Tod waren nicht selten von den Launen der Obrigkeiten abhängig. Wie konnten diese Ketten gesprengt werden? Ein Mittel bestand darin, das Individuum aufzuwerten und ihm Rechte und Würde zu verleihen, die ihn vor der Willkür der Mächtigen schützten. Die jüdisch-christliche Tradition hatte dem Individuum bereits eine Seele zugesprochen und damit eine Verbindung zu einem spirituellen Vater hergestellt. Die Protagonisten der Aufklärung des sechzehnten und siebzehnten Jahrhunderts – unter anderem Philosophen, Staatsmänner und Wissenschaftler – bereicherten das Konzept des Individuums um wichtige Elemente. So betonten sie, jede Person sei in der Lage, die Welt, so wie sie ist, zu beobachten und durch Nachdenken zu klugem Handeln zu gelangen. Sie sprachen dem Individuum die Fähigkeit zu, sich selbst zu *beobachten*, zu *denken*, zu *urteilen*, und über das eigene Handeln zu *entscheiden*. Weder der Staat noch die Kirche waren in diesen universellen Fähigkeiten dem Individuum überlegen.

Aus diesem Kontext stammt die sozio-politische Bedeutung von René Descartes' Schriften über den Zweifel. In seinem Werk *Bericht über die Methode/Discours de la Méthode* (1637) heißt es, er könne alle Autoritäten, die öffentliche Meinung und sogar seine eigene Sinneswahrnehmung anzweifeln. Nicht in Frage stellen könne er jedoch den Prozess des Zweifelns. Das Denken stehe im Zentrum dessen, was es heißt, Mensch zu sein: *Cogito ergo sum*. In seinem Buch *Essay über den menschlichen Verstand* (1690) beschreibt John Locke die Struktur menschlichen Wissens. Sein wichtigstes Anliegen war die Untersuchung des Prozesses, durch den Beobachtungen der Welt im Geiste repräsentiert werden. Wissen wurde somit definiert als etwas Privates, das nicht von einer Autorität vorgeschrieben werden könne. Thomas Hobbes formulierte in seinem Werk *Leviathan* (1651) die Idee, der Staat erlange seine Rechte, Gesetze zu erlassen und für Recht und Ordnung zu sorgen, durch die mittels eines Sozialvertrages zum Ausdruck gebrachte Zustimmung seiner Bürger. Es gebe somit keine Autorität, die nicht auf den Willen einzelner Individuen zurückführbar sei. Diese Überlegungen entfachten das Feuer der Französischen Revolution und bildeten das Fundament dessen, was wir als kulturelle Moderne kennen.

Das Erbe dieser aus der Zeit der Aufklärung stammenden Konzepte des Selbst ist heute allgegenwärtig. Die Idee der Demokratie, in der jedes Individuum Wahlrecht besitzt, entstand aus den Annahmen der Aufklärungszeit. Gleiches gilt für das flächendeckende Schul- und Bildungswesen. Je größer das Wissen der Individuen, desto effektiver der Staat. Noch heute loben wir die Nonkonformistinnen und Nonkonformisten und erfreuen uns an den Zeichen unabhängigen Denkens – bei Kindern und Studierenden und in Organisationen. Wir bewundern die Geschichten derjenigen, die für ihre Ansichten kämpften und von der Nachwelt als Heldinnen und Helden gefeiert werden. Wir verurteilen Gehorsam und wünschen uns Autonomie. Wir leisten Widerstand, wenn wir uns von anderen kontrolliert fühlen. Wir sehnen uns nach Freiheit und Gleichberechtigung.

In vielerlei Hinsicht ist dies eine glorreiche Geschichte. Wir sind stolz auf unsere Fähigkeit zu bewusstem Denken, Selbstbestimmtheit und zur Gestaltung unserer eigenen Zukunft. Und doch liegt hierin eine gewisse Ironie. Woher stammen diese wertvollen Errungenschaften? Bedurfte es nicht vieler Jahrhunderte überzeugender Schriften, politischen Kampfes, blutiger Kriege und anderes mehr, um diese modernistische Sensibilität zu entwickeln? Würden wir auch ohne unser religiöses und philosophisches Erbe einen so großen Wert auf die bewussten Entscheidungen eines einzelnen Individuums legen? Viele andere Kulturen tun dies nicht. Letztendlich ist die individuelle Autonomie ein Geschenk, das wir von anderen erhalten. Wir haben es uns nicht selbst ausgesucht. Diese Ironie öffnet neue Wege zu weitergehenden Überlegungen. Die gleiche Vergangenheit, die wir ob ihrer Verdienste um das Individuum feiern, hat uns auch den Zweifel gebracht. Lassen Sie uns diesem Zweifel etwas Raum geben. Wir wollen uns drei begrifflichen Problemen zuwenden, mit denen die Annahme eines individuellen Geistes behaftet ist. Es sind dies die Probleme der zwei Welten, des individuellen Wissens von der Welt und des Selbstwissens. Diese Probleme sind für die modernistische Tradition des Selbst von enormer Bedeutung. Ohne angemessene Antworten beginnen wir, die Zerbrechlichkeit dieser Tradition zu erkennen.

Das Zwei-Welten-Problem: „Da Draußen" und „Hier Drinnen"

Die Wertschätzung des Selbst beinhaltet die Vorstellung eines persönlichen, inneren Bewusstseins („ich" „hier"), dem eine externe Welt („da draußen") gegenübersteht. Wir glauben an die Existenz einer psychologischen Welt des Selbst (welches wahrnimmt, nachdenkt und entscheidet) sowie einer materiellen Welt (die außerhalb von unseren Gedanken existiert). Diese Anordnung erscheint in sich plausibel…allerdings nur, solange sie nicht wirklich durchdacht wird. Philosophisch gesprochen haben wir uns einer *dualistischen Ontologie* verpflichtet – einer Realität des Geistes und einer Realität der äußeren Welt. Die Geschichte der Philosophie hat jedoch gezeigt, dass dualistische Sichtweisen schwerwiegende und unlösbare Probleme mit sich bringen. Zu den dornigsten Angelegenheiten zählt die Frage, welcher kausale Zusammenhang zwischen einer mentalen und einer physischen Welt bestehen könnte. Dass das „Geistige sich im Körperlichen manifestiert" ist eine alte religiöse Vorstellung. Es bleibt allerdings ein Geheimnis, das wohl nur von Gott gelüftet werden kann. Etwas konkreter mögen wir uns fragen, wie „ein Gedanke" („ich sollte sie anrufen") zu einer Handlung führt („der Griff zum Telefon"). Wie entstehen aus Wünschen und Absichten körperliche Bewegungen? Womöglich sagen Sie sich: „Ich beabsichtige die Bewegung." Doch diese Absicht aktiviert keine Nervenzellen des Rückenmarks. Wir haben keine Schwierigkeiten, Kausalität *innerhalb* der physischen Welt (z.B. „wie Rauchen Lungenkrebs verursachen kann") oder *innerhalb* der geistigen Welt (z.B. „wie unsere Gedanken unsere Emotionen beeinflussen können") zu verstehen. Können jedoch ein „Gedanke" oder eine „Emotion" Krebs verursachen? Wenn ja, wie wirkt das Psychische auf das Physische? Descartes glaubte, diese mysteriöse Transformation vollziehe sich in der Zirbeldrüse. Von dieser Vorstellung hat sich die Gehirnforschung allerdings längst verabschiedet. Die Frage, wie „Geistiges" zu Veränderungen im Materiellen führt, ist ebenso wie der umgekehrte Weg bis zum heutigen Tag ungeklärt.

Mit dem ontologischen Dualismus unzufriedene Philosophinnen und Philosophen suchten nach Alternativen in verschiedenen Formen des *Monismus* – der Annahme, es gäbe lediglich eine Welt. Im neunzehnten Jahrhundert glaubten die Philosophen, die einzig existierende Welt befände sich im Geiste. Diese Theorie wird als *Philosophischer Idealismus* bezeichnet. Es wird behauptet, wir könnten uns lediglich dessen sicher sein, was wir selbst erfahren (Descartes lässt grüßen). Die Vorstellung einer materiellen Welt entstehe in unserem Geiste. Obgleich sich die idealistische Sichtweise mancherorts noch heute hält, gilt sie im Allgemeinen als überholt. Nur wenige wollen den mit dieser Sicht implizierten Solipsismus akzeptieren – d.h., die Annahme, wir lebten alle in vollkommen privaten Welten und selbst der Glaube, es gäbe andere Personen, sei nichts weiter als eine private Phantasie. Der Solipsismus kann weder bewiesen noch widerlegt werden. Philosophinnen und Philosophen fragen daher, warum wir eine derartig düstere Schlussfolgerung akzeptieren sollten.

Womöglich aufgrund der dramatischen Entwicklungen des zwanzigsten Jahrhunderts – von Telefonen und Radios bis hin zur Atombombe – wurde der Idealismus durch eine zweite Form des Monismus abgelöst, den *Materialismus*. Aus dieser Sicht gibt es nur eine Welt, die materielle. Auch das „Geistige" muss letztlich ein Ausdruck materieller (Gehirn-)prozesse sein. Es gibt keine mentalen Vorgänge, die unabhängig von kortikalen Funktionen ablaufen. Mit anderen Worten: Was wir Psychologie nennen ist lediglich Neurologie auf einer anderen Ebene der Beschreibung. Bei näherer Betrachtung ist die materialistische Position allerdings ebenso unbefriedigend wie die idealistische. Woher wissen wir, dass das Materielle existiert? Wahrscheinlich durch unsere

Erfahrung. Doch wie können wir auf der Grundlage unserer Erfahrung schließen, dass die Welt aus Materie besteht? Dies ist nicht so einfach. Wir müssten es uns vorstellen oder erschließen. Also ist die Welt nur deshalb materiell, weil wir so *denken*. Und wieder sind wir im Geistigen.

Des Weiteren zerstört die Reduktion des Geistigen auf das Materielle letztendlich die Tradition des autonomen Selbst. im Allgemeinen verstehen wir die materielle Welt als eine Welt von Ursache und Wirkung, in der vorangehende Bedingungen und ihre Folgen in vorhersagbarer Weise verknüpft sind. In dieser Vorstellung von der materiellen Welt gibt es keinen Platz für „frei getroffene Entscheidungen", die im Widerspruch zu den Gesetzen der Natur stehen. Wir können uns nicht einfach entscheiden, zehn Meter in die Luft zu springen oder den Alterungsprozess zu anzuhalten. Die materielle Sichtweise des Menschen entlarvt die Vorstellung von freien und bewussten Entscheidungen somit als kulturelle Mythologie. Sind wir lediglich Maschinen, so ist alles, was wir denken, bereits im voraus festgelegt. Die Maschine Mensch unterscheidet sich kaum von einem Roboter. Und daher gibt es aus dieser Sichtweise kaum Gründe, ein menschliches Leben als wertvoller zu erachten als das einer Maschine.

Das Problem des Wissens: Der Geist als Spiegel

Die Annahme einer subjektiven inneren Welt und einer äußeren Welt der Objekte führt zu weiteren schwerwiegenden Problemen. Beispielsweise stellt sich die Frage, wie wir als Subjekte Wissen über die objektive Welt erwerben. In der Philosophie wird dies als *Epistemologie* bezeichnet. Die zentrale epistemologische Herausforderung besteht darin zu verstehen, wie individuelles Bewusstsein zu Wissen über die externe Welt gelangt. Vielleicht ahnen Sie bereits die Schwierigkeit. Verstehen wir nicht, wie die objektive und die subjektive Welt kausal zusammenhängen, wie können wir jemals festlegen, ob die objektive Welt zutreffend und exakt vom Geist erfasst wird (bzw. diesen beeinflussen kann)? Seit mehr als 2000 Jahren hat sich die Philosophie mit diesem Problem beschäftigt. Seit über 100 Jahren hat die Psychologie mit ausgeklügelten Labormethoden nach Antworten gesucht. Das Ideal bestand für die meisten darin zu nachzuweisen, dass – metaphorisch gesprochen – der Geist wie ein *Spiegel der Natur* funktioniert. Nur wenn wir annehmen, dass der Geist die Welt so repräsentiert, wie sie ist – und wir nicht einen Hasen erleben, wenn uns eine Ente gegenübersteht, oder einen Blumenstrauß, wenn ein Gewehr auf uns gerichtet ist – , können wir davon sprechen, objektives Wissen von der Welt zu besitzen. Funktioniert der Geist nicht wie ein Spiegel und „erschaffen" wir lediglich das, was wir erleben, verliert die Idee des individuellen Wissens ihren Wert.

In der Tradition der philosophischen Schriften werden Versuche, die Annahme vom Geist als Spiegel zu rechtfertigen, üblicherweise als *empiristisch* bezeichnet. Zugrunde liegt hier die Vorstellung, die Quelle allen Wissens sei die Erfahrung. Obgleich empiristische Sichtweisen bis auf Aristoteles zurückgehen, markierte John Lockes Werk *Essay über den menschlichen Verstand* aus dem 17. Jahrhundert einen Meilenstein im Zeitalter der Aufklärung. Locke behauptete, der Geist eines Individuums sei bei Geburt ein leeres Blatt, eine *tabula rasa*, welches allmählich von den Erfahrungen in der Welt beschrieben wird. Alle abstrakten Ideen und komplexen Gedanken hätten demzufolge ihren Ursprung in den elementaren Sinneserfahrungen. In Übereinstimmung mit Locke schlug der englische Philosoph und Staatsmann Francis Bacon vor, Wissen von der Welt bilde sich auf der Grundlage strikter *Induktionsregeln* – aus dem Spezifischen der Beobachtungen würden somit empirisch belegbare Verallgemeinerungen abgeleitet. In seinem Werk *Neues Organon* (1620) warnt Bacon, man solle sich vor dem „Einfluss des Marktplatzes", d.h., den üblichen menschlichen Unterhaltungen, hüten, da „Wörter" zu Voreingenommenheiten des „Geistes" führten. Zahlreiche spätere Philosophen – einschließlich Bischof Berkeley, David Hume und John Stuart Mill – werden mit der empiristischen Sichtweise verbunden.

In ihrer strengen Version waren die empiristischen Vorstellungen über menschliches Wissen jedoch nie gänzlich überzeugend. Zunächst einmal scheint die „Welt, wie sie ist", nicht nach einer spezifischen Form von Kategorisierung zu verlangen. Schaut ein Botaniker aus meinem Fenster, würde er eine bestimmte Beschreibung abgeben, die sich erheblich von jener einer Landschaftsplanerin, eines Künstlers, einer Maklerin oder eines Diebes unterscheiden würde. Wie können wir dann behaupten, dass die Welt unser Wissen formt? Ebenso wenig gibt es eine überzeugende Erklärung dafür, wie „abstrakte Ideen" aus „einfachen Wahrnehmungen" aufgebaut werden – oder wie Konzepte wie „Gerechtigkeit", „Demokratie" oder „Gott" sich aus den über die sensorischen Nerven zum Gehirn geleiteten Informationen zusammensetzen. Woher stammen diese Ideen? Schließlich könnten wir fragen, wie sich die Empiristin oder der Empirist aus der eigenen Erfahrung herausbegeben kann, um zu wissen, ob es tatsächlich jene Welt gibt, die sie oder er in seinem Geiste in exakter Weise abzubilden vorgibt. Verfügen wir lediglich über die Repräsentationen in unserem Geist, wie können wir dann sicher sein, dass es die Welt „da draußen" ist, die zu diesen Bildern führt?

Diese Zweifel werden häufig von einer konkurrierenden epistemologischen Richtung vorgebracht, die üblicherweise als *Rationalismus* bezeichnet wird. Für Rationalistinnen und Rationalisten – von der Platonischen Philosophie bis hin zur gegenwärtigen Kognitiven Psychologie – spielen die mentalen Prozesse innerhalb eines Individuums die entscheidende Rolle in der Wissensentstehung. Rationalistinnen und Rationalisten würden kaum jemals behaupten, dass wir die Welt direkt erkennen können. Platon verwendete in *Der Staat* das Höhlengleichnis, um unsere Beziehung zur materiellen Wirklichkeit darzustellen: Wir leben wie in einer Höhle, in der wir lediglich die an die Wand projizierten Schatten von Objekten sehen. Durch unseren Verstand müssen wir erkennen, was die Schatten bedeuten. In ähnlicher Weise haben sich viele Wissenschaftlerinnen und Wissenschaftler dem von Immanuel Kant in seiner *Kritik der reinen Vernunft* (1781) vorgebrachten Argument angeschlossen, demzufolge wir die Welt nur Dank bestimmter angeborener Ideen verstehen können. Lediglich durch Beobachtung könnten wir keine Konzepte wie Zahl, Kausalität oder Zeit entwickeln. Diese Konzepte seien jedoch für unser Verständnis der Welt so zentral, dass sie zwangsläufig angeboren sein müssen. Das gleiche Argument findet sich in der Sichtweise der gegenwärtigen Kognitiven Psychologie wieder. Um Informationen aus der Welt aufzunehmen, so die Überlegung, müssen wir uns der bereits in unserem Geiste vorhandenen Begriffe bedienen. Die Welt führt nicht zu unseren Konzepten. Vielmehr helfen uns unsere Konzepte, die Welt auf eine bestimmte Weise zu organisieren. Botanikerinnen, Landschaftsplaner und Maklerinnen sehen meinen Garten in unterschiedlicher Weise, da sie sich dem Garten mit unterschiedlichen mentalen Kategorien zuwenden.

Obgleich die Debatte seit Jahrhunderten andauert, schneidet der Rationalismus kaum besser ab als der Empirismus, wenn es um die Lösung des Rätsels des mentalen Wissens geht. Zum einen lässt sich fragen, wie Botaniker, Landschaftsplanerinnen etc. ihre Konzepte erwerben. Antworten Sie, sie seien erlernt, befinden Sie sich wiederum im empiristischen Lager, demzufolge Begriffe durch Beobachtung entstehen. Auf die damit einhergehenden Probleme sind wir bereits eingegangen. Im Sinne von Kant könnten Sie antworten, die Konzepte seien angeboren. Viele Psychologinnen und Psychologen fühlen sich zu diesen nativistischen Erklärungen hingezogen. In diesem Falle ist es jedoch schwierig zu verstehen, wie in einer Kultur ständig neue Konzepte entstehen können. Woher stammen unsere Konzepte über „schwarze Löcher" oder die „Postmoderne"? Das Argument, Konzepte oder Ideen seien angeboren, wirft erneut die Frage nach Körper-Geist-Beziehungen auf. Wie führen Chromosomenkonfigurationen zu abstrakten Konzepten? Um dies zu beantworten, müssten wir eine Lösung für das Problem finden, wie materielle Ereignisse mentale Ereignisse bedingen.

Nach mehr als 2000 Jahren ist das Problem des Wissens noch immer ungelöst. In seinem wichtigen Werk *Der Spiegel der Natur: Eine Kritik der Philosophie* schlägt Richard Rorty vor, mit der gesamten Tradition zu brechen: „Über das Wissen als ‚Problem' zu denken, über das wir eine ‚Theorie' haben müssten, ist eine Folge davon, Wissen als eine Ansammlung von Repräsentationen zu betrachten." Mit anderen Worten: Wir erben das epistemologische Rätsel durch die Metapher des Geistes als Spiegel. Diese „Sichtweise des Wissens…ist ein Produkt des 17. Jahrhunderts. Wenn demnach diese Art des Denkens optional ist, so gilt dies auch für die Epistemologie…"[6] Letztendlich ist das scheinbar unlösbare Rätsel des Wissens nur deshalb unlösbar, weil wir dualistische Metaphern verwenden, um das Problem zu definieren. Würden wir uns vom Dualismus trennen, gäbe es das Problem nicht mehr. Zumindest stellte es sich dann in einer leichter handhabbaren Form.

Selbsterkenntnis: Das Problem des inneren Auges

Jemand fragt Sie, was Sie über das Recht auf Abtreibung denken, jemand anders möchte wissen, was Sie Ihrem Vater gegenüber für Gefühle hegen, ein Dritter erkundigt sich nach Ihren Plänen für das bevorstehende Wochenende. Wahrscheinlich werden Sie relativ leicht auf diese Fragen antworten können. Doch wie kommen Sie dazu zu wissen, was Sie denken, fühlen oder möchten? „Das weiß man einfach", sagen Sie womöglich. Doch wie? Was bedeutet es, wenn wir diese Frage nicht beantworten können? Wir müssten zugeben, dass wir unsere „wahren Gedanken, Gefühle und Wünsche" nicht kennen. Zudem müssten wir eingestehen, nicht ganz sicher zu sein, ob es derartige mentale Ereignisse überhaupt gibt. Wir könnten nicht ehrlich behaupten: „Ich liebe dich" oder „Ich wollte das nicht tun." Schließlich wüssten wir nicht, ob wir zu Liebe oder Absichten überhaupt in der Lage sind. Dies ist das *Problem der Selbsterkenntnis*, welches ebenso schwerwiegend ist wie die Probleme des Dualismus und des individuellen Wissens. Um die Komplexität dieses Themas zu erfassen, wollen wir das Problem der Selbsterkenntnis in mehrere Komponenten zerlegen. In jedem Falle gelangen wir in eine Sackgasse.

• Was sind die Charakteristika von mentalen Zuständen, durch die wir sie identifizieren können? Nach welchen Kriterien unterscheiden wir zwischen Gedanken, Wünschen oder Absichten? Was ist die Farbe eines Gedanken, die Form eines Wunsches oder das Gewicht einer Absicht? Warum erscheinen diese Attribute als unangemessen in Bezug auf mentale Zustände? Weil unsere Wahrnehmung dieser Zustände uns dies demonstriert?

• Bemühen wir uns, unsere mentalen Zustände wahrzunehmen, welcher Teil des Geistes nimmt dann wahr und welcher Teil übernimmt die Funktion des Wahrgenommenen? Betrachten wir den Geist als eine Art Spiegel, wie kann der Spiegel sich plötzlich auf sich selbst richten und sein eigenes Spiegelbild wiedergeben? Sehen wir die Welt mit unseren Augen, was ist dann das „Auge der inneren Welt" und was sind dessen Objekte?

• Können wir unsere mentalen Zustände durch ihre physiologischen Manifestationen wie Blutdruck, Herzfrequenz etc. identifizieren? Könnten wir messen, ob wir jemanden wirklich lieben, indem wir uns EEG- oder MRT-Bilder anschauen? Selbst wenn wir über sehr exakte Messungen unserer Physiologie verfügten, wie können wir wissen, auf welche Zustände diese Daten bezogen sind? Verrät eine erhöhte Herzfrequenz eher Ärger als Liebe oder eher Hoffnung als Verzweiflung? Ohne zu wissen, welche Zustände vorliegen, wie könnten wir physiologische Bedingungen mit der geistigen Welt in Verbindung bringen?

• Wie können wir sicher sein, dass wir mentale Zustände richtig identifizieren? Könnten nicht manche geistigen Prozesse (z.B. Verdrängung oder kognitive Voreingenommenheiten) gültige Selbsteinschätzungen verhindern? Wie könnten wir dies ausschließen? Selbst wenn Sie sicher wären, unvoreingenommen zu sein, wie wüssten Sie, wann Sie tatsächlich richtig liegen und Ihren Geist so sehen, wie er „wirklich" ist? Was wäre Ihr Kriterium für „richtig"? Was sind Ihre Kriterien, aufgrund derer Sie wissen, dass Sie „depressiv" sind und nicht „traurig", „enttäuscht", „lustlos", „überfordert" oder einfach nur etwas müde?

• Obgleich wir alle die gleichen Ausdrücke verwenden, um mentale Zustände zu beschreiben (z.B. glücklich, traurig oder ärgerlich), woher wissen wir, dass unsere inneren Erlebnisse sich mit denen anderer Personen decken? Ich kann nicht in Ihren Geist schauen. Woher weiß ich also, dass das, was Sie „Angst" nennen, nicht das ist, was ich als „Ärger" bezeichne, oder dass mein „Glücklichsein" jenen Zustand beschreibt, der bei Ihnen „Furcht" heißt? Womöglich antworten Sie, die Fähigkeit, eigene Gefühle und innere Zustände zu erkennen, wäre das Ergebnis der frühen Sozialisation. Sie erfuhren, dass bei Ihnen ein spezifischer Zustand namens „Traurigkeit" vorkommt, als Ihnen beispielsweise Ihre Mutter sagte: „Oh, Sara, du siehst so traurig aus…" Woher wusste jedoch Ihre Mutter, dass Sie tatsächlich traurig und nicht depressiv, lustlos oder ärgerlich waren? Ihre Erfahrungen konnten von Ihrer Mutter nicht unmittelbar beobachtet werden. Niemand verfügt über einen Zugang zu Ihrem „Innenleben". Vielleicht hat sich Ihre Mutter immer geirrt und vielleicht irren Sie sich heute ebenfalls.

Wiederum haben 2000 Jahre des Nachdenkens – in Philosophie, Psychologie und Biologie – keine Antworten auf diese Fragen erbracht. In der Zwischenzeit fragen sich manche, ob wir nicht zu Opfern einer *deplazierten Konkretisierung* geworden sind. Wir verwenden Wörter wie „Gedanken", „Gefühle", „Wünsche", „Absichten" etc. Diese erscheinen uns als ausreichend konkret. Doch wir beziehen diese Konkretisierung irrtümlicherweise auf ein imaginäres Objekt: „den Gedanken im Kopf", „das Gefühl in meinem Herzen" und ähnliches. Obwohl es offensichtlich zu sein scheint, dass wir denken, beobachten, fühlen, wünschen usw., ist es womöglich nur deshalb offensichtlich, weil wir diese Annahme nicht hinterfragen. Frei nach Friedrich Nietzsche handelt es sich dabei vielleicht um eine Illusion, die nach langer Zeit den Menschen als gesichert, kanonisiert und selbstverständlich gilt und somit zu einer Illusion geworden ist, „von der man vergessen hat, dass es eine Illusion ist."[7]

Der drohende Sturm:
Wahrheit, Rationalität und Moralität

> Dinge fallen auseinander; das Zentrum kann nicht bestehen;
> Reine Anarchie macht sich in der Welt breit.

> W. B. Yeats, *„The Second Coming"*

Die problematisierenden Fragen zum Selbst sind anspruchsvoll und wichtig. Allerdings haben sie noch weitere Konsequenzen. Der Glaube an den individuellen Geist bildet die Grundlage vieler für die westliche Tradition charakteristischer Überzeugungen, sowohl was das alltägliche Leben angeht als auch ihre zentralen Institutionen. Das Selbst in Frage zu stellen kommt dem Entsenden von Schockwellen in alle Ecken unseres kulturellen Lebens gleich. Bevor wir uns weiter in das gefährliche Fahrwasser der Kritik begeben, lassen Sie uns zunächst einige der Folgen bedenken.

Objektivität, Wahrheit und Wissenschaft

Zweifeln wir an der Idee eines individuellen Geistes, der über Wissen über die externe Welt verfügt, was sollen wir dann von denjenigen halten, die vorgeben, im Besitz solchen Wissens zu sein? Was bedeutet es, *objektives* Wissen für sich in Anspruch zu nehmen – Wissen, das auf der Erfahrung der Welt statt auf subjektiven Vorstellungen beruht? Angesichts all der Probleme des Subjekt-Objekt-Dualismus, welche Privilegien sollten wir denjenigen zugestehen, deren Wissen angeblich auf „Erfahrung von der Welt" basiert? Diese Fragen stehen in direktem Zusammenhang mit dem Konzept der Wahrheit. Wahre Aussagen über die Welt, so meinen wir, reflektieren die Welt, so wie sie ist, und nicht, wie wir sie uns wünschen. Wir werden der Wahrheit teilhaftig, indem wir (1) Phänomene genau beobachten und (2) in exakter Weise über diese Beobachtungen berichten. Gelangen alle, die dieses Phänomen ebenfalls beobachten, zu den gleichen Schlussfolgerungen, halten wir diese Schlussfolgerungen für wahr – unabhängig von der persönlichen Meinung einzelner und unabhängig vom historischen und kulturellen Kontext. Zweifeln wir jedoch an der Idee des Geistes als „Spiegel der Natur", wirft dies auch einen Schatten auf das Konzept der exakten Beobachtung. Können wir nicht verstehen, wie der Geist seinen eigenen Inhalt kennt (Selbsterkenntnis), beginnen wir, auch die Idee des genauen Berichtens über private Beobachtungen in Frage zu stellen. Sind die Konzepte von Wahrheit und Objektivität von den Zuständen des wissenden Geistes abhängig, sind sie in der Tat wenig verlässlich.

Lassen Sie uns konkreter werden. im Allgemeinen genießen die Naturwissenschaften wie Physik, Chemie, Biologie und Astronomie eine hohe
Wertschätzung, da sie unser Wissen beträchtlich erweitert haben. Sie erklären
uns, wie die Welt wirklich ist. Wahrheitsansprüche innerhalb dieser Disziplinen
gründen auf dem Konzept der individuell wissenden Person – die individuelle
Wissenschaftlerin und der individuelle Wissenschaftler, die sorgfältig beobachten, scharf nachdenken und ihre Hypothesen an der Realität überprüfen.
Wissen, so heißt es, beginnt mit sorgfältiger Beobachtung. Vergegenwärtigen
Sie sich jedoch einmal jene Konfiguration, die ich „meinen Schreibtisch"
nenne. In meiner Welt besteht dieser Schreibtisch aus mahagonifarbener,
etwa 40 Kilogramm schwerer fester, geruchsfreier Materie. Eine Atomphy-
sikerin klärt mich jedoch darüber auf, dass dieser Tisch keineswegs aus fester
Materie besteht (sondern vorwiegend aus leerem Raum). Der Psychologe sagt
mir, der Tisch habe keine Farbe (da die Erfahrung von Farbe durch auf der
Retina reflektierte Lichtwellen entsteht). Die Raketenforscherin erklärt mir,
dass er nur scheinbar 40 Kilogramm wiegt (da das Gewicht vom umgebenden
Gravitationsfeld abhängig ist). Schließlich weist mich der Biologe darauf hin,
dass mein Geruchssinn weitaus schlechter ist als jener meines Hundes, für den
der Tisch eine Fülle olfaktorischer Informationen bietet. Ich kann noch so
genau beobachten und dennoch würden sich mir keine dieser Erkenntnisse
erschließen.

Mehr noch: all diese Spezialistinnen und Spezialisten verwenden ihr eigenes
Vokabular, um das, was ich meinen Tisch nenne, zu verstehen. In der Physik
wird von Atomen gesprochen, in der Biologie von Cellulose, in der
Ingenieurswissenschaft von statischen Eigenschaften, in der Kunstgeschichte
vom Viktorianischen Stil und in den Wirtschaftswissenschaften vom
Marktwert. Keine dieser Fachsprachen lässt sich unmittelbar aus der individuellen Beobachtung ableiten. Sie liegen nicht in der Natur. Vielmehr entspringen sie den wissenschaftlichen Disziplinen. Es handelt sich bei ihnen um
Formen der Beschreibung und Erklärung, die auf das jeweilige Fachgebiet
beschränkt sind. Ein Physikerin wird niemals „Cellulose" beobachten, eine
Biologin keine statischen Eigenschaften usw. Erscheint uns dies vernünftig,
dann können wir wissenschaftliche Wahrheiten als das Ergebnis von Gemeinschaften betrachten und nicht als Produkt eines beobachtenden menschlichen
Geistes. In gleicher Weise wären auch Objektivität und Wahrheit nicht mehr
Errungenschaften unabhängiger Individuen, sondern Bestandteile der Tradition
wissenschaftlicher Gemeinschaften. Die Wissenschaft könnte somit keine universelle Wahrheit mehr für sich beanspruchen, da jede Aussage sich stets auf
eine bestimmte Tradition beschränkt, die ihrerseits in der jeweiligen Zeit und
Kultur verankert ist. Im nächsten Kapitel werden wir uns mit diesem Thema
erneut auseinandersetzen.

Rationalität und die Rolle der Erziehung

Stellen wir das Konzept des erkennenden Geistes in Frage, was haben wir dann von der Vorstellung der menschlichen Vernunft zu halten – Denken, Planen, rationales Entscheiden? Verabschieden wir uns von der Idee des *inneren* Wissens von einer *externen* Welt, worüber sollte der Geist dann nachdenken? Was wären seine „Objekte"? Philosophen haben sich lange mit der Möglichkeit des „reinen Gedankens" auseinandergesetzt, konnten jedoch nie klären, wie die denkende Person nach innen schauen kann, um ihre Gedanken zu erkennen. Zweifeln wir an individuellem Wissen und individueller Vernunft, wirft dies Probleme für unser Bildungssystem auf. Schulen haben traditionellerweise die Aufgabe, die Qualität des *individuellen* Geistes zu verbessern, indem sie Wissen mehren und Denkstrategien lehren. Die einzelne Schülerin oder der einzelne Schüler muss das Wissensgebiet beherrschen, Klassenarbeiten und Klausuren schreiben und sich dementsprechend belohnen oder bestrafen lassen. Schülerinnen und Schüler werden kaum jemals als Gruppe benotet. Die Familie einer Schülerin wird nie wegen ihrer Verdienste (oder Versäumnisse) bewertet. Ebenso wenig wird die Beziehung zwischen Lehrerin und Schülerin untersucht („Sind wir gemeinsam produktiv?").

Geht es in der Bildung um Wahrheit, Objektivität, Wissen und Rationalität, wie sollen wir dann diesen Prozess verstehen? Hilfreich ist es daher erneut, die Idee des spezifischen Fachvokabulars zu betrachten. Frage ich als Lehrer Sie nach Ihrem Verständnis eines bestimmten Problems, werden Sie mir wahrscheinlich in sprachlicher Form antworten. Ob diese Worte Ihre Gedanken wiedergeben, werde ich niemals wissen. Stehe ich jedoch vor der Aufgabe, Ihre Fähigkeiten zu beurteilen und Ihnen eine Note zu geben, werde ich dies anhand der von Ihnen geäußerten Worte tun. Befinden wir uns im Biologieunterricht, werde ich erwarten, dass Ihre Sprache dieser Disziplin angepasst ist. In Psychologie werde ich andere Worte von Ihnen erwarten. In Mathematik werde ich nicht auf Wörter achten, sondern auf eine Vielzahl von Symbolen. Ist es daher möglich, dass Rationalität keine private Fähigkeit, sondern eine gemeinschaftliche Handlung darstellt? Geht es in der Bildung vorrangig um die Sozialisation innerhalb verschiedener Traditionen, unterschiedlicher Fachsprachen und spezifischer Praktiken? Auch diesen Möglichkeiten wollen wir uns später erneut zuwenden.

Moralität und Verantwortung

Der Glaube an individuelles Wissen und individuelle Vernunft ist eng verbunden mit einem weiteren kulturellen Talisman: mit moralischen Prinzipien. In gewisser Hinsicht unterliegen die meisten unserer Handlungen einer

Moralordnung – Standards bezüglich dessen, was als angemessen und akzeptabel gilt. Da wir Individuen die Fähigkeit der Erkenntnis und der Vernunft zusprechen, ziehen wir sie für Abweichungen von dieser Ordnung zur Rechenschaft. Vergegenwärtigen Sie sich ein Klassenzimmer. Es gibt strikte Vorgaben in Bezug auf das, was Sie sagen dürfen, welchen Ton Ihre Stimme haben darf, wie lange und zu wem Sie sprechen dürfen, welche Gesichtsausdrücke Ihnen erlaubt sind, welche Kleidung Sie zu tragen haben usw. Das Spektrum des Akzeptablen ist sehr begrenzt. Gleichzeitig fühlen Sie sich womöglich jedoch einigermaßen wohl in dieser Situation. Die vorgegebene Moralordnung ist auch Ihre Moralordnung. Weichen Sie jedoch von ihr ab, erwartet Sie eine Bestrafung – durch Lehrerinnen, Mitschüler, Eltern usw. Auf einer anderen Ebene manifestieren sich die Regeln der Moralordnung in unserem Gesetzbuch. Wir ziehen Individuen für Mord, Vergewaltigung, Raub, Drogenhandel, Kindesmisshandlung etc. zur Rechenschaft und pladieren für Bestrafung. Sie haben sich freiwillig entschieden, die Moralordnung unserer Kultur zu missachten.

All dies ist bekannt. Wenn Sie sich jedoch die Probleme der Idee der rationalen Selbstbestimmtheit vor Augen führen, erkennen Sie die Schwäche dieser Tradition. Warum sollten wir annehmen, dass die Moralordnung dem individuellen moralischen Denken entspringt? Wir könnten fragen, wie ein Individuum jemals eine *freie* Entscheidung treffen kann, die seine eigenen moralischen Vorstellungen wiederspiegelt. Kann ich mich *allein* entscheiden? Wie kann eine Person z.B. für sich allein die Vor- und Nachteile des Missachtens von Verkehrszeichen abwägen? Macht diese Frage überhaupt einen Sinn, ohne den Einfluss der Gesellschaft mit zu berücksichtigen? Ich könnte kaum über das „Gesetz" nachdenken, da der Ausdruck „Gesetz" meiner jeweiligen Kultur entstammt. Über sie nachzudenken heißt, „im Sinne meiner Kultur" zu denken und nicht als unabhängiges Individuum. In gleicher Weise müsste ich Konzepte wie „Versicherung", „Gefangenschaft" und „Mut" aus meiner Betrachtung eliminieren. Sogar das Konzept der „Immoralität" – die Idee des Bösen als Gegenpol zum Guten – macht keinen Sinn mehr ohne eine Kultur, in welche diese Begriffe eingebettet sind. Moralität scheint ebenso wie Wissen und Rationalität innerhalb spezifischer Kulturen definiert zu sein. Das Individuum und nur das Individuum moralisch zur Verantwortung zu ziehen verdeckt unsere eigene Mittäterschaft. Böse Handlungen mögen somit einen Schatten auf uns alle werfen.

Stellen wir den üblichen Glauben an ein persönliches, wissendes Selbst in Frage, zweifeln wir damit gleichzeitig an den gängigen Vorstellungen über Wissenschaft, Wahrheit, Objektivität, Vernunft, Bildung und moralischer Verantwortung. Allerdings ist dies noch nicht alles. Zum Beispiel gibt es für die Demokratie kein zentrales Konzept als den Glauben an ein unabhängiges Denken und Urteilen: „Eine Person, eine Stimme." Unser Wirtschaftssystem ist ebenfalls von dem Glauben an den individuellen Geist abhängig. Innerhalb eines kapitalistischen Systems gehen wir von der Existenz individueller Entscheidungen aus. Jeder Person wird die Motivation zugeschrieben, ihre eigenen Profite zu steigern. Die meisten unserer Organisationen – Unternehmen, Regierung, Militär usw. – gründen ebenfalls auf der Sicht der individuellen Kompetenz. Es ist stets das Individuum, welches angestellt, beurteilt, bezahlt und gefeuert wird. Alle diese Institutionen müssen nun hinterfragt werden. Zweifeln Sie am Selbst und schon beginnt die gesamte kulturelle Tradition zu schwanken.

Der Weg in die Postmoderne

Bislang haben wir lediglich das schwache Fundament einer ansonsten robusten Tradition betrachtet. Warum sollten wir uns jedoch mit den Schwächen beschäftigen? Wir könnten uns doch einfach auf die Vorteile besinnen und in allem so weitermachen wie bisher. Es geht schließlich nur um unsere „Überzeugungen", die unseren „Lebensstil" unterstützen. Diese bedürfen nicht unbedingt einer rationalen Basis. Wir essen eben nun mal drei Mahlzeiten am Tag und nicht fünf. So machen wir es und damit basta.

Doch wer sind „wir", die auf diesen Traditionen beharren. Zunächst ist klar, dass die gesamten zur Debatte stehenden Vorannahmen und Praktiken der westlichen Kultur und den letzten Jahrhunderten entspringen. Nehmen wir sie einfach hin, brauchen wir keine Fragen mehr zu stellen. Insbesondere werden wir so nicht mit den Nachteilen konfrontiert, die sich für die Gesellschaft ergeben. Außerdem klären wir auf diese Weise nicht, ob diese Annahmen und Praktiken auch im neuen Jahrhundert noch funktionieren werden. Zum Beispiel kommen die Menschen immer enger miteinander in Kontakt, je mehr sich die Kommunikations- und Transporttechnologien entwickeln – Telefon, Radio, Fernsehen, Flugzeuge, Computer, Satellitenübertragungen, Internet, World Wide Web etc. Statt des *globalen Dorfes,* das sich viele erhofften,[8] entstehen immer mehr im Widerstreit befindliche Gruppierungen, expansionistische Bewegungen, ausbeuterische Praktiken, Anfeindungen und Widerstände. Unter diesen Bedingungen müssen wir fragen, ob unsere Kultur, insbesondere eine sehr mächtige, sich bedenkenlos einer bestimmten Sichtweise verpflichten darf. Vergegenwärtigen Sie sich die Folgen unserer traditionellen Verpflichtung gegenüber dem Selbst, der Wahrheit, der Vernunft und den moralischen Prinzipien:

Kultureller Imperialismus: So, wie auch andere dies tun, halten wir im Westen unsere Wahrheiten, Sichtweisen und Moralvorstellungen für universell gültig. Unsere wissenschaftlichen Wahrheiten sind nicht die „unsrigen", sondern vielmehr universelle Wahrheiten. Dass die Welt aus Atomen besteht und sich in ihr Individuen mit Emotionen befinden ist für uns keine kulturspezifische Sicht-

weise. Jede vernünftige Person käme zu dem gleichen Ergebnis. Je mehr wir
jedoch von der Wirklichkeit und Wahrheit unserer eigenen Überzeugenen ausgehen, umso mehr missachten wir alternative Wirklichkeiten. Auf diese Weise
werden wir zu kulturellen Imperialistinnen und Imperialisten, die andere unterdrücken und kontrollieren. Als ich als Gastprofessor in Japan war, gestand mir
ein älterer Professor seine Einsamkeit und Isolation. Voller Bitterkeit erzählte er
mir von den Jahren nach dem Zweiten Weltkrieg, in denen die Amerikaner die
Universität umstrukturierten. Bevor die Amerikaner kamen, berichtete er, hätten alle Professorinnen und Professoren sich ein großes Büro geteilt. „Wir
redeten, interessierten uns füreinander und lachten miteinander. Die Amerikaner hielten dies für rückständig und wiesen jedem Professor ein eigenes Büro
zu. Jetzt reden und lachen wir kaum noch." Individualismus in Aktion. Die
Reaktion kann jedoch noch viel stärker ausfallen. Ein Maori aus Neuseeland
berichtete:

> Psychologie...hat die Menschen des Maoristamms kollektiv als anormal abge-
> stempelt, indem auf die Maori (englische) Kategorien und Behandlungen angewandt
> wurden ... Klinische Psychologie ist eine Form sozialer Kontrolle...sie enthält nicht
> mehr „Wahrheit" über die Wirklichkeit des Lebens der Maori als ein Horoskop in der
> Tageszeitung.[9]

Wissen und der neue Totalitarismus: Die Ideen der Aufklärung beendeten die
totalitäre Herrschaft des Adels und der Kirche. Wir glauben daran, dass jedes
Individuum wahrnehmen und denken kann und somit ein unanfechtbares
Recht auf Teilnahme an der Regierungsbildung besitzt. Dieses Recht besitzt
bei uns einen hohen Stellenwert. Die Aufwertung des individuellen Wissens hat
zur Entfaltung von Wissenschaft, Objektivität und Wahrheit beigetragen.
Je mehr die wissenschaftlichen Gemeinschaften wuchsen, umso mehr entwickelten sie ihr eigenes Vokabular, ihre eigenen Methoden, Analyseverfahren
und Problemlösestrategien. Dadurch entstand eine neue „Klasse des Wissens"
– Gruppen, die mehr zu wissen vorgaben als andere Menschen. Ohne eines
Initiation (d.h., die Erlangung eines akademischen Grades) steht es niemandem
zu, diese Annahmen in Frage zu stellen. Meinungen, die auf anderen Grundlagen basieren als den Standards der Klasse des Wissens – z.B. persönliche Werte, spirituelle Eingebungen, Verbundenheit mit anderen Traditionen –, werden
vorwiegend ignoriert. Die Aufklärung hat somit zwar zunächst eine Demo-
kratisierung der Gesellschaft herbeigeführt, sekundär jedoch eine neue Form
des Totalitarismus geschaffen.[10] Viele verspüren dabei Unbehagen: „Wenn die
Trompeten der Wahrheit ertönen, rette sich wer kann!"
Auflösung von Gemeinschaften: Betrachten wir das Individuum als grundle-
gendes Atom der Gesellschaft, fördern wir dadurch eher Trennung als Gemeinschaft. Wir bewerten, verurteilen, beobachten, heilen und bestrafen einzelne
Individuen. Beziehungen werden kaum beachtet – beispielsweise die koor-

dinierten Leistungen, die zur Erzeugung von Wissen, Rationalität und Moral erforderlich sind. Wir bewerten die individuelle Schülerin oder den individuellen Schüler und ignorieren, dass es die Kooperation zwischen Schülerinnen und Lehrern ist, auf welcher der Prozess der Bildung beruht. Wir stellen die individuellen Rechte in der Vordergrund und missachten dabei die Pflichten, die uns in unserer Gesellschaft obliegen. Unsere Konzeption des individuellen Selbst wird auf internationaler Ebene dupliziert:

Wir wollen individuelle Nationen stärken und halten Beziehungen zu anderen für zweitrangig. Gleichzeitig wird es jedoch immer klarer, dass das wirtschaftliche und politische Schicksal einer jeden Nation von ihren Allianzen abhängt – NATO, EU, UN, NAFTA usw. Richten wir unsere Aufmerksamkeit nur auf individuelle Einheiten, führt dies zu einer Blindheit gegenüber Beziehungen.

Instrumentelle Beziehungen: Dies Wertschätzung des Individuums führt zur Abwertung von allem, was nicht zum „Selbst" gehört. Betrachte ich Sie in der Position des anderen, frage ich mich, „ob Sie mir helfen oder schaden werden." Meinen Verstand setze ich ein, um mein Wohlbefinden zu sichern, und alles wird nach dem Ergebnis beurteilt. Ich begebe mich somit in eine *instrumentelle* Position gegenüber anderen: die anderen sind Mittel, die dem Zweck der Erfüllung meiner Wünsche zu dienen haben. In sich haben sie keinen Wert. Diese Einstellung durchdringt familiäre, freundschaftliche und kollegiale Beziehungen – und führt zu Entfremdung und Misstrauen. Eine Person hat nur einen Wert, so lange ich von ihr „profitiere." Warum sollte ich mit jemandem befreundet bleiben, „der nie etwas für mich tut?" Warum verheiratet bleiben, „wenn meine Bedürfnisse nicht befriedigt werden?" Die gleiche individualistische Sichtweise ist geradezu ein Synonym für das moderne Geschäftsleben. Im Dienste der Maximierung des Profits kann jeder zu jeder Zeit geopfert werden – einzelne Individuen (im Zuge der Rationalisierung), Regionen („das Unternehmen ist umgezogen") und sogar ganze Nationen („in China kann billiger produziert werden"). Wenn die Welt instrumentell wird, kann man niemandem mehr vertrauen.

Die Ausbeutung der Natur: Die Sichtweise der Instrumentalität prägt auch unsere Einstellung zur Natur. Zählt nur das Selbst, wird die Natur gemäß ihrer Vorteile (oder Gefahren) beurteilt, die sie „mir" bringt. Genau diese Mentalität – die sich auch in Organisationen wie Unternehmen und Regierungen wiederfindet – wird von vielen als Katastrophe angesehen. Natürliche Ressourcen (Kohle, Eisen, Erdöl) werden geplündert, Wälder abgeholzt, Gewässer verseucht und unzählige Tierarten ausgelöscht – alles im Dienste der Erweiterung des individuellen Profits. Viele sind überzeugt, dass wir diese Haltung der instrumentellen Expansion (mehr Wachstum, Profit und Wohlbefinden) zugunsten einer umweltbewussteren Orientierung aufgeben müssen, um die Erde überhaupt noch retten zu können.[11]

Dies sind nur einige der Kritikpunkte an der westlichen Tradition des individuellen Selbst und den sich daraus ergebenden Einstellungen zu Wahrheit, Vernunft und Moral. Im Verlauf dieses Buches werden wir noch weitere kennen lernen (insbesondere im 5. Kapitel). Das soll nicht heißen, dass wir diese Traditionen aufgeben müssen. Vielmehr sollen das kritische Hinterfragen und die Erkundung neuer, lebenswerterer Alternativen angeregt werden.

Aufruhr in der akademischen Welt: Vorsicht vor dem Wort

> …Wir multiplizieren die Unterschiede und glauben, unsere bescheidenen Grenzen seien Dinge, die wir wahrnehmen, und nicht solche, die wir geschaffen haben.
>
> William Wordsworth, „*The Prelude*", Book III

In Kontext dieser allgemeinen Bedenken haben drei neue Entwicklungen in der intellektuellen Welt Fuß gefasst, die vor allem kritische Töne anschlagen. Viele glauben, dass diese Entwicklungen – für sich genommen und in ihrer Gesamtheit – Todesurteile für die in Frage stehenden Traditionen darstellen. Während sie enorme Kontroversen und Widerstände hervorrufen, erzeugen diese Entwicklungen gleichzeitig einen konstruktiven und aufregenden neuen Dialog mit weitreichenden Konsequenzen. Dieser Dialog wird als postfundamentalistisch, postaufklärerisch, postempiristisch, poststrukturalistisch und *postmodern* bezeichnet. Sie werden diese Familie von „Post"-Begriffen im Verlauf dieses Buches noch näher kennen lernen. Lassen Sie uns nun unsere Aufmerksamkeit auf die zentralen Elemente des Dialogs richten. Sie bilden die Grundlage für das Verständnis des Sozialen Konstruktionismus.

Worte als Bilder: Die Krise der Repräsentation

Die wichtigsten Argumente der postmodernen Kritik lassen sich auf eine einzige, seit langer Zeit ignorierte Schwäche der traditionellen Vorstellungen über Wahrheit, Wissenschaft, das Selbst und andere Begriffe zurückführen. Diese Schwäche liegt in der unreflektierten Akzeptanz der Sprache. Wie erwähnt liegen die meisten Probleme der Idee eines individuell erkennenden Geistes in der Beziehung zwischen dem Selbst und der Welt (Probleme des „hier drinnen" versus „da draußen"). Dass Menschen Sprache verwenden, um die Inhalte ihres Geistes miteinander zu teilen, wird als selbstverständlich angesehen. Wir nehmen an, es sei nur natürlich, dass wir Wörter verwenden, um zu beschreiben, was wir erleben, und um unsere Gedanken und Beobachtungen mitzuteilen. Im Falle der Beobachtung gehen wir davon aus, es gebe so etwas wie eine *Bildtheorie der Sprache*. Das heißt, unsere Wörter wirken wie Bilder. Waren Sie noch nie in Marrakesch, könnte ich Ihnen beschreiben, was ich dort gesehen habe. Auf diese Weise könnten Sie sich ein Bild von meinen Eindrücken machen. In etwas formalerer Sprache wird diese Sichtweise in der Wissenschaftsphilosophie als die *Korrespondenztheorie der Sprache* bezeichnet. Wie kann es sein, fragen sich Philosophinnen und Philosophen, dass Wörter mit der Welt, wie sie ist, korrespondieren? Diese Frage ist von enormer Bedeutung. Durch Wörter kommunizieren wir, was wir für wahr halten – im Alltagsleben, vor Gericht oder in der Wissenschaft. Korrespondieren Wörter nicht mit den Ereignissen oder Objekten in der Welt – bilden sie die Welt nicht so ab, wie sie ist – , wie können wir dann die Wahrheit mitteilen? Sagt uns eine Psychologin oder ein Psychologe, „Personen mit ausgeprägter Ärgerneigung haben eine niedrigere Lebenserwartung als diejenigen, die ruhig und zufrieden sind", nehmen wir an, diese Aussage korrespondiere mit einer beobachteten Wirklichkeit. Andere Wissenschaftlerinnen und Wissenschaftler können das Zutreffen dieser Aussage überprüfen. Wird die Aussage bestätigt, werden wir uns in unserem Verhalten womöglich nach ihr richten. Korrespondieren Wörter hingegen nicht mit dem, was ist, lernen wir überhaupt nichts. In diesem Falle wäre die Aussage nichts als ein Märchen.

Interessanterweise konnte in der Wissenschaftsphilosophie nie genau erklärt werden, wie Wörter mit erlebten Wirklichkeiten korrespondieren. Vielleicht können Sie die Problematik nachvollziehen, wenn Sie sich die Vorstellung des inneren Selbst vergegenwärtigen. Wie können wir unsere persönlichen Erfahrungen anderen vollständig mitteilen? Wie können wir kommunizieren, was wir fühlen oder sehen? Denken Sie an Emotionen. Wie können Sie den komplexen und sich ständig verändernden Strom des Bewusstseins mit einem einzigen Wort wie „Traurigkeit" oder „Liebe" wiedergeben? Und was ist überhaupt das Objekt des Wortes? Welcher Teil der Erfahrung wird durch das Wort zum Ausdruck gebracht? Außerdem haben Sie sich die Wörter, mit denen Sie Ihre inneren Zustände ausdrücken, nicht selbst ausgesucht. Sie müssen auf das Vokabular zurückgreifen, das Ihre Kultur Ihnen vorgibt. Sind diese Wörter angemessen, um Ihre Zustände zu beschreiben? Welche Zustände werden durch diese Wörter abgebildet? Wie können wir also behaupten, dass Wörter mit Erfahrungen korrespondieren bzw. „die Wahrheit" über unser Erleben zum Ausdruck bringen?

Sie mögen antworten, dass Wahrheit in der Sprache schwer zu rechtfertigen ist, wenn es um psychologische Zustände geht, nicht aber im Falle wissenschaftlicher Wahrheiten. In der Wissenschaft sprechen wir von jederzeit beobachtbaren Phänomenen. In diesem Bereich korrespondieren Wörter mit Objektes. Bedenken Sie jedoch die klassische Kritik des Philosophen W. v. O. Quine. In seinem Werk *Wort und Gegenstand*[12] fragt er, wie Wörter und Objekte einander entsprechen können, so dass wir alle sicher sein können, dass wir das gleiche meinen. Quine führt den hypothetischen Fall eines Sprachwissenschaftlers an, der einen exotischen Stamm besucht und sich bemüht, dessen Sprache zu übersetzen. Dem Linguisten fällt auf, dass die Menschen das Wort *gavagai* verwenden, wenn ein Hase vorbeiläuft. Allerdings wird das gleiche Wort benutzt, wenn es um einen springenden Hasen, einen toten Hasen, einen im Kochtopf befindlichen Hasen oder die durch einen Strauch erkannten Ohren eines Hasen geht. Die einzelnen Objekte sind einander kaum ähnlich. Welchem spezifischen beobachtbaren Phänomen entspricht also das Wort *gavagai*? Selbst wenn das Tier direkt vor uns stünde, meinen diese Menschen mit dem Wort *gavagai* tatsächlich genau das gleiche wie wir mit dem Wort Hase? Vielleicht beziehen sie sich auf die Ansammlung der Teile, aus denen der Hase besteht, während wir eher den Hasen als Ganzes meinen.

Quine schlussfolgert, dass wir mit einer schwerwiegenden *Unbestimmtheit der Referenz* konfrontiert sind – einer beträchtlichen Ungewissheit bezüglich dessen, worauf sich unsere Wörter tatsächlich beziehen. Überlegen Sie einmal, mit welchem besonderen Objekt und welchem besonderem Zustand Ihr Name korrespondiert. Sie befinden sich in einem Zustand kontinuierlicher Veränderung; Sie wachsen und entwickeln sich; mal sagen Sie das eine, mal das andere. Dennoch verwenden Sie für all diese Konfigurationen ein einziges Wort. Sie wissen allerdings nicht, ob auch andere Menschen Ihren Namen für die gleichen Konfigurationen einsetzen. Im nächsten Kapitel werden wir auf dieses Problem der Wahrheit in der Sprache zurückkommen. Vorerst genügt es jedoch, die Kritik der Korrespondenz als Einstieg in zwei noch durchschlagendere Analysen zu betrachten.

Ideologische Kritik: Die Krise der Wertfreiheit

> Wir stellen der Natur keine Frage und sie antwortet uns nicht.
> Wir fragen uns selbst und organisieren Beobachtungen
> und Experimente so, dass wir Antworten erhalten.
>
> Michail Bachtin, *The Problem of the Text*

Jedes Jahr bitten mich mehrere Studierende um Empfehlungsschreiben. Sie haben meist gute Gründe, um von mir positive Schreiben zu erwarten. Doch was heißt in diesem Falle „positiv"? Ich könnte ein- und dieselbe Person als „fleißige Arbeiterin", „fähige Studentin", „intelligent", oder „intellektuell brillant" bezeichnen. All diese Beschreibungen sind positiv. Auf der Grundlage objektiver Genauigkeit könnte ich nicht zwischen ihnen unterscheiden. Wie wähle ich also meine Formulierung? Die Beschreibungen lassen erkennen, welche Einstellung ich der Studentin oder dem Studenten gegenüber habe. Liegt mir ihr Erfolg am Herzen, werde ich sie nicht als „fleißige Arbeiterin" oder als „fähige Studentin" bezeichnen. Diese Beschreibungen sind zwar positiv, vermitteln jedoch keine Begeisterung. Selbst „intelligent" ist bei weitem nicht so eine starke Aussage wie „intellektuell brillant". Je nach meiner Einstellung zu der Studentin oder dem Studenten kann ich demnach – ohne objektiv unfair zu sein – mehr oder weniger positive Beschreibungen wählen.

Die Möglichkeit, dass meine *Interessen* meine Aussagen über die Welt prägen, erscheint trivial. Allerdings hat sie weitreichende Konsequenzen. In dem Maße, in dem meine Interessen festlegen, wie ich die Welt beschreibe, verlieren meine Beschreibungen ihren objektiven Charakter. Je mehr Sie glauben, ich hätte starke persönliche Interessen, umso weniger werden Sie mich für objektiv halten und umso mehr werden Sie meine Aussagen als Ausdruck persönlicher Anliegen betrachten. Meine Autorität in Bezug darauf, die Fähigkeiten meiner Studierenden (in diesem Beispiel) einschätzen zu können, wird untergraben bzw. zerstört. Egal, um welches Thema es geht – sobald Sie meine persönlichen Interessen wahrnehmen, werden Sie meine Autorität anzweifeln. Die Bedeutsamkeit dieses Arguments wurde durch die frühen Schriften von Marx unterstrichen. Marx und seine Schülerinnen und Schüler behaupteten, die kapitalistische Wirtschaftstheorie sei eine zutreffende Beschreibung der wirtschaftlichen Gegebenheiten. Da diese Theorie jedoch ein System bevorzugt, das nur für bestimmte Menschen Vorteile bringt, ist sie verdächtig. Die Theorie rechtfertigt einen Zustand, in dem die Machthabenden durch die Ausbeutung der Machtlosen profitieren. Sie täuscht die Bevölkerung, indem sie ihren Glauben an einen Irrtum stärkt, der sie zu Gefangenen macht. Das gleiche Argument brachte Marx gegen die religiösen Autoritäten vor. Religiöse Lehren führen ihm zufolge nicht zu spiritueller Erleuchtung, sondern wirken wie „Opium für das Volk", welches das Bewusstsein um Unterdrückung und Ausbeutung schwächt.

Diese Kritik ist jedoch keineswegs auf marxistische Theorien begrenzt. Der Sozialtheoretiker Jürgen Habermas zeigt in seinem einflussreichen Buch *Erkenntnis und Interesse*,[13] dass jeglicher Wissenserwerb bestimmte Interessen gegenüber anderen in den Vordergrund stellt und bestimmte politische und ökonomische Konstellationen gegenüber ihren Alternativen bevorzugt. Auf jede Autorität – ob Wissenschaftler, Verfassungsrichterin oder Religionsführer – kann sich somit *ideologische Kritik* richten – Kritik, die darauf abzielt, jene Interessen, Werte, Dogmen und Mythen offen zu legen, die den scheinbar objektiven Ansprüchen auf Wahrheit zugrunde liegen. Die ideologische Kritik legt nahe, dass die Worte dieser Autoritäten keine exakten Abbildungen der Realität sind. Ihre persönlichen Interessen bringen sie dazu, bestimmte Aspekte in den Vordergrund zu stellen und andere weitestgehend außer Acht zu lassen. Doch was lassen sie aus, was ignorieren sie? In Anbetracht der Möglichkeit persönlicher Interessen sollten wir uns fragen, wie Autoritäten zu ihrer jeweiligen Sichtweise gelangen. Wessen Sichtweise wird verschwiegen, wer wird ausgebeutet?

Derartige Kritik mag in Bezug auf Politik, Religion und Sozialwissenschaften angebracht erscheinen, da in diesen Bereichen viele Begriffe vage und viele Fakten strittig sind. Sollten nicht jedoch die Naturwissenschaften immun gegenüber derartigen Überlegungen sein? Wissenschaftlerinnen und Wissenschaftler unterliegen doch keinen ideologischen Zwängen und ihre Erkenntnisse können jederzeit überprüft werden. Scharfsinnige ideologische Kritikerinnen und Kritiker sehen allerdings gerade in dieser scheinbaren Neutralität der Wissenschaft die größte Täuschung und fordern eine kritischere Auseinandersetzung. Bedenken Sie beispielsweise Emily Martins Analyse der wissenschaftlichen Beschreibung des weiblichen Körpers. Martin kommt zu dem Schluss, dass der weibliche Körper in vielen Lehrbüchern als „Fabrik" beschrieben wird, dessen Aufgabe darin besteht, für Nachkommen zu sorgen. Die Prozesse der Menstruation und Menopause werden als Verschwendung oder gar als dysfunktional beschrieben, da während dieser Phasen keine „Reproduktion" möglich ist. Beachten Sie die negativen Begriffe, mit denen die Menstruation beschrieben wird: „Der Rückgang des Progesteron- und Östrogenspiegels im Blut *entzieht* der hochentwickelten Schleimhaut des Endometriums ihre hormonelle Versorgung"; „Verengung" der Blutgefäße führt zu einer „verringerten Sauerstoff- und Nährstoffversorgung"; wenn „der Zerfall einsetzt, löst sich die gesamte innere Schicht des Endometriums und der Menstruationsfluss beginnt." „Der Verlust der hormonellen Stimulation führt zum Gewebetod." In einem weiteren Lehrbuch heißt es, die Menstruation sei wie „der Schrei des Uterus nach einem Baby".[14]

Martin weist auf zwei wichtige Punkte hin. Erstens sind die wissenschaftlichen Beschreibungen alles andere als neutral. In subtiler Weise informieren sie die Leserinnen und Leser, dass Menstruation und Menopause Formen des Zerfalls oder Versagens sind. Diese negative Sichtweise hat weitreichende soziale Konsequenzen. Für die Frau bedeutet die Übernahme derartiger Vorstellungen eine Entfremdung von ihrem eigenen Körper. Womöglich kommt es zu negativen Selbstbewertungen – jahrzehntelang Monat für Monat während der Regel und nach den fruchtbaren Jahren für den Rest des Lebens. Kinderlose Frauen werden implizit für ihre *Unproduktivität* verurteilt. Wichtig ist vor allem, dass es auch alternative Sichtweisen gibt. Negative Beschreibungen sind keine Abbildung der Dinge, wie sie sind. Vielmehr reflektieren sie männliche Interessen und fördern eine Ideologie, welche die Frau zu einer „Babyproduzentin" degradiert.

Des Weiteren schildert Martin, wie auch andere Körperprozesse, darunter einige ausschließlich bei Männern vorkommende, in der gleichen Weise beschrieben werden könnten. Die Magenschleimhaut wird regelmäßig abgestoßen und ersetzt und der Fluss der Samenflüssigkeit beseitigt abgestorbene Zellen. Allerdings beschreiben Lehrbücher die Veränderung der Magenwand als „Erneuerung" und den Samenerguss keineswegs als „Verlust" oder „Verschwendung". Letztendlich sind viele Beschreibungen möglich und die gegenwärtig dominierende reflektiert männliche Interessen.

Martins Analyse ist lediglich ein Beispiel für ideologische und feministische Kritik, die sich auf Kultur, Sozial- und Naturwissenschaften bezieht. Marxisten und Feministinnen sind nicht die einzigen Gruppen, die ideologische Kritik vorbringen. Vielmehr wird diese Kritik von nahezu allen Gruppen geäußert, die sich von der Gesellschaft eingeschränkt, unterdrückt oder „ungehört" fühlen – Menschen von afrikanischer, lateinamerikanischer, arabischer oder asiatischer Herkunft, Feministinnen, Indianer, Homosexuelle u.a. In allen Fällen stellt die Kritik die für selbstverständlich gehaltene Logik oder Realität der dominierenden Kultur in Frage und zeigt, wie diese Denkweisen die Interessen der dominierenden Gruppen stärken und Ungerechtigkeiten fördern.

Es ist nicht leicht für die Kritisierten, sich zu verteidigen. Eine Rechtfertigung einer offensichtlich dem Eigeninteresse dienenden Aussage führt zu weiteren Zweifeln. Die „Fakten" entspringen einer durch Eigeninteresse geprägten Sichtweise. Da ideologische Kritik meist gegen die Machthabenden gerichtet ist – diejenigen, die über Reichtum, Status, Privilegien, Sicherheit etc. verfügen –, fällt es diesen schwer, überhaupt etwas zu erwidern. Würden die Privilegierten etwas sagen, was nicht letztendlich dazu dient, ihre eigenen Interessen zu schützen? Manchen erscheint ideologische Kritik als eine neue Methode zur Verteidigung der Demokratie. Andere sehen in ihr das Ende der Demokratie. Diesem Thema werden wir uns später erneut zuwenden. Lassen Sie uns nun eine zweite gewichtige Gefahr für die bestehenden Traditionen untersuchen.

Von der Semiotik zur Dekonstruktion: Das Ende der Rationalität

> Es gibt nichts außerhalb des Textes.
>
> Jacques Derrida, *Positions*

Ein weiterer skeptischer Ansatz nahm seinen Anfang in einer kleinen Ecke der akademischen Welt. Die einst leise Stimme ist nun vielerorts gut hörbar. Um diesen Ansatz zu verstehen, müssen wir uns erneut dem Wort zuwenden – diesmal allerdings der Untersuchung der Sprache. Eine der wichtigsten Richtungen in Bezug auf das Verstehen von Sprache geht zurück auf den Schweizer Linguisten Ferdinand de Saussure (1857-1913).[15] In seinem einflussreichen Werk *Grundfragen der Allgemeinen Sprachwissenschaft* beschreibt er die Grundlagen dessen, was sich zur Semiotik entwickelt hat. Das Gebiet der Semiotik (oder Semiologie) entstand als *Wissenschaft der Zeichen*, d.h. als eine Disziplin, die sich mit jenen Systemen beschäftigt, mittels derer wir kommunizieren. Zwei von Saussures Ideen sind für unser Thema besonders wichtig. Erstens unterscheidet er zwischen *Signifikant* und *Signifikat*. Der Signifikant ist ein Wort (oder ein anderes Symbol) und das Signifikat ist das, was von dem Wort bezeichnet wird. Saussure schlug vor, dass *die Beziehung zwischen Signifikant und Signifikat letztendlich willkürlich* sei. Folgendes einfache Beispiel mag dies verdeutlichen. Bei der Geburt wurde jeder und jedem von uns ein Vorname zugewiesen (ein Signifikant). Unsere Eltern konnten jedoch irgendeinen Namen wählen, der ihnen gefiel. Saussures zweite wichtige These war, dass *Sprachsysteme von ihrer eigenen inneren Logik bestimmt werden*. Mit anderen Worten: Unsere Sprache (als Zeichensystem) kann durch die verschiedenen Grammatik- oder Syntaxregeln beschrieben werden. Wenn wir sprechen oder schreiben, müssen wir uns einigermaßen an diese Regeln (die interne Logik) halten, um einander verstehen zu können.

All dies erscheint einfach genug. Es existiert eine lange Tradition der Forschung in Bezug auf Grammatik, Phonetik, Syntax, die Geschichte der Sprache usw. Interessant wird es vor allem dann, wenn wir uns auf die zuvor beschriebene Korrespondenztheorie der Sprache zurückbesinnen. Die Begriffe der Exaktheit, Objektivität und Wahrheit basieren alle auf der Annahme, dass bestimmte Wörter mit dem übereinstimmen, was tatsächlich existiert. Gemäß dieser Sichtweise beschreiben manche Wörter die Dinge, wie sie sind, während andere Wörter Vorurteile, Übertreibungen oder Unwahrheiten zum Ausdruck bringen. Ist die Beziehung zwischen Signifikant und Signifikat jedoch letztendlich willkürlich, könnte theoretisch jedes Wort für Objekte, Personen oder Ereignisse stehen. Was verleiht demnach bestimmten Kombinationen von Wörtern das Privileg, mit den Fakten überein zu stimmen? Ist es nicht lediglich eine soziale Übereinstimmung, die das Wort mit der Welt verbindet und es zur „Wahrheit" macht, dass ich Kenneth und nicht Samuel oder Susan bin? Es liegt nicht daran, dass das Wort eine Landkarte oder ein Bild von mir darstellt. Vielmehr unterliegen Beschreibungen mit Wörtern regionalen Konventionen.

Eine schöne Darstellung des Ausmaßes, in dem die „Wahrheit in der Sprache" von Konventionen abhängt, findet sich in Raymond Queneaus faszinierendem kleinen Buch *Stilübungen*.[16] Queneau führt 195 verschiedene Beschreibungen der gleichen Begebenheit auf. Abwechselnd verwendet er Metaphern, Poetik, Wissenschaftssprache und andere Genres, so dass deutlich wird, wie viele Möglichkeiten uns zur Verfügung stehen, um ein- und dieselbe Situation zu beschreiben. Zunächst eine der sehr bildhaften Beschreibungen:

> In des Tages Mitte, eingezwängt in einen Schwarm reisender Sardinen in einer großen weißen Schale, entlädt sich urplötzlich die Kritik eines Wesens mit einem langen, form-

losen Hals über einen friedfertigen Nachbarn. Die Tirade des Protests erfüllte die Luft. Schließlich fühlte sich der Grünschnabel von einer Leere angezogen, in die er sich sogleich hinein begab.

In einer trostlosen, städtischen Wüste sah ich ihn erneut am selben Tag, wie er aus dem Kelch der Demütigung trank, der ihm von einem unbedeutenden Knopf gereicht wurde.

Für die meisten von uns erscheint diese Darstellung als nicht besonders objektiv und mit den Fakten übereinstimmend. Sie erscheint vielleicht poetisch oder sonderbar – als ein Spiel mit Worten. Lassen Sie uns zur nächsten Beschreibung übergehen:

Während der Hauptverkehrszeit befand sich im S-Bus ein junger Mann von etwa 26 Jahren, der einen Hut trug und dessen Hals etwas zu lang erschien, als hätte jemand unaufhörlich daran gezogen. Einige Personen steigen aus. Besagtem jungem Mann missfällt das Verhalten eines der Männer, die neben ihm stehen. Er wirft diesem vor, ihn jedes Mal anzurempeln, wenn jemand vorbeigeht. Er bedient sich eines scharfen Tones, der aggressiv wirken soll. Als er einen leeren Platz sieht, setzt er sich sofort hin.

Zwei Stunden später treffe ich ihn im Cour de Rome vor dem Bahnhof Saint-Lazare. Er steht neben einem Freund, der zu ihm sagt: „Du solltest Dir noch einen Knopf an deinen Mantel annähen lassen." Er zeigt ihm wo und warum.

Mit dieser Darstellung sind wir schon zufriedener. Endlich wissen wir, was *wirklich* passiert. Doch wie gelangen wir zu dieser Schlussfolgerung? Weil die Sprache präziser ist? Wenden wir uns nun der wissenschaftlichen Sprache zu:

In einem Bus der S-Linie, 10 Meter lang, 3 Meter breit, 6 Meter hoch, 3,6 km von seinem Ausgangspunkt entfernt, 48 Passagiere, 12:17 Uhr, spricht ein Mann, 27 Jahre, 3 Monate und 8 Tage alt, 172 cm groß, 65 kg schwer, der einen Hut trägt, welcher von einem 60 cm langen Band umfasst wird. Der Empfänger der Kommunikation ist ein anderer Mann, 48 Jahre, 4 Monate und 3 Tage alt, 168 cm groß, 77 kg schwer. Das Gesagte besteht aus 14 Wörtern, die innerhalb von 5 Sekunden ausgesprochen werden und bezug nehmen auf unwillkürliche ruckartige Bewegungen von 15 bis 20 mm. Anschließend setzt sich der jüngere Mann auf einen 110 cm entfernten freien Platz.

57 Minuten später steht der selbe Mann 10 Meter vom Metro-Eingang des Bahnhofs Saint-Lazare entfernt. Anschließend geht er 30 Meter neben einem Freund, 28 Jahre, 170 cm groß und 71 kg schwer, der ihn mit 15 Wörtern anweist, einen Knopf von 3 cm Durchmesser 5 cm nach oben zu bewegen.

Jetzt verfügen wir über Details ohne Farbe oder Leidenschaft. Allerdings können wir erneut nicht sicher sein, was „wirklich" passierte. Was bestimmt also, welche Darstellung „objektiv exakt", welche „ästhetisch" oder „obskur" ist? Es scheint nicht die Korrespondenz der Wörter mit der Welt zu sein. Nirgends in diesen Darstellungen sind wir jener „Welt" begegnet, auf die wir uns beziehen. Wir haben uns lediglich mit unterschiedlichen Stilvarianten der Darstellung beschäftigt. Ist Wahrheit demnach davon abhängig, welchen Stil wir wählen?

Obgleich eine solche Schlussfolgerung extrem erscheinen mag, rechtfertigt die Beschäftigung mit der Sprache eine robuste Skepsis. Werden Ansprüche auf „Wahrheit", „Objektivität" oder „Exaktheit in der Darstellung" erhoben, sollten wir uns stets vergegenwärtigen, dass wir es lediglich mit einer von vielen möglichen Beschreibungen zu tun haben. Es sind „Wahrheiten durch Übereinstimmung" – d.h. Darstellungsformen, die von bestimmten Gruppen von Personen bevorzugt werden. Wir müssen uns jedoch fragen, wer diese Personen sind, was sie verschweigen und wessen Sichtweise unberücksichtigt bleibt. All dies sind Fragen, die uns in diesem Buch beschäftigen werden. An dieser Stelle wollen wir uns noch weitreichenderen Konsequenzen sprachwissenschaftlicher Argumente zuwenden.

Das bisher Gesagte bezieht sich lediglich auf die willkürliche Beziehung zwischen Signifikant und Signifikat. Bedenken Sie jedoch auch den zweiten Aspekt des semiotischen Ansatzes: Sprache kann als ein in sich geschlossenes System untersucht werden. Obgleich diese Annahme recht harmlos erscheint – etwa so, als würden wir sagen, dass wir Musik oder das Leben der Pflanzen unabhängig von anderen Phänomenen untersuchen können –, hat sie wichtige Konsequenzen. Wird Sprache tatsächlich von einer inneren Logik bestimmt, so ist das, was wir „Bedeutung" nennen, womöglich unabhängig von der Welt außerhalb der Sprache. Mit anderen Worten: Wörter und Aussagen könnten ihre Bedeutung durch ihre Beziehung zu anderen Wörtern und Aussagen erlangen, unabhängig davon, „wie die Welt wirklich ist". Diese Möglichkeit erscheint besonders bedeutsam in Bezug auf Definitionen. Jedes im Wörterbuch erklärte Wort wird durch andere Wörter definiert. Sie müssen das Wörterbuch nicht zuschlagen, um die Bedeutung von Wörtern zu finden. Entsteht die Bedeutung jedoch aus den Wörtern selbst, könnte es nicht möglich sein, dass unser Verständnis von der Welt und von uns selbst vorwiegend durch die Beziehung zwischen Wörtern bestimmt wird? Wir behandeln Annahmen über die Welt und das Selbst als Wiedergabe dessen, was in der Realität existiert. Derartige Annahmen sind jedoch in ihrer Verständlichkeit von ihrer Stellung innerhalb einer Geschichte der Verwendung von Sprache abhängig.

Genau diese Möglichkeit hat zu einem großen Interesse an literarischen Theorien geführt, insbesondere an den Arbeiten des Franzosen Jacques Derrida.[17] Obgleich viele Unstimmigkeiten bestehen, haben verschiedene Wissenschaftlerinnen und Wissenschaftler Derridas Schriften über linguistische *Dekonstruktion* in viele bedeutsame Richtungen erweitert. Zwei dieser Ansätze sind für uns besonders interessant. Erstens legt die dekonstruktionistische Theorie nahe, dass all unsere Versuche, Sinn herzustellen – durch vernünftige Entscheidungen und geeignete Antworten auf die Herausforderungen des Lebens –, zunächst einmal eine *massive Unterdrückung von Sinn und Bedeutung* erfordern. Jegliche Vernunft ist letztendlich kurzsichtig. Zweitens steht die Konsistenz der meisten unserer rationalen Darstellungen auf einem sehr wackligen Fundament. Rationalität ist somit keine geeignete Basis für Entscheidungen, etwa als Kriterium für unsere Institutionen des Staates und der Wissenschaft um festzulegen, was moralisch oder förderungswürdig ist. Vielmehr meint Derrida, dass unsere „guten Gründe" letztlich sowohl unterdrückend als auch gehaltlos sind. Dies sind starke, geradezu empörende Schlussfolgerungen. Wie können Derrida und andere derartige Behauptungen aufstellen?

Erstens, wie können Dekonstruktionstheoretikerinnen und -theoretiker der Auffassung sein, Rationalität erfordere Unterdrückung von Sinn und Bedeutung? Auf der Grundlage der frühen semiotischen Theorie betrachtet Derrida die Sprache zunächst als ein System von *Unterschieden*. Sprache ist nicht wie ein fließender Strom, sondern aufgeteilt in separate Einheiten (bzw. Wörter). Jedes Wort ist von allen anderen verschieden. Diese Unterschiede lassen sich auch binär darstellen (Aufteilung in zwei Einheiten). Die Eindeutigkeit eines Wortes besteht somit auf der simplen Unterscheidung zwischen „dem Wort" und „nicht dem Wort". Zum Beispiel beruht die Bedeutung von „weiß" auf dem Unterschied dieses Wortes zu „nicht weiß" (z.B. „schwarz"). Die Bedeutung von Wörtern it demnach abhängig von der Unterscheidung zwischen einer *Anwesenheit* und einer *Abwesenheit* – das, was das Wort beschreibt, und das, was das Wort nicht beschreibt. Um der Sprache einen Sinn zu geben, müssen wir in Anwesenheiten sprechen. Die Anwesenheit wirkt vor dem Hintergrund des Abwesenden. Das Anwesende wird privilegiert. Es wird durch die Wörter in den Vordergrund gestellt. Das Abwesende wird manchmal bedacht, meistens jedoch vergessen. Wichtig ist allerdings, dass das Anwesende keinen Sinn ergeben würde ohne das Abwesende. Ohne diese binäre Unterscheidung gäbe es weder Sinn noch Bedeutung.

Lassen Sie uns dieses Argument in der Praxis testen. Denken Sie an die allgemein akzeptierte Sichtweise der Wissenschaft, dass der Kosmos aus Materie besteht. Wir Menschen sind daher ebenfalls materielle Wesen. Von dieser Materie sprechen wir als Nervenzellen, chemischen Elementen oder Atomen. Entfernen Sie die Materie und es bleibt nichts von dem übrig, was Sie als Person bezeichnen könnten. Humanistinnen und Humanisten und spirituell gesonnene Menschen haben große Schwierigkeiten mit dieser Sichtweise. Sie scheint all das in Frage zu stellen, was wir beim Menschen für wertvoll halten. Wir möchten glauben, es gäbe etwas, das dem menschlichen Leben mehr Wert verleiht als einem Auto oder einem neuen Fernseher. Allerdings erscheint das materialistische Weltbild als so offensichtlich wahr! Vergegenwärtigen Sie sich jetzt die Argumente des Dekonstruktionismus: Das Wort „Materie" erhält seine Bedeutung aus der binären Unterscheidung zwischen dem Materiellen und dem Nicht-Materiellen. Lassen Sie uns vom Gegensatz Materie/Geist sprechen. Zu sagen „Der Kosmos ist Materie" macht keinen Sinn, wenn man Materielles nicht von Geistigem unterscheiden kann. Es muss demnach etwas Geistiges geben um bestimmen zu können, was materiell ist. Und wenn etwas

Geistiges existieren muss um der Materie ihre Bedeutung zu geben, kann der Kosmos nicht ausschließlich aus Materie bestehen. Mit anderen Worten: Im materialistischen Weltbild wird die spirituelle Welt marginalisiert. Das Geistige ist eine nicht weiter beachtete Abwesenheit. Ohne die Anwesenheit dieser Abwesenheit ginge jedoch die Bedeutung der Aussage „Der Kosmos ist Materie" verloren. Das gesamte materialistische Weltbild ruht demnach auf der Unterdrückung des Geistigen.

Derrida benennt viele ähnliche binäre Unterscheidungen in der westlichen Tradition. Für jeden dieser Fälle besteht die starke Tendenz, eine Seite zu Lasten der anderen zu privilegieren. In der westlichen Kultur bevorzugen wir im Allgemeinen das Rationale gegenüber dem Emotionalen, den Geist gegenüber dem Körper, die Ordnung gegenüber der Unordnung und Führungspersönlichkeiten gegenüber Nacheiferern. Viele Sozialkritikerinnen und -kritiker haben darauf hingewiesen, dass die in einer Gesellschaft dominierenden Gruppen stets den privilegierten Pol für sich beanspruchen und die „Anderen" als Gegner betrachten. Bedenken Sie z.B., wie das Maskuline üblicherweise mit Vernunft, geistiger Kontrolle, Ordnung und Führungsstärke assoziiert wird, während Frauen häufig als emotionale, körperorientierte, unorganisierte Nachahmer gelten. Aufgrund der gravierenden Konsequenzen dieser Unterscheidungen zielen dekonstruktionistische Kritikerinnen und Kritiker darauf ab, die binären Einteilungen aufzuheben und Grenzen zu verwischen. Dieses Thema wird uns später noch beschäftigen.

Der Angriff auf die Rationalität endet nicht mit dem Hinweis auf das durch sie Unterdrückte. Aus dekonstruktionistischer Sicht erkennen wir die fehlende Kohärenz unserer rationalsten Darstellungen. Rationalität ist keine Grundlage für unsere staatlichen und wissenschaftlichen Institutionen, um über das Moralische und Gute zu entscheiden. Überall werden wir mit Expertinnen und Experten konfrontiert, die von einer bestimmten Sichtweise überzeugt sind. Aus Derridas Sicht gibt es jedoch keinen Grund für derartiges Selbstvertrauen. Bei näherer Betrachtung erscheint die Vernunft als leer. Wie kommt das? Erinnern Sie sich an die Idee von der Sprache als ein in sich geschlossenes System, in dem die Bedeutung eines jeden Wortes von seiner Beziehung zu anderen Wörtern abhängt. Derrida schlägt vor, diese Abhängigkeit beruhe auf zwei Komponenten, *Unterschieden* und *Verweisen*. Jedes Wort erlangt seine Bedeutung durch seine Unterschiede gegenüber anderen Wörtern. Das Wort „Bank" hat in sich keine Bedeutung, sondern bekommt erst dann einen Sinn, wenn man es anderen Wörtern wie „Tank" oder „Zank" gegenüberstellt. Dieser Unterschied reicht allerdings noch nicht, um „Bank" seine Bedeutung zu verleihen. Um dieses Wort zu verstehen, müssen wir auf andere Wörter hinweisen, die uns sagen, was „Bank" bedeutet. Dabei haben wir mehr als nur eine Möglichkeit, einen solchen Hinweis zu geben. Zum Beispiel können wir sagen, eine Bank sei „ein Geldinstitut" oder

„eine Vorrichtung, auf die man sich setzen kann". Das Wort enthält somit unterschiedliche Bedeutungen aus verschiedenen sprachlichen Kontexten. Sobald der Prozess der *différance* (Derridas Oberbegriff für „Unterschiede" und „Verweise") begonnen hat, gibt es keinen vorgegebenen Abschluss. Das heißt, die Bedeutungen der Wörter „Kreditinstitut" und „Sitzgelegenheit" liegen nicht in diesen Wörtern selbst. Um sie zu verstehen, müssen wir wiederum auf andere Wörter verweisen. Und so geht es immer weiter. „Nichts…ist irgendwo einfach anwesend oder abwesend. Es gibt lediglich überall Unterschiede und Spuren von Spuren."[18]

Vergegenwärtigen Sie sich einmal einen Begriff wie Demokratie. Wir sprechen von der Demokratie als einer existierenden Regierungsform, die wir analysieren, befolgen, wertschätzen und notfalls mit unserem Leben schützen wollen. Die Bedeutung des Wortes „Demokratie" erfahren wir jedoch nicht, indem wir menschliches Verhalten einfach nur beobachten. Das Wort ist keine Abbildung menschlicher Verhaltensweisen. Um das Wort sinnvoll einzusetzen, bedarf es der Unterscheidung zwischen „Demokratie" und Wörtern wie „totalitäres Regime" oder „Monarchie". Diese Unterschiede reichen allerdings noch nicht, um das Wort zu verstehen. Ist eine Demokratie nicht weitaus mehr als „keine Monarchie"? Um zu Klarheit zu gelangen, müssen wir auf andere Wörter wie „Freiheit" und „Gleichheit" hinweisen. Doch was bedeuten diese Wörter? Erneut müssen wir auf den Prozess der *différance* zurückgreifen. „Gleichheit", mögen wir sagen, ist das Gegenteil von „Ungleichheit". Sie besteht in Gesellschaften, die „fair" und „gerecht" sind. Doch was genau ist „Ungleichheit" und was bedeutet „fair" oder „gerecht?" Die Suche geht weiter und es besteht keine Möglichkeit, über Wörter hinauszugehen und „die Sache an sich" zu befragen. Die Bedeutung von Demokratie ist letztlich nicht eindeutig festzulegen.

Aus dieser Sicht sind alle scheinbar klaren und überzeugenden Argumente letztlich angreifbar. Schließlich sind alle Wörter, aus denen sich ein Argument zusammensetzt, mehrdeutig. Klarheit und Überzeugungskraft bleiben nur erhalten, so lange man nicht zu viele Fragen stellt, wie z.B. „was genau bedeutet Demokratie … Gerechtigkeit … Krieg … Liebe … Depression?" usw. Bei näherer Betrachtung stürzen alle mit Autorität vorgetragenen Argumente – und alle Bedeutungen – in sich zusammen.

Das Tal der Verzweiflung

Dieses Kapitel begann mit der Untersuchung einer ganzen Reihe miteinander verwandter Annahmen: dem Gefühl, wir verfügten über Wissen und seien vernünftig und autonom, sowie dem damit verbundenen Glauben an objektives Wissen, Rationalität und moralische Grundlagen. Diese Vorstellungen liegen dem zugrunde, was häufig als kulturelle Moderne bezeichnet wird. Obgleich diese Überzeugungen viele kulturelle Traditionen aufrecht erhalten (Demokratie, Bildungssystem, Wirtschaft und institutionelle Strukturen), haben wir gesehen, auf welch wackligem Grund sie stehen. Auf viele Fragen von grundsätzlicher Bedeutung können sie keine befriedigende Antwort geben. Sicher verschwinden Annahmen oder Traditionen nicht einfach, nur weil sie fehlerhaft sind. Das Leben ist nie vollkommen. Beschäftigen wir uns jedoch mit den weitreichenden, sich gegenwärtig auf globaler Ebene vollziehenden Veränderungen, erkennen wir die potenziellen Gefahren, die sich aus diesen Erscheinungen der Moderne ergeben. Die Frage muss erlaubt sein, ob diese Annahmen für die Zukunft überhaupt noch sinnvoll sind. Die wachsende Bewusstheit um die zeitlichen und kulturellen Begrenzungen dieser Vorstellungen bildet die Grundlage für zahlreiche kritische Ansätze innerhalb der akademischen Welt. Da diese Kritik das Weltbild der Moderne grundsätzlich in Frage stellt, wird sie als postmodern bezeichnet. Durch das in Frage stellen der Beziehung zwischen Wort und Welt erscheinen alle Ansprüche auf Wahrheit, die mittels der Sprache vorgebracht werden, als fragwürdig. Durch die ideologische Kritik haben wir gesehen, dass alle Expertenaussagen über das individuelle Selbst und die Welt verdächtig sind. Die semiotische und dekonstruktionistische Kritik hat uns gezeigt, wie wir allen Annahmen, Beschreibungen und rationalen Argumenten begegnen können. Den Vorstellungen der Moderne wird somit ihre Grundlage entzogen. Letztendlich sehen wir uns mit einer *Legitimationskrise* konfrontiert: Alle Ansprüche auf Wissen über das Selbst und die Welt verlieren ihre Überzeugungskraft.[19] Diese Krise verlässt nun die Begrenzung der Bücher und wird zum Antrieb für Aktionen. Begriffe wie „Identitätspolitik", „Wissenschaftskrieg", „Krieg der Kulturen" und „politische Korrektheit" sind nur einige Indizien für zunehmende Unruhe. Überall gibt es Fragen, Herausforderungen, Misstrauen und Widerstand.

Ein letzter Aspekt muss allerdings noch angesprochen werden. Für viele führen diese Veränderungen in ein Tal der Verzweiflung. Nicht nur die alten Traditionen erscheinen als haltlos, sondern auch die Kritik. Auf den ersten Blick scheint die Kritik uns neue Einsichten zu vermitteln – neue Möglichkeiten des Verstehens und womöglich brauchbare Handlungsalternativen. Und doch wäre es mehr als unbefriedigend, sollte der Dialog hier enden. Das Hauptproblem besteht darin, dass die Kritik so kraftvoll ist, dass sie sich selbst zerstört und damit ihre Fähigkeit zunichte macht, mehr zu sein als ein Chor vernichtender Argumente. Denken Sie zum Beispiel an die ideologische Kritik, die in jeder rationalen Verteidigung der Traditionen Eigeninteressen erkennt. Feministinnen argumentieren, die Untersuchung weiblicher Depressionen erzeuge ein Bild von Frauen als schwach und abhängig. Auf diese Weise werde die patriarchalische Ordnung gefestigt. Sind nicht jedoch die Beobachtungen der Kritikerinnen und Kritiker ebenfalls mit der gleichen Tinte geschrieben und ebenfalls von Eigeninteressen geprägt – in diesem Falle von feministischen Vorurteilen? Viele Vertreterinnen und Vertreter alter Traditionen haben erkannt, dass ihre beste Verteidigung gegen Ideologiekritik darin besteht, auf die Eigeninteressen der Kritikerinnen und Kritiker und den unterdrückenden Charakter der Kritik hinzuweisen. Hierin liegt die Grundlage des Gegenangriffs der *politischen Korrektheit*. Unterdrückt die Ideologiekritik nicht ihrerseits dasjenige, was sie kritisiert und verwendet sie nicht das Schlagwort „Befreiung" lediglich zur Verschleierung dieses Tatbestandes? Daraus resultiert ein Patt zwischen Kritikern und Kritisierten ohne erkennbaren Ausweg.

Auch die dekonstruktionistische Kritik hat Folgen, die nach hinten losgehen. Diese Kritik demonstriert die Bedeutungslosigkeit vernünftiger Argumentation, beruht jedoch selbst auf dieser. Derrida plädierte dafür, dass seine eigenen Argumente die gleiche Behandlung erfahren sollten wie die von ihm kritisierten Positionen. Auch seinen Argumenten fehlt eine solide Grundlage. Descartes hat seine Sinne, alle Autoritäten und die öffentliche Meinung angezweifelt, konnte aber die Tatsache des Zweifels selbst nicht in Frage stellen. Dies diente ihm als eine Grundlage, auf der er stehen und sein Werk aufbauen konnte. In den gegenwärtigen Diskussionen erkennen wir, dass selbst der Zweifel angezweifelt werden muss. Auch diese Grundlage erweist sich als nicht haltbar.

Auf diesem Boden von Kritik und aussichtsloser Verzweiflung gedeiht der Soziale Konstruktionismus. Für viele konstruktionistisch gesinnte Personen besteht die Hoffnung darin, von dem bestehenden Scherbenhaufen ausgehend zu neuen und vielversprechenden Ufern aufzubrechen. Die Argumente der Postmoderne sind wichtig, stellen jedoch weniger einen Endpunkt als vielmehr einen Anfang dar. Durch die behutsame Entwicklung der konstruktionistischen Alternative können wir Wege finden, um die Tugenden der Traditionen der Moderne zu bewahren, ohne uns ihren Gefahren auszusetzen. Im nächsten Kapitel werde ich einige Grundsätze des Konstruktionismus vorstellen. Verschiedene Wege werden sich aus der konstruktionistischen Sichtweise vor uns auftun. In den folgenden Kapiteln werden wir uns mit diesen genauer beschäftigen. Einige dieser Wege sind akademisch, andere politisch, manche persönlich und einige sehr praxisbezogen. Wir bewegen uns somit aus der Verzweiflung hin zu positiveren Möglichkeiten und beschreiten den Weg von der Dekonstruktion zur Rekonstruktion.

Nachgedanken

In diesem Kapitel habe ich die sich gegenwärtig vollziehenden geschichtlichen Veränderungen dargestellt. Wir haben einen Punkt erreicht, an dem wir die Last einer problematischen Tradition tragen und über unsere Zukunft entscheiden müssen. Der hier dargestellte Verlauf der Geschichte ist jedoch keine wahre

Abbildung der Vergangenheit, kein Bild des Lebens, wie es war, und keine Wiederspiegelung der Welt, wie sie ist. Meine Beschreibung ist vielmehr selbst das Ergebnis einer bestimmten Anordnung von Wörtern auf Papier. Ich hätte all dies auch anders schreiben können…es gibt viele Möglichkeiten, die alle unterschiedliche Konsequenzen nahe legen. Dadurch wird die Darstellung weder ungenau noch falsch. Wie könnten schließlich Wörter jemals die Welt vollständig und exakt wiedergeben? Schon die Idee von Wörtern als Abbildern ist trügerisch. Lassen Sie uns daher diese Einleitung anders betrachten – nicht als eine Schilderung von „Wahrheit", sondern als eine Einladung. Sehen Sie sie wie eine Aufforderung zum Tanz oder zum Spiel – eine Einladung, über unser Leben, unsere Beziehungen, unsere Gesellschaft und unsere Zukunft nachzudenken. Fühlen Sie sich von dieser Einladung angesprochen, was ich sehr hoffe, dann werden Sie Freude daran haben, weiter zu lesen. Die Geschichte wird immer faszinierender und die Schlussfolgerungen immer weitreichender.

Anmerkungen

1 DeLillo, D. (1985). *White Noise.* New York: Penguin. (Deutsche Ausgabe: *Weißes Rauschen.* Reinbeck: Rowohlt. Erschienen 1997.)
2 Ebd., S. 22–24.
3 Lyotard, J.-F. (1999). *Das Postmoderne Wissen. Ein Bericht.* Wien: Passagen.
4 Für eine detaillierte Auseinandersetzung mit frühen Konzeptionen von Geist und Selbst siehe Onians, R.B. (1951). *The Origins of European Thought about the Body, the Mind, the Soul, the World, Time and Fate.* Cambridge: Cambridge University Press.
5 Für eine ausführlichere Diskussion siehe Lyons, J.O. (1978). *The Invention of the Self: The Hinge of Consciousness in the Eighteenth Century.* Carbondale, IL: Southern Illinois University Press.
6 Rorty, R. (1987). *Der Spiegel der Natur: Eine Kritik der Philosophie.* Frankfurt a.M.: Suhrkamp.
7 Nietzsche, F. (1999). *Jenseits von Gut und Böse. Mit der Streitschrift ‚Zur Genealogie der Moral.'* Frankfurt a. M.: Insel.
8 McLuhan, M. & Powers, B.R. (1995). *The Global Village. Der Weg der Mediengesellschaft in das 21. Jahrhundert.* Paderborn: Junfermann.
9 Lawson-Te Aho (1993). The socially constructed nature of psychology and the abnormalisation of Maori. *New Zealand Psychological Society Bulletin, 76,* S. 25–30.
10 Siehe z.B. Willard, C.A. (1998). *Expert Knowledge: Liberalism and the Problem of Knowledge.* Chicago: University of Chicago Press.
11 Für eine weitere Diskussion siehe Meadows, D.H., Meadows, D.L. & Randers, J. (1993). *Die neuen Grenzen des Wachstums.* Reinbeck: Rowohlt.
12 Quine, W.V.O. (1980). *Wort und Gegenstand.* Ditzingen: Reclam.
13 Habermas, J. (1999). *Erkenntnis und Interesse.* Frankfurt a. M.: Suhrkamp.
14 Martin, E. (1987). *The Woman in the Body. A Cultural Analysis of Reproduction.* Boston, MA: Beacon.
15 Saussure, F. de (2001). *Grundfragen der Allgemeinen Sprachwissenschaft.* Berlin: de Gruyter.

16 Queneau, R. (1998). *Stilübungen*. Frankfurt a. M.: Suhrkamp.

17 Siehe insbesondere Derrida, J. (1996). *Grammatologie*. Frankfurt a. M.: Suhrkamp.

18 Derrida, J. (1981). *Positions.* Chicago: University of Chicago Press. S. 38.

19 Habermas, J. (1973). *Legitimationsprobleme im Spätkapitalismus*. Frankfurt a. M.: Suhrkamp. Siehe auch Lyotard, J.-F. (1999). *Das Postmoderne Wissen. Ein Bericht*. Wien: Passagen.

Weiterführende Literatur

Fragen zum Selbst

Austin, J.L. (1998). *Zur Theorie der Sprechakte.* Ditzingen: Reclam. (Original erschienen 1962).

Bonjour, L. (1998). *In Defense of Pure Reason: A Rationalist Account of A Priori Justification.* New York: Cambridge University Press.

Goldman, A.H. (1988). *Empirical Knowledge.* Berkeley, CA: University of California Press.

Levine, G. (Ed.). *Constructions of the Self.* New Brunswick, NJ: Rutgers University Press.

Malcolm, N. (1971). *Problems of Mind, Descartes to Wittgenstein.* New York: Harper & Row.

Rorty, R. (1987). *Der Spiegel der Natur: Eine Kritik der Philosophie.* Frankfurt a. M.: Suhrkamp.

Ryle, G. (1969). *Der Begriff des Geistes.* Ditzingen: Reclam.

Smith, P. (1988). *Discerning the Subject.* Minneapolis, MN: University of Minnesota Press.

Vesey, G.N.A. (1991). *Inner and Outer: Essays on a Philosophical Myth.* New York: St. Martin's Press.

Postmoderne Kritik

Anderson, W.T. (Ed.). (1995). *The Truth about the Truth.* New York: Putnam.

Culler, J. (1999). *Dekonstruktion. Derrida und die poststrukturalistische Literaturtheorie.* Reinbeck: Rowohlt.

Fox, D. & Prilleltensky, I. (Eds.). (1997). *Critical Psychology, An Introduction.* Thousand Oaks, CA: Sage.

Harvey, D. (1989). *The Condition of Postmodernity.* Oxford: Blackwell.

Lyotard, J.-F. (1999). *Das Postmoderne Wissen. Ein Bericht.* Wien: Passagen.

Nencel, L. & Pels, P. (Eds.). (1991). *Constructing Knowledge: Authority and Critique in Social Science.* London: Sage.

2 Die gemeinschaftliche Konstruktion des Wahren und des Guten

> Stelle ich eine Frage über die Welt, sagen Sie mir, die Antwort hänge von der jeweiligen Perspektive ab. Bestehe ich jedoch darauf zu wissen, wie die Dinge jenseits aller Perspektiven aussehen, was können Sie dann antworten?
>
> Nelson Goodman, *Weisen der Welterzeugung*

Vor einigen Jahren empörten sich zwei meiner Studierenden über die konstruktionistischen Artikel, die wir im Rahmen eines Seminars gelesen hatten. „Wie können wir jemals wohl fundierte Entscheidungen treffen, wenn es keine Wahrheit gibt?" fragten sie. „Und wie können wir überhaupt Entscheidungen treffen ohne ein sicheres Gefühl persönlicher Identität? Wie können wir handeln, ohne eine klare Vorstellung davon zu haben, was moralisch vertretbar ist?" Alles, woran sie geglaubt hatten, schien durch das Seminar in Frage gestellt zu werden. Die beiden Studentinnen waren so erzürnt, dass sie sich sogar an den Leiter des College wandten. Mein Seminar sei unmoralisch und nihilistisch und sollte aus dem Lehrangebot gestrichen werden. Glücklicherweise hat die Tradition der akademischen Freiheit das Seminar gerettet. Obgleich ich die Bedenken der Studierenden gut verstehen kann, sehe ich diese dunkle Nacht des Zweifels lediglich als eine vorübergehende Phase an, die womöglich notwendig ist, um das enorme Potenzial des sozialkonstruktionistischen Ansatzes zu erkennen. Es ist nicht so, dass sozialkonstruktionistische Ideen Wahrheit, Objektivität, Wissenschaft, Moral oder das Selbst zerstören. Was in Frage gestellt wird ist vielmehr die Art, in der wir diese Begriffe bisher verstanden und in die Praxis umgesetzt haben. Letztendlich ermöglicht uns der Soziale Konstruktionismus, die Vergangenheit in einer für die Zukunft überaus vielversprechenden Weise zu nutzen.

Wir beginnen dieses Kapitel mit der erneuten Beschäftigung mit der grundlegenden Frage der Sprache. Indem wir eine Alternative zur traditionellen Sichtweise der Sprache entwickeln, können wir Antworten auf die verheerende Kritik des letzten Kapitels finden. Die neue Sichtweise der Sprache ersetzt die aus der Kritik resultierende Hoffnungslosigkeit durch positivere Möglichkeiten. Indem wir diese Möglichkeiten erkunden und nutzen, begeben wir uns auf die Ebene des Sozialen Konstruktionismus. Nach einer Darstellung der wichtigsten Grundannahmen des Sozialen Konstruktionismus werden wir uns den sozialen Ursprüngen der wissenschaftlichen Erkenntnis zuwenden.

Sprache: Vom Bild zum Spiel

> Liegt nicht die Tatsache, dass Sätze die gleiche Bedeutung haben,
> darin begründet, dass ihr *Gebrauch* der gleiche ist?
>
> Ludwig Wittgenstein, *Philosophische Untersuchungen*

Erinnern Sie sich an die Probleme, die mit der traditionellen Sicht der Sprache als einer Abbildung der Realität – einer exakten Wiedergabe von Ereignissen und Objekten – verbunden sind. Diese Sicht basiert auf der Annahme, dass Wahrheit durch Sprache ausgedrückt werden kann und dass manche Sprachen (insbesondere die wissenschaftlichen) näher an der Wahrheit liegen als andere. Wir sahen jedoch, dass es keine eindeutige Beziehung zwischen der Welt und dem Wort gibt. In jeder Situation sind vielfältige Beschreibungen möglich. Im Prinzip sind der Vielfalt der Darstellungsmöglichkeiten keine Grenzen gesetzt. Außerdem gibt es keine eindeutigen Kriterien, anhand derer über die Richtigkeit und Wahrheitsnähe unterschiedlicher Beschreibungsweisen geurteilt werden könnte. Diese Einsichten führen uns allerdings in einen bedauernswerten Zustand, in dem wir auf überaus wichtige Fragen keine Antworten finden. Beschreibt die Sprache die Welt nicht so, wie sie ist, welchen Wert haben dann Reiseführer, Wetterberichte oder wissenschaftliche Erkenntnisse? Korrespondieren Wörter nicht mit der Welt und vermögen sie diese nicht in exakter Weise abzubilden, wie können wir dann behaupten, es sei gefährlich, betrunken Auto zu fahren, oder es bestünde die Gefahr eines Waldbrandes? Sind wir krank, lassen wir uns sicher lieber von einer Ärztin als von einem Kind oder einem Laien behandeln. Nicht alle Beschreibungen sind gleichwertig. Manche versorgen uns mit nützlichen Informationen, während andere eher unbrauchbar oder absurd erscheinen. Die Kritik der Bildmetapher der Sprache ist nicht besonders nützlich, solange wir über keine Alternative verfügen.

Eine Alternative wird in dem womöglich wichtigsten philosophischen Werk des 20. Jahrhunderts dargestellt, Ludwig Wittgensteins *Philosophische Untersuchungen*.[1] Wir werden mehrfach auf dieses Buch zurückkommen, an dieser Stelle wollen wir uns jedoch auf dessen Beschreibung der Sprache beschränken. Wittgenstein ersetzt die *Bildmetapher* der Sprache durch die eines *Spiels*. „Was ist ein Wort wirklich?" fragt Wittgenstein. Es ist, als würden wir fragen: „Was ist eine Figur in einem Schachspiel?"[2] Wie sollen wir diese Metapher verstehen? Vergegenwärtigen Sie sich zunächst ein Schachspiel. Zwei Spielerinnen wechseln sich darin ab, Figuren unterschiedlicher Form und Größe über ein Brett zu bewegen. Es gibt explizite Regeln, wann und wie jede Figur bewegt werden darf. Des Weiteren gibt es implizite Regeln über angemessene Verhaltensweisen (zum Beispiel sollte man nicht fluchen oder den Gegner anspucken). Jede Figur des Schachspiels bezieht ihre Bedeutung aus dem Spiel als Ganzes. Die kleinen hölzernen Schachfiguren haben außerhalb des Spiels keinerlei Bedeutung. Innerhalb des Spiels kann jedoch selbst die kleinste Figur „Könige" und „Königinnen" stürzen.

Wittgenstein meint, dass Wörter ihre Bedeutung auf die gleiche Weise erlangen. Die Worte „Guten Morgen" beziehen ihren Sinn aus der spielähnlichen Beziehung, die wir Gruß nennen. Es gibt implizite Regeln über die richtige Ausführung eines Grußes. Die beteiligten Personen wechseln sich im Sprechen ab und üblicherweise kommt es zum Blickkontakt. Es gibt lediglich eine begrenzte Anzahl von Zügen, die wir regelgerecht ausführen dürfen, nachdem jemand zu uns „Guten Morgen" sagt. Sie könnten das gleiche erwidern oder fragen: „Wie geht es Ihnen?" Ihr Verhalten würde jedoch als Regelverstoß gewertet werden, falls Ihre Antwort darin bestünde, den anderen anzuschreien oder auf den Kopf zu schlagen. Außerhalb des Grußspiels haben die Worte „Guten Morgen" keine Bedeutung. Befinden wir uns mitten in einer hitzigen Diskussion über die Arbeitslosigkeit und ich sage zu Ihnen plötzlich: „Guten Morgen", würden Sie sich vermutlich sehr wundern. Es wäre ein völlig absurdes Verhalten. Wittgenstein nannte die „Sprache und die Handlungen, in die sie eingebettet ist, das ‚Sprachspiel'".[3] Wörter erlangen somit ihre Bedeutung durch ihre Verwendung innerhalb eines Spiels bzw., wie Wittgenstein es ausdrückte: „Die Bedeutung eines Wortes ist seine Verwendung in der Sprache."[4]

Lebensformen und „das Spiel der Wahrheit"

Ist die Bedeutung unserer Welt davon abhängig, wie wir Wörter verwenden und verbinden, wie steht es dann um die Natur der Wahrheit? Ist die Idee von „Wahrheit" fehlgeleitet? Wie kann das sein? Um diese Fragen zu beantworten, lassen Sie uns kurz zum Schachspiel zurückkehren und die Wörter untersuchen, die beide Spieler verwenden. Es gibt Wörter für verschiedene Figuren („Bauer", „Pferd", „König" usw.) und Züge (z.B. „Schachmatt"). Diese Wörter erhalten ihre Bedeutung jedoch nicht nur aus unseren Sprachmustern – dem Sprachspiel –, sondern aus dem gesamten Spiel. Um in dem Wort „Schachmatt" einen Sinn zu sehen, brauchen wir das Schachbrett, die einzelnen Figuren, mindestens zwei Spieler usw. Wittgenstein meinte, Sprachspiele seien in größere Muster von Handlungen und Objekten eingebettet, die er als *Lebensformen* bezeichnete. Ohne die Lebensform, die wir Schach nennen, ergäben die Wörter „Remis" oder „Schachmatt" keinen Sinn. Ohne die Wörter gäbe es keine Lebensform Schachspiel. Sprache ist in diesem Sinne kein Spiegel des Lebens, sondern das Leben des Lebens selbst.

Sprache bildet demnach nicht die Welt ab, sondern, wie Wittgensteins Schüler, J. L. Austin, es ausdrückte, „wir tun Dinge mit Worten".[5] Indem wir beschreiben, führen wir eine Handlung aus – wir tun etwas mit unserem Gesprächspartner. Austin zufolge müssen wir uns dem *Performanzaspekt* unserer Sprache zuwenden und untersuchen, wie sich dieser innerhalb von Beziehungen zeigt. Wir erkennen dies an Aussagen wie „Hiermit erkläre ich Sie zu Mann und Frau" oder „Ich taufe Dich auf den Namen John Bennett Woods." Die Sätze vollziehen die Zeremonie der Eheschließung oder der Taufe. Das gleiche gilt jedoch für „Hallo Susan", „Warte mal kurz…" oder „Hau ab!" Diese Aussagen dienen als Gruß, als Bitte und als harsche Anweisung. Manche Theoretikerinnen und Theoretiker meinen, wir könnten all unsere Sinn ergebenden Äußerungen als *Sprechakte* ansehen[6] – d.h. als Handlungen, durch die etwas auf zwischenmenschlicher Ebene erreicht werden soll.

Wie hilft uns die Vorstellung „Dinge mit Worten tun" jedoch dabei zu verstehen, warum manche Beschreibungen der Welt uns wichtige und „wahre" Informationen vermitteln, während andere falsch oder irreführend sind? Die Antwort ist, dass „die Wahrheit sagen" so ähnlich ist wie ein bestimmtes Spiel zu spielen. Obgleich es keine formalen Regeln gibt, können wir von einem *Spiel der Wahrheit* sprechen. Wenn wir „beschreiben", „erklären" oder „theoretisieren", vollziehen wir eine Art kulturelles Ritual. Nachdem ich sage: „Lassen Sie mich erzählen, was heute morgen passiert ist", kann ich nicht einfach irgendetwas erzählen, schreien oder auf und ab springen. Es gibt – wie in Spielen – implizite Regeln bezüglich dessen, was als angemessene Beschreibung gilt. Sage ich dagegen: „Lassen Sie mich Ihnen zeigen, wie ich das, was mir heute morgen passiert ist, empfunden habe", leite ich ein anderes Spiel ein. In diesem Fall könnten schreien und springen völlig akzeptabel sein. Obgleich demnach die Annahme einer transzendentalen Wahrheit – jenseits von Kultur, Zeit und Umständen – unangebracht erscheint, können wir dennoch sagen „es gibt Wahrheit", allerdings stets innerhalb der Regeln eines bestimmten, abgegrenzten Spiels.

Lassen Sie uns noch einen Schritt weiter gehen. Sprachspiele der Wahrheit sind in umfassendere Lebensformen eingebettet. Weit mehr als nur Wörter und Handlungen sind nötig, um das Spiel zu spielen. Es bedarf unterschiedlicher Objekte innerhalb bestimmter Umstände. Lassen Sie mich den sozialen Prozess der „Festlegung von Wahrheit" durch ein Beispiel aus meiner Jugendzeit erläutern. Ich half über die Sommermonate einem launischen und ständig fluchenden Handwerker namens Marvin aus. Trotz seiner persönlichen

Schwächen war Marvin ein sehr guter Arbeiter. Wenn er auf eine Leiter stieg und eine Wand tapezierte, war es meine Aufgabe, ihm das richtige Material zu reichen. Die Tapezierflüssigkeit musste stets die richtige Konsistenz haben, mal sehr flüssig, mal etwas trockener. Je nachdem, was Marvin wünschte, schrie er entweder „skosh" (eine sehr flüssige Mixtur) oder „dry-un" (ein etwas festeres Gemisch). Anfangs hatten diese Wörter für mich überhaupt keine Bedeutung, doch bereits binnen weniger Tage wurden sie für mich völlig selbstverständliche Ausdrücke. „Skosh" und „dry-un" wurden ein Teil jenes Lebens, das wir führten.

Beachten Sie, was durch diesen primitiven Tanz der Wörter, Handlungen und Objekte erreicht wurde. Nach zwei Wochen Übung hätten Marvin und ich beim Betrachten einer Reihe von Tapeziermischungen ziemlich genau sagen können, welche „skosh" und welche „dry-un" waren. Sagte ich zu Marvin während unserer gemeinsamen Arbeit „dry-un unterwegs", konnte er recht exakt vorhersagen, was ihn erwartet. Diese Vorhersage konnte durch die ihm von mir gereichte Mixtur bestätigt oder widerlegt werden. Durch ihre Funktion innerhalb dieses Spiels der Beziehungen von Wörtern wurden Ausdrücke wie „skosh" und „dry-un" zu Wahrheit mitteilenden Beschreibungen. Sicher, die Wörter an sich beschreiben nicht die Welt. Da sie jedoch innerhalb dieser auf Beziehungen basierenden Rituale sinnvoll eingesetzt werden können, wurden sie zu unserer Wahrheit.

Was erfahren wir dadurch über Zeitungsmeldungen, Augenzeugenberichte oder wissenschaftliche Aussagen? Behaupten wir, eine bestimmte Beschreibung sei „exakt" (im Gegensatz zu „ungenau") oder „wahr" (im Gegensatz zu „falsch"), beurteilen wir damit nicht, wie gut diese Beschreibung die Welt wiedergibt. Vielmehr wirken die Wörter als Wahrheit vermittelnde Aussagen im Kontext eines bestimmten Spiels bzw. im Sinne der Konventionen bestimmter Gruppen. Die Aussage „Die Welt ist rund und nicht flach" ist in Bezug auf ihre Wiedergabe der Realität weder richtig noch falsch – sie korrespondiert nicht mit der Welt, „wie sie ist". Dennoch ist es gemäß der gegenwärtig vorherrschenden Standards annehmbarer, von der „runden-Welt-Wahrheit" auszugehen, wenn wir von Kansas nach Köln fliegen. Die „flache-Welt-Sichtweise" ist demgegenüber nützlicher, wenn wir als Touristinnen und Touristen den US-Bundesstaat Kansas kennen lernen möchten. Auch die Vorstellung, die Welt bestünde aus Atomen, ist auf bestimmte Spiele begrenzt. Das Konzept von der atomaren Zusammensetzung der Welt ist nützlich, wenn wir „das Spiel der Physik" spielen und Experimente über Kernspaltung durchführen. In gleicher Weise können wir behaupten, Menschen besäßen eine Seele, wenn wir an einer Lebensform teilnehmen, die wir Religion nennen. Aus erweiterter Sicht ist die Existenz von Atomen nicht mehr und nicht weniger wahr als die Existenz von Seelen. Beide existieren innerhalb einer bestimmten Lebensform.

In der Spielmetapher der Sprache erlangen zwischenmenschliche Beziehungen eine enorme Bedeutung. Durch diese Sichtweise können wir das Konzept der Wahrheit am Leben erhalten. Innerhalb einer bestimmten Gemeinschaft mag ein Begriff sehr nützlich sein. Die Aussage „Es ist wahr" verliert jedoch ihre Allgemeingültigkeit, wenn wir über die jeweilige Lebensform hinausgehen. Mit dieser alternativen Sicht der Sprache können wir uns nun erneut zwei kritischen Ansätzen zuwenden, die wir bereits im vorigen Kapitel besprochen haben. Erinnern Sie sich an den allgemeinen Zustand intellektueller Verzweiflung, der aus der ideologischen und literarischen Kritik der letzten Jahrzehnte resultiert. Indem wir diese Kritik im Kontext der alternativen Sicht von Bedeutung betrachten, können wir ihre Berechtigung erkennen ohne ihre nihilistischen Schlussfolgerungen akzeptieren zu müssen.

Eine Neubetrachtung der Ideologiekritik

Es wurde vorgeschlagen, allen Autoritäten zu misstrauen, da deren Beschreibungen der Welt von persönlichen oder politischen Motiven geprägt seien. Alle Aussagen über die Wahrheit sind aus dieser Sicht eng mit individuellen Motiven verwoben. Im vorigen Kapitel haben wir jedoch auch erkannt, dass die ideologische Kritik nicht zwischen wahren und unwahren Beschreibungen zu trennen vermag. Sobald eine Autorität Ansprüche auf „Wahrheit" erhebt, kann eine Kritikerin oder ein Kritiker auf eine ideologische Voreingenommenheit hinweisen. Gleichzeitig kann jedoch der gleiche Vorwurf gegen die Kritikerin oder den Kritiker erhoben werden, die ebenfalls nicht gegen ideologische Voreingenommenheiten immun sind. Es kommt zu einer Pattsituation und einer durch Misstrauen und Feinseligkeit geprägten Beziehung. Mit Hilfe der Metapher des Sprachspiels können wir uns dieser Analyse erneut zuwenden – auf eine Weise, die nicht zu negativen Gefühlen führt und dennoch die Bedeutung der Kritik würdigt.

Um diese Möglichkeit zu nutzen, müssen wir uns zunächst von der traditionellen Form der binären Unterscheidung zwischen wahr und falsch trennen. In Anbetracht des bisher Gesagten sollten wir uns von der Annahme verabschieden, bestimmte Wortmuster seien wahr, da sie mit der Welt korrespondieren. Aus der Sicht der Sprachspiele können wir zu einem neuen Verständnis von „Wahrheit" gelangen. Wahrheit ist nunmehr eine Art des Sprechens oder Schreibens, deren Gültigkeit auf eine umgrenzte Lebensform beschränkt ist. Der Wert der ideologischen Kritik bleibt dabei erhalten. Kritik zu üben heißt, eine bestimmte Lebensweise, eine Tradition oder ein Netzwerk zwischenmenschlicher Beziehungen zu verteidigen. Gleichzeitig vermeidet die Kritik somit die arrogante und nicht zu rechtfertigende Position, allgemeingültige Wahrheit für sich in Anspruch nehmen zu können. Wahrheit dient aus dieser

Sicht nicht mehr als Mittel, um die Meinung Andersdenkender abzuwerten. Vielmehr hilft uns Kritik zu verstehen, wie andere Menschen in bestimmte Traditionen eingebunden sind und wie ihre Aussagen im Kontext dieser Traditionen betrachtet werden müssen.

Die Spielmetapher der Bedeutung führt zu einer zweiten Verbesserung der Ideologiekritik. Wir brauchen uns keine Sorgen mehr zu machen über die versteckten Motive und Voreingenommenheiten, die durch Wörter zum Ausdruck gebracht werden. Wir müssen den anderen keine bösen Absichten unterstellen. Ebenso wenig brauchen wir nach den wahren Motiven hinter dem Gesagten zu suchen – dies wäre eine nie zufriedenstellend zu meisternde Herausforderung. Vielmehr richtet sich unsere Aufmerksamkeit auf jene Lebensformen, die von bestimmten Darstellungsweisen gefördert (oder zerstört) werden. Definieren z.B. Physikerinnen und Physiker einen Menschen als „eine Ansammlung von Atomen", wie wirkt sich diese Beschreibung auf die Gesellschaft aus? Wie behandeln wir andere Menschen innerhalb dieser Lebensform? Wäre unser Verhalten gegenüber Menschen anders, wenn wir statt dessen glaubten, Menschen besäßen eine Seele? Welchen Personen, Institutionen, Gesetzen etc. dienen diese unterschiedlichen Sichtweisen? Welche Traditionen oder Lebensweisen werden unterdrückt oder zerstört? Ein Beispiel mag dies verdeutlichen.

Alternative Sichtweisen psychischer Störungen

> Wahnsinn kommt in einem ursprünglichen Zustand nicht vor. Wahnsinn existiert nur innerhalb einer Gesellschaft und nicht außerhalb der Formen von Sensibilität, die sie isolieren, und der Formen von Abneigung, die sie ausschließen oder einsperren.
>
> Michel Foucault, *Wahnsinn und Gesellschaft*

Die enorme Bedeutung dieser Argumente ist erkennbar in den Werken einer der einflussreichsten Sozialtheoretiker des letzten Jahrhunderts, Michel Foucault. Im 8. Kapitel werden wir uns eingehender mit Foucault beschäftigen. Vorab wollen wir uns jedoch mit seinen Überlegungen hinsichtlich der willentlichen Akzeptanz subtiler Formen von Macht auseinandersetzen.[7] Wir sprechen dabei nicht von offensichtlichen Formen von Macht wie der Kontrolle durch Gesetze und Waffen, sondern der fast unmerklichen Präsenz von Macht im Alltagsleben. Trotz aller Verschiedenheit führen wir überwiegend ein sehr geordnetes Leben. Wir besuchen die Schule, üben einen Beruf aus, bezahlen die von uns gewünschte Ware, gehen zum Arzt usw. Laut Foucault demonstrieren wir durch die Teilnahme an diesen kaum in Frage gestellten Praktiken, dass wir uns der Macht unterordnen. Für Foucault ist „Macht…ein offenes, mehr oder weniger koordiniertes…Muster von Beziehungen."[8]

Sprache ist ein wesentlicher Aspekt dieser Machtbeziehungen. Foucault weist darauf hin, dass verschiedene Gruppen für sich in Anspruch nehmen, über „Wissen" und „Wahrheit" zu verfügen – insbesondere in Bezug auf die menschliche Natur. Denken Sie an Disziplinen wie Medizin, Psychiatrie, Soziologie, Anthropologie, Pädagogik etc. Diese *disziplinären Ordnungen* erschaffen Sprachen, mit denen Phänomene beschrieben und erklärt werden – es entstehen Klassifizierungen von Menschen als gesund oder krank, normal oder anormal, der unteren oder oberen Schicht zugehörig, intelligent oder unintelligent – sowie Erklärungen, warum die Menschen so sind. Diese Ordnungen bedienen sich verschiedenster Untersuchungsverfahren, durch die wir erfasst und in die entsprechenden Kategorien eingeteilt werden. Sobald wir uns zu irgendeinem Zwecke testen lassen – sei es bei der Ärztin oder beim Arzt oder in einer Bildungseinrichtung –, setzen wir uns diesen disziplinären Ordnungen aus, die uns mittels ihrer Begriffe einordnen und erklären. Übernehmen wir deren Terminologien in unser Alltagsleben, indem wir über unseren Cholesterinspiegel, unsere Depression oder unsere Universitätsnoten sprechen, beteiligen wir uns an diesen Machtbeziehungen und erweitern damit die Kontrolle der disziplinären Ordnungen. Nehmen diese Disziplinen auch auf Politik und Gesellschaft Einfluss, unterliegen wir noch stärker der Kontrolle durch ihre jeweilgen Begriffe. Letztendlich beteiligen wir uns an unserer eigenen Unterdrückung.

Um die Bedeutung von Foucaults Argumentation zu ermessen, lassen Sie uns zunächst mit etwas ganz Einfachem beginnen. Stellen Sie sich vor, Sie fühlen sich eines Tages ein wenig niedergeschlagen und traurig, sehen sich vielleicht selbst auch kritisch. Eine Freundin fragt Sie: „Was stimmt nicht mit Dir?" Womöglich antworten Sie: „Nun, ich bin gerade etwas depressiv." Obgleich das Wort „depressiv" heutzutage bereits weit verbreitet ist, war dies keineswegs immer so. Die erste Klassifikation mentaler Störungen gab es in den USA im Jahre 1840. Sie enthielt lediglich eine Handvoll Unterscheidungen, die alle mit organischen Fehlfunktionen zu tun hatten. Zu jener Zeit gab es das Wort „Depression" noch nicht. In den USA kam es erst in den Dreißiger Jahren des 20. Jahrhunderts durch den zunehmenden Einfluss von Psychiatrie und Psychologie zur begrifflichen Unterscheidung einer Vielzahl von „mentalen Störungen". Im Jahre 1938 wurden bereits 40 Störungen unterschieden (einschließlich defizitärer Moralentwicklung, Misanthropie und Masturbation!). Seitdem hat es vier Auflagen des offiziellen Diagnosehandbuchs *Diagnostic and Statistical Manual of Mental Disorders* (DSM) gegeben. Die Anzahl der Begriffe für mentale Störungen liegt mittlerweile bei über 300 (einschließlich Orgasmusunterdrückung, Spielsucht, akademischer Unzulänglichkeit, Verlustschmerz und negativen Einstellungen gegenüber medizinischer Behandlung). Im gegenwärtig aktuellen Manual gibt es mehrere unterschiedliche Formen von Depressionen (z.B. chronische, melancholische, bipolare). Psychiaterinnen und Psychiater gehen davon aus, dass heutzutage mehr als 10% der Bevölkerung unter Depressionen leiden. Anti-depressive Medikamente, die vor einem Viertel Jahrhundert noch gar nicht existierten, sind mittlerweile eine Milliardenindustrie. Fühlen Sie sich immer wieder niedergeschlagen und traurig, werden auch Sie vermutlich mit diesen Substanzen Bekanntschaft machen.

Interessanterweise verläuft diese dramatische Ausweitung identifizierster Störungen parallel zur Zunahme der Zahl an Psychiaterinnen und Psychiatern und Psychologinnen und Psychologen. Vor 100 Jahren hatte die American Psychiatric Association 400 Mitglieder. Heute sind es 40 000 – 100 mal mehr. Die Kosten für psychische Gesundheit sind ebenfalls rasant gestiegen. Bereits im Jahre 1980 waren mentale Störungen die drittteuerste Krankheitskategorie in den Vereinigten Staaten. Als Folge davon sehen wir uns mit einem *Zyklus progressiver mentaler Schwäche* konfrontiert. Dieser Zyklus hat folgende Stufen: (1) Psychiaterinnen und Psychiater und Psychologinnen und Psychologen verkünden die „Wahrheit" über eine Fehlfunktion. (2) Diese Wahrheit wird durch Bildungseinrichtungen, öffentliche Maßnahmen und Medien in der Bevölkerung verbreitet. (3) Schließlich verwenden wir die auf diese Weise etablierten Begriffe, um uns selbst zu verstehen. („Ich bin leicht depressiv.") Durch diese Sichtweise fühlen wir uns ermutigt, (4) Psychiaterinnen und Psychiater und Psychologinnen und Psychologen aufzusuchen, die uns heilen sollen. Je mehr nach einer Heilung gesucht wird, (5) umso größer wird der Bedarf an Psychiaterinnen und Psychiatern und Psychologinnen und Psychologen. (6) Je mehr Psychiaterinnen und Psychiater und Psychologinnen und Psychologen es gibt, umso größer wird das Vokabular an Begriffen, die mentale Störungen beschreiben. Dieser kontinuierliche Zyklus hat schließlich immer weitreichendere Konsequenzen.[9]

Gibt es eine Grenze für die Beschreibung der geistigen Fehlfunktionen in der Bevölkerung? Kürzlich erhielt ich die Ankündigung einer Konferenz zu den neuesten Forschungsergebnissen über Heilungschancen bei Suchterkrankungen. Darin stand zu lesen: „Das schwerwiegendste gesundheitliche und soziale Problem unserer Zeit." Auf dem Programm standen Diskussionen über Süchte wie Sport, Religion, Essen, Arbeit und Sex. Werden alle diese Aktivitäten als der Heilung bedürftige Krankheiten konstuiert, sobald wir sie mit Intensität oder Vergnügen betreiben, gibt es kaum einen Aspekt kulturellen Lebens, der vor dem Etikett „geistige Störung" gefeit ist. Es sei denn, wir setzen uns gegen diese Entwicklung zur Wehr.[10]

Kritik wie diese soll Widerstand mobilisieren. Auch Foucaults Schriften sollten Wege aufzeigen, um dem Prozess der kulturellen Disziplinierung – dem expandierenden Einfluss von *Macht/Wissen* – entgegenzutreten. Foucault forderte seine Leserinnen und Leser auf, gegen diese Kräfte anzukämpfen – durch Widerstand, gesellschaftliche Umstürze und Selbsttransformation. Doch bei aller revolutionären Gesinnung sollten wir die Grenzen unserer Reaktion auf die Invasion von Macht/Wissen erkennen. Durch die Anerkennung dieser Grenzen erkennen wir die Vorteile der hier dargestellten neuen Form von Kritik gegenüber den ideologischen Attacken des vorigen Kapitels. Bedenken Sie daher zwei wesentliche Probleme, die mit einer rigorosen Gegenposition zur dominierenden Ordnung verbunden sind.

Zunächst einmal stellt sich das Problem der Freiheit. Gegen den invasiven Einfluss der Macht anzukämpfen ist gebunden an das Versprechen, dass wir eines Tages frei sein könnten – frei von der Kontrolle und der Unterdrückung durch ein uns fremdes Wissen. Doch Freiheit von dem ordnenden Einfluss der Sprache und Lebensformen, Traditionen und Konventionen ist keine Freiheit, sondern ein Schritt in die Bedeutungslosigkeit. Es könnte dann keine Freiheit mehr geben, da es auch keine Unterschiede und keine Wahlmöglichkeiten mehr gäbe. Durch diese Erkenntnis wird die Kritikfähigkeit jedoch keineswegs untergraben. Vielmehr wird deutlich, dass wir die Alternativen im Auge behalten müssen. Wir können uns von Werten und Ordnungen nicht gänzlich befreien. Lehnen wir eine Form der Disziplinierung ab, müssen wir uns fragen, welche Ordnung an ihre Stelle treten sollte. Zum Beispiel gibt es gute Gründe, nicht noch weitere Begriffe für psychiatrische Diagnosen zu prägen. Dadurch gelangen wir jedoch nicht automatisch zu vollkommener Freiheit. Vielmehr soll dazu eingeladen werden, vielversprechendere Alternativen zu schaffen.

Eng damit verbunden ist ein zweites Problem, das sich der kritischen Position stellt: die fehlende Berücksichtigung der positiven Auswirkungen von Ordnungen. Würden wir all das ablehnen, was Foucault als „Disziplinierung" bezeichnet, stünden alle unsere Werte zur Disposition. Wir können einander nicht lieben, ohne an irgendeiner Form der sozialen Ordnung teilzunehmen. Eltern könnten ihren Kindern keine Liebe schenken, wenn es die Ordnung „Familie" nicht gäbe. Ohne Gesetze könnten wir kaum Gerechtigkeit schaffen. Statt alle Formen der Ordnung abzulehnen, könnten wir eine Position der *differenzierenden Bewertung* einnehmen. Dabei betrachten wir eine Reihe von Sprachspielen, Lebensformen und disziplinären Traditionen und fragen nach deren positiven und negativen Folgen. In welcher Weise unterstützt eine Tradition das, was wir als gut bewerten, und in welcher Weise versagt sie? Welche Alternativen gibt es? Die Klassifizierung und Behandlung geistiger Störungen hat z.B. die negative Folge, dass wir normale Probleme des Alltagslebens als „Krankheiten" betrachten. Leicht unterschätzen wir dabei unsere eigenen Fähigkeiten, diese Schwierigkeiten zu bewältigen. Statt dessen begeben wir uns in die Hände von Expertinnen und Experten. Zudem bietet uns das reichhaltige Vokabular an Krankheitsbezeichnungen eine Fülle von Möglichkeiten, uns selbst und andere zu kritisieren (z.B.: „Er ist fettsüchtig", „Sie ist magersüchtig", „Er ist arbeitssüchtig"). Gleichzeitig geben die psychiatrischen Begriffe geistiger Störungen vielen Personen das Gefühl, sie seien nicht selbst für ihre Probleme verantwortlich („Ich kann nichts dafür, ich bin krank") und es gäbe Expertinnen und Experten, die sie heilen könnten. Sie sind in ihrem Leid nicht allein und es besteht Hoffnung. Durch diese Art der differenzierenden Bewertung erkennen wir, welche Vorteile mit den problematischen Traditionen verbunden sind. Zugleich erkennen wir ihre negativen Aspekte, für die wir nach Alternativen suchen können.

Vom Text zur kulturellen Darstellung

> Wie jedes Lebewesen fürchte ich die Klassifikation und den Tod, den sie mit sich bringt. Ich werde ihr nicht erlauben, mich einzusperren…
>
> Trin Minh-ha, *Woman Native Other*

Wir haben gesehen, wie eine Vision der Sprache als soziale Handlung einer ansonsten lähmenden Kritik eine positive Funktion verleihen kann. Erinnern Sie sich nun an den zweiten Kritikansatz des vorigen Kapitels, die Beschränkung aller Wahrheit auf Wörter. Es wurde dargestellt, wie die Bedeutung unserer Wörter nicht von den Eigenschaften der Welt abhängt, sondern von ihrer Beziehung zu anderen Wörtern. Sinn entsteht erst innerhalb von Texten (oder Sprachen). Trotz ihrer Bedeutsamkeit hat uns auch diese Kritik kaum weitergebracht. Sie hat alle wissenschaftlichen Traditionen auf reine Wortspielereien reduziert. Letztendlich hat sich das Hauptargument dieses Ansatzes selbst widerlegt (da das Argument ebenfalls aus Texten besteht). Die verwendungsabhängige Sicht von Bedeutung, mit der wir uns zu Beginn dieses Kapitels beschäftigt haben, ermöglicht uns eine neue Betrachtungsweise dieses Kritikansatzes, die uns neue Handlungsmöglichkeiten eröffnet.

Entsteht Bedeutung durch Austausch zwischen Menschen, wie Wittgenstein schreibt, unterdrückt die Textkritik die plausiblen Quellen der Bedeutung. Das heißt, diese Kritik tut so, als hätte ein Text (oder Wörter) eine Bedeutung, obgleich Texte (als Ansammlung von Bezeichnungen oder Silben) nie an sich etwas bedeuten können. Wir geben den Texten ihre Bedeutung. Texte erhalten ihre Bedeutung durch ihre Funktion innerhalb von Beziehungen. Die Gemeinschaft ist stets der Bedeutung eines Textes vorgeschaltet. Deshalb sollten wir Texte in ihrer Funktion innerhalb zwischenmenschlicher Beziehungen betrachten.

Indem wir die Bedeutung von Texten in das menschliche Zusammenleben einbetten, bewahren wir die Kraft der Textkritik und vermeiden gleichzeitig ihre potenziell lähmenden Konsequenzen. Erhalten bleibt dabei unsere Wertschätzung für die vielfältigen Konstruktionen, die in jeder Situation möglich sind, für den Umstand, dass das, was Gegenstand der Konstruktion ist, die Art seiner Konstruktion nicht festlegt, für die prinzipielle Unentscheidbarkeit der Bedeutung in jeder Situation und für die Macht sprachlicher Konventionen, unsere Beschreibungen und unser Verständnis zu prägen. Wir müssen nicht zu dem Schluss kommen, dass es außerhalb von Texten nichts gibt. Die kritische Aufmerksamkeit wendet sich jedoch mittlerweile von den Texten als solchen ab und der sozialen Pragmatik der Textentstehung zu. Damit ist die Art und Weise gemeint, in der Texte innerhalb von bestimmten Gemeinschaften zu bestimmten Zwecken konstruiert werden. Hierbei geht es z.B. um die Fragen, welche sozialen Traditionen oder Prozesse bestimmte literarische Formen hervorbringen, wie verschiedene Texte eingesetzt werden, um eine Gruppe auf einen gemeinsamen Gegner einzuschwören, oder wie unterschiedliche Genres des Schreibens bestimmte Werte, Vorurteile oder wirtschaftliche Strukturen erhalten. Im erweiterten Sinne bewegen wir uns von den Texten als solchen hin zu Texten als Rhetorik, d.h. einer Sprache, die etwas Bestimmtes innerhalb einer Gemeinschaft bewirken soll. Die folgende Darstellung mag dies verdeutlichen.

Das Beispiel der Identitätspolitik

Im alltäglichen Umgang mit anderen Menschen vollziehen wir eine Vielzahl von Handlungen. Die Konsequenzen unserer Handlungen sind jedoch davon abhängig, wie unser Handeln von anderen interpretiert wird. Oft ist entscheidend, wie andere uns darstellen – wie sie uns beschreiben, erklären, kritisieren oder loben. Diese Darstellungen konstituieren unseren sozialen Ruf. Allerdings würden wir selbst womöglich nicht die gleichen Wörter verwenden. Es sind die Wörter der anderen – unserer Freunde, Familie, Nachbarinnen, Lehrerinnen usw. Es geht um unsere Identität – und trotzdem haben wir nur geringen Einfluss auf die Art und Weise, in der wir dargestellt werden. Betrachten wir das Problem auf gesellschaftlicher Ebene. Wir alle werden mit einer oder mehreren sozialen Gruppen identifiziert: Frau, Mann, Christin, Jude, Farbige, Weißer, Deutsche, Engländerin etc. Derartige Gruppen werden häufig von den Medien dargestellt – in Filmen, Romanen, Nachrichten, Werbespots usw. Wird unsere Gruppe in einer bestimmten Weise einem Millionenpublikum vorgestellt, fühlen wir uns in besonderer Weise hilflos. Werden Frauen als unbeholfen und emotional, Asiaten als unterwürfig, Deutsche als bedrohlich, Iren als aggressiv usw. dargestellt, betrifft dies stets jede einzelne Person innerhalb dieser Gruppen. Je weiter sich ein öffentlicher Ruf verbreitet, umso mehr wird dieser zu einer nicht mehr hinterfragten Realität. Und genau diese Wirklichkeiten beeinflussen öffentliche Maßnahmen, Bildungs-praktiken, polizeiliche Handlungen etc. Aus diesen öffentlichen Darstellungen beziehen auch wir Informationen über uns selbst. Aus ihnen lernen wir, was es heißt, eine Frau, ein Asiate oder ein Homosexueller zu sein. Somit entsteht eine in sich stabile Symmetrie zwischen Selbstwissen und Fremdwissen über die eigene Identität.

in Bezug auf unsere vorangegangene Diskussion können wir sagen, dass unsere Identität zum großen Teil durch die Texte der Mediendarstellung ge-prägt wird. Nicht nur in der akademischen Welt werden die negativen Auswir-kungen dieser Entwicklung erkannt. Dem Konstruktionismus nahe stehende Personen haben sich mit anderen Besorgten aus unterschiedlichen Bereichen der Gesellschaft zusammengefunden, um ein Bewusstsein für *Identitätspolitik* zu schaffen. Dabei geht es um die Untersuchung der Frage, inwieweit die Dar-stellung der Identität bestimmter Gruppen soziopolitisches Denken und Han-deln beeinflusst. Es gibt verschiedene Möglichkeiten, sich an der Identitäts-politik zu beteiligen. In den letzten Jahrzehnten haben sich jedoch drei unter-einander zusammenhängende Richtungen herauskristallisiert.

Der erste Ansatz ist jener des *Widerstands* und basiert auf langjähriger Unzu-friedenheit verschiedener ethnischer Gruppen. Vor einigen Jahrzehnten be-schwerten sich die aus Italien stammenden US-Amerikanerinnen und -Amerikaner darüber, in den Medien als Gangster dargestellt zu werden. Aus Afrika stammende Amerikanerinnen und Amerikaner beklagten sich über ihre Repräsentation als dümmlich und unterwürfig, und Frauen nahmen an ihrer Darstellung als Sexobjekte Anstoß. Heutzutage ist dieser Widerstand allgegen-wärtig. Nordamerikanische Indianerinnen und Indianer kritisieren ihre Dar-stellung in Museen als primitiv und brutal. Schwule und Lesben weisen darauf hin, wie Hollywoodfilme Homophobie fördern. Verschiedene Studien beschäf-tigen sich mit der Konstruktion von Personen aus sozioökonomisch schwä-cheren Schichten in den Medien.[11] Andere Studien untersuchen die Wurzeln der heutigen Konstruktionen und zeigen, wie Identitäten von Minoritäten in früheren Zeiten, Texten, Gemälden, Photographien usw. dargestellt wurden.[12]

Die abwertende Konstruktion des anderen betrifft auch die akademische Welt. Schließlich geht es in den Sozialwissenschaften zu einem großen Teil um Darstellungen. Sozialwissenschaftlerinnen und -wissenschaftler versuchen, menschliches Handeln zu beschreiben und zu erklären. Die Soziologie beschäf-tigt sich mit bestimmten Bevölkerungsschichten, die Anthropologie mit Men-schen aus anderen Kulturen, die historischen Disziplinen mit Personen aus früheren Zeiten etc. Ihre Schriften finden Eingang in die politische Welt, indem sie Bilder von unterschiedlichen Schichten, Kulturen und Traditionen erzeu-gen. Die klassische Schrift des Widerstands ist jene von Edward Said über die soziale Konstruktion des Orients.[13] Seit Jahrhunderten gibt es europäische Be-schreibungen „orientalischer Menschen" – ihres Benehmens, ihrer Bräuche, ihres Glaubens und ihrer Traditionen. Diese Beschreibungen wurden im 20. Jahrhundert zur Arbeitsgrundlage ganzer Fachbereiche an Universitäten. Dennoch ist der Orient laut Said überwiegend eine „europäische Erfindung" – eine Darstellung des anderen, die auf dem Boden europäischer Interessen wächst. Diese Interessen beschränken sich Said zufolge keineswegs auf Neugierde und Unterhaltung. Vielmehr sieht er Repräsentationen des Orient vornehmlich als eine „westliche Eigenart zur Dominanz, Umstrukturierung und Erhebung von Autoritätsansprüchen gegenüber dem Orient."[14] Die Beschreibung und Erklärung des „orientalischen Menschen" führte in subtiler Weise zu einem Gefühl von Überlegenheit und zur Rechtfertigung für politische Dominanz.

Diese problematische Konstruktion des anderen ist Anlass für akute Besorgnis in der Anthropologie, da ethnographische Beschreibungen allzu häufig kolonialistische Einstellungen und Bestrebungen fördern. Ethnographische Studien verschaffen den Kolonialmächten nicht nur Informationen, die ihre Macht stärken, sondern charakterisieren die Einheimischen darüber hinaus in einer Form, die ihre Kontrolle rechtfertigt.[15] Ein afrikanischer „Eingeborener" schreibt diesbezüglich, Anthropologie sei „das Tagebuch des weißen Mannes auf einer Mission – jenes weißen Mannes, der von der historischen Überlegenheit des europäischen Denkens und seiner seltsamen Sichtweise des Menschen geprägt ist."[16] Derartige Kritik hatte weitreichende Konsequenzen für die sozialwissenschaftliche Forschung. Im 4. Kapitel werden wir uns damit genauer beschäftigen.

Für viele, die sich mit Identitätspolitik beschäftigen, sind diese Formen des Widerstands lediglich der Anfang. Bedeutsamer erscheint ihnen die Herausforderung, sich selbst adäquat darzustellen. Der zweite Ansatz der Identitätspolitik beschäftigt sich daher mit *Selbstdarstellung*. Dem Sozialtheoretiker Ernesto Laclau zufolge ist die entscheidende Frage nicht, „wer die sozialen Subjekte sind, sondern wie es ihnen gelingt, sich selbst zu konstituieren."[17] Die farbige Feministin Patricia Hill Collins schreibt: „Das Bestehen auf einer Selbstdefinition farbiger Frauen führt zu einer Umstrukturierung des gesamten Dialogs. Die Entwicklung verläuft vom Protest gegen die technische Exaktheit eines Bildes – nämlich der Widerlegung der auf Farbige bezogenen Matriarchatsthese – hin zur Darlegung der Machtdynamik, die dem Prozess der Definition zugrunde liegt .... durch das Bestehen auf Selbstdefinition erlangen farbige Frauen die Möglichkeit, ihr Leben besser selbst bestimmen zu können."[18] In dieser Hinsicht ist die eigene ethnische, rassische oder religiöse Identität ein Auslöser für mitunter äußerst bittere Konflikte. Auf einfachster Ebene geht es um Selbstkontrolle versus Fremdkontrolle.

Das zunehmende Bewusstsein um diesen Konflikt hat zu einer Vielzahl von Maßnahmen geführt. Vornehmlich ging es darum, Kontrolle zu erlangen über die Darstellung der Identität einer Gruppe, um dadurch Gruppenbewusstsein und politische Aktivität zu fördern. Der wichtigste Teil dieser Maßnahmen spielt sich nicht in der akademischen Welt ab, sondern in der Kunst und Unterhaltungsindustrie. Fernsehsender erweitern ihr Repertoire, um auch die Erfahrungen bisher unterrepräsentierter Gruppen darzustellen. So hat z.B. die Showmasterin Oprah Winfrey in den USA das öffentliche Bild sowohl von Frauen als auch von der farbigen Bevölkerung verändert.[19] In den letzten Jahren kam es zu einer wahren Flut neuer Publikationen für Feministinnen, Farbige, Homosexuelle etc. Immer mehr Filme, Theaterstücke und Bücher beschäftigen sich mit dem Leben gesellschaftlicher Minderheiten.

Dennoch beinhaltet auch das Streben nach Kontrolle über die eigene öffentliche Identität gewisse Probleme. Schreiben Sie ein Buch oder drehen Sie einen Film über „Ihre" Gruppe, dann ist dies *Ihre* Darstellung. Die Gruppe an sich war an dieser Darstellung kaum beteiligt. Viele Mitglieder bestimmter Gruppen beklagen sich darüber, wie sie von vermeintlich Wohlwollenden in der Öffentlichkeit dargestellt werden. Möchte z.B. eine Autorin oder ein Autor das aus einer unterdrückenden Gesellschaft resultierende Leid darstellen, welches sich etwa in Drogenmissbrauch oder Aggressivität niederschlägt, fühlt sich die jeweils dargestellte Gruppe häufig betrogen. Nicht selten werden diese Menschen als anormale, unzurechnungsfähige Opfer dargestellt. Doch selbst wenn eine Autorin oder ein Autor die Vorzüge einer Tradition darstellen möchten und sich ausschließlich auf die positiven Aspekte einer bestimmten Lebensweise und die in ihr vorkommenden erfüllten zwischenmenschlichen Beziehungen konzentrieren, kann es zu Widerspruch kommen. Diesmal wird das Werk kritisiert, da es ein zu rosiges Bild zeichnet, keine politische Aktivität fördert und den Status quo erhält. Nehmen Sie als Beispiel die Reaktion einer farbigen feministischen Gruppe auf die Filme des farbigen Regisseurs Spike Lee und dessen Darstellung von Frauen und Farbigen:

> Die Darstellung schwarzer Männer entspricht populären Stereotypen der weißen rassistischen Vorstellung. Dem weißen Publikum wird keine Angst gemacht, es wird beruhigt. [Der Film] blendet schwarze Frauen und deren Rolle im Befreiungskampf aus…jede schwarze Frau im Film, egal ob Mutter, Tochter oder Schwester, wird an irgendeiner Stelle als Sexobjekt konstruiert.[20]

Wir müssen uns daher fragen, ob wir überhaupt jemandem dabei vertrauen können, eine bestimmte Gruppe darzustellen. Muss die Antwort lauten: „Jede Person für sich selbst"? Wäre dies nicht das Ende der politischen Stärke einheitlicher Gruppen?

Fragen wie diese haben zu einem dritten Ansatz der Identitätspolitik geführt, der *politischen Rekonstruktion*. In dieser geht es vorrangig darum aufzuzeigen, wie alle Darstellungen von Gruppen – unabhängig von Autorin und Autor oder Inhalt – dazu tendieren, ihr Objekt zu *essentialisieren*. In diesem Kontext bedeutet Essentialisieren den Umgang mit einer sozialen Kategorie (z.B. Frauen, Homosexuelle, Asiaten), als enthielte diese ein für sie charakteristisches Wesen – eine Anzahl intrinsischer Qualitäten oder Eigenschaften, die untrennbar mit den Menschen in dieser Gruppe verbunden sind. Lange Zeit existierte dieses Problem im Hinblick auf das Konzept der Rasse – einer Kategorie, die häufig verwendet wird, um mittels vermeintlich wesentlicher und grundlegender Eigenschaften Gruppen voneinander zu unterscheiden. Doch letztendlich gibt es kein Wesen – keine essentielle Natur – in den Menschen, die sich durch Hautfarbe, Körpergröße, Bartform etc. auch äußerlich sichtbar manifestiert. Auf der Grundlage kulturvergleichender Studien kommt Stuart Hall zu dem Schluss: „Es geht darum anzuerkennen, …dass ,farbig' vorwiegend eine politisch und kulturell konstruierte Kategorie ist, die nicht auf einer bestimmten Menge festgelegter kulturübergreifender oder transzendentaler rassischer Kategorien beruht und daher auch im wirklichen Leben keinerlei Garantien liefert."[21] Das Problem liegt jedoch nicht nur in der Suche nach einem für eine Gruppe charakteristischen Wesen. Des Weiteren kommt es durch die Festlegung derartiger Kategorien zur *Missachtung von Unterschieden*. Unberücksichtigt bleiben fortan die enormen Variationen innerhalb einer Gruppe in Bezug auf Werte, sexuelle Präferenzen, Gewohnheiten und Lebensstile. Diese Variationen sind so groß, dass die meisten Gruppen alles andere als einheitlich sind. Zum Beispiel gibt es viele strenggläubige christliche Asiatinnen und Asiaten, homosexuell aktive Pakistanis und farbige Amerikanerinnen und Amerikaner moslemischen Glaubens. Etiketten sind allzu häufig irreführend. Schließlich kann die Unterscheidung zwischen verschiedenen Gruppen auch zu Antagonismus, Vermeidung, Misstrauen und Hass führen. Innerhalb einer Gruppe heißt es dann: „Wir sind anders. Ihr könnt uns nicht verstehen. Ihr gehört nicht zu uns." Alle anderen Gruppen erscheinen als fremd, seltsam und irgendwie bedrohlich. In der US-amerikanischen Gesellschaft gibt es so viele Kategorien, dass der Politwissenschaftler James Davison Hunter diesen Zustand als *Krieg der Kulturen* beschreibt.[22]

Wie ist angesichts dieser Probleme eine politische Neuorientierung möglich? Darauf gibt es keine eindeutige Antwort. Der Dialog ist noch im Gange. Zunächst gibt es diejenigen, die sich von der Kritik am Essentialismus betrogen fühlen. Sie argumentieren, dass es lange genug gedauert hat, bis Frauen und Minderheiten zu Autonomie und Selbstbestimmtheit gelangten. Und jetzt, da sie danach streben, ihre eigene Identität zu definieren, soll ihnen dieses Ziel wieder genommen werden? Dadurch würden der Sozialkritik und dem Bestreben nach gesellschaftlicher Veränderung der Boden entzogen. Gäbe es zum Beispiel keine „Frauen" (bzw. keine einheitliche Gruppe, die mit diesem Etikett versehen werden könnte), warum sollten wir uns dann für Gleichberechtigung einsetzen? Die Feministin Naomi Weisstein schreibt über diejenigen, die Geschlecht und andere Kategorien als soziale Konstruktionen ansehen: „Manchmal denke ich, wenn diese Modeerscheinung vorüber geht, werden wir viele dieser Personen wiederfinden – ertrunken in ihren eigenen abstrusen Wörtern wie die Druiden im Sumpf."[23]

Es gibt vielversprechendere Möglichkeiten. Zum Beispiel rät der farbige amerikanische Wissenschaftler Cornell West zur Entwicklung einer *Ethik der Liebe*. Im Falle der farbigen Bevölkerung könnte diese den Menschen ermöglichen, in einem Kontext gestärkten Selbstbewusstseins zusammenzuarbeiten.[24] Eine solche Ethik mag langfristig auch innerhalb der Gesellschaft allgemein zu besseren Beziehungen führen. Der Soziologe Tod Gitlin weist auf erfolgreiche Bewegungen und Organisationen hin, die über „Gruppenidentitäten" hinausgehen und ansonsten unterschiedliche Bevölkerungsschichten vereinen. Früher kam diese Funktion den Gewerkschaften zu. Heutzutage bedarf es neuer Gruppen.[25] Andere meinen, wir müssten den demokratischen Prozess radikal erweitern, so dass Menschen aus allen Teilen der Bevölkerung am Dialog teilnehmen können. Im Einklang mit dieser Forderung nach mehr Basisdemokratie fordern manche eine zivilere Form öffentlicher Diskussionen, so dass wir in einer weniger feindseligen Art miteinander ins Gespräch kommen können.[26] Noch radikaler sind die mitunter hörbaren Vorschläge, wir müssten unsere grundlegenden Konzepte bezüglich dessen, was es heißt, eine Person zu sein und eine Identität zu besitzen, neu konstruieren. Eine Bewegung farbiger Amerikanerinnen und Amerikaner schreibt dazu: „Viel zu lange haben wir uns von außen und von innen eine begrenzende Sichtweise des Schwarzseins aufdrängen lassen…durch die Kritik an der Suche nach dem Wesen einer Gruppen erschließen sich uns neue Möglichkeiten für die Konstruktion des Selbst."[27] Die Feministin Judith Butler empfiehlt in diesem Kontext eine generelle Skepsis gegenüber allen binären Einteilungen wie Mann/ Frau, heterosexuell/homosexuell usw.[28] Da z.B. das Frausein keine „natürliche Tatsache", sondern eine Art „kulturelle Rolle" sei, stehen uns Alternativen zur Verfügung. In revolutionärer Weise rät Butler zur Übernahme von Rollen, welche die Grenzen zwischen den üblichen Unterscheidungen verwischen. Beispiele sind geschlechtsuntypische Verhaltensweisen und Bisexualität. Wiederum andere empfehlen eine flexible oder nomadische Konzeption des Selbst, in der wir uns nie dauerhaft einer Kategorie zuordnen und uns stets der Zeit und den jeweiligen Umständen anpassen – z.B. indem wir nur vorübergehend eine bestimmte politische Meinung vertreten.[29] Der Ansatz der politischen Neuorientierung befindet sich noch in den Anfängen. Im 6. Kapitel werden wir auf diese Themen zurückkommen.

Soziale Konstruktion: Die entstehenden Umrisse

> Rationalität ist eine unter vielen Traditionen und kein
> Standard, an den sich Traditionen anzupassen haben.
>
> Paul Feyerabend, *Erkenntnis für freie Menschen*

Lassen Sie uns zurückblicken. Im letzten Kapitel haben wir uns mit mehreren einflussreichen, aber problematischen Annahmen der westlichen Tradition beschäftigt – Annahmen über Selbst, Wahrheit, Vernunft und Moral. Außerdem sind wir auf zwei neuere kritische Ansätze eingegangen, die jeder begründeten Annahme die Grundlage zu entziehen scheinen. Im vorliegenden Kapitel haben wir positivere Möglichkeiten ergründet. Ich habe eine neue Sicht der Sprache vorgestellt, welche die beiden Kritikansätze in vielversprechender Weise umformuliert. Gleichzeitig wurde ein weiteres Ziel erreicht. In diesen Argumenten sind Annahmen enthalten, die die Grundlage für das Thema dieses Buches bilden: den Sozialen Konstruktionismus. Nunmehr wollen wir diese Annahmen klarer herausarbeiten. Nicht alle, die sich an sozialkonstruktionistischen Dialogen beteiligen, stimmen mit den nachfolgenden Aussagen überein. Es sind eher Arbeitshypothesen denn gesicherte Erkenntnisse.[30] Diese Annahmen erheben keinen Anspruch auf Wahrheit. Vielmehr sind es Einladungen zu Dialogen und zu Beziehungen. Je mehr wir sie in unsere Arbeit und unser Leben integrieren, umso bewusster wird uns ihr enormes Potenzial. Es ist nicht das Anliegen des Konstruktionismus zu fragen, ob diese Annahmen richtig oder falsch sind. Lassen Sie also die folgenden vier Arbeitshypothesen auf sich wirken.

1. *Die Begriffe, mit denen wir die Welt und uns selbst verstehen, ergeben sich nicht zwangsläufig aus „dem, was ist".* Diese Annahme basiert auf dem Unvermögen der Sprache, eine unabhängige Welt abzubilden. Ausgehend von dem, was in der Welt existiert, ergibt sich nicht notwendigerweise eine bestimmte Anordnung von Silben, Wörtern oder Sätzen. Diese Annahme bezieht sich nicht nur auf gesprochene und geschriebene Wörter, sondern auf alle Formen der Darstellung, u.a. auch auf Fotos, Landkarten, Mikroskope und Kernspintomografien. Anders ausgedrückt besagt diese Annahme, dass es für jeden Sachverhalt eine unbegrenzte Zahl an Beschreibungen und Erklärungen gibt. Im Prinzip (allerdings nicht in der Praxis) kann keine dieser Beschreibungen oder Erklärungen als den anderen überlegen gelten, nur weil sie die Merkmale eines Sachverhalts besser abbildet.

Obgleich diese Annahme zunächst nachvollziehbar erscheinen mag, sollten Sie nicht die sich aus ihr ergebenden Konsequenzen unterschätzen. Zunächst einmal müssen wir davon ausgehen, dass alles, was wir über die Welt und uns selbst gelernt haben, auch anders sein könnte: dass die Schwerkraft auf der Erde wirkt, Menschen nicht wie Vögel fliegen können, Krebs eine potenziell tödliche Krankheit ist oder Bestrafung zu einer Verringerung von sozial unverträglichem Verhalten führt. Nichts an „dem, was ist" führt zwangsläufig zu diesen Vorstellungen. Wir könnten unsere Sprache verwenden, um alternative Welten zu konstruieren, in denen es weder Schwerkraft noch Krebs gibt und in denen Menschen und Vögel gleich und Bestrafungen erstrebenswert sind. Für viele Menschen ist eine solche Vorstellung in höchstem Maße bedrohlich, da sie nahe legt, dass wir uns an nichts festhalten und orientieren können und es keinerlei Sicherheit für unsere Überzeugungen gibt. Andere hingegen betrachten diese dunkle Nacht der Unsicherheit als Übergangsstadium in einen Zustand der Befreiung. In unserem Alltagsleben scheinen viele unserer Kategorien wie Geschlecht, Alter, Rasse, Intelligenz, Emotion, Rationalität usw. großes Leid zu erzeugen. Und in der Welt allgemein scheinen viele Grundpfeiler unseres Denkens wie Religion, Nationalität, ethnische Herkunft, Wirtschaft etc. zu Konflikten, Entfremdung, Ungerechtigkeit und mitunter sogar zu Gewalt zu führen. Aufgrund der konstruktionistischen Sichtweise sind wir nicht an eine bestimmte Art des Verstehens gebunden.

2. *Wie wir beschreiben, erklären und darstellen leitet sich aus Beziehungen ab.* Diese Annahme folgt aus der Sicht der Benutzerinnen und Benutzer von Sprache, mit der wir dieses Kapitel begonnen haben. Aus dieser Sicht erhalten Sprache und andere Formen der Darstellung ihre Bedeutung aus der Art und Weise, in der sie in Beziehungen verwendet werden. Was wir über uns und über die Welt für wahr halten ist damit kein Produkt des individuellen Geistes. Der individuelle Geist erschafft weder Sinn und Bedeutung noch Sprache. Ebenso wenig entdeckt er die wahre Beschaffenheit der Welt. Sinn und Bedeutung ergeben sich aus aufeinander bezogenen Interaktionen zwischen Menschen – aus Diskussionen, Verhandlungen und Übereinstimmungen. Aus dieser Sicht sind Beziehungen die Grundlage für alles, was verstehbar ist. Nichts existiert für uns – als verstehbare Welt voller Objekte und Personen –, bis wir in Beziehungen eintreten. Das heißt, dass alle Wörter, Sätze und Aussagen, die uns heute als sinnvoll erscheinen, unter anderen Beziehungsverhältnissen vollkommen unsinnig wirken könnten. Genauso könnte das unartikulierteste Grunzen plötzlich überaus tiefgründig erscheinen. Suchen wir nach Sicherheit und einer soliden Basis, so geht dies nur in Beziehungen.

Ein Vorbehalt soll jedoch nicht unberücksichtigt bleiben. Obgleich in diesem Buch Beziehungen vorwiegend als menschliche Interaktionen beschrieben werden – daher die soziale Konstruktion der Wirklichkeit –, ist diese Eingrenzung letztlich irreführend. Beziehungen zwischen Menschen sind untrennbar verbunden mit der Beziehung der Menschen zur Natur. Unsere Kommunikation ist angewiesen auf all die natürlichen Ressourcen, ohne die wir nicht leben können – Sauerstoff, Pflanzen, Sonnenlicht etc. Wir sind nicht unabhängig von unserer natürlichen Umgebung. Unser Umfeld ist in uns und wir in ihm. Ebenso wenig können wir als Menschen das eigentliche Wesen dieses Umfeldes und unserer Beziehung zu ihm ergründen, ohne uns der Sprache zu bedienen, die wir gemeinsam entwickeln. Jegliches Verständnis von Beziehung ist seinerseits durch Kultur und Geschichte begrenzt. Was letztendlich bleibt ist ein tiefes Gefühl der Verbundenheit – von allem mit allem –, das wir nicht angemessen verstehen können.

3. *So, wie wir beschreiben, erklären oder anderweitig darstellen, so gestalten wir unsere Zukunft.* Nicht nur unsere Sprache, sondern auch unser übriges Verhalten – Rituale, Traditionen, „Lebensformen" – ist an Beziehungen gebunden. Zum Beispiel sind Wörter wie „Straftat", „Staatsanwalt", „Zeuge" und „Gesetz" für die Rechtsprechung unverzichtbar. Unser Bildungssystem ist auf Begriffe wie „Studenten", „Professoren", „Seminare" und „Lernen" angewiesen. Ohne diese von vielen Personen geteilten Beschreibungs- und Erklärungsformen hätten diese Institutionen nicht ihre gegenwärtige Form. Es wäre schwierig, eine Liebesbeziehung zu unterhalten ohne Wörter wie „Liebe", „Begehren", „Zuneigung" und „Hoffnung". Sprache ist ein wesentlicher Bestandteil unseres Handelns in der Welt. Sie bildet die Grundlage für unser Sozialleben.

Bedenken Sie die Folgen: Stimmen wir darin überein, dass es nichts in der Welt gibt, was wir nur durch eine bestimmte Sprache oder andere Form der Darstellung wiedergeben können, wären all unsere Institutionen – die altehrwürdigen Traditionen unserer Kultur – auflösbar. Ohne unsere Wörter für das Wahre und das Gute gäbe es auch bestimmte Lebensformen nicht. Der Erhalt unserer Traditionen – vom Selbst, von Wahrheit, Moralität, Bildung usw. – ist auf einen kontinuierlichen Prozess der gemeinsamen Herstellung von Sinn und Bedeutung angewiesen. In diesem Sinne ist Geschichte nicht Schicksal – weder hinsichtlich der eigenen Vergangenheit, noch in Bezug auf die Vergangenheit einer Kultur. Die Vergangenheit bestimmt nicht die Zukunft und bietet keine Garantien. Wollen wir unsere Traditionen in einer Welt der rasanten globalen Veränderungen erhalten, müssen wir uns tagtäglich mit dem Erhalt ihrer Verstehbarkeit auseinandersetzen. Wir müssen uns an Beziehungen beteiligen und die Regeln innerhalb dieser Beziehungen befolgen, damit die in ihnen verwirklichten Traditionen erhalten bleiben. Zum Beispiel wurde es immer wieder erforderlich, das, was das Christentum ausmacht, umzuschreiben oder umzugestalten, damit es auch für die heutige Zeit lebendig bleibt. Gleiches gilt für unsere beruflichen, familiären und freundschaftlichen Beziehungen. Immer wieder müssen wir sie umgestalten (z.B. „wer wir füreinander sind"), um sie am Leben zu erhalten.

Gleichzeitig lädt der Konstruktionismus dazu ein, das soziale Leben umzuwandeln und eine neue Zukunft zu erschaffen. Unsere eigenen Transformationen und die unserer Beziehungen und unserer Kultur bedürfen nicht des

Eingriffs von Expertinnen und Experten, Gesetzen, öffentlichen Maßnahmen oder ähnlichem. So wie wir im gegenwärtigen Augenblick sprechen, beteiligen wir uns – in positiver oder negativer Weise – an der Gestaltung unserer Zukunft. Sehnen wir uns nach Veränderung, müssen wir uns auch der Herausforderung stellen, Sinn und Bedeutung neu zu definieren und zu *poetischen Aktivisten* zu werden. Neue Muster des sozialen Lebens werden nicht einfach nur durch die Ablehnung bestimmter Bedeutungen sichergestellt – z.B. durch den Verzicht auf sexistische oder rassistische Sprache. Vielmehr bedarf es neuer Formen von Sprache, neuer Interpretationen der Welt und neuer Muster der Darstellung. Wir brauchen *generative Diskurse*, d.h. Formen des Sprechens und Schreibens (und anderer Darstellungen), die etablierte Traditionen des Verstehens in Frage stellen und gleichzeitig neue Handlungsmöglichkeiten eröffnen. Der Herausforderung der generativen Diskurse werden wir uns im 5. Kapitel erneut zuwenden.

4. *Das Nachdenken über unsere Formen des Verstehens ist für unser zukünftiges Wohlergehen von entscheidender Bedeutung.* Die Herausforderung, wertgeschätzte Traditionen zu erhalten und zur gleichen Zeit eine neue Zukunft zu gestalten, ist gewaltig. Jede Tradition verschließt die Tür zum Neuen. Jede kühne Neuschöpfung untergräbt eine Tradition. Was sollen wir bewahren? Wovon sollten wir uns trennen? Welche Welten sollten wir erschaffen? Dies sind nicht nur komplexe Fragen, sondern in einer Welt der vielfachen, miteinander im Wettbewerb stehenden Konstruktionen des Guten kann es keine allgemein gültigen Antworten geben. Was in der Wirklichkeit existiert, bestimmt nicht zwangsläufig unsere Art des Verstehens. Es besteht die starke Tendenz, sich unter diesen Bedingungen auf „gute Gründe, gute Beweise und gute Werte" zu berufen. Das heißt, wenn wir einfach über eine bestimmte Tradition nachdenken, die Beweislage betrachten und die moralischen und politischen Implikationen einschätzen, sollten wir zu einer akzeptablen Lösung finden. Aus konstruktionistischer Sicht empfiehlt sich jedoch ein kritisches Hinterfragen. Die Erzeugung guter Gründe, guter Beweise und guter Werte vollzieht sich stets *innerhalb einer Tradition*. In dieser Tradition enthalten sind bestimmte Konstruktionen des Wahren und des Guten sowie die stillschweigende Ablehnung von Alternativen. Ob wir das Rauchen in öffentlichen Gebäuden verbieten, die Kinderpornografie erlauben, Landminen ablehnen oder die feministische Befreiung in arabischen Ländern unterstützen sollten, sind Fragen, die nur innerhalb einer bestimmten Tradition des Diskurses beantwortet werden können. Unsere „wohlüberlegten Urteile" sind daher meist blind gegenüber Alternativen, die außerhalb unserer Tradition liegen.

Für Konstruktionistinnen und Konstruktionisten führen derartige Überlegungen zu einer hohen Wertschätzung der *Reflexivität*, d.h. des Versuchs, die eigenen Vorannahmen in Frage zu stellen, dem „Offensichtlichen" zu misstrauen, andere Einschätzungen der Wirklichkeit zur Kenntnis zu nehmen und die unterschiedlichen Folgen verschiedener Standpunkte zu bedenken. Konstruktionistisch gesinnte Personen sind daher stets besorgt um die potenziell blind machende Akzeptanz des „Üblichen" und „Normalen". Wollen wir eine positive gemeinsame Zukunft gestalten, müssen wir bereit sein, alles anzuzweifeln, was wir für real, wahr, richtig, notwendig oder bedeutsam halten. Diese Art der kritischen Reflexion ist nicht notwendigerweise eine Vorstufe der Ablehnung von Traditionen. Vielmehr sollen Traditionen auch als solche erkannt werden – als Produkte eines spezifischen historischen und kulturellen Kontextes. Es geht auch um die Anerkennung der Legitimität anderer Traditionen. Letztendlich soll ein Dialog gefördert werden, der Gemeinsamkeiten aufzeigt.

Diese Arbeitshypothesen sind sehr einfach. Ihre Konsequenzen sind jedoch von beträchtlichem Gewicht. Die konstruktionistischen Dialoge verwischen die Grenzen zwischen Wissenden und Unwissenden und zwischen Lehrenden und Lernenden. Die Wissenschaftlerinnen und Wissenschaftler werden eingeladen, sich ihrer Prägung auf bestimmte Wertetraditionen ebenso bewusst zu werden wie der Zusammenhänge zwischen wissenschaftlicher Arbeit und der Zukunft der Gesellschaft. In späteren Kapiteln werden wir auf diese Themen zurückkommen. Um uns auf diese Erkundungen vorzubereiten und um die Bedeutung konstruktionistischer Ideen zu verdeutlichen, wollen wir dieses Kapitel mit einer näheren Betrachtung des wissenschaftlichen Wissens abschließen.

Die soziale Konstruktion des wissenschaftlichen Wissens

> Es ist schwer, die Wissenschaft populär zu machen, da sie so beschaffen ist, dass sie von vornherein die meisten Menschen ausschließt.
>
> Bruno Latour, *Science in Action*

Viele Menschen sehen in der Wissenschaft das krönende Juwel der westlichen Zivilisation. Während andere nur ihre *Meinungen* haben, verfügen Wissenschaftlerinnen und Wissenschaftler über harte *Fakten*. Wo andere über Ideen lediglich nachdenken, bewirken Wissenschaftlerinnen und Wissenschaftler etwas in der realen Welt: Heilmittel, Raketen und Atomenergie. Zum Teil liegt unser Respekt vor der Wissenschaft in unseren kulturellen Traditionen begründet. Im vorigen Kapitel haben wir gesehen, wie sich das wissenschaftliche Denken im

Zeitalter der Aufklärung aus dem Widerstand gegenüber kirchlichen und staatlichen Autoritäten entwickelte. Heutzutage durchdringt wissenschaftliches Wissen zahllose Bereiche unseres gesellschaftlichen Lebens – Handeln im Alltag, Bildungssystem, Gesetzesgebung, Nachrichtensendungen, Verbrechensbekämpfung, militärische Maßnahmen usw. Von besonderer Bedeutung ist jedoch die Verbindung zwischen Wissenschaft und sozialer Gleichberechtigung.

Im Zeitalter der Aufklärung wurde jedem Individuum das Recht zugesprochen, gehört zu werden. Dem Privileg des Adels und der Kirche, für alle Menschen zu sprechen und über das Wahre und Gute zu entscheiden, wurde somit eine Absage erteilt. Im Laufe der Zeit wurde die Wissenschaft zum Vorreiter für intellektuelle Gleichberechtigung. In der wissenschaftlichen Welt hat jede Person das Recht, selbst zu beobachten, zu interpretieren und die eigenen Befunde anderen mitzuteilen. Folgt man dabei den strengen Regeln wissenschaftlichen Vorgehens, darf die Berücksichtigung der eigenen Forschungserkenntnisse gefordert werden. Doch was würden Sie als Leserin und Leser über die „PE-Oberfläche für polyatomare Moleküle", „die Unbestimmtheit von Zyklopentan-1,3-Diyl" oder „*Hox*-Gene" sagen? Wahrscheinlich haben Sie zu diesen Dingen überhaupt keine Meinung. Womöglich verstehen Sie die Begriffe noch nicht einmal. Also bleibt Ihnen nichts anderes übrig, als diese Realitäten zu akzeptieren. Und warum auch nicht? Benennen Wissenschaftlerinnen und Wissenschaftler die Dinge nicht „so, wie sie sind"? Ironischerweise wird Gleichberechtigung heutzutage genau durch diese einstmalige Bastion der Gleichberechtigung verhindert. Alle Stimmen außer derjenigen der Wissenschaft werden zum Verstummen gebracht. Entwickelt sich hier eine subtile Diktatur durch die Hohepriesterinnen und Hohepriester der Wissenschaft, für die wir Außenstehenden lediglich Unwissende sind?

Genau diese Möglichkeit, der Abbruch des allgemein zugänglichen Dialogs, macht es notwendig, das wissenschaftliche Wissen einer sozialkonstruktionistischen Analyse zu unterziehen. Das Ziel liegt nicht darin, wissenschaftliches Vorgehen abzuwerten, sondern die uneingeschränkte wissenschaftliche Autorität zu hinterfragen und ihr den Nimbus des Unantastbaren zu nehmen. Unser Blick richtet sich daher auf die wissenschaftlichen Interpretationen der Welt – die Wahl einer bestimmten Sprache der Beschreibung und Erklärung, welcher der Vorzug gegenüber anderen möglichen Alternativen gegeben wird. Keine bestimmte Sprache kann für sich in Anspruch nehmen, die Welt so abzubilden, wie sie ist. Zahllose Beschreibungen sind möglich. Und jetzt kommt der entscheidende Punkt: Da Wissenschaftlerinnen und Wissenschaftler Anspruch auf die Wahrheit erheben, beeinflussen ihre Darstellungen die gesellschaftlichen Vorstellungen über die Beschaffenheit der Welt. Als Reaktion auf Artikel über den Ursprung des Universums, die Erforschung menschlicher Gene oder den Treibhauseffekt würden wir kaum sagen: „Nun, das ist eine Sicht unter vielen."

Vielmehr stellen die Medien derartige Erkenntnisse als allgemein gültige Tatsachen dar, die wir auch als solche akzeptieren – bis sie durch andere Wissenschaftlerinnen und Wissenschaftler widerlegt werden. Wissenschaftliche Darstellungen, die als „Wahrheit jenseits von Traditionen und Werten" gelten und über jeden Zweifel erhaben zu sein scheinen, beeinflussen in vielerlei Hinsicht unser Leben, indem sie unsere Verhaltens- und Denkweisen in Frage stellen, widerlegen und umstrukturieren. Kaum jemals wird dieser Einfluss kritisch hinterfragt, da einerseits Normalbürgerinnen und -bürger die wissenschaftliche Sprache nicht verstehen und andererseits Wissenschaftlerinnen und Wissenschaftler so in ihren traditionellen Denkweisen verhaftet sind, dass sie kaum zu einer Reflexion ihrer Vorannahmen und zur Berücksichtigung alternativer Sichtweisen in der Lage sind.

Ist dieser Einfluss bedeutsam? Wir haben uns bereits mit den für die Gesellschaft negativen Folgen der Terminologie geistiger Erkrankungen beschäftigt. Bedenkenswert ist zudem die in unserem Bildungssystem immer stärker erkennbare Ablösung spiritueller Aspekte durch die Wissenschaft. Heutzutage wäre es fast lächerlich, wenn eine Studentin oder ein Student fragen würde, ob nicht die biblische Darstellung der Entstehung der Menschheit der Darwinschen Erklärung überlegen sein könnte. Ein den Menschen als rein materielles und der Wissenschaft als Untersuchungs- und Manipulationsobjekt zur Verfügung stehendes Wesen darstellendes Curriculum hat jedoch noch weitaus subtilere Wirkungen, indem es Werte als Vorurteile und irrationale Denkmuster definiert. Die Wissenschaft hat die enorme Variabilität der Menschen auf eine Handvoll rassischer Kategorien reduziert und der Gesellschaft mitgeteilt, dass es genetisch bedingte Intelligenzunterschiede zwischen Personen gibt und dass manche Rassen intelligenter sind als andere. Sie hat die Idee durchgesetzt, dass die fundamentale Motivation im Leben darin besteht, die eigenen Gene weiterzugeben. Unserer Gesellschaft tun wir jedoch keinen Gefallen damit, die Natur auf diese Weise zu interpretieren.

Eines der wichtigsten Anliegen des konstruktionistischen Ansatzes besteht darin, die unangreifbare Autorität der Wissenschaft durch eine demokratische Beteiligung an allen wichtigen Diskussionen zu ersetzen. Dieses Anliegen wurde jedoch nicht immer in gleicher Weise verfolgt. Daher wollen wir uns kurz mit der Geschichte der sozialen Konstruktion der Wissenschaft beschäftigen. Im Wesentlichen lassen sich zwei historische Perioden unterscheiden: die frühe Betonung der *sozialen Bestimmtheit* wissenschaftlicher Fakten und die neuere Sicht der *relationalen Entstehung* wissenschaftlichen Wissens.

Die Soziale Bestimmtheit von Tatsachen

Der Mensch hat den Tod erschaffen.

William Butler Yeats, *Death*

Karl Mannheims 1929 erschienenes Werk *Ideologie und Utopie* war vermutlich das bahnbrechende Werk über die soziale Konstruktion wissenschaftlichen Wissens.[31] Die darin enthaltenen Argumente sind: (1) die theoretischen Überzeugungen einer Wissenschaftlerin oder eines Wissenschaftlers lassen sich auf soziale (und nicht empirische) Quellen zurückführen; (2) wissenschaftliche Gruppen organisieren sich häufig um bestimmte Theorien, (3) Meinungsverschiedenheiten bezüglich Theorien sind daher Gruppenkonflikte; und (4) das, was wir für wissenschaftliches Wissen halten, ist ein Nebenprodukt sozialer Prozesse. Die Veröffentlichung dieser Annahmen hatte großen Einfluss. In Polen und Deutschland stellte Ludwig Fleck 1935 in seinem Buch *Entstehung und Entwicklung einer wissenschaftlichen Tatsache*[32] die Behauptung auf, in einem wissenschaftlichen Labor müsse man „wissen, bevor man sehen" kann. Dieses Wissen führte Fleck auf die soziale Einbettung der jeweiligen wissenschaftlich tätigen Personen zurück. In England zeigte Peter Winch in seinem bedeutenden Werk *Die Idee der Sozialwissenschaft und ihr Verhältnis zur Philosophie* (1946),[33] dass es die theoretischen Darstellungen sind, welche die untersuchten sozialwissenschaftlichen Phänomene konstituieren. In Frankreich brachte Georges Gurwitchs *L'idée du droit social* (1932)[34] wissenschaftliches Wissen mit bestimmten Formen des Verstehens in Verbindung, die ihrerseits das Produkt bestimmter Gemeinschaften sind. Peter Berger und Thomas Luckmann entwickelten in ihrem Buch Die gesellschaftliche *Konstruktion der Wirklichkeit* (1966)[35] eines der bedeutendsten Themen dieses neuen Denkansatzes: die soziale Konstitution der Subjektivität. Dabei wird die private Erfahrung einer Wissenschaftlerin oder eines Wissenschaftlers von der Welt – alles, was gesehen, gehört oder gefühlt wird – auf die soziale Ebene zurückverfolgt.

Berger und Luckmann argumentieren, wir würden in *Plausibilitätsstrukturen* hinein sozialisiert. Damit gemeint sind konzeptuelle Verstehensweisen der Welt und deren rationale Begründungen. Indem wir uns auf diese Plausibilitätsstrukturen verlassen, entwickeln wir eine *natürliche Einstellung* – d.h. ein Gefühl für die als selbstverständlich angesehene Realität. „Ich verstehe die Realität des Alltagslebens als eine geordnete Realität", schreiben sie. „Ihre Phänomene sind in Mustern strukturiert, die von meinem Verständnis unabhängig zu sein scheinen…Die Sprache des Alltagslebens ermöglicht mir die notwendige Vergegenständlichung und legt die Ordnung fest, innerhalb derer diese einen

Sinn ergeben und innerhalb derer mein Alltagsleben für mich eine Bedeutung hat…Auf diese Weise liefert die Sprache all die Koordinaten meines Lebens in der Gesellschaft und füllt dieses Leben mit bedeutungsvollen Objekten."[36] Um diesen Punkt zu verdeutlichen, vergegenwärtigen Sie sich einmal, wie wir Zeit erleben und wie die Uhr (eine Erfindung des 18. Jahrhunderts) unser Leben ordnet. Berger und Luckmann schreiben: „Meine gesamte Existenz in dieser Welt wird von der Uhrzeit geordnet. Mir steht lediglich eine bestimmte Zeitspanne zur Verfügung, um meine Projekte fertig zu stellen, und dieses Wissen beeinflusst meine Einstellung gegenüber diesen Projekten. Da ich nicht sterben will, bringt das Wissen um die Begrenztheit meiner Zeit eine unterschwellige Angst in meine Projekte hinein. Ich kann z.B. nicht endlos Sport treiben. Ich weiß, dass ich älter werde. Vielleicht ist dies meine letzte Chance, einer bestimmten Aktivität nachzugehen…"[37] Können Sie diese Gedanken nachvollziehen?

Eine ähnliche Sicht der sozial konstituierten Subjektivität ist die Grundlage des einflussreichsten konstruktionistischen Werks des 20. Jahrhunderts, Thomas Kuhns *Die Struktur wissenschaftlicher Revolutionen* (1962).[38] Im Zuge der revolutionären Bewegungen der 60er Jahre wurde Kuhns Buch zur meistzitierten Arbeit in englischer Sprache – noch vor der Bibel. Das Buch war ein Frontalangriff auf die damals allgemein akzeptierte Annahme, wissenschaftliches Wissen wachse kontinuierlich und progressiv und fortgesetzte Forschungsbemühungen – die Überprüfung von Hypothesen an der Realität – führe immer näher an die Wahrheit heran. Kaum jemand zweifelt z.B. daran, dass die Übergänge vom ptolemäischen zum kopernikanischen Weltbild oder von der Newtonschen Mechanik zur Relativitätstheorie große Fortschritte darstellen. Kuhn tat jedoch genau dies, und seine Argumente wirkten wie Schockwellen in der akademischen Welt. Kuhn behauptete, unsere Annahmen über die Welt seien in *Paradigmen* eingebettet. Damit gemeint sind bestimmte Theorien, Konzeptionen eines Gegenstandsbereichs und methodische Vorgehensweisen (bzw. „Lebensformen" im Sinne von Wittgenstein). Daher ergäben selbst unsere exaktesten Messungen lediglich innerhalb des jeweiligen Paradigmas Sinn. Ein Blick durch das Mikroskop sagt Ihnen überhaupt nichts, wenn Sie sich nicht mit dem Instrument auskennen und nicht wissen, wonach Sie eigentlich suchen müssen.

Was wir als wissenschaftlichen Fortschritt bezeichnen ist für Kuhn keineswegs die Entwicklung eines objektiv immer exakteren Paradigmas. Objektive Genauigkeit entsteht lediglich innerhalb der Bedingungen des jeweiligen Paradigmas. Die Erkenntnisse eines alternativen Paradigmas sind *inkommensurabel*, d.h., aus einer anderen Sichtweise nicht nachvollziehbar (z.B. kann ein Neurologe die Tiefe der Seele nicht messen, da die Seele innerhalb der Neurologie keine Tatsache darstellt). Neue Paradigmen entstehen durch *Anomalien* – Daten, die außerhalb jenes Spektrums an Problemen liegen, die innerhalb des alten Paradigma gelöst werden können. Werden neue Probleme angegangen, entstehen daraus alternative Paradigmen – neue Konzeptionen, neue methodische Praktiken und neue Gegenstandsbereiche. Wissenschaftliche Revolutionen sind im Wesentlichen Übergänge von einem Paradigma zu einem anderen. Kuhn schreibt: „Der Wissenschaftler mit einem neuen Paradigma sieht die Dinge anders als zuvor."[39] Letztendlich, so Kuhn, müssten wir womöglich die explizite oder implizite Vorstellung aufgeben, „dass Veränderungen eines Paradigmas Wissenschaftler und deren Schüler der Wahrheit immer näher bringen."[40] Während Kuhn in späteren Jahren die radikalen Konsequenzen seiner Argumente bedauerte, haben andere diese Argumente noch vehementer vorgetragen.[41] Es war nicht länger möglich, die Wissenschaft als Suche nach *der* Wahrheit zu begründen.

Diese erste Welle von Abhandlungen über die soziale Bestimmtheit wissenschaftlichen Wissens war enorm einflussreich – sowohl in der Veränderung der üblichen Sicht der Wissenschaft als auch in der Entwicklung des Sozialen Konstruktionismus. Allerdings sind diese Argumente nicht ohne Mängel. Zum einen wird kritisiert, dass Wissenschaftlerinnen und Wissenschaftler als Marionetten sozialer Kräfte und als roboterähnliche Nebenprodukte ihrer Kultur bzw. Subkultur dargestellt werden. Wenn unsere eigenen Auffassungen lediglich das Produkt von Gruppenmeinungen sind, wie hat dann die Gruppe ihre Konzepte entwickelt? Wäre die Gruppe nicht ebenfalls eine Ansammlung von Robotern? Zweitens basieren viele dieser Darstellungen auf der Vorstellung eines subjektiven Geistes (dem Geist der Wissenschaftlerin oder des Wissenschaftlers), der durch seine soziale Welt geprägt und vorurteilsbehaftet ist. Eine solche Vorstellung erinnert an die im vorigen Kapitel diskutierten Probleme des Dualismus. Kaum erklärbar ist, wie der individuelle Geist die Ideen anderer aufnehmen kann. Brauchen wir Konzepte, um andere zu verstehen, wie kann dann ein unsozialisierter Säugling, der ohne Konzepte in diese Welt geboren wird, jemals begreifen, was andere sagen?

Ein drittes Problem liegt in der fehlenden Selbstreflexion vieler sozialer Deterministen. Sie argumentieren gegen die Möglichkeit objektiven Wissens in der Wissenschaft und doch scheinen sie ihre eigenen Argumente als faktenbasiert, objektiv und wahr anzusehen. Diese Inkonsistenz konnte nie ausgeräumt werden. Schließlich scheint sich die sozial-deterministische Sichtweise lediglich mit unseren Konstruktionen der Welt, nicht jedoch mit unseren nicht-sozialen oder materiellen Aspekten der Wissensbildung zu beschäftigen. Ist wissenschaftliches Wissen lediglich ein Wortspiel? Wie bereits dargestellt, finden Sprachspiele innerhalb eines materielle Objekte einschließenden Kontextes statt. Wo ist die materielle Welt in diesen Analysen? Diese Kritik bildet die Basis für die zweite wichtige Bewegung in der sozialen Sichtweise von Wissenschaft.

Die Entstehung wissenschaftlicher Tatsachen aus Beziehungen

> Die Schilfrohre beugen sich dem Wind
> und geben den Wind weiter.

> A.R. Ammons, „Small Song"

Die Argumente für die soziale Bestimmtheit wissenschaftlichen Wissens belegen die Bedeutung interpretativer Gemeinschaften für die Ausformung der als selbstverständlich angesehenen Wirklichkeiten der Wissenschaft. Da diese mitunter recht extremen Argumente (z.B. „wissenschaftliches Wissen ist lediglich soziale Konvention") jedoch äußerst problematisch sind, haben sich neuere Ansätze entwickelt. Es wird zunehmend versucht, wissenschaftliches Wissen als Resultat relationaler Prozesse zu verstehen – als die Folge eines Austauschs zwischen Personen, Objekten, physischen Umgebungen usw. Individuelle Wissenschaftlerinnen und Wissenschaftler sind in dieser Sicht weniger Marionetten sozialer Kräfte als vielmehr Beteiligte an einer Vielzahl komplexer Beziehungen, aus denen sich Formen des Verständnisses ergeben. Das vielleicht beste Beispiel dieses Ansatzes ist die Arbeit von Bruno Latour und seinen Kollegen.[42] Latour beschäftigt sich vor allem mit der Frage, wie eine Aussage den Status einer wissenschaftlichen *Tatsache* erlangt. Wir sagen, es seien eben Tatsachen, dass Rauchen Krebs verursacht und dass die Welt rund ist. Angesichts der Möglichkeit vielfältiger Interpretationen – und der Einsicht, dass die Wahrheit sich nicht einfach aus den Dingen ablesen lässt – stellt sich jedoch die Frage, wie diese Aussagen eine so breite Akzeptanz gefunden haben, während andere Aussagen lediglich als Hypothesen, Meinungen oder Unsinn gelten. Latour meint, die Welt der Wissenschaft sei ebenso ungeordnet wie jene des Alltagslebens und die Herstellung von Ordnung sei angesichts der chaotischen Bedingungen eine schwierige soziale und materielle Aufgabe.

Wie steigen also Tatsachen aus diesem Chaos empor? Vornehmlich durch einen elaborierten Prozess der Einschreibung. Das meint, eine wissenschaftlich tätige Person schlägt eine Kandidatin für Wahrheit vor. Die nackte Aussage ist an sich jedoch wenig überzeugend. Es gibt unzählige Möglichkeiten, alles Gesagte zu kritisieren und auf Mehrdeutigkeiten, fehlerhafte Vorannahmen, zugrunde liegende Motive etc. hinzuweisen. Ebenso gibt es viele Wege, um Aussagen zu stützen, zu loben und zu fördern. Das Problem für Wissenschaftlerinnen und Wissenschaftler liegt nun darin, Förderer zu finden und Kritiker zu meiden. Es muss versucht werden, jene Quellen einzubeziehen, die dem eigenen Vorschlag wohlgesonnen sind und ihn vor Zweiflern schützen. Latour zufolge gibt es viele Ziele der Einschreibung. Bedenken Sie z.B. *die Tatsache*, dass Rauchen Krebs verursacht. Um diese

Vorstellung zu einer Tatsache zu machen (aus der täglichen Flut an Papieren, Proben, Laborapparaten, Themen, Zahlen etc.), müssen Wissenschaftlerinnen und Wissenschaftler Unterstützung aus mindestens vier Quellen einbeziehen:

Verbündete: Um „eine Tatsache herzustellen" müssen andere gefunden werden, die die eigenen Interpretationen teilen oder einem zumindest einen Vertrauensvorschuss geben. Einem Kollegen zu sagen: „Frank, ich glaube, dass wir etwas Wichtiges entdeckt haben, dass Millionen von Leben retten könnte", ist eine andere Art der *Einschreibung* als die Aussage: „Wir wursteln hier vor uns hin, aber mir macht die Arbeit Spaß." In der Wissenschaft ist es genauso wichtig, sich Freunde zu machen, wie in der Politik.

Frühere Texte: Veröffentlichte wissenschaftliche Artikel stellen den Stand des etablierten Wissens dar. Die Akzeptanz eines neuen Vorschlags profitiert davon, auf früheren Texten aufzubauen. Zu sagen: „Jones hat entdeckt, dass…; Smith hat dies belegt; und die vorliegende Studie legt die Schlussfolgerung nahe, dass…" ist nicht nur ein Hinweis darauf, dass die eigene These Zuspruch findet. Vielmehr wird auf diese Weise verdeutlicht, dass die eigenen Annahmen gleichbedeutend sind mit bereits etabliertem Wissen. Nur sehr selten würde eine Wissenschaftlerin oder ein Wissenschaftler sich auf frühere Veröffentlichungen berufen, um auf deren Unklarheiten oder Unzulänglichkeiten hinzuweisen, da dadurch auch die eigene Arbeit angezweifelt werden müsste.

Rhetorische Mittel: In wissenschaftlichen Schriften gibt es bestimmte literarische Formen oder Mittel, die einen hohen Status genießen hinsichtlich ihrer „Möglichkeit, Wahrheit zu vermitteln". So suggeriert die Verwendung von Zahlen Präzision, die Berücksichtigung von Details und eine vernünftige Begründung für die aufgestellten Hypothesen. Abbildungen und Tabellen geben den Leserinnen und Lesern zusätzlich das Gefühl, ein Phänomen „sehen" zu können. Durch die Verwendung von Abbildungen und Tabellen sagt die Wissenschaftlerin oder der Wissenschaftler implizit: „Sie brauchen mir nicht zu vertrauen. Schauen Sie selbst." Natürlich sieht man das Phänomen nicht wirklich. Noch immer muss man den jeweiligen Wissenschaftlerinnen und Wissenschaftlern vertrauen, auch wenn ihre Aussagen graphisch dargestellt sind. Obgleich die abstrakte, technische und komplexe Form wissenschaftlicher Schriften hohes Ansehen innerhalb der wissenschaftlichen Kultur genießt, rät Latour zur Vorsicht. Wenn immer Wissenschaftlerinnen und Wissenschaftler sich schwer verständlicher Sprache bedienen, bleiben Sie als Leserin und Leser auf der Strecke. Sie werden daran gehindert, einen Sachverhalt oder eine Annahme genauer verstehen zu können.

Einschreibungsgeräte: Wenn Sie einen wissenschaftlichen Bericht anzweifeln und das Labor aufsuchen, um selbst nach Beweisen zu suchen, werden Sie Latour zufolge kaum jemals das „Phänomen an sich" zu sehen bekommen. Zum Beispiel werden Sie weder Rauch noch Krebs finden. Vielmehr wird Ihnen in der modernen Wissenschaft üblicherweise eine Maschine oder ein

Instrument gezeigt, das nicht-sprachliche Darstellungen produziert - z.B. ein Röntgen- , Kernspintomografie- oder Ultraschallgerät. Diese *Einschreibungsgeräte*, wie Latour sie nennt, „schreiben die Welt" für uns. Solange wir die Sicht der Wissenschaftlerinnen und Wissenschaftler darüber, wie diese Geräte funktionieren (wie sie „die Welt, wie sie ist", messen und darstellen), akzeptieren, stehen ihre Ergebnisse für „das Phänomen".

Aus dieser Sichtweise erkennen wir, dass „wissenschaftliche Tatsachen" aus einer Vielzahl interagierender Einflüsse entstehen – Fachorganisationen und Fachzeitschriften, Geräte, die Öffentlichkeit usw. Eine neuere Theorie beschreibt diese vielfältigen Einflüsse als *Netzwerke* von *Handelnden*.[43] Dabei werden die traditionellen Unterscheidungen zwischen sozialer und natürlicher Welt und zwischen Mensch und Technik aufgegeben. Vielmehr wird jede Teilnehmerin und jeder Teilnehmer in dem gesamten System an Netzwerken als *Handelnde* oder *Handelnder* bezeichnet. Spielt z.B. die Zeit eine wichtige Rolle darin, wie wir unser Leben organisieren, mag uns die Uhrzeit von der Stimme eines Radiomoderators, der Position der Sonne oder dem Ertönen eines Alarmsignals mitgeteilt werden. Im Prinzip könnten wir jedes dieser Medien durch ein anderes ersetzen. Durch den Prozess der Einschreibung gelangen die Handelnden in eine wechselseitige Beziehung. Verwende ich als Psychologe ein Tachistoskop in meinen Studien über Wahrnehmung, beziehe ich das Gerät ein, um ein bestimmtes Ergebnis zu erzielen. Überzeugen mich jedoch meine Kolleginnen und Kollegen, dass ein dichotisches Hörgerät für meine Zwecke besser geeignet ist, beziehen mich meine Kolleginnen und Kollegen und das neue Gerät in ein neues Netzwerk ein. Aus dieser Sicht ist das, was wir als „wissenschaftliches Wissen" bezeichnen, ein Nebenprodukt einer Vielzahl von Beziehungen zwischen sich gegenseitig unterstützenden Handelnden.

Abschließend wollen wir uns noch mit dem Verhältnis zwischen Wissenschaft und Gesellschaft beschäftigen. Unsere kritische Analyse zeigt uns, warum Wissenschaftler die Hohenpriester der Gegenwart sind. Als Außenstehende haben wir praktisch keine Möglichkeit, die Wahrheiten der Wissenschaft direkt zu hinterfragen. Jedes Mal, wenn wir etwas genauer wissen möchten, werden unsere Fragen abgewehrt. Wollen wir mehr über den Stand der Forschung bezüglich Krebs erfahren, werden wir an Kolleginnen und Kollegen verwiesen, die zu ähnlichen Ergebnissen gelangt sind, und es wird uns Literatur genannt, in der wir Tabellen und Abbildungen finden. Jede und jeder dieser Kolleginnen und Kollegen ist Latour zufolge eine *Black Box*. Versuchen Sie, sie zu öffnen, entdecken Sie eine weitere Black Box… Letztendlich erkennen Sie, dass das Hinterfragen einer wissenschaftlichen Tatsache dem Hinterfragen einer gewaltigen geschlossenen Ordnung von Annahmen, Geräten, Schriften usw. und damit einer ganzen Tradition oder Lebensform gleichkommt.

Dies soll keineswegs heißen, eine Aussage wie „Rauchen verursacht Krebs" sei falsch oder es fehlten noch eindeutige Beweise. Erinnern Sie sich, dass wir das „Spiel der Wahrheit" hinter uns gelassen haben. Vielmehr dient diese Analyse dazu, die Schutzmauern einzureißen, hinter denen sich wissenschaftliche Arbeit häufig versteckt. Es gilt, die Rechtfertigung in Frage zu stellen, mittels derer Wissenschaftlerinnen und Wissenschaftler Anspruch erheben auf eine Wahrheit jenseits von Interpretationen, Werten und kulturellen Lebensweisen. Es sollen die Unklarheiten, Konkurrenzkämpfe, Strategien und Verhandlungen aufgedeckt werden, die der öffentlichen Verkündigung einer unanfechtbaren Tatsache vorausgehen. Auf diese Weise verliert die Wissenschaft ihren Status als *über* der Kultur stehend und wird zugänglicher für öffentliche Dialoge.

Gleichzeitig will diese Analyse mitnichten erreichen, dass wir Aussagen wie „Rauchen verursacht Krebs" keine Beachtung schenken. In Anbetracht der üblichen Konstruktionen unserer Kultur und dem Wert, dem wir dem beimessen, was wir „Leben" nennen, hat eine solche Aussage einen wichtigen funktionalen Wert. Wir können sie verwenden, um unsere Handlungen an relativ verlässliche Muster von Ereignissen anzupassen. Zum Beispiel sagen wir: „Die Sonne geht um 6:40 Uhr auf", und richten unser Leben danach aus – auch wenn uns die Wissenschaft sagt, die Sonne gehe gar nicht wirklich auf, die Erde drehe sich nur. Im Falle von Krebs ist die wissenschaftliche Sichtweise zur kulturellen Wirklichkeit geworden. Zum Leidwesen von Millionen rauchender Menschen stehen die wissenschaftlichen und kulturellen Werte miteinander in Einklang.

Nachgedanken

Ich begann meine Karriere in der wissenschaftlichen Psychologie – einer Disziplin, die auf dem Versprechen basiert, dass wir durch den Einsatz empirischer Methoden, genauer Messungen und statistischer Analysen allmählich die Wahrheit über die psychischen Funktionen herausfinden werden. Mein Studium bestand aus Seminaren und Forschungsprojekten, in denen es darum ging, „etabliertes Wissen" zu erlangen. Ich lernte, in dem heillosen Chaos des Labors klare und überzeugende „Tatsachen" zu entdecken, die von Fachzeitschriften akzeptiert und veröffentlicht werden. Einige Tricks der Branche: Testen Sie die experimentellen Manipulationen im voraus um sicherzugehen, dass die gewünschten Effekte tatsächlich eintreten; verwenden Sie mehrere Messverfahren um sicherzustellen, dass mindestens eines davon den erhofften Effekt demonstriert; zeigt der erste statistische Test keinen verlässlichen Unterschied, versuchen Sie es mit anderen; gibt es Versuchsteilnehmer, die in dramatischer Weise von dem gewünschten Effekt abweichen, versuchen Sie eine Rechtfertigung dafür zu finden, die Daten dieser Personen nicht zu berücksichtigen; testen Sie ausreichend viele Personen, wird selbst der geringste Effekt signifikant sein; verweisen Sie auf frühere Studien, um die bahnbrechende Bedeutung ihrer Arbeit hervorzuheben, und erwähnen Sie neuere Veröffentlichungen, um zu zeigen, dass Sie auf dem neuesten Stand des Wissens sind; verweisen Sie nicht auf Freud, Jung oder andere „vor-wissenschaftliche" Psychologinnen und Psychologen; erwähnen Sie vielmehr die Forschung jener Wissenschaftlerinnen und Wissenschaftler, deren Arbeit durch Ihre Erkenntnisse gestützt wird, da diese voraussichtlich von der Fachzeitschrift um eine Beurteilung Ihres Artikels gebeten werden. Indem ich lernte, das Forscherhandwerk zu beherrschen, konnte ich nicht nur in Fachjournalen „Tatsachen" etablieren; mein Erfolg sicherte mir zudem Forschungsgelder, einen guten Ruf und mit hohem Status verbundene Stellenangebote.

Diese Art von Arbeit mache ich nicht mehr. Trotz meines Wissens um die Konstruktion wissenschaftlicher „Wahrheiten" halte ich derartige Forschung dennoch für wichtig. Allerdings bedauere ich die mit diesen Arbeiten meist einhergehenden Ansprüche auf Wahrheit und Objektivität. Begrüßen würde ich eine stärkere Betonung des Dialogs als Ersatz für den traditionellen Versuch der Wissenschaft, sich als einzig verlässliche Quellen der Wahrheit in einem bestimmten Bereich zu etablieren. Am meisten wünsche ich mir eine lebhafte Diskussion über die Werte und Potenziale derartiger Forschung, ohne stets auf das „Etablieren von Wahrheit" rekurrieren zu müssen. Wir sollten uns Fragen stellen, wie sie uns von Foucaults Werk nahegelegt werden: Wie wird die Gesellschaft durch die wissenschaftliche Interpretation der Welt beeinflusst? Wer gewinnt, wer verliert und welche gemeinsame Zukunft wollen wir uns aufbauen?

Anmerkungen

1 Wittgenstein, L. (1978). *Philosophical Investigations.* Oxford: Blackwell.
(Deutsche Ausgabe: *Philosophische Untersuchungen.* Kritisch-genetische Edition. Frankfurt a. M.: Suhrkamp. Erschienen 2001.)
2 Ebd., section 108.
3 Ebd., section 7.
4 Ebd., section 20e.
5 Austin, J.L. (1998). *Zur Theorie der Sprechakte.* Ditzingen: Reclam. (Original erschienen 1962).
6 Siehe z.B. Searle, J.R. (2000). *Sprechakte.* Frankfurt a. M.: Suhrkamp. (Original erschienen 1970).
7 Siehe insbesondere Foucault, M. (2001). *Überwachen und Strafen. Die Geburt des Gefängnisses.* Frankfurt a. M.: Suhrkamp; und Foucault, M. (1999). *Sexualität und Wahrheit Band 1. Der Wille zum Wissen.* Frankfurt a. M.: Suhrkamp.
8 Gordon, C. (Ed.). (1980). *Power/Knowledge: Selected Interviews and Other Writings by Michel Foucault, 1972–1977.* New York: Pantheon. p. 199.
9 Siehe Gergen, K.J. (1994). *Realities and Relationships.* Cambridge, MA: Harvard University Press.
10 Siehe http://www.swarthmore.edu/SocSci/Kgergen1/Psychodiagnostics/index.html

11 Siehe z.B. Naylor, G. (1982). *The Women of Brewster Place.* New York: Viking; Bad Object-Choices (Ed.). (1991). *How Do I Look?* Queer Film and Video. Seattle: Bay Press.

12 Siehe z.B. Riley, D. (1988). *Am I That Name? Feminism and the Category of ‚Woman' in History.* Minneapolis: University of Minnesota Press; Sharpe, J. (1993). *Allegories of Empire: The Figure of Woman in the Colonial Text.* Minneapolis, MN: University of Minnesota Press.

13 Said, E. (1979). *Orientalism.* New York: Random House.

14 Ebd., S. 3.

15 Repräsentative Schriften sind unter „Weiterführende Literatur" aufgeführt.

16 Trin Minh-ha (1989). Woman Native Other. Bloomington, IN: Indiana University Press. p. 48.

17 Laclau, E. (1990). *New Reflections on the Revolution of Our Time.* London: Verso. p. 36.

18 Hill Collins, P. (1990). *Black Feminist Thought.* New York: Routledge. pp. 106, 107. 19 Siehe z.B. Squire, C. (1994). *Empowering women? The Oprah Winfrey Show.* In K. Bhavnani & A. Phoenix (Eds.). Shifting Identities, Shifting Racisms. London: Sage.

20 hooks, b. (1990). *Yearning, Race, Gender, and Cultural Politics.* Boston, MA: South End Press. (Deutsche Ausgabe: *Sehnsucht und Widerstand. Kultur, Ethnie, Geschlecht.* Berlin: Orlanda Frauenverlag. Erschienen 1996.)

21 Hall, S. (1996). *New ethnicities.* In D. Morley & K. Chen (Eds.). Stuart Hall: Critical Dialogues in Cultural Studies. London: Routledge. p. 443.

22 Hunter, J.D. (1991). *Culture Wars: The Struggle to Define America.* New York: Basic Books.

23 Weisstein, N. (1993). *Power, resistance and science: a call for a revitalized feminist psychology.* Feminism and Psychology, 3, 239–245. p. 244.

24 West, C. (1993). *Race Matters.* New York: Random House.

25 Gitlin, T. (1995). The Twilight of Common Dreams. New York: Henry Holt.

26 Siehe z.B. Kingwell, M. (1995). *A Civil Tongue: Justice, Dialogue, and the Politics of Pluralism.* University Park: Pennsylvania State University Press; Hunter, J.D. (1994). Before the Shooting Begins. New York: Free Press.

27 hooks, Yearning, p. 25.

28 Butler, J. (1991). *Das Unbehagen der Geschlechter.* (Gender Studies. Vom Unterschied der Geschlechter). Frankfurt a. M.: Suhrkamp.

29 Siehe z.B. Flax, J. (1993). *Multiples.* New York: Routledge; Deleuze, G. & Guattari, F. (1986). *A Thousand Plateaus.* Minneapolis, MN: University of Minnesota Press.

30 Ansätze zur Wirklichkeitskonstruktion haben im Verlauf der Geschichte viele Formen angenommen. Die heutigen Dialoge weisen viele Unterschiede in Bezug auf ihre Schwerpunkte und Sichtweisen auf. Bei der Sichtung der allgemeinen Literatur ist es hilfreich, folgende Unterscheidungen zu berücksichtigen:

Radikaler Konstruktivismus: eine Sichtweise, die ihre Wurzeln in der rationalistischen Philosophie hat. Ihr Schwerpunkt liegt auf der Frage, wie der individuelle Geist das konstruiert, was er für Realität hält. Wissenschaftler wie Claude Levi Strauss und Ernst von Glasersfeld werden mit dieser Sichtweise verbunden.

Konstruktivismus: eine gemäßigtere Sicht, der zufolge der Geist zwar Wirklichkeit konstruiert, allerdings innerhalb einer systematischen Beziehung zur externen Welt. Mit dieser Position werden Namen wie Jean Piaget und George Kelly verbunden.

Sozialer Konstruktivismus: hier wird argumentiert, der Geist konstruiere in seinen Beziehungen mit der Welt die Wirklichkeit, wobei dieser geistige Prozess in bedeutsamer Weise durch Einflüsse aus sozialen Beziehungen geprägt werde. Die Werke von Lew Wygotski und Jerome Bruner sind Beispiele für diesen Ansatz. In den Arbeiten von Serge Moscovici und seinen Kollegen über soziale Repräsentation wird oft diese Sicht vertreten. Der Schwerpunkt liegt jedoch auf den allgemeinen gesellschaftlichen Konventionen, denen das Individuum verbunden ist.

Sozialer Konstruktionismus: hier liegt der Schwerpunkt auf Diskursen als Vehikel für die Artikulation des Selbst und der Welt sowie auf der Art und Weise, in der diese Diskurse innerhalb sozialer Beziehungen wirken. Dies ist das hauptsächliche – wenn auch nicht ausschließliche – Thema dieses Buches.

Soziologischer Konstruktionismus: hier geht es vor allem darum, wie das Verständnis des Selbst und der Welt durch die Macht, die soziale Strukturen (wie Schule, Wissenschaft und Regierung) auf Menschen ausüben, beeinflusst wird. Beispiele sind die Werke von Henri Giroux und Nikolas Rose.

31 Mannheim, K. (1995). *Ideologie und Utopie.* Frankfurt a. M.: Klostermann. (Original erschienen 1929).
32 Fleck, L. (1994). *Entstehung und Entwicklung einer wissenschaftlichen Tatsache.* Frankfurt a. M.: Suhrkamp. (Original erschienen 1935).
33 Winch, P. (1974). *Die Idee der Sozialwissenschaft und ihr Verhältnis zur Philosophie.* Frankfurt a. M.: Suhrkamp.
34 Gurvitch, G. (1972, Réimpression de l'ed. 1932). *L'idée du droit social. Notion et système du droit social.* Scientia.
35 Berger, P. & Luckmann, T. (1966). *The Social Construction of Reality.* New York: Doubleday. (Deutsche Ausgabe: *Die gesellschaftliche Konstruktion der Wirklichkeit. Eine Theorie der Wissenssoziologie.* Frankfurt a. M.: Fischer. Original erschienen 1966).
36 Ebd., S. 21.
37 Ebd., S. 26.
38 Kuhn, T.S. (1962). *The Structure of Scientific Revolutions.* Chicago: University of Chicago Press. (Deutsche Ausgabe: *Die Struktur wissenschaftlicher Revolutionen.* Frankfurt a. M.: Suhrkamp. Erschienen 2001).
39 Ebd., S. 115.
40 Ebd., S. 169.
41 Siehe Kuhn, T.S. (1997). *Die Entstehung des Neuen. Studien zur Struktur der Wissenschaftsgeschichte.* Frankfurt a. M.: Suhrkamp. Für eine extremere Sicht der sozialen Determiniertheit der Wissenschaft siehe Barnes, B. (1974). Scientific Knowledge and Sociological Theory. London: Routledge & Kegan Paul; Bloor, D. (1976). Knowledge and Social Imagery. London: Routledge & Kegan Paul.
42 Siehe insbesondere Latour, B. & Woolgar, S. (1979). *Laboratory Life: The Social Construction of Scientific Facts.* Beverly Hills, Ca: Sage; Latour, B. (1987). Science in Action. Cambridge, MA: Harvard University Press.
43 Für einen Überblick dieser Literatur siehe Michael, M. (1996). *Constructing Identities.* London: Sage; Law, J. & Hassard, J. (Eds.). (1999). Actor Network Theory and After. Oxford: Blackwell.

Weiterführende Literatur

Der ideologische Einfluss der Wissensansprüche

Dreyfus, H.L. & Rabinow, P. (1994). *Michel Foucault: Jenseits von Strukturalismus und Hermeneutik*. Frankfurt a. M.: Baumhaus.

Gergen, M.M. & Davis, S.N. (Eds.). (1997). *Toward a New Psychology of Gender*. New York: Routledge.

Ibanez, T. & Iniguez, L. (1997). *Critical Social Psychology*. London: Sage.

Prilleltensky, I. (1994). *The Morals and Politics of Psychology*. Albany, NY: State University of New York Press.

Kulturelle Repräsentationen von Identität

Fabian, J. (1983). Time and the Other: *How Anthropology Makes its Object*. New York: Columbia University Press.

Huizer, G. & Mannheim, B. (Eds.). (1979). *The Politics of Anthropology: From Colonialism and Sexism Towards a View from Below*. The Hague: Mouton.

Nencel, L. & Pels, P. (Eds.). (1991). *Constructing Knowledge, Authority and Critique in Social Science*. London: Sage.

Ruby, J. (Ed.). (1982). *A Crack in the Mirror: Reflexive Perspectives in Anthropology*. Philadelphia: University of Pennsylvania Press.

Sampson, E.E. (1993). *Celebrating the Other*. Boulder, CO: Westview Press.

Über Soziale Konstruktion

Abhib, M.A. & Hesse, M.B. *The Construction of Reality*. Cambridge: Cambridge University Press.

Gergen, K.J. (1994). *Realities and Relationships, Soundings in Social Construction*. Cambridge, MA: Harvard University Press.

Potter, J. (1996). *Representing Reality*. London: Sage.

Sarbin, T.R. & Kitsuse, J.I. (Eds.). (1994). *Constructing the Social*. London: Sage.

Shotter, J. (1993). Conversational Realities. London: Sage.

Soziale Konstruktion wissenschaftlichen Wissens

Barnes, B., Bloor, D. & Henry, J. (1996). *Scientific Knowledge*. Chicago: University of Chicago Press.

Danziger, K. (1990). *Constructing the Subject: Historical Origins of Psychological Research*. Cambridge: Cambridge University Press.

Latour, B. (1987). *Science in Action*. Cambridge, MA: Harvard University Press.

McCarthy, E.D. (1996). *Knowledge as Culture*. New York: Routledge.

Pickering, A. (1995). *The Mangle of Practice*. Chicago: University of Chicago Press.

3 Diskurs und Emanzipation

> Wir müssen erkennen, welche Kraft darin liegt, Dinge einmal anders darzustellen. Durch die Macht der Sprache können neue und andere Dinge ermöglicht und mit Bedeutung versehen werden. Zu dieser Erkenntnis gelangen wir jedoch erst, wenn wir unser Repertoire an alternativen Beschreibungen erweitern und nicht länger nach der einen, einzig wahren Beschreibung suchen.
>
> Richard Rorty, *Kontingenz, Ironie und Solidarität*

Ist die Sprache ein zentrales Element, mittels dessen wir unser Leben in der Gesellschaft führen – und die Vergangenheit in die Gegenwart tragen, um die Zukunft zu gestalten –, sollten wir uns über unser Sprechen und Schreiben ernsthafte Gedanken machen. Nicht nur, wie wir über Wahrheit, Moralität und unser Selbst sprechen, ist von Bedeutung. Unsere Zukunft wird geschaffen durch unseren alltäglichen Austausch und all die beiläufigen Bemerkungen, lustigen Geschichten und normalen Gespräche in Familien, Freundschaften und Organisationen. Das konstruktionistische Verständnis ermöglicht es uns, aus den Wirklichkeiten, die wir geschaffen haben, herauszutreten und wichtige Fragen zu stellen: Was sind die Folgen dieser Art des Austausches? Wer profitiert, wer verliert? Wer wird nicht gehört? Welche Traditionen werden auf diese Weise gefestigt, welche werden ignoriert? Wie beurteile ich die Zukunft, die wir gestalten? Solche Fragen sind nicht leicht zu beantworten, zumindest nicht mit den üblichen Methoden. Schließlich leben wir diese Diskurse. Sage ich z.B.: „Ich liebe meine Kinder", ist es sehr schwer, diese Realität mit Distanz zu betrachten und sie als „nur eine, womöglich problematische Art, die Dinge darzustellen" zu betrachten. Entscheidend ist der Raum zwischen dem „ist" und dem „als ob".

Diese Art der Analyse ist auch deshalb frustrierend, weil wir niemals zu endgültigen Schlussfolgerungen gelangen. Gleich zu Beginn erkennen wir, dass unsere Analysen soziale Konstruktionen sind. Das heißt, wenn wir über unseren Diskurs nachdenken, tun wir dies mittels der Sprache. Und diese liefert keine genaue Abbildung des jeweiligen Phänomens. Die Sprache konstruiert ein Phänomen, indem sie bestimmt, es sei „dieses" und nicht „jenes". Sage ich z.B.: „Männer verwenden im Alltag mehr Schimpfwörter als Frauen", verleihe ich damit der Unterscheidung zwischen Männern und Frauen Wirklichkeit. Zudem gehe ich von einem allgemeinen Konsens bezüglich dessen aus, was ein Schimpfwort ist. Es gibt keine eindeutigen Antworten auf die Folgen eines beliebigen Diskurses. Es gibt immer viele unterschiedliche Deutungen der Funktionsweise einer bestimmten Art des Diskurses im sozialen Leben. Schlussfolgerungen mit letzter Gewissheit sind nicht möglich.

Trotz dieser Schwierigkeiten gibt es Gründe für Zuversicht. Erstens kann das Nachdenken über diskursive Konventionen befreiend sein. Im letzten Kapitel haben wir uns mit Unterdrückung und Ungerechtigkeit befasst, die durch unsere Sprache aufrecht erhalten werden. Die kritische Reflexion eröffnet hier Möglichkeiten zur Rekonstruktion. Wie können wir unsere begrenzenden Formen des Verstehens verändern? Welche Alternativen haben wir? Auch für unser Alltagsleben sind diese Fragen relevant. Oft führen uns unsere üblichen Ausdrucksweisen – z.B. im Hinblick auf unsere Gefühle und Absichten – zu ungewollten Handlungsmustern: feindselige Argumente, Selbstkritik und Selbstmitleid oder eine negative Sicht der Zukunft. Indem wir über diese Darstellungsweisen nachdenken, öffnen wir uns das Tor zu neuen Lebensformen. Im weitesten Sinne ist die kritische Reflexion der erste Schritt zur *Emanzipation* – dem Eröffnen neuer Visionen und alternativer Zukunftsmöglichkeiten.

Es gibt noch eine weitere wichtige Konsequenz. Was bedeutet es, auf eine bestimmte Art zu sprechen und zu schreiben? Nehmen wir als Beispiel einen typischen „Männersatz" wie: „Er will doch bloß mit ihr ins Bett gehen." Dazu könnte ich sagen: „Seltsame Ausdrucksweise. Wird dabei nicht die Frau zu einem Objekt zur sexuellen Befriedigung herabgewürdigt?" Durch meine Aussage wechsle ich von einem Diskurs – dem „männlichen" Gerede – zu einem anderen. Die kritischen Anmerkungen repräsentieren in diesem Falle eher die Art, wie viele Frauen sprechen. Durch die Reflexion einer bestimmten Form des Sprechens kann ich auch die Stimme einer anderen Gemeinschaft ins Spiel bringen. Somit treffen sich in mir zwei Gruppen und ich werde zu einem Medium für besseres gegenseitiges Verständnis. Durch kritische Reflexion kann ich eine Verbindung herstellen zwischen allen Gemeinschaften, die in meinem Leben eine Rolle spielen. Auf diese Weise erschließe ich mir neue Möglichkeiten für eine weniger konfliktbehaftete und besser koordinierte Rekonstruktion der Welt. Durch die Reflexion unserer Diskurse kann daher eine größere Verbundenheit der Menschen untereinander gefördert werden.

In den verschiedensten wissenschaftlichen Disziplinen ist eine Leidenschaft für neue Dialoge ausgebrochen. Was einst als „natürlich" hingenommen wurde, wird mittlerweile heftig diskutiert. Im vorigen Kapitel haben wir gesehen, wie die Schutzmauern der Naturwissenschaften allmählich einstürzen. Auch in anderen Bereichen der Wissenschaft wird die Welle der Reflexion und Erneuerung immer größer. Zum Beispiel erkennen wir, dass vieles im Leben sozial konstruiert ist: die Auffassung darüber, was es heißt, Kind, Jugendlicher oder Erwachsener zu sein;[1] das Gefühl des Selbst, einschließlich unserer Emotionen, Gedanken, Erinnerungen und Gruppenzugehörigkeit;[2] Geschlechterunterschiede und Sexualität;[3] psychische Krankheiten wie Schizophrenie, Anorexie und multiple Persönlichkeitsstörung;[4] der Körper und physische Krankheiten;[5] Selbstmord, Mord und andere gesellschaftliche Probleme;[6] sowie Nachrichtenberichte und historische Beschreibungen dieser Phänomene.[7]

Nicht alle konstruktionistischen Studien haben das gleiche Ziel. Es macht daher Sinn, zwischen den wichtigsten Formen zu unterscheiden. Viele Untersuchungen zeigen, wie gegenwärtig akzeptierte *Definitionen* sich mit der Zeit und den Umständen verändert haben – z.B. wie es dazu kam, dass wir heute wie selbstverständlich von „psychischen Krankheiten", „geistiger Behinderung", „Homosexualität" usw. sprechen. Welche sozialen Prozesse haben zur Verwendung gerade dieser Begriffe geführt? Fragen bezüglich der Ursprünge und des Kontextes von Definitionen können wir jenen Studien gegenüberstellen, die sich damit beschäftigen, wie Menschen und Sachverhalte durch derartige Begriffe beschrieben werden. Wie konstruieren uns z.B. Schulen, medizinische Untersuchungen und psychologische Tests in ihren jeweiligen Begrifflichkeiten? Warum gelten Personen in psychiatrischen Einrichtungen als „krank"? Weshalb erfahren wir manche Wahrnehmungen als schmerzhaft, sexuell stimulierend oder angenehm? Außerdem gibt es viele Studien, die aus einer erweiterten Sichtweise untersuchen, wie Sprache funktioniert und wie Konstruktionen der Welt gleichzeitig die Teilnahme am kulturellen Leben beinhalten. Dabei sehen wir, wie Diskurse daran beteiligt sind, unser Leben zu *konstituieren*. Dieser Prozess vollzieht sich so unmerklich, dass wir seine Konsequenzen als selbstverständlich ansehen – z.B. unser Verhalten als Männer und Frauen, Weiße und Schwarze, junge oder alte Menschen. Wörter formen unser Leben auf diese Weise, doch ihre Bedeutung erhalten sie durch ihre Einbettung in Handlungsmuster, materielle Umstände und soziale Institutionen.

Diese drei Formen der Analyse mit den Schwerpunkten Definition, Beschreibung und Konstitution lassen sich nicht immer trennen. Allesamt beschäftigen sie sich mit Diskursen bzw. der Art, in der Sprache unsere Welten erschafft. In diesem Kapitel erkunden wir detailliert den Prozess sprachlicher Konstruktionen. Dabei wollen wir drei verschiedene Aspekte näher beleuchten. Erstens beschäftigen wir uns mit dem *Diskurs als Struktur* – das heißt, als einer Menge von Konventionen, Gewohnheiten und Lebensweisen, die überdauernd sind und immer wieder auftreten. Wir werden uns insbesondere mit Metaphern und Erzählungen beschäftigen, da diese unsere Definitionen von uns selbst und unserer Welt beeinflussen. Eine solche Analyse offenbart die ansonsten verborgenen Schutzmauern unserer Versuche, zu beschreiben und zu erklären. Oft haben wir das Gefühl, unsere Äußerungen seien frei und spontan. Diese Analyse legt jedoch nahe, dass wir in dem Augenblick, in dem wir zu sprechen beginnen, von einer bereits vorhandenen Struktur „gesprochen werden". Des Weiteren behandeln wir eine besondere Variante des Diskurses als Struktur, dem *Diskurs als Rhetorik*. Hierbei liegt das Augenmerk auf der Art, in der Konventionen oder Strukturen der Sprache verwendet werden, um die Welt darzustellen und dadurch bestimmte Wirkungen in der Gesellschaft zu erzielen. Die Strukturen sind in diesem Sinne nicht statisch. Sie werden von Menschen eingesetzt, um die von ihnen bevorzugten Wirklichkeiten zu erschaffen. Abschließend wollen wir die Struktur verlassen und uns dem *Diskurs als Prozess* zuwenden. Dabei wollen wir insbesondere den kontinuierlichen Fluss des sozialen Austauschs, der Gespräche, Verhandlungen, Argumente und anderer Prozesse betrachten, durch die wir uns konstituieren. Dabei erkennen wir die Möglichkeiten der ständigen Veränderung, des plötzlichen Zusammenbruchs und der Evolution neuer Lebensweisen.

Diskurs als Struktur:
Die Metaphern, nach denen wir leben

> Was ist daher Wahrheit? Eine mobile Armee der Metaphern…
>
> Friedrich Nietzsche, *Jenseits von Gut und Böse*

Wo die Realität hoch im Kurs steht, haben Metaphern einen schlechten Ruf. Warum? Weil wir traditionellerweise Metaphern über eine Gegenüberstellung mit der „tatsächlichen" Welt definiert haben. Die Sprache, mit der wir die Tatsachenwelt beschreiben, gibt die „Realität" wieder und bedient sich keiner „Übertreibungen". Metaphern sind dagegen literarischer Schall und Rauch. George Eliot sagte einmal: „Wir alle verlieren uns mitunter in Metaphern und richten unser Verhalten kompromisslos nach ihnen aus." In der Gegenüberstellung zwischen Tatsachen und Metaphern wird ersteren üblicherweise der Vorzug gegeben. Die letzten Seiten haben jedoch gezeigt, mit welchen Fehlern diese Tradition behaftet ist. Wie kann ein Wort „Tatsachen" beschreiben? Sicher nicht, weil ein Wort das Wesen dessen, was es beschreibt, wiederspiegelt oder anderweitig abbildet. Wie wir gesehen haben, erlangen Wörter ihren Status als Tatsachenbeschreibungen durch ihre Verwendung innerhalb einer Gemeinschaft. Reißen wir ein Wort aus seinem üblichen Verwendungszusammenhang heraus und führen es woanders ein, wird es plötzlich zur Metapher. Die Welt *liegt ihm zu Füßen*; das Leben *ist kein Wunschkonzert*. Der Unterschied zwischen Tatsachen beschreibenden und metaphorischen Wörtern ist im Wesentlichen *der Unterschied zwischen dem Konventionellen und dem Neuen*. In diesem Sinne muss all unser Verstehen als metaphorisch angesehen werden, wenn wir es auf seinen Ursprung zurückverfolgen. Zum Beispiel identifizieren wir uns mit unseren Namen, die wir als Tatsachen auffassen. Ich bin Ken, Du bist Sally und er ist Harry. Doch wir waren nicht immer, wer wir jetzt sind – unsere Namen sind geborgte Wörter, die auch andere Personen für sich in Anspruch nehmen. Es sind Wörter, die aus einem Kontext herausgerissen und auf unsere Person bezogen wurden. In gewisser Hinsicht sind wir alle Metaphern anderer Menschen.

George Lakoff und Mark Johnson nannten ihr erfolgreiches Buch *Leben in Metaphern*.[8] Sie zeigen, wie die normalen Wörter, mit denen wir unsere Welten verstehen, aus anderen Kontexten stammen. Da diese Wörter auch unsere Lebensformen ausmachen, ist es sinnvoll, ihren Ursprung zu suchen. Erst wenn wir uns vom Gefühl der Sprache als einem Medium zur Tatsachenbeschreibung befreien, gelangen wir zur Erneuerung und Rekonstruktion. Meinungsverschiedenheiten zwischen Menschen führen oft zum Streit. Ein Streit kann etwas höchst Unangenehmes sein. Die Stimmen werden laut, Beleidigungen können ausufern und statt zu einer Lösung kann es zu Hass kommen. Diese Folgen resultieren aus einem Netzwerk an Metaphern, die für uns festlegen, was ein Streit ist. Lakoff und Johnson zufolge wird ein Streit metaphorisch mit Krieg verglichen. Denken Sie nur an ganz normale Aussagen wie:

> Deine Behauptungen lassen sich nicht *verteidigen*.
>
> Sie *attackierte* jeden Schwachpunkt in seiner Argumentation.
>
> Ihre Kritik traf genau ins *Ziel*.
>
> Seine Kritik war *vernichtend*.
>
> Ich habe noch nie eine Diskussion mit ihr *gewonnen*.

Indem wir einen Streit mit Krieg vergleichen, betrachten wir die Beteiligten als Gegnerinnen und Gegner. Es geht nunmehr darum, zu gewinnen oder zu verlieren, zu zerstören oder selbst vernichtet zu werden. Durch die Streit-als-Krieg-Metapher kommt es zu einer klaren Rollenverteilung. Falls wir diese nicht als sinnvoll erachten, sollten wir uns um die Entwicklung alternativer Metaphern für Streitsituationen bemühen – z.B. könnten wir einen Streit als Spiel, Entdeckung oder Tanz ansehen. Je mehr wir diese Metaphern ausbauen, umso leichter können wir auch die Art und Weise unseres Streitens verändern.

Metaphern der Geistes

> Tatsachen stecken immer voller Metaphern.
>
> Donna Haraway, *Monströse Versprechen*

Ich begann dieses Buch mit Überlegungen zu den sich verändernden Vorstellungen vom Selbst – unserer Definition dessen, wer und was wir sind. Jetzt stellt sich die Frage, ob die grundlegenden Vorstellungen von unserem Geist nicht letztendlich aus Metaphern entstehen. Wir glauben, dass wir Gedanken, Gefühle, Absichten und ähnliches haben. Doch wo liegt der Ursprung dieser Begriffe, die wir mittlerweile als selbstverständlich ansehen?

Wie steht es z.B. mit der Verwendung von Metaphern in Psychologie und Psychiatrie, insbesondere in Freuds psychoanalytischer Theorie? Einfach ausgedrückt meinte Freud, dass wir alle mit starken erotischen Wünschen geboren werden. Diese manifestieren sich unter anderem in dem Wunsch eines kleinen Jungen nach sexuellem Kontakt mit der Mutter. Da diese und andere Wünsche jedoch für die Eltern inakzeptabel sind und sie diese mit schweren Strafen belegen, werden sie von dem Kind *verdrängt*. Die Wünsche verlassen somit den Bereich des Bewusstseins. Anschließend entwickeln Personen neurotische Verhaltensweisen wie Zwangshandlungen, selbstschädigende Angewohnheiten etc., um sicherzustellen, dass die unerlaubten Wünsche nicht ins Bewusstsein zurück gelangen. Aus dieser Sicht ist die Therapie der Versuch, das Unbewusste zu erkunden, die unterdrückten Wünsche zu erkennen und der Person zu helfen, die Inhalte des Unbewussten bewusst zu kontrollieren. Psychoanalytikerinnen und Psychoanalytiker sehen die Zeichen des Unbewussten in der Traumdeutung, in Versprechern und Fehlhandlungen sowie in ungewöhnlichen Wortassoziationen. Die psychoanalytische Praxis beruht auf dieser Konzeption des Geistes.

Womöglich erkennen Sie bereits die metaphorischen Elemente in der psychoanalytischen Sichtweise. Eine der beliebtesten Metaphern ist laut Donald Spence die Archäologie.[9] Eine Archäologin oder ein Archäologe untersuchen die weit zurückliegende Vergangenheit. Da die damaligen Ereignisse nie wirklich bekannt werden können, verwenden die Archäologin oder der Archäologe verschiedene Artefakte wie Töpfe, Knochen und Steinformationen, um durch deren Interpretation Rückschlüsse auf die damaligen Verhältnisse zu ziehen. Oft muss nach Belegen für früheres Leben in der Erde gegraben werden. In dieser Metapher stecken viele Aspekte der Freudschen Theorie. Auch bei Freud liegt der Schwerpunkt auf verborgenen und unzugänglichen Dimensionen des Unbewussten, der frühen Entwicklung einer Verdrängung und der Verwendung kleiner Anhaltspunkte, um aus diesen auf das Unbekannte zu schließen. Psychoanalytikerinnen und Psychoanalytiker werden somit zu Archäologinnen und Archäologen, deren beruflicher Erfolg von der Entdeckung „neuen Wissens" abhängt. Spence schreibt: „Selbst das Verstehen der Freudschen Metapher führt weder zu einer Auflösung derselben noch lässt sie diese als trivial (im Sinne von ‚es ist eben nur eine Metapher') erscheinen. Da Metaphern zentrale Aspekte unseres Verständnisses sind, werden wir sie auch zukünftig verwenden. Gleichzeitig sollten wir darauf Acht geben, dass wir unsere Metaphern und nicht unsere Metaphern uns nutzen."[10] Von den eigenen Metaphern „genutzt" zu werden bedeutet für den Psychiater Spence, dass wir sie für die Wirklichkeit halten und damit unsere klinische Sensibilität und Vorstellungskraft einschränken. Auf diese Weise „reduzieren wir unsere Optionen auf eine einzige."[11] Durch die Einsicht in die metaphorische Grundlage des vermeintlich Realen öffnen wir uns für alternative Handlungsmöglichkeiten.

Für eine so exotische Theorie wie die Psychoanalyse mag dies nachvollziehbar sein. Wie steht es jedoch mit meinen eigenen „Erfahrungen", „Gedanken" und „Emotionen"? Sind diese nicht wirklich etwas anderes als Metaphern? Die vorigen Kapitel haben ernste Zweifel aufkommen lassen bezüglich unseres Verständnisses unserer inneren Wirklichkeit. Die Suche nach Metaphern gießt neues Öl ins Feuer. Wenden wir uns zunächst dem Konzept der Erfahrung zu. Die Konzeption einer „persönlichen Erfahrung" basiert auf einer in der westlichen Kultur zentralen Metapher der Person, welche den *Geist als eine Form von Behälter* ansieht, in dem sich bestimmte Inhalte befinden (verdeutlicht durch Aussagen wie: „Was geht dir durch den Kopf?" „in meinen Gedanken", „in meiner Gefühlswelt" etc.). Alles, was sich nicht in diesem Behälter befindet, liegt irgendwo außerhalb („da draußen" im Gegensatz zu „hier drinnen"). Wenn wir uns allerdings nicht länger darauf festlegen, was genau innen und was außen ist, wird es immer schwieriger, das eine vom anderen zu unterscheiden. Wo hört das Äußere auf und wo beginnt das Innere? Auf der Haut oder der Netzhaut des Auges? An den Rezeptornerven oder vielleicht an der Großhirnrinde? Würden wir alles aus unserer Erfahrung entfernen, was wir als „außerhalb" befindlich ansehen (z.B. alles in der „physischen Welt"), gäbe es dann überhaupt noch irgendetwas, das wir als Erfahrung bezeichnen könnten? Und würden wir alles entfernen, was wir als in uns befindlich betrachten, gäbe es dann überhaupt noch „Objekte unserer Erfahrung"? Unsere Bemühungen, das Innere vom Äußeren zu trennen, enden immer in einem Gestrüpp von Unklarheiten. Mitunter weisen Wissenschaftlerinnen und Wissenschaftler darauf hin, dass es im Laufe der Geschichte immer wieder miteinander konkurrierende Metaphern hinsichtlich des „Wesens der Erfahrung" gab. Viele Darstellungen stellen Erfahrung als *passiv* dar – die Daten der Sinneswahrnehmung werden lediglich gespeichert. Andere Sichtweisen betrachten die Erfahrung als *aktiven* Vorgang, bei dem gesucht, geordnet und ausgewählt wird.[12]

Innen/außen und aktiv/passiv sind Unterscheidungen, aus denen wir unsere eigenen Vorstellungen von Erfahrungen konstruieren.

Ein wichtiger Inhalt des Geistes sind angeblich „Gedanken". Doch was genau sind Gedanken? Wie identifizieren wir sie? Wie drücken sie sich aus? Befinden wir uns nicht eindeutig im Fahrwasser sprachlicher Traditionen, wenn wir versuchen, Gedanken zu beschreiben? Selbst die sorgfältigen Versuche empirischer Psychologinnen und Psychologen, das Wesen der Kognition zu ergründen, können sich aus dem Griff der Metapher nicht lösen. Eine beispielhafte Veranschaulichung dieses Sachverhalts stammt von Gerd Gigerenzer.[13] Gigerenzer weist darauf hin, dass wir statistische Methoden üblicherweise als Mittel ansehen, um die Gültigkeit einer Hypothese zu überprüfen. Die Statistik liefert somit Werkzeuge zur Beurteilung von Theorien. Demgegenüber argumentiert Gigerenzer, statistische Methoden dienten als Quellen der Inspiration für Psychologinnen und Psychologen bei der Entwicklung von Metaphern über den Geist und insbesondere die Kognition. Da Statistik immer mehr zu einer wertvollen Hilfe im Forschungsprozess wurde, begannen Psychologinnen und Psychologen damit, statistische Prozesse auf den menschlichen Geist zu übertragen. Beispielsweise sprach man in Theorien über Entscheidungsfindung plötzlich darüber, wie Individuen „Hypothesen testen". In persönlichkeitspsychologischen Eigenschaftstheorien war auf einmal die Rede davon, wie Personen „intuitive Varianzanalysen" durchführten, und in Theorien zur Informationsverarbeitung hielt die Forderung nach einer „Bayesschen Grundlage" der Problemlösung Einzug. Gigerenzer schreibt: „Die Werkzeuge, die von Wissenschaftlern im Begründungszusammenhang ihrer Theorien eingesetzt werden, existieren bereits vor den Metaphern und Begriffen dieser Theorien."[14]

Auch unser Verständnis von Emotionen ist nicht von Metaphern unabhängig.[15] Zum Beispiel gibt es die Tiermetapher, die auf der Vorstellung beruht, Emotionen repräsentierten *das Tier* in uns („er brüllte vor Wut"). Durch die Beliebtheit der Tiermetapher können wir andererseits nicht so leicht sagen: „Sein Ärger war roboterähnlich." Wir stehen unter dem Einfluss der Vorstellung von Emotionen als Antriebskräfte. Daher sagen wir: „Seine Angst hat ihn dazu getrieben" oder „Die Liebe hat sie dazu gebracht." Es wäre unsinnig, zu behaupten: „Er war so eifersüchtig, dass er eingeschlafen ist." Des Weiteren gibt es die populäre Metapher der Emotionen als *biologisch* fundiert. Dank dieser Metapher können wir sagen: „Aus dem Bauch heraus würde ich mich dagegen entscheiden" oder „Der Schicksalsschlag hat ihm das Herz gebrochen." Etwas weniger weit verbreitet ist die Metapher von Emotionen als *Krankheiten des Geistes*. Von dieser Metapher ausgehend sagen wir: „Er war blind vor Neid" oder „Sie war verrückt nach ihm." Keinen Sinn ergäbe hingegen die Aussage: „Sein Zorn war ein Zeichen seiner Reife." Wenn wir über unseren Geist sprechen, begeben wir uns meist in die Welt der Poesie.

Diskurs als Struktur: Wirklichkeit als Erzählung

> Ich kann die Frage ‚Was soll ich tun?' nur beantworten, wenn
> ich zuvor eine Antwort finde auf die Frage ‚Zu welcher Ge-
> schichte oder welchen Geschichten gehört mein Leben?'
> …Mythologie liegt allen Dingen zugrunde.
>
> Alasdair MacIntyre, *Der Verlust der Tugend*

Stellen Sie sich vor, Sie wären Zeugin oder Zeuge einer Straftat und würden in den Zeugenstand gerufen. Sie werden gebeten, den Tatvorgang vom Abend des 6. Juni zu schildern. Sie antworten: „blau…vier…Schuh… ich…Haare" und schweigen dann. Die Frage wird wiederholt: „Nein, nein…Hören Sie genau zu…Sagen Sie uns bitte, was wirklich geschah." Sie wiederholen ihre zuvor gemachte Aussage. Der Staatsanwalt wird immer ungeduldiger. Nach einigen Minuten schreit die Richterin: „Das ist eine Verweigerung der Aussage!" Unter Berücksichtigung der bisherigen Kapitel dieses Buches wäre diese Reaktion der Richterin ungerechtfertigt. Schließlich wissen Sie, dass Ihre Schilderung des von Ihnen beobachteten Tatvorgangs nicht zwangsläufig eine bestimmte Bildung von Silben verlangt. Wörter sind keine Bilder. Innerhalb der westlichen Tradition der „Tatsachenbeschreibung" hat die Richterin jedoch völlig recht mit ihrer Meinung. Innerhalb dieser Tradition wird von uns verlangt, eine vernünftige Geschichte zu erzählen.

Was bedeutet es, eine nach westlichen Standards vernünftige Geschichte zu erzählen? Welche Standards liegen Erzählkonstruktionen zugrunde? Welches sind die Konventionen oder Regeln, nach denen wir uns zu richten haben? Es scheint offenbar mindestens fünf wichtige Charakteristika gut strukturierter Erzählungen zu geben. Eine Erzählung mag zwar verstehbar sein, wenn manche dieser Faktoren fehlen, doch sie gilt als umso „lebensnäher", je mehr dieser Elemente sie enthält. Die beliebtesten Kriterien für gut strukturierte Erzählungen sind:

Ein angestrebtes Ende: Ein akzeptable Geschichte muss ein Ziel haben – ein Ereignis, das es zu erklären gilt; einen Zustand, der erreicht oder vermieden werden soll. Dieses Ende ist üblicherweise mit starken Emotionen verbunden. Es ist entweder wünschenswert oder unerfreulich. Ihre Aussage vor Gericht sollte beispielsweise auf das Ziel einer vollständigen Beschreibung eines Verbrechens gerichtet sein. Wie kam es zu dieser Tat? Sollten Sie statt dessen berichten, wie Sie an jenem Abend Ihren Schuh zugebunden haben, wird dies für Sie unangenehme Konsequenzen haben. In diesem Kontext hat das Zubinden Ihres Schuhs keinerlei Bedeutung.

Ereignisse, die in Bezug auf das Ende von Bedeutung sind: Sobald ein angestrebtes Ende etabliert ist, ergibt sich daraus zwangsläufig, welche Ereignisse zur

Geschichte „dazugehören" und welche nicht. Eine verstehbare Erzählung ist eine solche, in der die berichteten Ereignisse das angestrebte Ziel mehr oder weniger wahrscheinlich erscheinen lassen. Geht es in der Geschichte um eine Straftat, wird von Ihnen verlangt, nur solche Ereignisse zu schildern, die mit dieser Straftat in Zusammenhang stehen. Sagen Sie hingegen: „Ich band meinen Schuh zu, der Hund bellte, das Licht ging an, John lag tot auf der Straße und ich hatte Zahnschmerzen" wären Sie ein ungeeigneter Zeuge. Nicht „die Wahrheit und nichts als die Wahrheit" wird von Ihnen verlangt, sondern eine vernünftige Geschichte. Eine solche besteht aus Ereignisse, die mit Johns Tod zu tun haben. „Der Hund bellte" könnte durchaus passen, sofern erklärt wird, warum dies von Bedeutung ist, z.B. durch den Hinweis: „Der Hund bellte, als der Mann aus Johns Fenster sprang."

Reihenfolge der Ereignisse: Sobald ein angestrebtes Ende vorliegt und die in Bezug auf dieses Ende bedeutsamen Ereignisse ausgewählt wurden, müssen diese Ereignisse in eine sinnvolle Reihenfolge gebracht werden. Am beliebtesten ist diesbezüglich die Ordnung gemäß der linearen Zeit. Erneut wären Sie als Zeuge ungeeignet, wenn Sie sagten: „Der Mann sprang aus dem Fenster; ich hörte einen Schrei; John lag tot auf dem Boden; ein Schuss fiel."

Kausalbeziehungen: Die ideale Geschichte liefert Erklärungen. Die Aussage „Der König starb und anschließend starb die Königin" ergibt nur eine unvollständige Erzählung. Dagegen wäre die Aussage „Der König starb und anschliessend starb die Königin vor Trauer" der Anfang einer Geschichte. Der Erzähltheoretiker Paul Ricoeur schreibt: „Erklärungen müssen in die Erzählung eingebettet sein."[16] Demnach würden Sie als Zeuge Lob ernten, wenn Sie berichteten, wie John und Harry sich stritten, Harry ärgerlich wurde und eine Pistole zog, John ihn anschrie, Harry abdrückte, John zu Boden fiel und Harry aus dem Fenster sprang. Jedes Ereignis steht in einem Kausalzusammenhang mit dem vorhergehenden. Es ist eine in sich stimmige Erzählung.

Um die Bedeutung dieser Kriterien einer guten Erzählung zu unterstreichen, wurden die Teilnehmerinnen und Teilnehmer an einer Studie gebeten, entweder eine reale Begebenheit aus ihrem Leben oder etwas frei Erfundenes zu erzählen.[17] Anschließend waren unabhängige Beurteilerinnen und Beurteiler nicht in der Lage, zwischen wahren und erfundenen Geschichten zu unterscheiden. Als jedoch jene Geschichten, welche die Beurteilerinnen und Beurteiler für wahr hielten, analysiert wurden, kam es zu interessanten Ergebnissen. Die für wahr gehaltenen Geschichten kamen der „idealen" (alle fünf der weiter oben genannten Kriterien erfüllenden) Erzählung wesentlich näher als die für unwahr gehaltenen Schilderungen. Besonders wichtig in Bezug auf die Glaubwürdigkeit einer Erzählung waren das Vorhandensein eines angestrebten Ziels und Hinweise auf Kausalbeziehungen zwischen den Ereignissen. Im Erzählen der Wahrheit sollte das Leben die Kunst imitieren.

Erzählungen des Selbst

Lassen Sie uns noch einmal auf die Konstruktion des Selbst zurückkommen. Wie wir gesehen haben, sind unsere üblichen Formen des Verstehens unserer psychischen Vorgänge von Metaphern geprägt. Welche Rolle spielen Erzählungen hinsichtlich unseres Verständnisses von uns selbst und anderen? Vergegenwärtigen Sie sich zunächst einmal, wie wir unseren Alltag verstehen, indem wir über das „Auf und Ab" im Leben, über Fortschritte und Rückschläge und über Erfolge und Frustrationen sprechen. Das Leben auf diese Weise zu betrachten heißt, an einer erzählten Welt teilzunehmen. Fortschritte zu machen oder Erfolge zu haben bedeutet, in eine Geschichte eingebunden zu sein. In gleicher Weise verstehe ich mein Schreiben in diesem Augenblick nicht als isolierte Handlung, sondern als Produkt einer Vergangenheit und als Ausgangspunkt für eine von mir angestrebte Zukunft. B. Hardy schreibt diesbezüglich: „Unsere Träume und Tagträume sind Erzählungen und wir erinnern, erwarten, hoffen, verzweifeln, glauben, zweifeln, planen, überdenken, kritisieren, konstruieren, lästern, lernen, hassen und lieben durch Erzählungen."[18] Das gleiche gilt in Bezug darauf, wie sich andere Menschen uns gegenüber verhalten – zumindest jene Personen, die uns länger kennen. Sie behandeln uns wie Charaktere in einer Geschichte. Diese Geschichte enthält eine Vergangenheit, Gegenwart und Zukunft, die kausal miteinander verknüpft sind, und bewegt sich in eine positive oder negative Richtung.

Die Erzählstruktur beeinflusst unser Leben noch in einer weiteren Hinsicht. Da wir von anderen wie Charaktere in einer Geschichte behandelt werden, fordert man uns oft dazu auf, „unsere Geschichte" zu erzählen und über unsere Vergangenheit und unsere Ziele in der Zukunft zu berichten. Dadurch identifizieren wir uns mit unserer Erzählung. Die Erzählstrukturen enthalten bestimmte Grenzen hinsichtlich dessen, wer wir sein können. Um besser verstehen zu können, wie Formen des Erzählens unsere Identität prägen, wollen wir uns mit einigen der wichtigsten Konventionen näher beschäftigen. Diese Formen können am besten verstanden werden, wenn wir uns zunächst auf das erste wichtige Element des Geschichtenerzählens zurückbesinnen, das angestrebte Ende. Um in unserem Leben einen Sinn zu sehen, stellen wir uns üblicherweise einen von uns erwünschten zukünftigen Zustand vor. Ausgehend von diesem angestrebten Zustand stellen Sie sich nun einen zweidimensionalen Raum vor, in dem alle Ereignisse über die Jahre hinweg danach geordnet sind, ob sie Sie Ihrem Ziel näher bringen oder Sie von Ihrem Ziel entfernen. Als Hilfestellung können Sie dabei an zwei weitverbreitete Erzählformen denken: die progressive Erzählung, in der der angestrebte Endpunkt positiv ist (z.B. ein großer Erfolg) und die Geschichte von den Ereignissen auf dem Weg zu diesem Ziel handelt; und die regressive Erzählung, in der der Endpunkt negativ ist (ein Misserfolg, ein Verlust etc.) und die Geschichte darlegt, wie es zu dieser

Entwicklung kommt. Unsere Geschichten über uns selbst sind selten perfekte Beispiele für die progressive oder die regressive Erzählung. Dennoch sind diese Strukturen in unseren Geschichten über unser Leben enthalten. Das progressive Element zeigt sich in Berichten darüber, „wie ich den Sieg erringen konnte...zu dieser Einsicht kam...diese Ergebnisse erzielte" usw. Das regressive Element findet sich in Schilderungen darüber, „wie meine Beziehung scheiterte...ich hintergangen wurde...oder den Drogen verfiel."

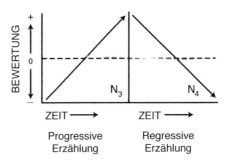

Abbildung 3.1 *Rudimentäre Formen der Erzählung*

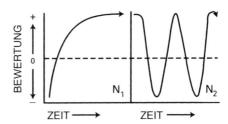

Abbildung 3.2 *Die Erzählung vom ewigen Glück und die Heldensage*

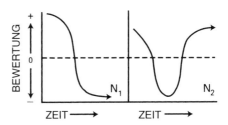

Abbildung 3.3 *Tragische und komödiantisch-romantische Erzählungen*

Glücklicherweise sind dies nicht die einzigen Erzählformen, die uns zur Verfügung stehen. Andere beliebte Varianten dieser Grundformen sind unter anderem die Erzählung vom ewigen Glück („Wie ich nach vielen harten Jahren endlich einen erfüllenden Beruf fand") und die besonders für Männer sehr attraktive Heldengeschichte. In dieser verstehen wir unser Leben als ein ständiges Auf und Ab – als einen Kampf, der oft dazu dient, ein bestimmtes Ziel zu erreichen. Rückschläge treten auf, doch ich kämpfe um den Sieg und stehe schließlich, allen Widerständen zum Trotz, als Sieger da. Eine weitere beliebte Erzählform ist die Tragödie, in der es, ausgehend von einem erfüllten und erfolgreichen Zustand, plötzlich zu Misserfolgen und zu Verzweiflung kommt. Dazu ein sehr einfaches Beispiel: Wenn durch einen Computerfehler mein gesamtes Manuskript gelöscht wird und ich laut fluche, ist dies Teil einer tragischen Erzählung – auf dem Höhepunkt meiner Schaffenskraft erleide ich einen gewaltigen Rückschlag. Schließlich gibt es noch jene Erzählform, die wir Komödie-Romanze nennen wollen. Sie kommt in fast allen erfolgreichen Fernsehdramen vor.[19] In einer solchen Erzählung wird ein positiver Zustand durch ein Unglück unterbrochen (z.B. eine Straftat, ein folgenschweres Missverständnis, einen faux pas). Die restliche Geschichte besteht aus einer Kette von Ereignissen, die schließlich zu einer Wiederherstellung von Ruhe und Ordnung führt. Vielleicht sind auch Sie eine jener vielen Personen, die ihr Leben auf diese Weise verstehen. Eine solche Konstruktion mag so aussehen, dass Sie morgens voller Energie den Tag beginnen, vormittags und nachmittags mit Problemen und unerfreulichen Ereignissen konfrontiert werden, nach Lösungen suchen und den Tag zu einem Happy End führen, um schließlich abends zufrieden ins Bett zu gehen.

Eine beispielhafte Darstellung dieser Ideen findet sich in Donald Spences bahnbrechendem Werk *Narrative Truth and Historical Truth*.[20] Begeben sich Personen mit ihren Problemen in Therapie, versuchen die meisten (aber nicht alle) Therapeutinnen und Therapeuten, die Ursache dieser Probleme zu finden. Diese Suche ist insbesondere in der Psychoanalyse wichtig, da eine Linderung der Symptome die Aufdeckung unterdrückter Triebe, Ängste oder Erinnerungen an weit zurückliegende Ereignisse erfordert. Die Analytikerin oder der Analytiker sieht sich mit einem interessanten Problem konfrontiert: dem Versuch, die wahren Begebenheiten der Vergangenheit („historische Wahrheit") aufzudecken, statt in der Vergangenheit nach Material für eine gute Geschichte zu suchen („narrative Wahrheit"). Die narrative Struktur stellt Ansprüche: Sie erfordert ein Ende der Geschichte („mein Problem") sowie Ereignisse, die zwangsläufig zu diesem Ergebnis führen. Es bedarf somit einer regressiven Erzählung. Spence zufolge gewinnt letztlich auf subtile Weise stets die Erzählung – allen Bestrebungen der Analytikerin oder des Analytikers nach Wahrheitsfindung zum Trotz. Diese notwendige Entwicklung wird durch mehrere Faktoren bedingt: die ungenauen Erinnerungen der Patientin oder des Patienten;

der Unfähigkeit der verbalen Schilderungen der behandelten Person, die Ereignisse exakt darzustellen; die Selektion von nur einigen wenigen Erlebnissen aus der enormen Fülle des Erfahrungsschatzes; Ereignisse, die im therapeutischen Kontext Bedeutung erlangen; sowie der Glaube an die psychoanalytische Theorie, die eine regressive Erzählung in der Entstehung von Problemen voraussetzt. Es gibt somit keine freie Beschreibung der Vergangenheit. Behandelnde und behandelte Personen arbeiten gemeinsam an einer Erzählung, die unweigerlich zu einer Bestätigung der psychoanalytischen Annahmen führt. Die Erzählung wird fortan nicht nur zum Schlüssel für die Heilung der Patientin oder des Patienten. Darüber hinaus wird sie zu „meinem Leben". Spence schlussfolgert: „Die Konstruktion formt nicht nur die Vergangenheit – sie *wird* zur Vergangenheit."[21] Wir werden im 7. Kapitel auf die Verwendung von Erzählungen zurückkommen.

Diskurs als Überzeugungsversuch: Die Kraft der Rhetorik

> Rhetorik ist die Kunst des guten Sprechens – mit Wissen, Fähigkeit und Eleganz.
>
> Cicero, *De Oratore*

Die strukturelle Sicht des Diskurses legt ihren Schwerpunkt auf Fixiertheit und Determination. Sie suggeriert damit, dass unsere Traditionen des Diskurses eine Grundlage bilden, der sich unsere gegenwärtigen Konstruktionen der Welt und des Selbst nicht entziehen können. Obgleich dies für manche Zwecke eine sinnvolle Metapher ist, lehnen viele Personen die deterministischen Implikationen ab. Statt dessen betonen sie die Formen, in denen Diskurse von Menschen im Alltag eingesetzt, missbraucht und transformiert werden. Dieses Interesse am pragmatischen Prozess wird uns im nächsten Abschnitt beschäftigen. Es gibt jedoch einen mittleren Weg, der irgendwo zwischen Struktur und Prozess liegt. Hier weisen Wissenschaftlerinnen und Wissenschaftler darauf hin, wie strukturierte Traditionen von Menschen zur Erreichung bestimmter Ziele eingesetzt werden. im Allgemeinen wird dies als Rhetorik bezeichnet – die Kunst des Überzeugens. Die Disziplin der Rhetorik hat eine lange und beachtenswerte Tradition. Sie entstand im antiken Griechenland, als Rhetorik ein wichtiger Bestandteil in der Erziehung vielversprechender junger Männer war. Über viele Jahrhunderte dienten die Werke von Aristoteles, Cicero und

Quintillian dazu, die Fähigkeiten des Sprechens vor Menschen zu entwickeln. Durch den in der Moderne zunehmend größer gewordenen Einfluss des Glaubens an Objektivität, Wissenschaft und Wahrheit ereilte die Rhetorik das gleiche Schicksal wie den Begriff der Metapher. Es galt als unziemlich, andere durch ausgeklügelte Überredungstechniken, Cleverness, emotionale Appelle und ähnliches vom eigenen Standpunkt zu überzeugen. In der Moderne galten nur Logik und klar und einfach dargelegte faktische Beweise als Zeichen des Fortschritts.

In den letzten Jahren kam es jedoch zu einer Renaissance der Rhetorik – und der Metapher. Dieses erneute Interesse ist eine indirekte Folge der im ersten Kapitel beschriebenen Kritik. Sollte sich die Moderne in Bezug auf Rhetorik getäuscht haben, lassen Sie uns ihr Potenzial einmal näher betrachten. Die rhetorische Untersuchung kann uns dabei helfen, den Unterschied zwischen erfolgreichen und nicht erfolgreichen Konstruktionen zu verstehen. Anders ausgedrückt: Wenn Rhetorik die Kunst des Überzeugens ist, ermöglicht die Untersuchung der Rhetorik das Verständnis der Wirkung von Macht. Die gegenwärtige Untersuchung der Rhetorik beschäftigt sich daher nur wenig mit der Kunst effektiven Sprechens. Vielmehr liegt ihre Hoffnung darin, unsere Kritikfähigkeit im Dienste der Emanzipation zu entwickeln.

Die rhetorische Untersuchung kann auf alle möglichen Gegenstände gerichtet sein – Nachrichtenmedien, politische Reden, Aussagen vor Gericht, Geschäftspraktiken – alle Personen oder Gruppen, die versuchen, über andere Macht auszuüben. Eine Auswahl exemplarischer Arbeiten finden Sie am Ende dieses Kapitels. Die womöglich wichtigste Kritik richtet sich jedoch nicht auf Werbung, Politik oder Religion, sondern auf diejenigen, die eine objektive Wirklichkeit für sich in Anspruch nehmen. Es besteht bereits viel Skepsis und Misstrauen gegenüber denjenigen, deren Beruf es ist, andere zu überzeugen. Viel gefährlicher sind jene, die scheinbar nur die Tatsachen berichten und uns die Welt so darstellen wollen, wie sie ist, unabhängig von allen individuellen Voreingenommenheiten. Die rhetorische Analyse versucht somit die Autorität der Wissenschaft, der Gesetzesgebung, der militärischen Entscheidungen, der Wirtschaft und all jener zu hinterfragen, die durch „reine Fakten" versuchen, andere Stimmen zum Verstummen zu bringen. Die Kritik ist nicht nur durch die Art motiviert, in der auf diese Weise die Existenz alternativer sozialer Konstruktionen verhindert wird. Sie ist auch nicht ausschließlich motiviert durch die weite Verbreitung der Rhetorik – die ja sogar zu einem Teil unseres Bildungssystems geworden ist –, aufgrund derer wir uns ihres Status als Rhetorik gar nicht mehr bewusst sind. Vielmehr wird die Sprache der objektiven Wirklichkeit als Mittel eingesetzt, um Hierarchien zu bilden, bei denen manche Dinge ein- und andere ausgeschlossen werden. Dies gilt nicht nur für die Wissenschaft, in der die Forscherinnen und Forscher versuchen, ihren persönlichen Konstruktionen den Status „akzeptierter Tatsachen" zu verleihen.[22]

Es gilt auch allgemein und überall dort, wo diejenigen, die sich nicht dieser Rhetorik bedienen, als „unrealistisch", „fehlgeleitet", „irrational" oder als einer „Selbsttäuschung erlegen" gelten. Indem wir diese rhetorischen Manöver aufdecken, stellen wir die Konventionen in Frage und öffnen einen Raum, in dem alle Stimmen gehört werden können.

Die Rhetorik der Realität

> Objektivität ist viel mehr als das Gegenteil von Subjektivität: Es ist ein Instrument der disziplinären Macht, das die Wissenschaft von der Kunst und das Expertenwissen von der Meinung des Laien unterscheidet.
>
> W. Natter, T. Schatzki und J. P. Jones, *Objectivity and its Other*

Wie kommt es, dass unser Diskurs uns die Vorstellung von einem „wahrhaftig Realen" vermittelt – die als selbstverständlich geltende Welt der Atome, chemischen Elemente, Neurone, Kognitionen, wirtschaftlichen Prozesse, sozialen Strukturen etc.? Es wurde viel zu diesem Thema geschrieben,[23] doch entscheidend für die Macht der Wörter, „das Reale" zu erschaffen, ist eine einzige, jedoch weitverbreitete Vorstellung oder Metapher über das Individuum. Die Metapher ist jene des „Geistes als Spiegel" – der Glaube, der Geist sei im Kopf (subjektiv) und die Welt außerhalb (objektiv). Wie im ersten Kapitel dargestellt, ist dies eine zentrale Annahme der westlichen Moderne. Von dieser Metapher ausgehend meinen wir, objektiv zu sein, wenn unsere persönliche Erfahrung eine perfekte Abbildung der natürlichen Welt ist. Wir sind objektiv, wenn wir „die Dinge so sehen, wie sie sind", „mit der Realität in Kontakt stehen" und „die Dinge genau betrachten". In Kapitel 1 haben wir jedoch auch gesehen, dass es keine Möglichkeit gibt, Subjekt und Objekt zu trennen, zu bestimmen, „was sich im Geist befindet", oder festzulegen, wessen persönliche Erfahrung die Realität am genauesten wiederspiegelt. Wir sehen daher, dass Objektivität nicht auf der Beziehung zwischen dem Geist und der Welt beruhen kann. Der rhetorischen Analyse zufolge gelangen wir vielmehr dadurch zu Objektivität, dass wir auf eine bestimmte Weise sprechen (oder schreiben). Die übliche Annahme des Geistes als Spiegel ermöglicht uns zu sehen, auf welche Weise Wirklichkeit erzeugt wird. Lassen Sie uns drei dieser Möglichkeiten genauer betrachten.

Die Distanzierung des Objekts: Die Welt „Da Draußen". Da die Realität sich angeblich „in der Welt da draußen" abspielt, muss sich eine gute Rhetorikerin oder ein guter Rhetoriker distanzieren. Das heißt, es muss innerhalb des

Diskurses sichergestellt werden, dass das jeweilige Objekt nicht „im Geiste", sondern in einer gewissen Distanz existiert. Auf der einfachsten Ebene erzeugen Wörter wie d*er, die, das, diese* oder *jene* die notwendige Distanz zwischen Subjekt und Objekt. Das Gegenteil der Distanzierung ist die Personalisierung, bei der das Objekt als im Geiste befindlich dargestellt wird. Personalisierte Aussagen sind z.B. „meine Meinung", „meine Wahrnehmung", „mein Gefühl von…" Wissenschaftlerinnen und Wissenschaftler sprechen daher lieber von „dem Messgerät" anstatt von „meiner Wahrnehmung des Geräts"; „dem Labor" anstelle von „meinen Eindrücken von dem Labor" und von „den Fragebögen" statt „meiner Sicht der Fragebögen". Die jeweils erstgenannten Aussagen erschaffen das Reale, während die zweitgenannten Zweifel hervorrufen.

Die Distanzierung des Objekts von der beobachtenden Person ist auch durch die Verwendung von Metaphern möglich. Ein Beispiel ist die *Metapher vom verborgenen Kontinent*, die sich auf eine Region bezieht, die es zu entdecken gilt. In der Wissenschaft finden wir daher Aussagen wie „Smith entdeckte als erster diesen Effekt", „Jones fand, dass…", „Brown erkannte, dass…" usw. Beliebt sind auch Aussagen wie „aufdecken" oder „ans Licht befördern." Beide implizieren eine *Metapher des verborgenen Schatze*s. Die personalisierten Gegenstücke derartiger Darstellungsformen führen zu eher negativen Konsequenzen. Beispiele hierfür sind: „Smith war als erster der Meinung, dass…", „Jones teilte sein Gefühl mit" und „Brown liebte dieses Bild von der Welt."

Die Etablierung von Autorität: Erfahrungstatsachen. Glauben wir, der Geist funktioniere wie ein Spiegel, dann können wir uns als eine Autorität bezüglich dessen, „was existiert", ausgeben, indem wir zeigen, dass der Spiegel tatsächlich richtig reflektiert. Das Vorliegen bestimmter Erfahrungen wird in wissenschaftlichen Abhandlungen häufig durch die Verwendung von Personalpronomen wie „ich" und „wir" oder durch Possessivpronomen wie „mein" und „unser" angezeigt. So heißt es z.B.: „Unser Bestreben lag darin, zu erkunden…" oder „wir untersuchten…" Auf diese Weise wird verdeutlicht, dass die beschriebenen Tatsachen auch direkt erfahren wurden. Bedenken Sie die negativen Folgen von Darstellungsweisen, die sich nicht an diese Konventionen halten: „Ich war sehr beschäftigt in der Lehre und besuchte während des Semesters zahlreiche Tagungen, so dass ich kaum Zeit hatte, am Forschungsprozess teilzunehmen. Mein Doktorand Smith hat eigentlich die ganze Arbeit gemacht, von der er mir dann von Zeit zu Zeit berichtete."

Da die Erfahrung einer einzelnen Person verdächtig ist, empfiehlt es sich zu zeigen, dass „andere Spiegel das Gleiche abbilden". Ungeachtet aller Variationen in Bezug auf Vorgehen, Stichproben, Laborumfeld, Zeit usw. werden die Autoren wissenschaftlicher Artikel es so darstellen, als zeigten sich die gleichen Reflektionen in allen Spiegeln: „„Smith demonstrierte, dass…"",

‚Brown bestätigte diesen Befund' und ‚Jones fand den gleichen Effekt.'" Noch subtiler sind rhetorische Mittel, die andeuten, der Spiegel der Autorin oder des Autors sei in einer besonders privilegierten Position, anderen weit überlegen oder, im Extremfall, gleichbedeutend mit *der Sicht Gottes*. Dieser Effekt lässt sich durch die Verwendung unpersönlicher Pronomen erzeugen. Statt zu schreiben „Ich beobachtete…" heißt es nunmehr „Man beobachtete…" Die Aussage „Ich fand, dass…" wird durch „Man fand, dass…" ersetzt. In der Regel wird die Sicht Gottes nur subtil angedeutet. So steht dann: „Der Reiz wurde dargeboten…" anstelle von: „Ich meine wahrgenommen zu haben, dass der Reiz auftrat." Statt „Mein Assistent berichtete, dass er wahrnahm, wie der Knopf gedrückt wurde" heißt es einfach „Der Knopf wurde gedrückt…"

Reinigung des Spiegels: Der Tod der Leidenschaft. Der Spiegel des Geistes ermöglicht Objektivität, sofern es keine Störeinflüsse oder Defekte gibt, die das Bild von der Welt verzerren oder unscharf werden lassen. Um zu demonstrieren, dass es keine „Spiegeleffekte" gibt, werden Aussagen gemacht, die der Welt eine *aktive Rolle* in der Herstellung des Abbildes zuschreiben (im Gegensatz zu Hinweisen auf die Eigenschaften des Spiegels). Aussagen wie „Die Daten sprechen für sich" oder „Ich war erstaunt über die Daten" tragen zum Gefühl des Wirklichen bei. Des Weiteren ist es wichtig, in der Beschreibung des Spiegelbildes die *Abwesenheit innerer Zustände* wie Emotionen, Motive, Werte und Wünsche darzulegen. So heißt es dann: „Wir ermittelten einen Durchschnitt von 5.65", „Es wurde beobachtet, dass die Teilnehmer sich unwohl fühlten" oder „Die Ergebnisse zeigten, dass…" Eine Berücksichtigung affektiver Zustände würde zu einer Abwertung der Aussagen führen: „Von ganzem Herzen wünschte ich mir einen Mittelwert von über 5.00 und ich war überglücklich, als ich diesen fand…"; „Da wir unsere Studie ohne positive Ergebnisse nicht hätten publizieren können, suchten wir nach Beweisen dafür, dass sich Versuchsteilnehmerinnen und -teilnehmer unwohl fühlten. Und diese fanden wir schließlich auch…"; oder „Ich verliebte mich in dieses Forschungsprojekt und es ist mir daher eine Freude, seine Erkenntnisse zu veröffentlichen." Eigene Gefühle zuzugeben bedeutet, durch ein verunreinigtes Glas zu schauen.

Die Reinigung des Spiegels führt hinsichtlich des wissenschaftlichen Schreibens zu einer interessanten Nebenwirkung. Obgleich wissenschaftliche Artikel faszinierend sein sollten – schließlich sind es Versuche, die Geheimnisse der menschlichen Existenz zu ergründen –, sind sie üblicherweise langweilig, trocken und steril. Ein Grund dafür ist, dass emotionale oder farbenfrohe Beschreibungen mit einer Voreingenommenheit des geistigen Spiegels gleichgesetzt werden. Demgegenüber suggeriert eine leidenschaftslose technische Beschreibung eine neutrale und damit objektive Sichtweise. So erfahren wir z.B., dass die Versuchspersonen Universitätsstudenten oder Frauen im Alter von 40 bis 60 Jahren oder farbige Großstadtschulkinder waren. Keine Erwähnung

finden sexuelle Attraktivität, abstoßende Fettleibigkeit, nervtötende Oberflächlichkeit, charmante Ausstrahlung, unglaubliche Ignoranz, beneidenswerte Kleidung, ekelerregende Pickel und ähnliches. Die Schilderung derartiger Dinge
würde den Anschein der Objektivität zerstören.

Objektivität ist kein bestimmter mentaler Zustand, sondern eine Folge rhe-
torischer Mittel. Um dies zu verdeutlichen, brauchen wir nur die übliche
Leichtgläubigkeit durch eine Haltung der kritischen Reflexion zu ersetzen.
Dadurch werden plötzlich neben jenen, die Realität für sich in Anspruch nehmen, auch andere Stimmen hörbar. Damit will ich nicht sagen, dass wir diese
Form der Rhetorik aufgeben sollten. Die Rhetorik der Realität spielt innerhalb bestimmter Gemeinschaften eine sehr wichtige Rolle. Oft ist sie unab-
dingbar, um Vertrauen, Kooperation und Ergebnisse hervorzubringen. Wenn
z.B. Raumfahrtingenieure diese Rhetorik verwenden, gehen die Mitglieder
dieser Gemeinschaft davon aus, dass alle die gleiche Sprache sprechen und die
gleichen Ziele verfolgen. in Bezug auf die Standards ihrer wissenschaftlichen
Gemeinschaft verwenden alle Mitglieder die gleichen Begriffe für die gleichen
Objekte. Das Ergebnis ist, dass Menschen auf dem Mond landen können.
Gleiches gilt für Ärztinnen und Ärzte, Militärstrategen und Wirtschaftswis-
senschaftlerinnen und Wirtschaftswissenschaftler. Ohne eine solche Rhetorik
gäbe es nichts, was wir in einem Gerichtsprozess als „Wahrheit" bezeichnen
könnten. Die Rhetorik des Realen ist eine Voraussetzung für das effektive
Funktionieren einer Gemeinschaft. Probleme treten vorwiegend dann auf,
wenn die inneren Wirklichkeiten als universelle und unanfechtbare „Wahrheiten" dargestellt werden.

Die Nutzung von Diskursen:
Die pragmatische Dimension

Bislang haben wir uns mit Diskursen beschäftigt, die sowohl fixierte als auch
bewegliche Strukturen aufweisen können. Derartige Diskurse fungieren als
Einschränkungen von Konstruktionsmöglichkeiten, oder sie werden von Menschen zur Erreichung bestimmter Ziele eingesetzt. Diese Formen der Analyse
sind nützlich, um zu zeigen, wie Sprachformen unsere Handlungen definieren
und einordnen. Dennoch sind sie unvollständig, da sie die ständige, unsystema-
tische und oftmals chaotische Erzeugung von Sinn und Bedeutung im Alltag
ebenso unberücksichtigt lassen wie die Spannungen, Verhandlungen und
Schwankungen innerhalb von Gesprächen, die die Welt zu dem machen, was
sie für uns ist. Fasziniert von der praktischen Nutzung der Sprache beschäftigen sich viele Wissenschaftlerinnen und Wissenschaftler mit der Art, in der
Menschen Diskurse in ihrem Alltagsleben einsetzen – wie unterschiedliche
Wörter verwendet werden, wie Gespräche sich entwickeln oder fehlschlagen

und wie Wirklichkeiten oftmals auf labilen und oszillierenden Beziehungen beruhen. Um die Pragmatik des alltäglichen Diskurses besser zu verstehen, wollen wir uns zunächst den wichtigen Beiträgen von Erving Goffman und Harold Garfinkel zuwenden. Darauf folgt eine umfassende Diskussion der aus Gesprächen resultierenden Konstruktionen des Selbst.

Das Erbe von Goffman und Garfinkel

Viele Arbeiten über Pragmatik basieren auf den Schriften von Erving Goffman und Harold Garfinkel. Laut Goffman ist Sprache eine Form des sozialen Handelns. Sprache umfasst nicht nur die Wörter, die wir verwenden, um zu definieren, was wahr und gut ist, sondern auch all unsere Gesten, Kleidung, körperlichen Eigenschaften, persönlichen Besitztümer usw. In seinem womöglich wichtigsten Werk, *Wir alle spielen Theater*,[24] schreibt Goffman, wir senden stets Signale aus, die definieren, wer wir gegenüber anderen sind. Eines von Goffmans Lieblingszitaten verdeutlicht dies: Der Schriftsteller William Sansom beschreibt den Engländer Preedy und dessen ersten Auftritt am Strand seines Hotels in Spanien.

> Er bemühte sich sehr darum, mit niemandem Blickkontakt aufzunehmen. Zunächst einmal musste er diesen potenziellen Urlaubspartnern klar machen, dass sie ihn nicht im geringsten interessieren…Wurde zufällig ein Ball in seine Richtung geworfen, schaute er überrascht; dann ließ er ein spielerisches Lächeln seine Miene erhellen (Gütiger Preedy), blickte um sich, um zu sehen, dass sich Menschen am Strand befanden, und warf den Ball mit einem Lächeln zurück…Doch es wurde Zeit, den Idealen Preedy zur Schau zu stellen. Durch seine beachtliche Fingerfertigkeit erlaubte er jedem, der es sehen wollte, einen Blick auf den Titel seines Buches zu werfen – eine spanische Homer-Übersetzung – klassisch, aber nicht zu gewagt, eines wahren Kosmopoliten würdig. Anschließend faltete er seine Badehandtücher und Kleidungsstücke und legte diese auf seine Tasche (Ordentlicher und Sensibler Preedy). Daraufhin stand er langsam auf, streckte seinen kräftigen Körper (Raubtier-Preedy) und schleuderte seine Sandalen von sich (Sorgloser Preedy, endlich).[25]

Für Goffman besteht unsere vielleicht wichtigste Aufgabe im sozialen Leben darin, ein Gefühl der öffentlichen Identität zu entwickeln – ein Bild von uns als einer annehmbaren Person. „Spielt ein Individuum eine Rolle, bittet es seine Beobachter implizit darum, den sich vor ihnen entwickelnden Eindruck ernst zu nehmen."[26] In jeder Beziehung gibt es jedoch einen Hintergrund – einen Bereich des Verhaltens, der den beobachtenden Personen verborgen bleibt und dessen Entdeckung den öffentlichen Auftritt diskreditieren würde. Für viele Studierende bilden ihre beziehungen in der Universität den Hintergrund für die Darstellung ihrer Identität im Elternhaus. In ähnlicher Weise sind die Schlafzimmergespräche der Eltern deren Hintergrund für ihre

Beziehung zu ihrem Kind. Wenn Eltern und Kinder zusammen sind, erschaffen sie eine Ansammlung von lokalen Identitäten, die vom jeweiligen Gegenüber ernst genommen werden sollen, obwohl sie in gewisser Hinsicht nur eine Show für den gegenwärtigen Kontext sind. Goffmans Ansatz wird *dramaturgisch* genannt, da er ein Bild vom sozialen Leben als einer Bühne zeichnet, auf der alle einander etwas vorspielen, während sie gleichzeitig wissen, dass wir kaum jemals das sind, was wir zu sein scheinen.

Trotz ihrer Faszination ruft die Goffmansche Dramaturgie bei vielen konstruktionistisch denkenden Personen Unbehagen hervor. Was für eine Art von Welt konstruiert Goffman mit seiner Analyse, und welche Konsequenzen ergeben sich aus ihr für das soziale Leben? Goffmans Ansatz suggeriert, dass sich unterhalb der Oberfläche unseres Verhaltens ein manipulierendes Subjekt befindet, welches permanent seine Mitmenschen täuscht. Aufrichtigkeit ist selbst nur eine Täuschung, der eventuell sogar der Handelnde selbst unterliegt. Wenn wir diese Sichtweise übernehmen, entstehen eine enorme Distanz zwischen uns und anderen, ein stets vorhandenes Misstrauen sowie Zweifel an jeglicher Unterstützung, Dankbarkeit oder Zuneigung. Letztendlich können wir nicht einmal uns selbst vertrauen oder uns akzeptieren, da unsere größte Leistung darin besteht, die größtmögliche Anzahl von Personen erfolgreich zu täuschen.

Ein zweiter bahnbrechender Ansatz, in dem viele dieser problematischen Elemente fehlen, stammt von dem Soziologen Harold Garfinkel. In seinem Werk *Studies in Ethnomethodology*[27] stellt Garfinkel weniger die Art, in der Individuen ihr Sozialleben gestalten, in den Vordergrund, als vielmehr die Formen der Zusammenarbeit zwischen Menschen, durch die ein Gefühl von Ordnung und Verständnis entsteht. Garfinkel zufolge beruht unser sozialer Austausch auf einer Vielzahl an *Ethnomethoden* – vorwiegend sprachliche Ausdrucksweisen –, die der Etablierung einer vernünftigen und als selbstverständlich angenommenen Ordnung dienen. Ethnomethoden gehören nicht einzelnen Individuen, die einen guten Eindruck bei anderen hinterlassen wollen. Vielmehr sind es öffentliche Ressourcen, aus denen wir uns alle bedienen und gemeinsam eine offenkundig vernünftige Welt erschaffen.

Im Einklang mit früheren Diskussionen weist Garfinkel darauf hin, dass wir Wörter verwenden, als seien sie mit den durch sie beschriebenen Objekten identisch. Des Weiteren borgen wir stets Wörter und Ausdrucksweisen aus anderen Zusammenhängen und integrieren sie in unsere gegenwärtigen Umstände. Gemäß Garfinkels Terminologie verwenden wir Wörter *indexikalisch* – wir nutzen sie, um *für alle praktischen Zwecke* auf etwas hinzuweisen oder etwas zu benennen. Vorwiegend durch Indexikale erzeugen wir das Gefühl einer rationalen Ordnung aus dem, was ansonsten unklar oder chaotisch wäre. Nehmen wir das Beispiel Selbstmord. Üblicherweise bezeichnen wir manche Tode als „natürlich" und andere als „Selbstmord". Bei näherer Betrachtung wird es jedoch immer schwieriger, den Unterschied zwischen beiden zu erkennen. Um als Selbstmord angesehen zu werden, muss einem Tod die absichtliche Beendigung des eigenen Lebens zugrunde liegen. Wie wir im ersten Kapitel gesehen haben, ist es jedoch kaum jemals möglich, die Absichten eines anderen Individuums zu kennen. Woher kennen wir unsere eigenen Absichten? Vielleicht glauben wir, etwas in „freier" Entscheidung zu beabsichtigen, obwohl wir in Wirklichkeit nur darauf konditioniert wurden, so zu denken. Vielleicht werden wir von unbewussten Kräften angetrieben, über die wir keinerlei Kontrolle haben. Wissen wir jemals wirklich, was uns dazu bringt, uns so zu verhalten, wie wir es tun? Und wie steht es mit dem natürlichen Tod? Wäre es wirklich Ihr Ziel, so lange wie möglich zu leben, würden Sie wahrscheinlich ganz anders leben, jegliche ungesunde Nahrung vermeiden, großen Menschenmengen und den in ihnen vorkommenden fremden Bakterien aus dem Wege gehen, regelmäßig den Arzt aufsuchen, keine unnötigen Risiken eingehen usw. Statt dessen leben doch die meisten von uns eher sorglos. Bedeutet dies, dass jeder natürliche Tod in gewisser Hinsicht ein kleiner Selbstmord ist? Treten wir aus spezifischen Kontexten heraus, erkennen wir, dass die Festlegung, ob ein Tod in *Wirklichkeit* ein Selbstmord war, prinzipiell unmöglich ist.

Betrachten Sie nun ein Ermittlungsteam, das für Gericht, Polizei und die betroffene Familie festlegen muss, ob es sich bei einem Todesfall um Selbstmord handelt. Garfinkel zeigt, dass derartige Teams keine endlosen Diskussionen führen. Vielmehr entwickeln sie konkrete Regeln und Vorgehensweisen – Formen des Sprechens und Berichtens – bzw. einen Satz an Indexikalen, an welche die Ereignisse der Welt angepasst werden. So müssen z.B. in Los Angeles die untersuchenden Beamten alle Todesfälle in eine von vier Kategorien einordnen: *natürliche Tode*, *Unfälle*, *Selbstmord* und *Mord*. Alle verfügbaren Beweismaterialen und sämtliche Informationen von Freunden und Nachbarn dienen dem Ermittlungsteam als Entscheidungshilfe zugunsten einer dieser vier Kategorien. Garfinkel schreibt, die beteiligten Personen bedienten sich einer Anzahl von *grundlegenden Annahmen*, die ihrerseits nicht hinterfragt werden und die Funktion haben, Ordnung in dem Chaos herzustellen. Ohne unsere normalerweise unreflektierten Konventionen der Indexierung der Welt sähen wir uns mit der Möglichkeit einer sinnlosen Existenz konfrontiert.

Sicher ist dieser letzte Satz etwas zu dramatisch. Lassen Sie uns jedoch auf einige Fälle näher eingehen, in denen die grundlegenden Annahmen über das Wirkliche und Vernünftige missachtet werden. Im Rahmen einer Gruppenübung bat Garfinkel seine Studierenden, die unausgesprochenen Regeln des Alltagslebens zu brechen und über die Konsequenzen zu berichten. Die Studierenden sollten die Angemessenheit der üblichen Indexikale anzweifeln. Mit anderen Worten: Sie sollten hinterfragen, ob die sprachlichen Mittel, durch die das als selbstverständlich Geltende erzeugt wird, tatsächlich angemessen sind. Hier ist der Bericht eines Studenten über sein Gespräch mit einem

Freund (A), der ihm (B) davon erzählt, dass sein Auto am Vortag einen platten Reifen hatte.

A: Ich hatte einen Platten.
B: Was meinst du damit, „hatte einen Platten?"
A: (*vorübergehend etwas verwirrt, mit strenger Stimme*) Was soll das heißen, „was meinst du damit?" Ein platter Reifen ist ein platter Reifen. So habe ich das gemeint. Nichts besonderes. Was für eine verrückte Frage.

In einem zweiten Fall winkte ein Freund (A) dem Studenten (B) zu und sagte:

A: Wie geht's dir?
B: Wie geht es mir in Bezug auf was? Meine Gesundheit, meine finanzielle Lage, mein Studium, mein Seelenfrieden, mein…?
A: (*rot im Gesicht und sehr ärgerlich*) Hör mal, ich wollte nur freundlich sein. Ehrlich gesagt ist es mir völlig egal, wie es dir geht.

Ein anderer Student befragte seine Verlobte etwa anderthalb Minuten lang über die genaue Bedeutung dessen, was sie sagte. Schließlich widersetzte sie sich allen weiteren Fragen, wurde nervös und unruhig und schien die Kontrolle über ihre Gestik und Mimik zu verlieren. „Sie wirkte verstört und beschwerte sich, dass ich sie nervös mache. Sie verlangte von mir, damit aufzuhören…Sie nahm sich eine Zeitschrift und versteckte ihr Gesicht…Als ich fragte, warum sie sich die Zeitschrift anschaute, schloss sie ihren Mund und verweigerte jegliche weitere Kommunikation."[28] Diese Beispiele zeigen, wie schnell das soziale Leben gestört wird, sobald wir die als selbstverständlich angesehenen Formen der Indexierung unserer Welt auch nur für einen kurzen Moment in Frage stellen.

Die Konstruktion des Selbst in Gesprächen

> Universell entwickelte Individuen…sind nicht die
> Produkte der Natur, sondern der Geschichte.
>
> Karl Marx, *Grundrisse*

Obgleich die Werke von Goffman und Garfinkel nach wie vor viele Wissenschaftlerinnen und Wissenschaftler inspirieren, gibt es mittlerweile viele neue, erweiterte Ansätze. Insbesondere konstruktionistische Vertreterinnen und Vertreter schätzen das emanzipatorische Potenzial der Diskursanalyse, d.h. einer kritischen und kreativen Reflexion der üblichen Verhaltensweisen des Alltags. Dadurch kam es zu einer enormen Fülle an faszinierenden und vielschichtigen Beiträgen. In zahlreichen Schriften wird berichtet, wie Diskurse auf subtile

Weise eingesetzt werden, um Machtstrukturen zu erhalten, bestimmte Gruppen zu diskreditieren und potenzielle Störenfriede des Status quo zum Schweigen zu bringen. Vielfach wurde darauf hingewiesen, wie unbemerkte Sprachmanöver bestimmte Ideologien aufrecht erhalten, die Nachteile verschiedener politischer Maßnahmen und Programme verdecken und den Privilegierten ihre Vorteile sichern. Des Weiteren gibt es viele Schriften, welche den Einsatz von Diskursen zur Kontrolle anderer (Studierender an Schulen und Universitäten, Patientinnen und Patienten in Krankenhäusern oder therapeutischen Settings) darstellen. Außerdem wird in vielen Arbeiten dargestellt, wie es durch Diskurse zu Missverständnissen und Konflikten zwischen Menschen kommt. Nur einige dieser Beiträge werden hier erwähnt, so dass sich interessierte Leserinnen und Leser mit der am Ende dieses Kapitels aufgelisteten weiterführenden Literatur beschäftigen sollten.

In diesem Kontext lohnt es sich, nochmals auf das Selbst zurückzukommen. In den vorangegangenen Diskussionen über Metaphern und Erzählungen ließ sich eine Festgelegtheit des Selbst erkennen, durch die uns die Diskurstraditionen strikte Einschränkungen auferlegen. Nunmehr wollen wir uns mit der Veränderbarkeit beschäftigen und untersuchen, wie wir durch die sich in alltäglichen Gesprächen von einem Moment zum nächsten ergebenden Fluktuationen festlegen, wer wir sind. In diesem Kontext verstehen wir Identität als situationsabhängig und beeinflussbar durch subtile Veränderungen von Wörtern, Betonungen und Gesten. Drei Aspekte der Konstruktion des Selbst wollen wir im nachfolgenden Abschnitt genauer betrachten.

Das Erschaffen von Ontologie, Ethik und Selbst

> Durch die Mischung des Atems
> Von Sonne und Schatten
> Entsteht das Gleichgewicht in der Welt.
>
> Laotse, *Das Buch vom Weg des Lebens*

Was ist abgesehen von Aspekten wie Persönlichkeit, Ideologie, Geschlecht usw. notwendig, um zwischenmenschliches Verständnis zu ermöglichen? In unserem Kontext können wir diese Frage über *Ontologie* und *Ethik* beantworten. Wir benötigen eine Reihe allgemein akzeptierter – notfalls auch sehr einfacher – Annahmen über das, was existiert („das Reale") und das, was rechtes Handeln („das Gute") ausmacht. Eine geteilte Ontologie ist vor allem das Nebenprodukt einer gemeinsamen Sprache. Sprechen Sie lediglich Chinesisch und ich nur Englisch, werden wir kaum eine gemeinsame Beziehung aufbauen können. Besteht Ihre Welt aus Engeln, göttlichen Energien und bösen Kräften und meine Welt aus Neuronen, Synapsen und Endorphinen, werden unsere sich gegenseitig ausschließenden Ontologien unsere Kommunikation erschweren. Idealerweise sollten wir ähnliche Wörter in ähnlichen Situationen verwenden. Wenn Sie z.B. als Chirurgin oder Chirurg in einem Ärzteteam arbeiten, sollte Ihre Bitte nach einem „Skalpell" nicht dazu führen, dass Ihnen ein „Kaugummi" gereicht wird. Der russische Literaturwissenschaftler Michail Bachtin schreibt, unsere Beziehungen unterliegen einer *zentripetalen Kraft*, d.h. einer Tendenz, dass unsere Kommunikationspraktiken immer einheitlicher und konventioneller werden und sich stets wiederholen. Mit anderen Worten: Beziehungen unterliegen der Routine, werden allmählich langweilig und leblos. In positiver Hinsicht könnten wir darin eine Tendenz zu Reibungslosigkeit, Effizienz und Effektivität erkennen. Beide Sichtweisen sind legitim.

Die Suche nach einer gemeinsamen Wirklichkeit ist die Grundlage für die Einigung auf eine gemeinsame Ethik. Indem wir unser Sprechen und Handeln in unterschiedlichen Kontexten koordinieren, definieren wir auch, was für uns Abweichungen oder Misserfolge sind. Die Festlegung auf bestimmte Muster schafft den Kontext für deren Störungen. Auf einfachster Ebene ist die Störung eines Musters eine Gefahr für die akzeptierte Wirklichkeit und alle Verhaltensmuster, in welche diese Wirklichkeit eingebunden ist. In Paarbeziehungen kommt es zu Problemen, sobald sich die Partner nicht auf eine gemeinsame Geschichte der Vergangenheit einigen können. Wissenschaftliche tätige Personen werden häufig kritisiert oder von Kolleginnen und Kollegen gemieden, wenn sie sich einem neuen theoretischen Paradigma zuwenden. Und schon viele Menschen wurden aufgrund ihrer unkonventionellen religiösen Überzeugungen zu Märtyrerinnen und Märtyrern. Das „Böse" lauert in der Störung allgemein akzeptierter Muster.

Diese Art des Bösen gibt es in allen komplexen Gesellschaften. Je mehr die Menschen vielfältige und unterschiedliche Beziehungen eingehen – mit Freundinnen und Freunden, Ehepartnern, Arbeitskolleginnen und -kollegen, Geschwistern, Eltern, Nachbarinnen und Nachbarn, Vereinsmitgliedern usw. –, umso mehr treten sie mit vielfältigen lokalen Wirklichkeiten – verschiedenartigen Formen des Sprechens und Lebens – in Kontakt. Indem wir uns von einer Beziehung zur nächsten begeben, nehmen wir auch all ihre Einflüsse mit. In diesem Sinne tragen wir ein enormes Potenzial für die Störung bestehender Ontologien in uns. Selbst das Wort „Ontologie" kann nicht überall verwendet werden. Es ist ebenso gefährlich wie das Wort „Scheiße" in seiner Gefährdung bestimmter etablierter Ordnungen. An diesem Punkt ist Bachtins Metapher der *zentrifugalen Kraft* nützlich. Die zentripetale Tendenz zur Ordnung in Beziehungen ist verbunden mit einer Tendenz zur Unordnung, in der neue Wörter und Verhaltensweisen spontan Eingang in bestehende Beziehungen finden und diese bedrohen oder auch umwandeln.

Was haben die Aspekte der Ontologie und Ethik mit dem Selbst zu tun? Personen bewegen sich im Rahmen einer bestimmten Ontologie. Wer ich bin und wie ich mich verhalte wird innerhalb von Beziehungen definiert. Sobald ich kurz nach der Geburt einen Namen erhalte und einem Geschlecht zugeordnet werde, beginnt meine Existenz als individuelle Person innerhalb einer gemeinsamen Ontologie. Indem ich über „mich" und meine „Gedanken", „Gefühle" oder „Überzeugungen" spreche, kreiere ich die Wirklichkeit einer individuellen Entität, dem „ich". Wann immer Sie mich mit meinem Namen ansprechen oder auf bestimmte Weise mit mir interagieren, festigen Sie diese Realität. All diese Wörter und Handlungen beinhalten einen moralischen Aspekt. Mal werde ich als gut und mal als böse konstruiert.

Um einige dieser Ideen zu illustrieren, möchte ich auf Paul Willis' umstrittene Analyse der Entstehung einer Arbeiterklassenidentität bei britischen Jugendlichen eingehen.[29] Willis meint, es sei zu leicht, sich nur auf ökonomische Verbesserungen als natürlichem Bestreben zu konzentrieren. Jeder möchte schließlich mehr Geld verdienen. Von dieser Annahme ausgehend ist es einfach, die Arbeiterklasse als unterdrückt anzusehen – als Menschen, die keine andere Wahl haben als sich damit abzufinden, zu den niederen Schichten der Gesellschaft zu gehören. Auf der Grundlage umfangreicher Feldstudien an Schulen und Arbeitsplätzen stellt Willis diese Annahmen jedoch in Frage. Ihm zufolge schließen sich Jungen aus der Arbeiterklasse zusammen und konstruieren gemeinsam eine Welt, in der sie anders und besser sind als die Mitglieder höherer Schichten. Hier ist ein Beispiel für ihre Definition ihrer Lehrer:

Joey: Sie sind größer als wir, sie vertreten ein größeres Establishment als wir, weil, wir sind klein und sie vertreten die größeren Sachen, und man versucht ja nur, den eigenen Kram zu machen.
Eddie: Die Lehrer meinen, sie sind groß und stark, weil sie Lehrer sind, aber in Wirklichkeit sind sie niemand, sie sind einfach gewöhnliche Menschen, oder nicht?[30]

Diese Ansichten beeinflussen auch das Verhalten der Jungen in der Schule. Willis schreibt:

Wenn die „lads" das Klassenzimmer oder einen Versammlungsraum betreten, gibt es verschwörerisches Köpfenicken…Die „lads" sind Meister der getarnten Auflehnung, die stets kurz vor der offenen Konfrontation haltmacht…Ein dauerndes Summen von Gesprächen schwappt über die Mahnungen, es zu unterlassen, hinweg wie die unwiderstehliche Flut über kaum getrockneten Sand; und überall sieht man verdrehte Augen, hört man übertriebenes Flüstern über verschwörerische Geheimnisse.

Spricht der Lehrer frontal zur Klasse, dann begleitet ein imaginärer Flüsterdialog den formalen Unterricht: „Nein, ich verstehe nix, du Arsch"; „Was schwafelst du da, du Gartenzwerg"; „Der hat ja total den Arsch offen"…Beim leisesten sexuellen Doppelsinn schallt Kichern und Uaaah! aus dem Hintergrund des Klassenzimmers…Wird das Geheimnis der Verschwörung bedroht, dann gibt's hinter dem Rücken des Lehrers V-Zeichen, von der Seite das Sperrfeuer knackender Fingerknöchel und vorne ausweichende Unschuldsmienen. Die Aufmerksamkeit konzentriert sich auf Schlipse, Ringe, Schuhspitzen, Tintenkleckse auf dem Pult – alles, nur nicht die Augen des Lehrers.[31]

Diese Ontologie des „wir" gegen „sie" wird auch von einer impliziten Ethik gestützt: „Wir und unsere Lebensweise sind wertvoll." Besonders wertvoll sind die Gruppe und ihre Standards:

Joey: Wenn du allein rumhängst, das ist nicht gut, aber wenn du mit deinen Kumpels rumhängst, dann sind alle zusammen, wir blödeln rum, und das ist die Sache.
Fred: Wir halten zusammen wie die Diebe, sagen die Leute über uns. Ja, wir halten zusammen.[32]

Der Wert, den die Jungen ihrer Lebensweise beimessen, ist erkennbar an ihrem Urteil über all jene Schüler, die sich an die Regeln der Gesellschaft anpassen. Diese „ear'oles", wie sie genannt werden (das Ohr ist ein Symbol passiven Aufnehmens), sind die Zielscheibe kontinuierlicher Kritik:

Derek: Weil sie Kriecher sind, hm, einer von denen hat jetzt sein Zeugnis gekriegt, er hat fünf Einsen und eine Zwei.
Spanksy: Schau mal, an was werden die sich aus ihrer Schulzeit erinnern? Worauf werden sie zurückblicken? Die sitzen in der Klasse, schwitzen sich den Arsch ab, weißt du, während wir...ich meine, wir werden mal zurückdenken, wie wir die Pakis und JAs (=Jamaikaner) verdroschen haben. Und paar so Sachen, die wir den Lehrern angehängt haben, das wird 'n Fez, wenn wir dran zurückdenken, heh.
Joey: Die treiben es alle auf ihre Art, aber sie sind immer noch mordskindisch, die Art wie sie reden, wie sie sich benehmen. Die ear'oles die haben noch alles vor sich. Ich meine, sieh dir mal Tom Bradley an, hast du den mal bemerkt? Ich seh ihn immer an, und dann denke ich, tja, wir haben alle Freuden sdes Lebens mitgemacht und auch alle Scheiß-Unannehmlichkeiten, wir haben geschluckt, wir haben geschlägert, wir kennen den Frust, den Sex, den Scheiß-Haß, Liebe und die ganze Leier, aber die kennen nix davon. Der war nie bei 'ner Frau, der war nie in einem Pub.[33]

In genau diesen Gesprächen beteiligen sich die Jungen daran, verschiedene Welten zu erschaffen, in denen unterschiedliche Gruppen und Individuen mit ihren jeweils eigenen moralischen Werten leben. Wir sollten in diesem Falle – und vielleicht in allen anderen Fällen – fragen, ob diese Wirklichkeiten nicht wie Gefängnisse sind.

Soziale Bilanzierung: Identität und Verantwortung

> „Wie konntest du das tun…"
> „Du warst ein Idiot…"
> „Erinnerst du dich nicht an unsere Abmachung…"
> „Ich finde das gar nicht gut, was du gesagt hast…"

Diese Aussagen sind Beispiele für die vielfältigen verbalen Korrektive, die uns zur Verfügung stehen. Von der Schelte, die wir als Kinder erhielten, bis hin zu dem Schweigen und den kalten Blicken, die wir als Erwachsene über uns ergehen lassen müssen, sind Korrektive einfach ein Bestandteil des Lebens in einer organisierten Gesellschaft. Kritik, Angriffe, Blicke usw. sind Mittel, um Ordnung zu erhalten oder wiederherzustellen. Sie sind der Ausdruck einer Ethik, die sich durch Beziehungen definiert. Gleichzeitig, so meinen die Soziologen Scott und Lyman, besteht ein wichtiger Aspekt normaler Gespräche darin, „die Überreste zerbrochener sozialer Bindungen an Land zu spülen, Brücken zwischen dem Versprochenen und dem Erhaltenen zu errichten, das Zerstörte wiederaufzubauen und das Entfremdete wieder anzunähern."[34] In einem komplexen Leben kommt es unweigerlich hin und wieder zu einer Missachtung der impliziten Ethik unserer Beziehungen (hier wirkt die zentrifugale Tendenz). Deshalb haben wir Mittel entwickelt, durch die wir die Ordnung wiederherstellen können. Über den Einsatz und die Wirksamkeit dieser Mittel erfolgt eine soziale Bilanzierung.

Ein hilfreicher Kontext, innerhalb dessen sich diese soziale Bilanzierung untersuchen lässt, ist die Domäne der *Konversationsanalyse*. Eines der wichtigsten Konzepte in der Untersuchung informeller Gespräche sind die Sequenzmuster.[35] Gemeint ist damit die starke Tendenz, Gespräche in Form von strukturierten, unmittelbar aufeinander Bezug nehmenden Aussagen zu entwickeln. Die Aussage der einen Person führt dabei zu einer Antwort der zweiten Person. Das einfachste Beispiel eines Sequenzmusters ist der warme und herzliche *Gruß* einer Person, der nahezu zwangsläufig von der angesprochenen Person erwidert wird. In gleicher Weise führt eine *Frage* üblicherweise zu einer *Antwort*, eine *Einladung* zu einer *Annahme* (oder *Absage*), eine *Bitte* zu einem *Gefallen* (oder einer *Zurückweisung*) usw. In diesem Kontext erkennen wir, dass soziale Bilanzierung den zweiten Teil dieses Sequenzmusters ausmacht. In vielen Fällen sind sie eine Reaktion auf *Schuldzuweisungen* – Anschuldigungen, Enttäuschungen, Vorwürfe oder andere Formen des Diskreditierens. Durch derartige Kritik wird die eigene Identität innerhalb der Beziehung in Frage gestellt. Die übliche Reaktion besteht in irgendeiner Form der *Wiedergutmachung* – mit der gezeigt werden soll: „Ich bin noch immer einer von euch" (im Einklang mit der Art, wie „unsere Familie", „unsere Organisation" oder „wir beide" unsere Welt konstruiert haben).

Jahrhunderte der Sprachentwicklung haben uns ein enormes Spektrum an möglichen Reaktionen auf solche Anschuldigungen beschert. Die meisten dieser Reaktionen lassen sich einer von zwei Kategorien zuordnen: *Entschuldigungen* und *Rechtfertigungen*.[36] Die Kategorien unterscheiden sich in ihrer Logik und Funktion. Die meisten Entschuldigungen basieren auf der Logik der individuellen Verantwortlichkeit. Sie setzen die modernistische Vision des Selbst voraus. Obgleich das Verhalten eines Individuums „unangebracht" gewesen sein mag, ist es vor allem wichtig zu klären, ob der innere Kern – das Selbst im Zentrum – sich von der Beziehung losgesagt hat. Durch Entschuldigungen wird versichert, dass die Grundlage der Beziehung noch besteht. „Ich wollte das nicht", „Es war nicht meine Schuld", „Ich habe nicht nachgedacht", „Ich bin von meinen Emotionen überwältigt worden", „Ich war betrunken", „Die anderen haben mich gezwungen" usw. Eine Wiedergutmachung wird auf diese Weise ermöglicht. Die Entschuldigung stellt jedoch nicht die zugrunde liegende Ordnung in Frage. Sie informiert die Anklägerin oder den Ankläger lediglich darüber, dass „ich nicht vom rechten Weg abgekommen bin. Ich bin noch immer dieselbe Person. Alles bleibt, wie es war."

Im Falle der Rechtfertigung wirkt jedoch eine andere Logik und es kommt zu anderen Ergebnissen. Nehmen wir folgende Beispiele:

> „Er hat es nicht besser verdient."
> „Es liegt in der Natur der Sache."
> „Es ist eine Frage meiner Selbstverwirklichung…"
> „Es war Selbstverteidigung…"
> „Hätte ich es nicht getan, würde ich meine Glaubwürdigkeit verlieren."
> „Wir leben in einem freien Land."

Gemeinsam ist all diesen Antworten, dass sie an eine allgemein akzeptierte Wirklichkeit appellieren. Sie berufen sich auf Umstände, die nicht unmittelbar etwas mit der in Frage stehenden Beziehung zu tun haben („unsere Ehe", „unsere Familie" etc.), aber dennoch von allen Beteiligten angenommen werden. Eine Liebesbeziehung basiert wahrscheinlich nicht auf dem Konzept eines „freien Landes". Dennoch sind beide Partner in eine Kultur eingebettet, in der diese Aussage über rhetorische Kraft verfügt. Rechtfertigungen rücken daher die Frage der eigenen Identität („Wie stehst du zu mir?") in den Hintergrund und wenden sich einer Frage zu, die auf die Beziehung innerhalb eines größeren Kontextes abzielt („Wo stehen wir im Hinblick auf andere Dinge?"). Sie erinnern die Anklägerin oder den Ankläger an die weitreichende Welt der Ethik, der Regeln und Konventionen, in denen sich das Leben abspielt. Die Rechtfertigung von „Freiheit" vergrößert z.B. in einer Liebesbeziehung häufig die Distanz zwischen den Partnern und kann sogar zur Auflösung der Bindung führen. Durch unsere Entschuldigungen und Rechtfertigungen definieren wir unsere zwischenmenschlichen Beziehungen.

Nachgedanken

Viele der in diesem Kapitel erwähnten Arbeiten waren für mich eine große intellektuelle und persönliche Bereicherung. Daher habe ich die letzten Seiten kaum kritisch reflektiert. Viel könnte diesbezüglich gesagt werden, doch am wichtigsten erscheint mir die unglückliche Tendenz zum *sprachlichen Reduktionismus*. Diese Vordergründigkeit des Diskurses verzerrt die Bedeutsamkeit des Hintergrundes, aus welchem er sein Potenzial schöpft. Ich meine hiermit vor allem die in dieser Analyse fehlende Berücksichtigung *nonverbal*er Signale – Gesichtsausdrücke, Gesten, Körpersprache usw. Wie Wörter in einer Beziehung funktionieren hängt davon ab, in welchen Kontext sie eingebettet sind. Ein guter Freund hat mir immer wieder mal Dinge über mich gesagt, die ich nicht hören wollte. Aufgrund seines warmen Lächelns und seiner sanften Stimme konnte ich ihm jedoch ohne Ablehnung zuhören. Des Weiteren habe ich den sogenannten *materiellen Kontext* fast ganz ausgespart. So kann z.b. meine Kleidung die Bedeutung meiner Aussagen unterstreichen oder untergraben. Gleiches gilt für die Objekte, die ich in der Hand halte (Blumen, ein Buch, ein Messer), der Raum, in dem das Gespräch stattfindet (ein Klassenzimmer, eine Kneipe, ein Wald) oder das Wetter (Sonne, Regen, Schneesturm). Alle beeinflussen im positiven oder negativen Sinne die Bedeutsamkeit von Aussagen. Außerdem vernachlässigt die Betonung des Diskurses die Wichtigkeit des *Kommunikationsmediums*. Heiratsangebote per Telefon oder E-mail werden kaum ernst genommen. Der Einfluss von Wörtern ist in der Regel größer, wenn sie schriftlich vorliegen, als wenn sie durch einen Lautsprecher geschrien oder von einem Fremden an einer Straßenecke gesprochen werden. Der Technologie-Guru Marshal McLuhan sagte einmal: „Das Medium ist die Botschaft." Der entscheidende Punkt liegt für mich darin zu unterstreichen, dass alle Analysen Grenzen haben und zwangsläufig unvollständig sein müssen. Ich denke, dass wir von diesen Analysen am meisten profitieren können, wenn wir sie nicht als Berichte über objektive Wahrheit, sondern als „Rahmen" oder „Brillen" ansehen, durch die wir unsere Welt betrachten. Sie können dazu dienen, uns wachzurütteln, zu rekonstruieren, neue Dimensionen aufzuzeigen und alternative Handlungsmöglichkeiten zu erschließen. Es gibt immer noch vieles mehr, was gesagt werden könnte – und dafür sollten wir dankbar sein.

Anmerkungen

1   Siehe z.B. Kessen, W. (1990). The Rise and Fall of Development. Worcester, MA: Clark University Press; Hazan, H. (1994). *Old Age, Constructions and Deconstructions.* Cambridge: Cambridge University Press; Shweder, R. (Ed.). (1998). *The Social Construction of Middle Age.* Chicago: University of Chicago Press; Gubrium, J., Holstein, J.A. & Buckholdt, D. (1994). *Constructing the Lifecourse.* Dix Hills, NY: General Hall; Rosenblatt, P.C. (1994). *Metaphors of Family Systems Theory.* New York: Guilford.
2   Siehe z.B. Harré, R. (Ed.). (1986). *The Social Construction of Emotions.* Oxford: Blackwell; Coulter, J. (1979). *The Social Construction of Mind.* Totawa, NJ: Rowman and Littlefield; Graumann, C.F. & Gergen, K.J. (1996). *Historical Dimensions of Psychological Discourse.* New York: Cambridge University Press; Sarbin, T. (Ed.). (1984). Narrative Psychology. New York: Praeger; Said, E. (1979). *Orientalism.* New York: Random House; Sarbin, T.R. & Kitsuse, J.I. (Eds.). (1994). *Constructing the Social.* London: Sage.

3 Siehe z.B. Lorber, J. & Farrell, S.A. (1991). *The Social Construction of Gender.* Thousand Oaks, CA: Sage; Kitzinger, C. (1987). *The Social Construction of Lesbianism.* London: Sage; Gergen, M.M. & Davis, S.N. (Eds.). (1997). *Toward a New Psychology of Gender.* New York: Routledge; Butler, J. (1990). Gender Trouble: Feminism and the Subversion of Identity. New York: Routledge; Tiefer, L. (1995). *Sex is Not a Natural Act.* Boulder, CO: Westview.

4 Siehe z.B. Hacking, I. (2001). *Multiple Persönlichkeit. Zur Geschichte der Seele in der Moderne.* Frankfurt a. M.: Fischer; Boyle, M. (1991). *Schizophrenia: A Scientific Delusion.* London: Routledge; Rose, N. (1990). Governing the Soul. London: Routledge; Gordon, R.A. (1990). *Anorexia and Bulimia, Anatomy of a Social Epidemic.* Cambridge, MA: Blackwell.

5 Siehe z.B. Kleinman, A. (1988). *The Illness Narratives.* New York: Basic Books; Lorber, J. (1997). *Gender and the Social Construction of Illness.* Thousand Oaks, CA: Sage; Hartley, G.M. & Gregory, S. (Eds.). (1991). *Constructing Deafness.* London: Pinter; Clay, C.J. (1995). *The Social Construction of AIDS.* Sheffield: Sheffield City Polytechnic; Frank, A.W. (1995). *The Wounded Storyteller.* Chicago: University of Chicago Press.

6 Siehe z.B. Jenkins, P. (1994). *Using Murder: The Social Construction of Serial Homicide.* New York: A. de Gruyter; Hutson, S. & Liddiard, M. (1994). *Youth Homelessness: The Construction of a Social Issue.* Houndemills, UK: Macmillan; Goode, E. (1994). *Moral Panics: The Social Construction of Deviance.* Cambridge, MA: Blackwell; Atkinson, J.M. (1977). *Discovering Suicide: Studies in the Social Organization of Sudden Death.* London: Macmillan.

7 Siehe z.B. Bond, G.C. & Gilliam, A. (1994). *The Social Construction of the Past: Representation as Power.* London: Routledge; Barrett, E. (Ed.). (1992). Sociomedia: Multimedia, Hypermedia, and the Social Construction of Knowledge. Cambridge, MA: MIT Press; McCormick, C. (1995). *Constructing Danger: The Mis/representation of Crime in the News.* Halifax, NS: Fernwood.

8 Lakoff, G. & Johnson, M. (2000). *Leben in Metaphern. Konstruktion und Gebrauch von Sprachbildern.* Heidelberg: Carl-Auer-Systeme. (Original erschienen 1980).

9 Spence, D. (1987). *The Freudian Metaphor.* New York: Norton.

10 Ebd., S. 7.

11 Ebd., S. 8.

12 Siehe Bruner, J. & Feldman, C.F. (1990). *Metaphors of consciousness and cognition in the history of psychology.* In D. Leary (Ed.). *Metaphors in the History of Psychology.* New York: Cambridge University Press.

13 Gigerenzer, G. (1996). *From tools to theories: discovery in cognitive psychology.* In C.F. Graumann & K.J. Gergen (Eds.). *Historical Dimensions of Psychological Discourse.* New York: Cambridge University Press.

14 Ebd., S. 36.

15 Averill, J.R. (1990). Inner feelings. In Leary (Ed.). *Metaphors in the History of Psychology;* Gergen, K.J. (1995). *Metaphor and monophony in the twentieth-century psychology of emotions.* History of the Human Sciences, 8, 1-23.

16 Ricoeur, P. (1999). *Die Interpretation.* Frankfurt a. M.: Suhrkamp.

17 Bennett, L.W. & Feldman, M.S. (1981). *Reconstructing Reality in the Courtroom.* New Brunswick, NJ: Rutgers University Press.

18 Hardy, B. (1968). *Towards a poetics of fiction: an approach through narrative.* Novel, 2, 5-14.

19 Dieser Begriff stammt aus Aristoteles' klassischen Theorien der Erzählung, in denen er aufgrund ihres spezifischen Inhalts zwischen Komödie und Romanze unterscheidet. Da jedoch beide Typen die gleiche Erzählform teilen, werden sie hier verbunden.

20 Spence, D. (1982). *Narrative Truth and Historical Truth*. New York: Norton.
21 Ebd., S. 175.
22 Latour, L. & Woolgar, S. (1979). *Laboratory Life: The Social Construction of Scientific Facts*. Beverly Hills, CA: Sage.
23 Siehe z.B. Potter, J. (1996). *Representing Reality*. London: Sage.
24 Goffman, E. (1959). *The Presentation of Self in Everyday Life*. Garden City, NY: Doubleday. (Deutsche Ausgabe: Wir alle spielen Theater. Die Selbstdarstellung im Alltag. München: Piper. Erschienen 2000).
25 Sansom, W. (1956). A Contest of Ladies. London: Hogarth.
26 Goffman, Presentation of Self, p. 17.
27 Garfinkel, H. (1967). *Studies in Ethnomethodology*. Englewood Cliffs, NJ: Prentice-Hall.
28 Ebd., S. 42.
29 Willis, P. (1979). *Spaß am Widerstand*. Frankfurt a.M.: Syndikat.
30 Ebd., S. 24.
31 Ebd., S. 26-27.
32 Ebd., S. 43-44.
33 Ebd., S. 29-31.
34 Scott, M.B. & Lyman, S.M. (1968). *Accounts*. American Sociological Review, 33, 46-62.
35 Sacks, H. (1992). *Lectures on Conversation* (2 volumes, Ed. G. Jefferson). Oxford: Blackwell.
36 Für eine klassische Übersicht der vielfältigen Formen von Entschuldigungen und Rechtfertigungn siehe Semin, G. & Manstead, A.S.R. (1983). *The Accountability of Conduct: A Social Psychological Analysis*. London: Academic Press.

Weiterführende Literatur

Allgemein

Van Dijk, T.A. (Ed.). (1985). *Handbook of Discourse Analysis, vols. I-IV*. London: Academic Press.
Van Dijk, T.A. (Ed.). (1997). *Discourse as Structure and Process*. London: Sage.

Metaphern

Lakoff, G. & Johnson, M. (2000). *Leben in Metaphern. Konstruktion und Gebrauch von Sprachbildern*. Heidelberg: Carl-Auer-Systeme. (Original erschienen 1980).
Leary, D. (1990). *Metaphors in the History of Psychology*. New York: Cambridge University Press.
Olds, L.E. (1992). *Metaphors of Interrelatedness*. Albany, NY: State University of New York Press.
Soyland, A.J. (1994). *Psychology as Metaphor*. London: Sage.

Erzählungen

Gergen, M.M. (in press). *Impious Improvisations*. Thousand Oaks, CA: Sage.
Hinchman, L.P. & Hinchman, S.K. (Eds.). (1997). *Memory, Identity, Community: The Idea of Narrative in the Human Sciences*. Albany, NY: State University of New York Press.

Josselson, R. & Lieblich, A. (Eds.). (1993). *The Narrative Study of Lives*, Vol. 1. Thousand Oaks, CA: Sage.

Rosenwald, G. & Ochberg, R. (Eds.). *Telling Lives*. New Haven: Yale University Press.

Sarbin, T.R. (1986). *Narrative Psychology, The Storied Nature of Human Conduct*. New York: Praeger.

Rhetorik

Billig, M. (1996). *Arguing and Thinking, A Rhetorical Approach to Social Psychology.* Cambridge: Cambridge University Press.

McClosky, D.N. (1985). *The Rhetoric of Economics.* Madison, WI: University of Wisconsin Press.

Myerson, G. (1994). *Rhetoric, Reason and Society.* London: Sage.

Simons, H.W. (Ed.). (1989). *Rhetoric in the Human Sciences.* London: Sage.

Simons, H.W. (Ed.). (1990). *The Rhetorical Turn, Invention and Persuasion in the Conduct of Inquiry.* Chicago: University of Chicago Press.

Diskurspragmatik

Antaki, C. (Ed.). *Analyzing Everyday Explanation: A Case: A Casebook of Methods.* London: Sage.

Butny, R. (1993). *Social Accountability in Communication.* London: Sage.

Coulter, J. (1979). *The Social Construction of Mind.* London: Macmillan.

Coupland, N. & Nussbaum, J.F. (Eds.). (1993). *Discourse and Lifespan Identity.* Newbury Park, CA: Sage.

Edwards, D. & Potter, J. (1992). *Discursive Psychology.* London: Sage.

Harré, R., Brockmeier, J. & Muhlhausler, P. (1999). *Greenspeak: A Study of Environmental Discourse.* London: Sage.

Hazan, H. (1994). *Old Age, Constructions and Deconstructions.* Cambridge: Cambridge University Press.

Lupton, D. & Barclay, L. (1997). Constructing Fatherhood. London: Sage.

Potter, J. (1996). *Representing Reality, Discourse, Rhetoric and Social Construction.* London: Sage.

Wagner-Pacifici, R. (1994). *Discourse and Destruction.* Chicago: University of Chicago Press.

Wetherell, M. & Potter, J. (1992). *Mapping the Language of Racism: Discourse and the Legitimation of Exploitation.* London: Harvester Wheatsheaf.

Wilkinson, S. & Kitzinger, C. (Eds.). (1995). *Feminism and Discourse*, Psychological Perspectives. London: Sage.

4 Horizonte menschlichen Fragens

> Um uns von dem den Misserfolg modernistischer Lebensplanung
> begleitenden Pessimismus zu befreien, bedarf es etwas mehr Krea-
> tivität. Es gilt, die weiten Felder menschlichen Fragens aus der
> Vergangenheit wiederzuentdecken und wiederzubeleben.
>
> Barbara Maria Stafford, *Good Looking: Essays on the Virtue of Images*

Kürzlich erhielt ich von der Verwaltung meines College die Aufforderung,
mein „Forschungsprogramm" kurz zu beschreiben. Ein völlig normales Vor-
kommnis. Neben unserer Lehre wird von allen Mitgliedern wissenschaftlicher
Fachbereiche erwartet, Forschung zu betreiben. Wir sollen neues Wissen produzieren und uns zu diesem Zwecke der anerkannten Methoden, Verfahren
und Publikationsorgane bedienen. Dies ist die Welt, in der ich lebte, bevor ich
mich dem Sozialen Konstruktionismus zuwandte. Mittlerweile kommt mir
diese Aufforderung jedoch etwas seltsam vor. Was genau ist ein „Forschungsprogramm", was ist die „Natur des Wissens", was sind „objektive Methoden"
oder „wissenschaftliche Berichte?" Dies sind keine leichten Fragen und es gibt
keine endgültigen Antworten. Die konstruktionistischen Dialoge werfen zwei
wichtige Fragen auf. Erstens, wenn wir uns von einer Tradition lossagen, in der
mittels systematischer Methoden Wahrheit produziert wird wie Wurst in einer
Fleischfabrik, womit sollen wir diese ersetzen? Was sollten wir uns aus dieser
Tradition bewahren? Zweitens, welche neuen Tore öffnen sich für Personen,
die konstruktioinistisch denken? Wir haben uns bereits mit den vielfältigen
Diskursen und ihren sozialen Folgen beschäftigt. Reichen diese Bemühungen?
Welche weiteren Aspekte werden durch konstruktionistische Dialoge einer
Erforschung zugänglich?

Diese Fragen bilden die Grundlage dieses Kapitels. Zunächst wollen wir uns
mit der Tradition empirischen Forschens innerhalb der Sozialwissenschaften befassen. Wir nehmen die konstruktionistische Kritik der zentralen Annahmen
dieser Tradition unter die Lupe und ebnen somit den Weg zu alternativen Sichtweisen. Anschließend betrachten wir einige dieser neuen Möglichkeiten etwas
detaillierter. Wir beschäftigen uns mit neuen Ansätzen in der Analyse des gesellschaftlichen Lebens und des menschlichen Handelns in der heutigen Welt.
Schließlich wollen wir unsere gegenwärtigen Lebensbedingungen näher untersuchen, indem wir uns mit gegensätzlichen Positionen auseinandersetzen, die

in anderen Kulturen und anderen historischen Zeitperioden existierten. In diesem Zusammenhang werden wir auf das Thema „das Selbst" zurückkommen.

Die empirische Forschung auf dem Prüfstand

Traditionelle sozialwissenschaftliche Forschung steht im Einklang mit der westlichen Tradition der Moderne und basiert vorwiegend auf dem Netzwerk der im ersten Kapitel vorgestellten Annahmen. Der Schwerpunkt liegt auf der individuellen Erkenntnis, dem Versprechen objektiver Wahrheit und dem Fortschritt durch Forschung. Der Ausdruck *empirische Forschung* bedeutet, sich in der Erkundung der Welt von „Erfahrung leiten zu lassen". Wenden wir uns nun einigen der wichtigsten Kriterien guter Forschung in der empiristischen Tradition und der auf diese bezogenen konstruktionistischen Kritik zu.

Bleibe persönlich distanziert: Das Ziel guter empirischer Forschung liegt darin, die Welt so darzustellen, wie sie ist. Wissenschaftlerinnen und Wissenschaftler müssen daher die Welt direkt erfahren. Voreingenommenheiten dürfen die eigenen Beobachtungen nicht verzerren. Angezweifelt wird das Werk all jener Wissenschaftlerinnen und Wissenschaftler, die gefühlsbetont und emotional auf ihren Forschungsgegenstand reagieren oder von starken ethischen, politischen oder religiösen Interessen geleitet werden. Personen in der Wissenschaft müssen eine leidenschaftslose Distanz zwischen sich und dem Forschungsgegenstand aufbauen.

Die konstruktionistische Antwort: Nur selten forschen Wissenschaftlerinnen und Wissenschaftler ohne Grund. Üblicherweise haben sie Vorstellungen über das Gute und Vorteilhafte, das aus ihrer Arbeit resultieren soll. Diese Interessen beeinflussen zu jeder Zeit das Forschungsbemühen – von den Worten, mit denen das Problem formuliert wird, bis hin zur Beschreibung der Verhaltensweisen der Versuchsteilnehmerinnen und -teilnehmer. Es ist unaufrichtig, diese Interessen hinter einer neutralen Sprache zu verbergen. Selbst wenn diese Interessen nicht ganz klar sind, haben wissenschaftliche Erklärungen mitunter bedeutsame soziale Folgen, im guten wie im schlechten Sinne. Der Deckmantel der Werteneutralität lässt viele Wissenschaftlerinnen und Wissenschaftler diese Zusammenhänge verkennen. Außerdem müssen wir fragen, welche sozialen Folgen sich aus diesem Bemühen um Distanziertheit ergeben. Weshalb wird behauptet, dass wir am meisten über uns und unsere Mitmenschen erfahren können, wenn wir leidenschaftslos, nüchtern und distanziert sind? Ist dies ein gutes Modell für unsere zwischenmenschlichen Beziehungen?

Kontrolliere die Bedingungen: Empirische Forschung basiert meistens auf dem Modell von Ursache und Wirkung. Für jedes Geschehnis gibt es vorangehende Ursachen. In den Sozialwissenschaften können daher im Prinzip alle menschlichen Verhaltensweisen auf ihre antezedenten Bedingungen zurückverfolgt werden (diese werden in Umwelt, Person, Genen usw. gesehen). Ein effektives Forschungsprogramm wird immer genauer erklären können, wie bestimmte Bedingungen zu bestimmten Handlungen führen. Genauigkeit dieser Art ist am ehesten erreichbar, wenn die Wissenschaft betreibenden Personen die vorausgehenden Bedingungen kontrollieren können. Durch diese Kontrolle können die Forscherinnen und Forscher systematisch Bedingungen variieren und die jeweiligen Konsequenzen beobachten. Dies ist die Basis der experimentellen Methodik. Experimente gelten als die effektivste Methode, um Kausalbeziehungen aufzuzeigen.

Die konstruktionistische Antwort: Die Idee von Ursache und Wirkung ist eine soziale Konstruktion. „Ursachen" und „Wirkungen" liegen nicht in der Natur, sondern werden in Beobachtungen „hinein interpretiert." In gleicher Weise ist die Aufteilung der Welt in isolierte Segmente – „Ereignisse", „Reizbedingungen", „Handlungen" – eine *a priori* Entscheidung – eine Vorstrukturierung des Verstehens – und keine Eigenschaft der Welt, wie sie ist. Die sozialen Konsequenzen dieser Entscheidung sind selten neutral. Wird das Ursache-Wirkungs-Modell als wahr akzeptiert, verabschieden wir uns vom Konzept menschlicher Handlungsfreiheit samt der humanistischen Tradition, auf der sie beruht. Menschen werden in dieser Sichtweise auf Roboter reduziert, die keinen intrinsischen Wert besitzen und kaum zu kreativen Entwicklungen in der Lage sind. Der Konstruktionismus hält das Konzept menschlicher Handlungsfreiheit keineswegs für eine unantastbare Wahrheit. Dennoch gibt es gute Gründe, diese angreifbare Tradition zu bewahren.[1] Außerdem stellt sich die Frage, warum Wissenschaftlerinnen und Wissenschaftler behaupten, der effektivste Weg, zu Wissen über andere zu gelangen, bestünde darin, Bedingungen zu manipulieren und die anschließenden Reaktionen zu beobachten. Würden wir gerne mit anderen Menschen zusammenleben, die so denken? Überdies dienen die Ergebnisse, die auf diese Weise erzielt werden, überwiegend denen, die Macht haben in der Gesellschaft. Erforsche ich, welche Form von Fernsehwerbespots am effektivsten den Verkauf ankurbelt, profitieren überwiegend große Unternehmen von diesen Erkenntnissen. Mit Kontrolle arbeitende Forschungsprojekte dienen viel zu oft denjenigen, die sich in kontrollierenden Positionen befinden.[2]

Überführe Beobachtungen in Zahlen: In der empirischen Forschung gelten verbale Beschreibungen üblicherweise als zu plump, um die feinen Nuancen des Beobachteten wiederzugeben. Durch die Überführung von Beschreibungen der Welt in ein System von Zahlen lässt sich eine hohe Präzision erzielen. Zum Beispiel können wir ungenaue Konzepte wie „mehr" oder „weniger" in feine Abstufungen von Veränderung übersetzen. Zahlen repräsentieren zudem die neutralste Beschreibungsform. Im Gegensatz zu vielen theoretischen Begriffen haften ihnen keine subtilen Konnotationen von gut oder schlecht an. Am wichtigsten ist jedoch, dass wir uns durch eine Konversion von Beobachtungen in Zahlen die Möglichkeit umfangreicher statistischer Analysen erschließen. Mit großer Gewissheit können wir somit die Stärke und Verlässlichkeit von Ursache-Wirkungs-Beziehungen abschätzen. Gestützt durch statistische Ergebnisse können wir verlässliche Prognosen für die Zukunft abgeben.

Die konstruktionistische Antwort: Durch die Überführung von Sprache in Zahlen werden wir keineswegs präziser. Zahlen sind keine exakteren „Abbilder der Welt" als Wörter, Musik oder Gemälde. Sie sind lediglich ein anderes Übersetzungsmedium. In dieser Übersetzung geht jedoch das meiste von dem verloren, was wir bei einem Menschen für wertvoll oder bedeutsam halten. Es ist zutiefst erschütternd zu erfahren, dass eine uns nahestehende Person beraubt oder vergewaltigt wurde. Solche Beschreibungen sind ergreifend und motivieren zum Handeln. Überführen wir sie dagegen in Verbrechensstatistiken, nehmen wir uns selbst aus diesem Ereignis heraus und distanzieren uns von den Menschen, die uns viel bedeuten. Ein Forscher meinte diesbezüglich: „Statistiken sind Menschen, denen die Tränen abgewischt wurden."[3] Außerdem ist statistische Sprache Expertensprache. Diejenigen, die sie verwenden, tun dies auf subtile und raffinierte Weise. Wird die Wahrheit der Öffentlichkeit in dieser Sprache präsentiert, können Laien nicht mitreden. Laien erkennen nicht die Manipulationen, die notwendig sind, um ein bestimmtes Ergebnis zu erzielen. Sie können daher auch keine Fragen stellen. Statistiken dienen häufig vor allem dazu, andere zum Schweigen zu bringen.

Suche nach der Antwort: Aufgrund des mit dem Realismus verbundenen Glaubens an eine objektive Welt strebt die empirische Forschung danach, die eine wahre Antwort auf jede Frage zu finden. Gute Wissenschaft ersetzt Meinungsverschiedenheiten durch die einzige klare Lösung. Es ist Aufgabe der Forscherinnen und Forschern, die gegensätzlichen Positionen zu prüfen und zu entscheiden, welche davon wirklich wahr ist.

Die konstruktionistische Antwort: Wie auch immer die Welt beschaffen ist – es gibt keine Ansammlung von Wörtern, Tabellen oder Bildern, die sie auf exakte Weise darstellen kann. Jede Konstruktion hat ihre Vor- und Nachteile, sowohl in wissenschaftlicher Hinsicht als auch in Bezug auf gesellschaftliche Werte. In dem Versuch, nur auf eine einzige Stimme unter vielen zu hören, liegt eine enorme Unterdrückung von Potenzial. Siegt letztendlich die Stimme der Wissenschaft, bleiben die Stimmen aller untersuchten Personen ungehört.

Trenne Wahrheit und Praxis: Es ist das Ziel empirischer Forschung, empirisch begründete Theorien mit breitem Gültigkeitsanspruch zu entwickeln. Als besonders erstrebenswert gelten die Beschreibung und Erklärung grundlegender Prozesse und die damit zusammenhängenden universellen und nicht an eine bestimmte historische Situation gebunden Theorien. Die Erforschung spezifischer Praktiken ist von geringem wissenschaftlichem Wert, da sie nicht verallgemeinerbar und überdauernd sind. Die Erforschung grundlegender Prozesse ermöglicht dagegen die Anwendung des Wissen in allen Situationen und zu allen Zeiten. Eine Praxis, die auf Wahrheit gründet, ist besonders effektiv.

Die konstruktionistische Antwort: Daten können nie beweisen, dass eine Theorie wahr oder falsch ist. Jede Form von Daten erfordert ebenso wie ihre Deutung eine interpretative Vorstrukturierung. Da diese interpretative Position in eine bestimmte Gemeinschaft eingebunden ist, ist mit dem Wunsch nach universellen und nicht an eine bestimmte historische Situation gebundenen Wahrheiten eine Form von kulturellem Imperialismus verbunden: „Meine Wahrheit ist die Wahrheit für alle." Theorien werden stets innerhalb einer wissenschaftlichen Gemeinschaft entwickelt und erhalten ihre Bedeutung innerhalb bestimmter Lebensformen. Daher ist ihre Anwendbarkeit außerhalb dieser Gemeinschaft problematisch. Es gibt keine Möglichkeit, aus einer abstrakten Theorie eine auf eine konkrete Situation bezogene Anwendung abzuleiten. Eine abstrakte Aggressionstheorie sagt uns z.B. nicht, welche spezifischen Verhaltensweisen als aggressiv gelten. Jede Handlung kann als aggressiv oder nicht aggressiv konstruiert werden, je nachdem, für welche interpretative Position man sich entscheidet. Selbst das Sprechen kann als aggressiv gewertet werden, wenn es der Kontrolle anderer dient.

Früchte der empirischen Forschung

Was sollen wir in Anbetracht dieser Kritik an der empirischen Forschungstradition für Konsequenzen ziehen? Sollten wir alle Experimente, Datensammlungen, Statistiken, allgemeine Theorien usw. ablehnen? Ist die enorme Masse an empirischer Literatur – Fachzeitschriften, Handbücher, Monographien – , die sich mit allen Aspekten menschlichen Verhaltens beschäftigt, entbehrlich? Keineswegs. Erinnern Sie sich, dass es im Konstruktionismus nicht darum geht, Wahrheit zu etablieren und alle Konkurrenten – wie etwa den Empirismus – zum Schweigen zu bringen. Der Konstruktionismus erhebt für sich nicht den Anspruch auf Wahrheit und gesteht allen Traditionen und Lebensweisen ihre jeweiligen Werte und Nützlichkeiten zu. Letzteres gilt natürlich auch für den Empirismus. Es gibt jedoch zwei wichtige Hoffnungen, die von vielen konstruktionistisch denkenden Personen geteilt werden. Erstens wäre es wünschenswert, das explizite oder implizite Etikett „Wahrheit" aus der empirischen Forschung zu verbannen. Würden empirische Forscherinnen und Forscher ihre Erkenntnisse als zeitlich und kulturell begrenzt anerkennen und sich in einen Dialog einbringen, statt nach dem „letzten Wort" zu streben, gäbe es auch weitaus weniger Widerstände gegenüber ihrer Arbeit. Zweitens brächte es viele Vorteile, die imperialistischen Ansprüche („Wahrheit für alle") aufzugeben und zu erkennen, in welcher konkreten Weise empirische Forschung für die Gesellschaft nützlich ist. Hierzu einige Beispiele:

Empirische Befunde können anschauliche Darstellungen bestimmter Sichtweisen liefern: Obgleich sie keine Theorien beweisen (oder widerlegen) können, erzeugen empirische Resultate eindrucksvolle Beschreibungen. Sie können eine Idee mit Leben erfüllen, so dass wir ihre Bedeutsamkeit und Plausibilität leichter erkennen. In dieser Hinsicht wirkt gute Forschung in den Sozialwissenschaften wie ein Foto im Journalismus oder ein Augenzeugenbericht in den Fernsehnachrichten. Auf diese Weise wird eine Darstellung viel bewegender und ergreifender. Die Art, wie ich in Skinners Verstärkungstheorie eingeführt wurde, erfüllte genau diese Kriterien. Obwohl ich darauf vorbereitet war, die Theorie aus intellektuellen und politischen Gründen abzulehnen, konnte ich mich der Kraft dieser Sichtweise nicht entziehen, als ich zusah, wie der Professor die willkürlichen Bewegungen einer Taube durch gezielte Manipulation von Futtergaben komplett unter seine Kontrolle bringen konnte. Die Plausibilität dieser Theorie leuchtet mir noch heute ein.

Empirische Befunde können die Auseinandersetzung mit moralischen und politischen Themen fördern: Debatten, die auf abstrakten theoretischen Begriffen beruhen, werden leicht langweilig und irrelevant. Empirische Resultate dagegen sprechen eine deutliche Sprache. Wir können uns die Themen buchstäblich in Begriffen des „wirklichen Lebens" vorstellen. Ich denke hier z.B. an die klassischen Gehorsamkeitsexperimente von Stanley Milgram.[4] Ein Experimentator befahl den Versuchspersonen, einer anderen Person schmerzhafte Elektroschocks zu verabreichen. Obwohl sie sich dabei allem Anschein nach höchst unwohl fühlten, verabreichten die meisten Versuchspersonen auch dann noch Schocks, als ihr Opfer bereits bewusstlos zu sein schien. Diese Studie hat nichts Allgemeingültiges bewiesen. Dennoch erinnert sie z.B. an die Grausamkeiten der Nazis in Konzentrationslagern und regt noch immer zu Diskussionen über Verantwortlichkeit und Gehorsamkeit an.

Empirische Befunde können nützliche Vorhersagen ermöglichen: Viele empirische Studien sind auf die Untersuchung trivialer Verhaltensweisen beschränkt (z.B. wie Personen Fragebögen ausfüllen, Knöpfe drücken oder uneindeutige Situationen bewerten). Trotzdem erlauben empirische Methoden mitunter Vorhersagen von hoher sozialer Nützlichkeit. Diese Nützlichkeit der traditionellen Methoden ist jedoch abhängig von einer Übereinkunft in Bezug darauf, was ein Ereignis konstituiert, wie verschiedene Verhaltensweisen zu beschreiben sind und welche moralischen und politischen Fragen sich daraus ergeben. Diese Methoden werden von politischen Parteien genutzt, um Wahlergebnisse vorherzusagen. Versicherungsunternehmen nutzen sie, um die Wahrscheinlichkeit eines Autounfalls zu bestimmen, und Richter bedienen sich ihrer, um das Rückfallrisiko frühzeitig entlassener Strafgefangener abzuschätzen. Durch empirische Methoden lassen sich die von einer Gesellschaft benötigten psychiatrischen und psychologischen Dienste oder die Wahrscheinlichkeit des Studienerfolges von Studierenden ermitteln. Der Erfolg derartiger Studien beweist allerdings nicht die beschreibenden und erklärenden Konstruktionen, die den Ergebnissen zugrunde liegen. Ebenso wenig sollte der Erfolg dieser Studien zu einer Unterdrückung des Dialogs über ihre sozialen Konsequenzen führen (ein gutes Beispiel ist die Vorhersage von schulischen und akademischen Leistungen). Dennoch hat empirische Forschung in unserer heutigen Gesellschaft einen wichtigen Platz.

Die Erkundung des Lebens in der Gegenwart: Die qualitative Explosion

> In den letzten zwei Jahrzehnten hat es eine stille methodologische Revolution in den Sozialwissenschaften gegeben.
>
> Norman K. Denzin und Yvonne S. Lincoln,
> *Handbook of Qualitative Research*

Die empirische Tradition verkörpert nicht die höchste und beste Form der Wissenschaft. Sie ist lediglich eine unter vielen Traditionen, die alle ihre Vor- und Nachteile haben. Diese Erkenntnis ist angesichts der langen Vorherrschaft der empirischen Tradition in den Sozialwissenschaften wie eine belebende Brise frischer Luft. Sie dient als Einladung zu neuen Wegen. Ausgehend von den Begrenzungen dieser Tradition, welche neuen Möglichkeiten bieten sich uns? Zahllose neue Entwicklungen führen zu einer Vielzahl an Antworten auf diese Frage. Oft laufen diese Entwicklungen unter der Rubrik *qualitative Forschung*, die auf einer frühen Unterscheidung zwischen quantitativer (harter) und qualitativer (weicher) Forschung beruht. Diese Zweiteilung resultiert aus dem Denken der Moderne (welches der quantitativen Richtung den Vorzug gab) und sollte besser aufgegeben werden. Doch auch die vielen neuen Möglichkeiten lösen nicht alle der zuvor dargestellten Probleme. Jeder Ansatz hat seine Vorteile und seine Grenzen. Nachfolgend möchte ich auf drei Forschungsansätze eingehen, die ich für besonders vielversprechend halte.

Erzählungen und die Verbindung gelebter Welten

> Reine, nicht in eine Geschichte eingebundene Handlung und reine, nicht in eine Geschichte eingebundene Existenz in der Gegenwart sind unmöglich.
>
> William Lowell Randall, The Stories We Are

In der empiristischen Tradition gebührt die Ehre den forschenden Personen, die „entdecken" und die wahre Natur der Dinge „offenlegen." Es ist die Stimme der Forscherin und des Forschers, die Gewicht hat. Alle konkurrierenden Stimmen werden entweder unterdrückt oder widerlegt. Der Diskurs der wissenschaftlichen Beschreibung ist ein „heiliger" Diskurs, der sich von dem „profanen" Diskurs auf der Straße unterscheidet. Als Alternative zur expertendominierten Beschäftigung mit Phänomenen streben viele Wissenschaftlerinnen und Wissenschaftler mittlerweile nach einer Erweiterung der Ausgangsbasis, um mehr Stimmen einzuladen und über die direkten Berichte von Personen zu einem tieferen Verständnis zu gelangen. Es gibt viele Varianten des auf Erzählungen basierenden Ansatzes. Persönliche Beschreibungen werden von manchen Forscherinnen und Forschern seit langem eingesetzt, um die manipulativen und entfremdenden Tendenzen empirischer Forschung zu vermeiden. Feministische Veröffentlichungen wie Gilligans *Die andere Stimme*[5] und *Das andere Denken* von Belenky et al.[6] sind Klassiker hinsichtlich einer effektiven Verwendung individueller Darstellungen. Andere Forscherinnen und Forscher haben sich auf Autobiografien spezialisiert in der Hoffnung, durch die Lebensgeschichten von Individuen mehr über die in einer Gesellschaft wirksamen ökonomischen und politischen Kräfte zu erfahren. Wiederum andere befassen sich mit Familiengeschichten, mündlichen Überlieferungen, Zeitschriften und Briefen.[7]

Durch die zunehmende Verbreitung konstruktionistischer Dialoge kam es zu einer schleichenden Veränderung in der Verwendung dieser Erzählungen. Viele der frühen Arbeiten nutzten persönliche Erzählungen, um abstrakte Ideen zu belegen oder zu erläutern. Zum Beispiel setzte Gilligan die Erzählungen weiblicher Jungendlicher über Abtreibungen dazu ein, die moralische Entscheidungsfindung von Frauen darzustellen. Die Erzählungen dienten der Untermauerung wissenschaftlicher Aussagen. Neuere Arbeiten stellen dagegen *Emanzipation und Empathie* in den Vordergrund. Entweder untersuchen sie Erzählungen, um zu möglichen Alternativen zum Status quo zu kommen, oder die Erzählungen werden zum besseren Verständnis anderer Personen genutzt. In beiden Fällen sind die Forschungsinteressen enger mit den Anliegen der Gesellschaft und weniger mit intellektuellen Interessen verknüpft.

Ein gutes Beispiel für emanzipatorisches Interesse ist Mary Gergens Erkundung geschlechtsspezifischer Erzählungen.[8] Angeregt wurden diese Arbeiten durch Marys Besorgnis über den überproportionalen Anteil an Männern in den obersten Ebenen von Unternehmen, Regierungen, Universitäten usw. Ihre Überlegung lautet: Wenn wir unser Leben innerhalb einer Erzählung leben, könnte es dann möglich sein, dass die Erzählungen dominierender Männer sich von denen von Frauen unterscheiden? Männer sehen sich womöglich in einer Geschichte, in der große Leistungen angestrebt werden („Worum sonst geht es im Leben?"), während Frauen nur selten solche Erzählungen für sich entwickeln („Warum sollte ich das tun wollen?"). Müssen Frauen ihr Spektrum möglicher

Lebensgeschichten erweitern? Um diese Möglichkeiten zu erkunden, hat Mary die Autobiografien von sehr erfolgreichen Männern und Frauen untersucht. Die Ergebnisse sind beunruhigend: Die erfolgreichen Männer beschrieben ihr Leben in ganz anderer Weise, allerdings mit einer mitunter unmenschlich wirkenden Engstirnigkeit. Sensibilität für Familie, Freunde, Emotionen oder den eigenen Körper war kaum erkennbar. Hierzu einige Beispiele:

• Richard Feynman, Nobelpreisträger der Physik, berichtet über seine Rückkehr an seinen Arbeitsplatz nach dem Tod seiner Frau: „Als ich zurückkam (auf dem Weg hatte ich schon wieder eine Reifenpanne), fragten sie mich, was passiert sei. ‚Sie ist tot. Wie läuft das Projekt?‘ Sie haben sofort verstanden, dass ich nicht darüber sprechen wollte."

• Lee Iacocca, Vorstandsvorsitzender von Ford und Chrysler, über den Herzinfarkttod seiner Frau: „Eine Person mit Diabetes muss vor allem Stress meiden. Leider war dies aufgrund des Weges, den ich eingeschlagen hatte, nahezu unmöglich."

• John Paul Getty beschreibt die Entdeckung seiner ersten großen Ölquelle: „Das erhebende Gefühl des Triumphes gründet auf dem Sieg über die Unberechenbarkeit der Natur und die Inbesitznahme einer schwer zu findenden (und oftmals gefährlichen und bösartigen) Beute."

Im Gegensatz zu Männern scheinen Frauen weniger klare Ziele zu haben und sich mehr auf ihre zwischenmenschlichen Beziehungen zu konzentrieren:

• Die Operndiva Beverly Sills über ihre frühe Karriere: „Ich begann zu überlegen, ob ich wirklich eine Karriere als Opernsängerin wollte. Ich entschied mich dagegen. Ich war 28 Jahr alt und wollte ein Kind haben."

• Tennisstar Martina Navratilova über ihren ersten Sieg in Wimbledon: „Zum ersten Mal war ich Wimbledon-Champion. Ich erfüllte den Traum, den mein Vater vor vielen Jahren hatte. Ich fühlte, wie Chris mir auf den Rücken klopfte und mir lächelnd gratulierte."

• Die erfolgreiche Unternehmensmanagerin Nien Cheng über ihre Beziehung zu einer Spinne in ihren Jahren als Gefangene während der chinesischen Kulturrevolution: „Meine kleine Freundin war eher schwach. Sie wankte und stolperte alle paar Schritte. Kann eine Spinne krank werden oder war ihr einfach nur kalt?…Als ich auf die Toilette ging, setzte ich mich vorsichtig nur auf eine Seite, um nicht ihr Netz zu beschädigen."

Die Geschichten der Frauen waren so viel anziehender, dass sich Mary Gergens Konzept von Leistung allmählich veränderte. Warum sollten Frauen sich den männlichen Erfolgsgeschichten anpassen? Womöglich könnte die Welt viel mehr davon profitieren, wenn die Männer ihr Repertoire an Erzählungen erweitern und die heroischen Leistungsgeschichten nur noch in der Folklore auftauchen würden.

Die Erforschung von Erzählungen mit einer empathischeren Orientierung bemüht sich oftmals darum, den ungehörten und verdrängten Stimmen in der Gesellschaft Gehör zu verschaffen und die Sichtweisen dieser Menschen zu verstehen. Personen werden ermutigt, „ihre Geschichte" in ihren eigenen Worten zu erzählen, in der Hoffnung auf erhöhte Wertschätzung und Sensibilität.[9] Ein dramatisches Beispiel dieses Ansatzes ist die Entwicklung der *Autoethnographie*.[10] In autoethnografischer Forschung bringen die Autoren ihre eigene Geschichte in ihre Arbeit mit ein und offenbaren im Zusammenhang mit den jeweiligen Themen sehr persönliche Details. So erzählt z.B. Lisa Tillmann-Healy in ihrem Aufsatz „Ein geheimes Leben in einer Kultur der Schlankheit" von den Ängsten und dem Schmerz, die sie als junge Frau mit Bulimie fühlte. im Folgendem beschreibt sie mit drei verschiedenen Stimmen ihren ersten Versuch, ihrem Liebhaber von ihren Gewohnheiten zu erzählen:

„Douglas?" *ruft meine angestrengte Stimme.*
„Umhmm…"
„Da gibt es etwas, was ich dir sagen muss."
Wahrscheinlich war das kein guter Anfang.
„Was gibt's?" fragt er.
„Ich weiß, dass ich dir das schon früher hätte sagen sollen. Ich hoffe, dass du nicht böse sein wirst, dass ich es nicht getan habe." Tiefer Atemzug. Schlucken.
Es ist okay. Du machst das gut.
„Worum geht es denn?" fragt er schon etwas bestimmter.
Laaaaaange Pause. „Lisa, was ist los?"
Er wird nervös. Sag es endlich.
„Oh Gott, Douglas. Ich weiß nicht…ich…Scheiße!"
Du bist schon zu weit gegangen. Reiß dich zusammen. Sag es einfach, Lisa. Sprich es aus.
„Zu einem gewissen Grade habe ich…Bulimie…"
Verdammt! Ich hasse den Klang dieses Wortes.
„…seit ich 15 bin."
Endlich habe ich es gesagt.
Douglas fragt, wer alles davon weiß und möchte wissen:
„Wie schlimm ist es jetzt gerade?"
„Es war schon viel schlimmer."
„Das habe ich nicht gefragt."
„Es ist nicht so schlimm."
Lügner.
„Hast du es getan seitdem wir uns kennen?"
Wenn du wüsstest.
„Einige Male, aber du brauchst dir keine Sorgen zu machen."
Oh bitte, bitte mache dir Sorgen.
„Du musst wissen, was du deinem Körper damit antust."
Glaube mir, ich weiß es, ich weiß alles.
„Ich bin sehr froh, dass du es mir gesagt hast", sagt er, während mir die Tränen kommen.

„Ich liebe dich, Lisa. Sag mir, wie ich dir helfen kann. Bitte."
Das hast du gerade getan. Du kannst dir gar nicht vorstellen, wie sehr.
Er zieht mich zu sich heran und streichelt mir über die Haare, bis ich einschlafe.
Ich bin 22 Jahre alt.

In diesem Bericht bezieht die Autorin die Leserinnen und Leser in ihre eigenen Erfahrungen mit ein und spricht über Bulimie aus der Sicht der Betroffenen. Zudem gibt sie anderen in dieser Situation Hoffnung. Indem sie ihre Erfahrungen im Kontext einer „Kultur der Schlankheit" schildert, hilft sie uns zu verstehen, wie ein Problem aus der jeweiligen Kultur hervorgeht. An dieser Stelle müssen wir uns fragen, wie wir selbst zu dieser Kultur beitragen. Unsere üblichen Vorurteile gegenüber Übergewichtigen fördern die Entwicklung von Magersucht.

Gemeinschaftliches Forschen

Empiristische Forschung trennt üblicherweise den Forschenden von den untersuchten Subjekten. Forscherin und Forscher nehmen Einblick in das Leben einer Versuchsperson, doch sie selbst bleiben distanziert und undurchschaubar. Sie verwenden die Daten für ihre wissenschaftlichen Zwecke. Die Wünsche der Versuchspersonen sind praktisch irrelevant. Das Verhalten einer Versuchsperson gilt als vorherbestimmt (verursacht durch vorhergehende Reize), während Forscherin und Forscher sich als selbstbestimmt sehen. Eine Alternative zu dieser Orientierung liegt in der Einladung an die Versuchspersonen, sich am Forschen zu beteiligen. Es gilt hierbei, gemeinsame Ziele zu erreichen. Dabei öffnen sich die Versuchspersonen im Dienste von Zielen, die sie selbst wertschätzen. Sie helfen dabei, die Richtung der Forschung festzulegen, und bewahren dadurch ihre Selbstbestimmtheit. Gemeinschaftliches Forschen gibt es in vielen Formen. Es gibt keine festen Regeln, da jede Form von den gemeinschaftlichen Zielen und Hoffnungen der Beteiligten abhängt. In einem Falle trafen sich z.B. Frauen mittleren Alters mit einer Psychologin, um über die konventionelle Konstruktion der Menopause und deren Relevanz (oder Irrelevanz) in ihrem eigenen Leben zu diskutieren.[11] In anderen Fällen haben sich Therapeutinnen und Therapeuten mit ihren Klientinnen und Klienten zusammengefunden, um gemeinsam Berichte über ihre individuellen Probleme und die Wirksamkeit (oder Unwirksamkeit) der Therapie zu schreiben.[12] Ein weiteres Beispiel sind feministische Forscherinnen, die sich mit Frauen trafen, um die Bedeutung von Emotionen in konstruktiverer Weise zu untersuchen.[13]

Ein eindrucksvolles Beispiel gemeinschaftlichen Erkundens ist Patti Lathers und Chris Smithies Werk *Troubling the Angels*, in dem sie über ihre Arbeit mit 25 HIV-infizierten und AIDS-kranken Frauen berichten. Das Buch entstand im Verlauf mehrerer Jahre. In dieser Zeit trafen sich die Frauen viele Male, um über ihr Privatleben, ihre Alltagsprobleme und die Bedeutung ihrer Einsichten

127

für andere zu diskutieren. Das Ziel lag nicht nur in gegenseitiger Unterstützung und in der Sinnfindung trotz ständiger Gefahr, sondern auch in der Bereitstellung eines inspirierenden Angebotes von Unterstützung und Informationen für andere Frauen mit HIV/AIDS sowie deren Freunde und Familien. Das Buch bietet einen faszinierenden und vielseitigen Einblick in diese Arbeit. Im Vordergrund stehen die Beiträge der betroffenen Frauen. Zum Beispiel berichtet Linda B. bei einem Treffen:

> Ich bin jetzt einsamer als jemals zuvor in meinem ganzen Leben. Zum Teil habe ich mir dies selbst ausgesucht. Andererseits ist es auch eine Folge meiner Angst vor Zurückweisung. Es geht mir besser, wenn ich alleine und traurig bin. Zurückweisung ist die schlimmste Erfahrung, die es gibt.

Daraufhin antwortet Lori:

> Ich denke, dass es möglich ist, Beziehungen einzugehen. Wenn du bereit bist, gehst du dieses Risiko ein.[14]

Es folgt eine lange Diskussion, in der die Frauen davon erzählen, wie sie anderen gestanden haben, infiziert zu sein, wie sie Beziehungen eingegangen sind, wie sich Safer Sex praktizieren lässt u.ä. Die Frauen sprechen frei und offen über Möglichkeiten, Gefahren und ihr zukünftiges Leben.

Zusätzlich zu diesen Stimmen bringen auch die beiden Forscher ihre eigenen Gefühle, Zweifel und Hoffnungen mit ein. Manchmal geht es um Persönliches, manchmal um theoretische Einsichten. Des Weiteren liefern sie wissenschaftliche Informationen, Statistiken und Forschungsberichte zum Thema HIV. Abschließend schauen die Teilnehmerinnen und Teilnehmer selbstreflexiv auf ihre Arbeit zurück und kommentieren ihre Erfolge und Misserfolge. Forscherin und Forscher haben in diesem Fall nicht das letzte Wort. Sie arbeiten mit den Teilnehmern gemeinsam an der Entwicklung einer vielschichtigen Welt voller Möglichkeiten.

Aktionsforschung: Die Untersuchung sozialer Veränderungen

> Forschung und Handlung, obgleich analytisch unterscheidbar, sind untrennbar miteinander verwoben.
>
> William Torbert, *Creating a Community of Inquiry*

Empiristische Forschung erweckt üblicherweise den Anschein der Werteneutralität und suggeriert damit fälschlicherweise, dass ihre Ergebnisse frei sind von moralischen oder politischen Interessen. Das Gegenteil derartiger Unehrlichkeit bestünde darin, sich offen zu den eigenen Werten zu bekennen und die eigenen politischen Absichten darzulegen. Ein gutes Beispiel hierfür ist die *teilnehmende Aktionsforschung*. Viele sehen den Beginn der Aktionsforschung in den stürmischen politischen Debatten der 60er Jahre. Es handelt sich jedoch um eine sehr vielschichtige Bewegung, die mehrere Ansätze mit unterschiedlichen Schwerpunkten und ideologischen Interessen über verschiedene Nationen und ethnische Gruppen hinweg vereint.[15] Aktionsforscherinnen und -forscher stimmen darin überein, dass sie bestmöglich zusammenarbeiten sollten. Das letztendliche Ziel der Forscherinnen und Forscher liegt darin, den Menschen, mit denen sie arbeiten, neue Handlungsmöglichkeiten und damit verbesserte Lebensbedingungen aufzuzeigen. Gleichzeitig beginnt jede Forscherin und jeder Forscher diese Zusammenarbeit mit eigenen Idealen und Zielen. Die Zusammenarbeit soll diesen Interessen dienen. Fals-Borda schreibt: „Diese erlebnisorientierte Methodologie konzentriert sich auf die Ansammlung ernsthaften und verlässlichen Wissens, auf dem sich Macht aufbauen oder Machtverhältnisse im Dienste der armen, unterdrückten und ausgebeuteten sozialen Gruppen verschieben lassen."[16]

Hierzu ein Beispiel. Eine im ländlichen kolumbianischen Dorf Villarrica lebende Gruppe afrikanischer Herkunft wurde in ihrer Lebensweise immer mehr von Elektrizität abhängig.[17] In einer Phase wirtschaftlicher Rezession stiegen ihre Stromrechnungen beträchtlich. Der Stromanbieter war offensichtlich darauf aus, seinen Profit trotz der angespannten Lage weiterhin zu steigern. Beschwerden seitens der Dorfbewohner wurden ignoriert, und die Zahlungsforderungen waren von Drohungen begleitet, den Strom komplett abzuschalten. Frustration und Hoffnungslosigkeit machten sich im Dorf breit. Mit Unterstützung von aktionsorientierten Organisationen bildete sich eine Bürgerinitiative. Es wurden Treffen veranstaltet, in denen die Menschen über ihre Probleme berichten konnten. Die Solidarität der Dorfbewohner untereinander wurde immer größer. Gleichzeitig wurden auf diesen Treffen Berichte und Rechnungen gesammelt, die die Ausbeutung dokumentierten. Anschließend wurde eine Strategie entwickelt, um eine Lösung anzustreben. Die Gemeinschaft forderte die Stromgesellschaft zu Verhandlungen auf und drohte damit, keine Rechnungen mehr zu bezahlen. Schließlich gab der Stromanbieter nach und erklärte sich zu Gesprächen bereit. Das Ergebnis waren nicht nur drastische Verbesserungen in der Stromversorgung, sondern auch eine aus dieser Bürgerinitiative hervorgehende politische Demokratie in diesem Dorf.

Diese Abenteuerreisen in erzählenden Ausdruck, gemeinschaftliches Forschen und Aktionsforschung sind nur einige Beispiele für ein wahres Feuerwerk an neuen Forschungspraktiken, die in den letzten Jahrzehnten entstanden sind. Hinweise auf weitere Quellen finden sich in den Literaturangaben am Ende dieses Kapitels. Vergegenwärtigen Sie sich jedoch, dass es sich hierbei überwiegend um Forschungen handelt, die sich auf das Hier und Jetzt gesellschaftlichen Zusammenlebens beziehen. im Folgendem wollen wir uns mit weiteren Arbeiten befassen, die im konstruktionistischen Ansatz eine wichtige Rolle spielen und sich dem Leben in anderen Zeiten und Kulturen zuwenden. Im Kontext unserer Diskussion wollen wir uns vorwiegend auf die Konstruktion des Selbst innerhalb dieser Richtungen konzentrieren.

Historische und kulturelle Erkundungen: Das Selbst als Problem

Was fühlst du wirklich mir gegenüber? Erinnerst du dich an jene Nacht? Woran denkst du? Wie sehr willst du den Job? Was ist deine Meinung zu diesem Thema? Was war deine wirkliche Absicht?

Derartige Fragen gehören zu unserem Alltagsleben. Sie sind eher unscheinbar und doch hängt vieles davon ab, wie wir sie beantworten und was wir über unsere Gefühle, Gedanken, Meinungen usw. aussagen. Warum erklären wir auf Befragen unser Verhalten so, wie wir es tun, und nicht anders? Vielleicht würden Sie sagen: „Normalerweise versuche ich, so ehrlich wie möglich zu antworten in Bezug darauf, was ich fühle, denke oder möchte." An gegenwärtigen Standards gemessen ist dies eine sinnvolle Antwort. Bedenken Sie jedoch einige der im ersten Kapitel erwähnten Probleme: Woher wissen Sie, was Sie „wirklich" fühlen, denken oder möchten? Wie können Sie „nach innen" schauen, um eine Antwort zu finden? Mit welchem Sinnesorgan würden Sie diese Antwort wahrnehmen? Mit einem inneren Auge? Und was genau würden Sie sehen? Wie groß ist ein Gedanke, welche Farbe hat ein Wunsch und welche Form eine Meinung? Wie können Sie eine „Absicht" von einem „Bedürfnis" oder ein „Gefühl" von einer „Meinung" unterscheiden? Selbst wenn Ihnen all dies gelänge, in welcher Sprache würden Sie darüber berichten? Eine private Sprache wäre hier nicht ausreichend. Keiner würde Sie verstehen, wenn Sie sagen, Sie fühlen sich z.B. „fluffig" oder „mumbig." Sie müssten sich schon der normalen Sprache bedienen, um verstanden zu werden. Doch woher wissen wir, dass die übliche Sprache der „Gefühle", „Meinungen" oder „Wünsche" ein exaktes Abbild dieser inneren Zustände liefert? Das Sprechen über innere Zustände ist kein exaktes Berichten. Fragt jemand: „Was fühlst Du mir gegenüber?", können wir nicht einfach nach innen schauen und die Antwort finden.

Einsichten darin, warum wir derartige Fragen so beantworten, wie wir es tun, ergaben sich bereits im vorigen Kapitel. Wir haben gesehen, dass sich Fragen und Antworten aus Konventionen des Diskurses entwickeln. Wir haben uns mit der Verwendung von Metaphern und Erzählungen sowie mit der Rhetorik der Konstruktion von Wirklichkeit beschäftigt. Außerdem haben wir uns mit den mikrosozialen Prozessen befasst, in denen die persönliche Identität entwickelt, verhandelt und verteidigt wird. Diese Diskussion über das Selbst war in einen größeren Kontext eingebettet. Es wurde dargelegt, dass der konstruktionistische Ansatz reflexiv und emanzipatorisch ist. Indem wir uns kritisch mit den für selbstverständlich gehaltenen Welten und deren Einfluss auf unser Leben auseinandersetzen, ebnen wir den Weg für Alternativen. Dieses emanzipatorische Bestreben dient als Ausgangspunkt für weitere Fragen. Anstatt sich auf die gegenwärtig vorherrschenden Konventionen zu beschränken – d.h. all die Formen unseres Sprechens und Handelns –, wenden wir uns nun dem historischen und kulturellen Kontext zu, in den diese Konventionen eingebettet sind. Indem wir das wertschätzen lernen, was sich zeitlich und geographisch von unseren Selbstverständlichkeiten unterscheidet, eröffnen wir uns Möglichkeiten der Veränderung und/oder Erneuerung. Lassen Sie uns zunächst die historische Einbettung des Selbst betrachten, um uns anschließend kulturellen Aspekten zuzuwenden.

Historischer Wandel des Selbst

> An jeder kulturellen Form, ist sie erst einmal erschaffen,
> nagen – mal mehr, mal weniger – die Kräfte des Lebens.
>
> Georg Simmel, Hauptprobleme der Philosophie

Wir haben bereits gesehen, wie sich die gegenwärtigen Überzeugungen von der geschlossenen Einheit des Individuums im Verlauf der westlichen Geschichte entwickelt haben. Vorwiegend auf der Grundlage der im Zeitalter der Aufklärung vorgebrachten Kritik an totalitären Regimen – Krone und Kreuz c haben wir dem rationalen, selbstbestimmten Individuum eine große Bedeutung beigemessen. Dieses Individuum wird als abgegrenzt, autonom, integriert und sich seiner selbst bewusst konstruiert. Gewissen und Emotionen gelten dabei als Bestandteile einer natürlichen Ordnung. Obgleich wir die Probleme dieser Konzeption erkannt haben, müssen wir in ihr die Grundlage unserer Institutionen der Demokratie, der Bildung und des Rechts sehen. Ungeachtet unserer Bewertung ist diese Konzeption des Selbst eine kulturelle Errungenschaft – d.h., sie ergibt sich nicht zwangsläufig aus „dem, was existiert." Es bedarf intensiver Bemühungen – einerseits in Form von Dialogen, Verhandlungen und poetischen Erfindungen, andererseits in Form von Argumenten, Kritik und Unterdrückung. Konstruierte Wirklichkeiten haben immer ihren Preis und sind nie unanfechtbar. Das vorliegende Kapitel eignet sich nicht für eine vollständige Analyse des Selbst in der westlichen Geschichte.[18] Um jedoch zu verstehen, wie sich Konstruktionen des Selbst entwickeln, verändern und im Laufe der Zeit wieder verschwinden, wollen wir uns im Folgendem mit zwei wichtigen Aspekten beschäftigen: körperlichen Empfindungen und menschlicher Entwicklung. Diese Aspekte werden uns zudem helfen, die Bedeutung historischer Arbeiten in einem konstruktionistischen Rahmen zu beurteilen.

Sinnesempfindung und Sinngebung

> Das Auge ist letztlich nicht nur ein Teil des Gehirns, sondern auch Bestandteil einer Tradition.
>
> E.W. Eisner, Objectivity in Educational Research

Was ist eindeutiger als die Tatsachen, die uns unsere fünf Sinne vermitteln? Erfahren wir die Welt nicht durch unsere physiologisch begründeten Sinnesempfindungen? Doch ist dies wirklich so eindeutig? Wiederholt sich in dieser Sicht nicht das Problem des Dualismus – mit einem von der externen Welt getrennten inneren Geist – , mit dem wir uns im ersten Kapitel beschäftigt haben? Wie können wir in einer dualistischen Existenz jemals wissen, dass es eine „externe Welt" gibt? Wir würden lediglich in unseren persönlichen Erfahrungen leben. Bedenken Sie eine alternative Möglichkeit: Womöglich ist die Sinnesempfindung nicht der Transfer von Informationen aus einer externen Welt (über das Nervensystem) zu einer inneren Welt, sondern vielmehr eine gemeinschaftlich konstituierte Handlung. Damit meine ich, dass eine Handlung innerhalb einer kulturellen Tradition als bedeutungsvoll erschaffen wird. Es gibt z.B. nichts an fermentiertem Traubensaft, was Menschen auf natürliche Weise anzieht. Tatsächlich finden viele Personen den Geschmack ekelhaft. Es gibt jedoch eine kleine Gemeinschaft professioneller Weinbeurteiler. Die die Qualität eines Weines bewertenden Mitglieder dieser Gemeinschaft verfügen über ihre eigene Fachsprache, die von Uneingeweihten kaum verstanden wird. Der Wein führt nicht zu einer automatischen Reaktion der Sinne. Vielmehr beteiligen sich die Experten an einem gemeinschaftlichen Akt der Bewertung. Sicher ist der Wein hierbei ein wichtiger Bestandteil. Gleiches gilt jedoch für den eigenen Körper. Der angenehme Geschmack ist ein Nebenprodukt einer sozialen Tradition.

132

Durch diesen Ansatz der Argumentation eröffnen sich neue Möglichkeiten zu hinterfragen, wie Menschen zu unterschiedlichen Zeiten ihre Sinnesempfindung gedeutet und ihre Welt „erfahren" haben. Indem wir die gesellschaftliche Grundlage der Sinneserfahrungen verstehen, können wir uns auch ihren sozialen Funktionen und den mit ihnen verbundenen Werten, politischen und religiösen Interessen zuwenden. Alain Corbins *Pesthauch und Blütenduft* war eine der ersten Analysen dieser Art.[19] In seiner Studie der französischen Geschichte zeigt Corbin, dass die Gerüche individueller Personen bis zum 18. Jahrhundert nur einen relativ unbedeutenden Aspekt des Soziallebens darstellten. Zu jener Zeit wurde die wissenschaftliche Untersuchung von Gasen und ihren Gerüchen immer beliebter. Als besonders interessant galten die Gerüche zerfallender, verwesender Materie. Wie Pasteur später zeigte, ist die Luft ein Trägermedium für Bakterien. Corbin zufolge wurden Krankheiten und Tod allmählich mit bestimmten Gerüchen assoziiert, da diese als potenziell gefährlich galten. An der Schwelle zum 19. Jahrhundert gab es systematische Bemühungen, Städte wie Paris von faulendem Material (Kot, Schlachthausabfällen, Müll) und den von diesen ausgehenden Gerüchen zu befreien.

Auf gesellschaftlicher Ebene hatte diese Entwicklung zwei wichtige Folgen. Zum einen wurde Geruchlosigkeit im Alltagsleben zu einer Tugend, da sie Reinheit und Sauberkeit implizierte. Diese Einstellung findet sich noch heute. Sie fördert die weitverbreitete Verwendung von Deodoranten. Der Geruch von Moschus und anderen tierischen Sekretionen in Parfumprodukten wurde lange Zeit abgelehnt. Der Geruch galt als abstoßend und aufdringlich. Erst im Laufe des 20. Jahrhunderts wurde Moschus allmählich wieder populärer. In ähnlicher Weise hat sich auch die Einstellung zu Zigaretten- und Pfeifenrauch verändert. Früher galten sie als angenehm, heute bezeichnet man sie eher als „Gestank."

Eine zweite Folge der Bakterientheorie war noch weitreichender. Da Fäulnis und Verwesung häufiger in armen Gegenden von Städten vorkamen, wurden die reicheren Schichten sehr empfindlich gegenüber den Gerüchen der Armen. Angehörige der Mittelschicht, Bauern und Prostituierte hatten angeblich ihre jeweils spezifischen Gerüche. Corbin schreibt: „Das Fehlen zudringlicher Gerüche erlaubt nicht nur eine deutliche Abgrenzung von dem nach Fäulnis, Tod und Sünde stinkenden Volk, sondern es liefert auch eine implizite Rechtfertigung für die Behandlung, die eben diesem Volk zuteil wird. Je mehr der Gestank der sich schindenden Bevölkerung hervorgehoben wird, je stärker man den Akzent auf die durch ihre bloße Anwesenheit gegebene Ansteckungsgefahr legt, um so leichter ist jener Rechtfertigungsterror aufrechtzuerhalten, in dem die Bourgeoisie sich wiegt, in dem sie den Ausdruck ihres schlechten Gewissens erstickt."[20] Noch heute sind Überbleibsel dieser Denkweise erkennbar. Sie zeigen, wie sehr die menschliche Sinneswahrnehmung soziale Aspekte beinhaltet. Es gibt kaum etwas an der „menschlichen Natur", was außerhalb von Beziehungen und Kultur liegt.

Das Problem des Schmerzes

Womöglich zweifeln sie diese letzte Schlussfolgerung an. Schließlich gibt es psychologische Zustände, die einfach nicht wegzudiskutieren sind und keiner Interpretation bedürfen. Das wohl eindrücklichste Beispiel ist der Schmerz. Wer könnte die Qual anzweifeln, die sich einstellt, wenn ein Individuum Verbrennungen erleidet oder der Zahnarzt beim Bohren einen Nerv trifft. In ihrem provokativen Buch *Der Körper im Schmerz* schlägt Elaine Scarry vor, dass Schmerz ein universelles Phänomen ist, das vor und jenseits sozialer Konstruktionen liegt. Sie schreibt: „Körperliche Schmerzen widerstehen nicht nur der Sprache, sie zerstören sie sogar und führen in einen Zustand vor der Entstehung von Sprache, hin zu den Lauten und dem Schreien eines Kindes, das noch nicht sprechen kann."[21]

Doch gerade diese Art von Essentialismus ruft die Vertreterinnen und Vertreter des Konstruktionismus auf den Plan. Ist Schmerz einfach Schmerz, unabhängig von Geschichte oder Kultur? Hier sucht der Konstruktionismus zunächst nach Variationen in der Konstruktion von Schmerz in der heutigen Kultur. Zum Beispiel weisen Studien auf bedeutsame Unterschiede hin, die zwischen verschiedenen ethnischen Gruppen im Hinblick auf die Konstruktion von Schmerz bestehen. So zeigen italienische und jüdische Patientinnen und Patienten z.B. wesentlich mehr Schmerz als die etwas stoischer orientierte Neuengland-Yankee-Kultur.[22] Derartige Variationen sollten nicht überraschen, wenn wir uns die Freude vergegenwärtigen, die Boxer, Footballspieler und Masochisten empfinden, wenn sie Schläge erhalten, die für die meisten von uns eine kaum erträgliche Qual darstellen würden. Historische Entwicklungen stützen diese Annahme. Vor der Einführung moderner Anästhetika waren viele Menschen in der Lage, ärztliche Maßnahmen und sogar schwere chirurgische Eingriffe bei vollem Bewusstsein über sich ergehen zu lassen. Im mittelalterlichen Christentum wurde der Schmerz oftmals als Ausdruck religiöser Hingabe willkommen geheißen. Die Erfahrung von Schmerz galt als Erlösung von der Sünde und erinnerte an das Leid des gekreuzigten Jesus.[23]

Den Schmerz als kulturell konstruiert zu betrachten hat bedeutsame Auswirkungen auf die normalen Erfahrungen des Alltagslebens. Schmerz ist ein häufig auftretendes Phänomen. Der Umgang mit Schmerz ist eine der wichtigsten Herausforderungen für Ärzte und Therapeuten. Aus konstruktionistischer Sicht sind unsere Schmerzerfahrungen keine unveränderlichen Zustände, die es eben zu ertragen gilt. Vielmehr bedarf Schmerz der Interpretation. Von dieser Interpretation hängt in entscheidendem Maße ab, wie wir anschließend unser Leben führen. Hierzu ein Beispiel. In seinem Werk *The Wounded Storyteller* berichtet Arthur Frank von der Erfahrung schwerer Krankheiten – einschließlich seiner eigenen Krebserkrankung.[24] Frank schlägt vor, dass es mehrere wichtige Geschichten gibt, die wir erzählen können, wenn wir Leid durchmachen. Es gibt die *Heilungsgeschichte*, in der der Körper als vorübergehend beeinträchtigt gesehen wird. Unsere Hauptaufgabe liegt darin, unseren Körper wieder zum Normalzustand zurückzuführen. Diese Geschichte gibt uns Hoffnung und Zielstrebigkeit, lässt uns jedoch auch als Opfer eines gefährlichen Angriffs erscheinen. In der *Chaosgeschichte* macht die Krankheit keinen Sinn. Sie kam völlig überraschend und wir stehen völlig orientierungslos da. In diesem Fall bleibt uns nichts anderes übrig, als dem Geschichtenerzähler zuzuhören. Die dritte, von Frank bevorzugte Alternative ist die *Geschichte einer Suche*. In dieser wird das Leid als Lehrer gesehen. Durch diese Erfahrung gelangt ein Individuum zu einem tieferen Verständnis des Lebens, der Liebe und der Natur. Durch das Leid entwickelt sich die persönliche Moral einer Person, die dann ihrerseits andere Menschen unterweisen und begleiten kann. Die Erfahrung des Schmerzes wird somit umdefiniert und wirkt eher erlösend als bestrafend.

Die Vergangenheit ins uns: Das sich entwickelnde Kind

Die als selbstverständlich angesehene heutige Welt erhält die Stimmen früherer Generationen am Leben. Nehmen wir die üblichen Vorstellungen über menschliche Entwicklung. Eltern geht es normalerweise um die allgemeine Entwicklung ihrer Kinder, Lehrerinnen und Lehrern geht es vor allem um die mentale Entwicklung und die Nutzung des vorhandenen Potenzials. Diese Vorstellung eines Weges, der von einem eher primitiven, undifferenzierten Zustand allmählich zu voller Reife, Vernunft und Selbstverwirklichung führt, durchdringt auch die akademische Psychologie. Psychologinnen und Psychologen haben sich intensiv darum bemüht, die verschiedenen Entwicklungsstufen von Kindern, Jugendlichen und Erwachsenen zu beschreiben, nachzuweisen und zu messen. Welches ist „der Weg der normalen Entwicklung"? Wie kann in der Therapie Menschen dabei geholfen werden, ihr Potenzial zu entfalten? Welche Bedingungen behindern die Entwicklung? All dies sind bedeutende Fragen in der Forschung.

Doch warum gehen wir davon aus, dass es so etwas wie menschliche Entwicklung gibt? Woher nehmen wir die Gewissheit eines Ziels, auf das wir uns zubewegen? Wir können die Entwicklung eines Kindes nicht von einem Moment zum nächsten in seinen Handlungen „sehen." Die Zweifel mehren sich aufgrund der Einsicht, dass die Idee von Entwicklung einer Geschichte ähnelt – insbesondere der progressiven Erzählung (siehe Kapitel 3) mit ihrer kontinuierlichen, auf ein bestimmtes Ziel gerichteten Bewegung. Die Geschichte, die wir im Laufe der Zeit über unsere Kinder – und über uns selbst – erzählen, scheint auch eine solche zu sein (bzw. sollte eine solche sein), in der ein bestimmtes Ideal angestrebt wird. Doch warum wählen wir gerade diese Geschichte? Sie wird z.B. von Hindus nicht geteilt. Hindus sehen im menschlichen Leben eine kontinuierliche Wiederholung. Ebenso wenig war diese Geschichte Bestandteil der Kultur im antiken Griechenland, wo es kaum persönliche oder kulturelle Erzählungen gab.

Manche sehen den Ursprung der Annahme einer Entwicklung in der frühen jüdisch-christlichen Theologie.[25] Sie verweisen insbesondere auf die biblische Sage von Schöpfung, Niedergang und Erlösung als wichtigste Quelle unserer heutigen Vorstellungen. In dieser Geschichte erschafft Gott Himmel und Erde. Als Krönung der Schöpfung gilt schließlich der Mensch (Adam und Eva). Es sind perfekte Wesen, bis sie der Versuchung des Bösen erliegen, aus dem Garten Eden verbannt werden und in einen Zustand von Sünde und Leid geraten. In diesem Sinne befinden sie sich am Ausgangspunkt, im Nichts, in der Leere. Doch dort müssen sie nicht bleiben. Die Geburt von Jesus Christus ist ein Zeichen für die von Gott versprochene Erlösung. Es ist nicht des Menschen Schicksal, im Zustand des Ausgestoßenseins zu verbleiben. Erlösung ist möglich. Beachten Sie jedoch, dass die Erlösung stets in die Zukunft verlegt wird. Erlösung ist etwas, das erreicht werden muss. Wir müssen uns als ihrer würdig erweisen. Geboren werden wir zunächst in Sünde. Das ist unser natürlicher Zustand. Durch ein tugendhaftes Leben können wir jedoch der Erlösung teilhaftig werden. Je mehr diese Geschichte zur Grundlage unseres religiösen Glaubens wird, umso mehr festigt sie in uns die Ansicht, dass unsere Anfänge bescheiden sind und dass das Leben einen gradlinigen Weg zu einem besseren Zustand bietet, den wir uns durch eigene Bemühungen und hilfreiche Unterstützung erschließen können. Die in unserer Gesellschaft üblichen Vorstellungen – und auch unsere Praktiken der Kindererziehung und der psychologischen Forschung – tragen somit den Einfluss altüberlieferter Mythologie in sich.

In einer interessanten Ausarbeitung dieser Sichtweise hat sich Suzanne Kirschner mit den Eigenschaften neuerer psychoanalytischer Entwicklungstheorien beschäftigt.[26] In diesen Theorien liegt der Schwerpunkt auf dem sich dem Säugling stellenden Problem der Trennung von der Mutter. Die entwicklungsbezogene Herausforderung liegt für das Kind darin, sich von dem sicheren Gefühl des „Einsseins" mit der ihn versorgenden Mutter zu lösen und ein starkes Gefühl für das eigene autonome und schöpferische Selbst zu entwickeln. Kirschner meint, diese Sicht lasse sich nicht aus der Beobachtung ableiten. Liegen auch hier die Wurzeln in frühen religiösen Vorstellungen? Eine mögliche Antwort findet sich in dem religiösen Mystizismus, der sich einige Jahrhunderte nach Jesus' Tod entwickelte (Neoplatonismus) und sich in modifizierter Form in romantischen Schriften des 19. Jahrhunderts wiederfindet. In dieser Version des Christentums ist der Sündenfall von Adam und Eva gleichbedeutend mit einem Bruch in der göttlichen Einheit – Mensch und Gott. Das Individuum ist nun ausgestoßen, allein, hilflos und niedergeschlagen. Erlösung ist möglich, indem dieser Zustand transzendiert und eine Verbindung mit Gott wiederhergestellt wird – „eine Wiedergeburt des göttlichen Funkens in der Seele."[27] Es ist diese „Wiedervereinigung auf höherer Ebene", die in den psychoanalytischen Schriften auftaucht. Psychoanalytikerinnen und Psychoanalytiker schlagen vor, ein Kind müsse die Mutter internalisieren und die Mutter als von sich getrennt und zugleich als im eigenen Wesen enthalten verstehen, um zu reifer und schöpferischer Autonomie zu gelangen. Die höchste Stufe der Entwicklung beinhaltet die Trennung von der Mutter als Vorstufe zur Wiedervereinigung (die Heilige Einheit). Trotz des von psychoanalytischer Seite unternommenen Versuchs, ihre Theorien als wissenschaftlich statt als religiös darzustellen, erkennen wir an dieser Stelle, wie fließend die Übergänge sein können. In unserer menschlichen „Entwicklung" können wir uns den religiösen Wurzeln der westlichen Kultur kaum entziehen.

Die Erkundung anderer Kulturen und das Verstehen unserer eigenen Kultur

> Jede Version eines „Anderen" ist gleichzeitig
> die Konstruktion eines „Selbst."
>
> James Clifford, *Writing Culture*

Vor einigen Jahren kam ich in den Genuss einer Reise durch Marokko. Meine eindrucksvollsten Erfahrungen machte ich während meiner Ausflüge in die Medinas von Marrakesch und Fez. Die Medina ist ein altes Gebiet in der Stadt, in dem es viele enge und überfüllte Straßen und Gehwege, offene Geschäfte, unbeleuchtete Räume, Kunsthandwerker, arbeitende Kinder, frei liegende Abwasserkanäle, vollbeladene Esel, exotische Klänge und Gerüche und ein immer währendes Gedränge gibt. Die Sinneseindrücke sind überwältigend. Für mich war dies wahrlich eine „fremde Kultur" und zudem überaus faszinierend. Besonders bemerkenswert fand ich den Umstand meiner eigenen Sicherheit. Ich war unverkennbar ein Fremder – ein Ungläubiger – inmitten dieser Menschen. Zudem trug ich eine Kamera, deren Wert wahrscheinlich das Jahresgehalt vieler dieser Menschen übersteigt. Es war offensichtlich, dass ich mich nicht auskannte. Ich ging ziemlich orientierungslos hin und her. Warum wurde ich nicht beraubt oder Opfer eines Gewaltverbrechens? Wer würde dieses Verbrechen entdecken? Wäre es in ihren Augen überhaupt ein Verbrechen? Diese Überlegungen führten mich zu einer erschreckenden Einsicht: Warum war meine Sicherheit für mich so überraschend? Was sagten diese Gedanken über mich und meine eigene Kultur aus? Musste ich nicht daraus schließen, dass ich in einer Kultur des Misstrauens lebe, in der ökonomische Unterschiede verhasst sind und keine Verbindung der Menschen in einer gemeinsamen Vision des Guten existiert?

Es sind genau diese Formen des Nachdenkens, die durch konstruktionistische Fragen angeregt werden sollen. Zuvor hatten wir gesehen, dass uns die Beschäftigung mit unserer Vergangenheit zu Überlegungen über unsere Gegenwart führen kann. Sie kann uns dabei helfen, Bestehendes wertzuschätzen und über dessen Erhaltung nachzudenken. Zugleich eröffnet sie uns neue Möglichkeiten für die Zukunft. Außerdem führt uns die Erkundung anderer Kulturen dazu zu fragen, welche Gemeinsamkeiten und Unterschiede bezüglich unserer eigenen Kultur bestehen. Wir sind fasziniert von dem, was wir miteinander teilen, aber auch von dem, was uns einzigartig macht. Doch all diese Einteilungen beruhen auf unserer eigenen Sprache, die ihrerseits den Konventionen der Konstruktion unterliegt, mittels deren wir uns gegenseitig besser verstehen wollen. Derartige Einteilungen sind zwangsläufig von den Werten geprägt, die sie zu erhalten helfen. Daher ist jede Beschreibung von Gemeinsamkeiten und Unterschieden – jede Prüfung des anderen – weniger eine Wiedergabe des Realen als vielmehr eine Wiedergabe unserer eigenen Lebens- und Denkweise. Einen anderen zu beschreiben bedeutet immer auch, unsere eigene Existenz – und unsere Konstruktion der Welt samt der uns leitenden Ziele – zum Ausdruck zu bringen. In dieser Einsicht liegt die Möglichkeit, über Bestehendes hinaus zu gehen.

Wie im Falle der historischen Untersuchungen gibt es auch zu diesem Thema unzählige Veröffentlichungen. Beschränken wir uns daher auf die Konstruktion des Selbst und insbesondere auf die Konstruktion von Emotionen.

Emotionale Sprache

> All you need is love.
>
> The Beatles

Fragt man Sie nach den wichtigsten Dingen in Ihrem Leben, werden Sie wahrscheinlich Emotionen erwähnen. Viele Therapeutinnen und Therapeuten sehen z.B. in unserer Fähigkeit zu lieben einen zentralen Aspekt der Selbstverwirklichung. Andere sind der Überzeugung, dass unser Wohlbefinden leidet, wenn wir unsere Emotionen – einschließlich unseres Ärgers und unserer Angst – nicht zum Ausdruck bringen. Ethologen berichten uns, wie grundlegend Emotionen für die menschliche Art sind. Gleichzeitig sind wir jedoch nicht die einzige Spezies, die Emotionen ererlebt. Charles Darwin

138

schrieb in seinem Werk *Der Ausdruck der Gemütsbewegungen bei den Menschen und den Tieren*: „Selbst Insekten bringen durch ihre Bewegungen Ärger, Angst, Eifersucht und Liebe zum Ausdruck."[28]

Diese Sicht der Emotionen als völlig „natürlich" wird seitens des Konstruktionismus in Frage gestellt. Zunächst einmal fallen die intellektuellen Probleme auf, insbesondere die seit Jahrhunderten unternommenen Versuche, Emotionen zu identifizieren und sich auf ihre genaue Zahl festzulegen. Aristoteles bezeichnete z.B. *Versöhnlichkeit, Zuversicht, Wohlwollen, Flegelhaftigkeit, Verstimmung, Wetteifer, Sehnsucht* und *Enthusiasmus* als emotionale Zustände, die nicht weniger offensichtlich seien als *Ärger* oder *Freude*. In ihren Studien aus dem 20. Jahrhundert erkennen jedoch weder Sylvan Tomkins[29] noch Carroll Izard[30] – beides wissenschaftliche Experten – diese Zustände als Emotionen an. Thomas von Aquin bezeichnete *Liebe, Begehren, Hoffnung* und *Mut* als zentrale Emotionen. Doch auch diese Zustände finden in den neueren Theorien von Tomkins und Izard keine Berücksichtigung. Thomas Hobbes identifizierte *Habsucht, Luxus, Neugierde, Ehrgeiz, Freundlichkeit, Aberglaube* und *Willenskraft* als emotionale Zustände. Auch hier findet sich keine Übereinstimmung mit der gegenwärtigen Psychologie. Tomkins und Izard sind sich einig, dass *Überraschung* eine Emotion ist. Diese Vorstellung hätte die meisten ihrer Vorgänger sicher verwundert. Während Izard *Traurigkeit* und *Schuldgefühle* als wesentliche Emotionen bezeichnet, finden diese in Tomkins' Analyse keine Anerkennung. Demgegenüber sieht Tomkins im *Kummer* eine zentrale Emotion – eine Einschätzung, die Izard nicht teilt.

Diese Meinungsunterschiede sind sehr bedeutsam. Warum ist es so schwierig für die Wissenschaftlerinnen und Wissenschaftler, nach vielen Jahrhunderten der Forschung zu einer Einigung zu gelangen? Betrachten wir das Ganze einmal aus einer anderen Perspektive: Wie würden Sie vorgehen, um einen emotionalen Zustand zu identifizieren oder die Anzahl der von ihnen erlebten unterschiedlichen Emotionen zu bestimmen? Sie werden sicher bald ebenfalls auf Probleme stoßen. Wie sollen wir „nach innen" schauen? Was würden wir „sehen?" Mit welchen Sinnen sollten wir diese Zustände wahrnehmen? Dies sind überaus schwierige Fragen in Bezug auf unser Wissen über uns selbst. Im ersten Kapitel sind wir bereits darauf eingegangen. Würden wir versuchen, unsere eigenen psychologischen Zustände zu identifizieren, kämen wir womöglich gar nicht auf die Idee, sie als Emotionen zu bezeichnen. Geht es uns darum, Emotionen bei anderen zu erkennen – und darum, wie in Psychologie und Biologie Emotionen bei unterschiedlichen Lebewesen identifiziert werden –, bietet der „Ausdruck" den einzigen Anhaltspunkt. Wir haben es nie mit „der Sache an sich" zu tun. Wie können wir daher sicher sein, dass es in den Köpfen und Körpern von Menschen tatsächlich Emotionen gibt?

Dies sind nicht nur akademische Fragen. Emotionale Begriffe sind von hoher sozialer und politischer Bedeutung. Sie werden als subtile Formen der

Bewertung eingesetzt. Wir verwenden sie, als würden sie tatsächliche Ereignisse in einer Person beschreiben. Ihre Wirkung liegt häufig darin, eine Person zu beurteilen. Folgende Gegenüberstellungen sind Feministinnen zufolge für die westliche Kultur typisch:[31]

rational	emotional
kultiviert	natürlich
stark	schwach
effektiv	ineffektiv
verantwortlich	unverantwortlich

Zwei Aspekte sind besonders bemerkenswert. Erstens, der jeweils zuerst genannte Begriff genießt meist eine höhere Wertschätzung als der jeweils zweitgenannte. Zweitens, der zuerst genannte Begriff wird eher mit Männern als mit Frauen assoziiert. Obgleich das sprachliche Terrain wesentlich komplexer ist, gereicht diese stereotype Art des Sprechens Frauen eher zum Nachteil, obwohl wir die Existenz der beschriebenen Zustände nicht nachweisen können. Manche Personen weisen darauf hin, dass diese diskursiven Tendenzen Machtunterschiede wiederspiegeln. Sie suggerieren Formen der Selbstcharakterisierung, deren sich Kolonialherren und Machthaber bedienen, um sich von ihren Untergebenen abzuheben.[32] „Wir sind rational, kultiviert und stark, während sie emotional und ineffektiv sind." Diese Erklärung führt zu einer weiteren weitverbreiteten Tendenz, nämlich der Einstufung von Emotionen als gefährliche und unberechenbare Zustände, die es zu unterdrücken gilt. Diese Auffassung zeigt sich in Aussagen wie „Du solltest deine Emotionen besser unter Kontrolle bringen" oder „Lass dich nicht von deinen Gefühlen verwirren." In den meisten Berufen gilt ein Ruf als hochgradig emotionale Person als ein nahezu sicherer Vorbote für Misserfolg.

Emotionen im kulturellen Kontext

Angesichts der Schwierigkeiten im Identifizieren von Emotionen und der politischen Nutzung emotionaler Begriffe wollen wir Emotionen im Folgendem als kulturelle Konstruktion betrachten. Dabei sehen wir Emotionen nicht als Eigenschaft unserer biologischen Ausstattung und als unveränderliche Kraft, die uns zu bestimmten Verhaltensweisen nötigt, sondern als Bestandteil des kulturellen Lebens. Kulturanthropologische Arbeiten helfen uns dabei, diese Möglichkeit und ihre Folgen einzuschätzen. Ein breites Spektrum ethnographischer Studien führt zu den folgenden drei Schlussfolgerungen.

1. *Kulturelle Variationen sind beträchtlich.* Hierzu nur zwei Beispiele, die im Westen eher unbekannt sind:

a) Im Hochland von Neuguinea zeigen ansonsten normale Männer im Alter von Mitte Zwanzig hin und wieder „Wildschweinverhalten." Ein solches menschliches „Wildschwein" begeht Einbrüche, plündert, schießt Pfeile auf Passanten und wird seinem Umfeld zu einer kaum erträglichen Last. Nach einigen Tagen verschwindet der Mann im Wald, wo er die von ihm erbeuteten Gegenstände (die meist von geringem Wert sind) zerstört. Anschließend kehrt er ins Dorf zurück, ohne sich an seine Taten erinnern zu können und ohne von den Dorfbewohnern an diese erinnert zu werden. Kehrt er im wilden Zustand ins Dorf zurück, findet für ihn die gleiche Zeremonie statt, die auch dazu dient, verwilderte Hausschweine zu „zähmen."

b) Unter Eingeborenen in Südostasien, vor allem in Malaysia, zieht sich ein Mann mitunter vom normalen Alltagsleben zurück, um für einige Zeit zu meditieren und dann plötzlich aufzuspringen, nach einem Schwert oder Messer zu greifen, auf die Strasse zu laufen und alle Lebewesen – Mensch oder Tier – abzuschlachten, die seinen Weg kreuzen. Die Menschen schreien „Amok, Amok!", während sie davonlaufen. Nach einiger Zeit wendet sich der Amokläufer von den anderen ab und beginnt, auf sich selbst einzustechen, bis er schließlich zusammenbricht.[33]

2. *Transkulturelle Übersetzungen sind problematisch.* Obgleich wir dazu neigen, Fälle wie die eben dargestellten als Ausdruck bestimmter Emotionen anzusehen, weisen kulturelle Studien auf zusätzliche Komplikationen hin. Wir denken an Unterschiede in Bezug auf emotionales Erleben, doch worin genau liegen die Unterschiede? Warum gerade in den Emotionen und warum nicht z.B. in Motivation, Kognition oder spirituellen Aspekten? Das Problem ist, dass wir nicht wissen, wie wir etwas von einer Kultur in eine andere übersetzen können. Wir wissen z.B. nicht, ob ein Lächeln oder ein finsterer Blick in verschiedenen Kulturen die gleiche Bedeutung haben. Sind Emotionen universell? Ohne die Möglichkeit, zwischen Kulturen zu übersetzen, können wir zu keiner Antwort gelangen.

Ein gutes Beispiel für dieses Problem findet sich in Michelle Rosaldos Buch über die Illongots, eine im nördlichen Luzon auf den Philippinen lebende Gruppe von Jägern und Sammlern.[34] In diesem Stamm wird ein Mann auf der Grundlage seines Besitzes von *Liget* beurteilt. Doch was ist *Liget*? Verfügen wir auch über einen solchen Zustand und geben ihm lediglich einen anderen Namen? Die Illongots sind überzeugt, dass *Liget* vom Organ des Herzens ausgeht. Es steht für alles, was vital, stark, energiegeladen und energisch ist. *Liget* ist die Grundlage aggressiven und brutalen Verhaltens und von Verwirrung. Es kann durch abfällige Bemerkungen und Beleidigungen ausgelöst werden. Gleichzeitig ist es jedoch die Quelle von Passivität und Verlust der Willenskraft. All dies bedeutet nicht, dass ihm eine negative Bewertung anhaftet. Vielmehr

gilt *Liget* als überaus erstrebenswert. Es ist die Grundlage für Konzentrations-
fähigkeit und Fleiß. Am wichtigsten ist jedoch, dass es das vorrangige Motiv für
das Köpfen feindlicher Krieger darstellt. Auf die Kopfjagd folgt eine große
Stammesfeier. Sollten sie deshalb ihr *Liget* feiern oder nicht? In einer späteren
Diskussion über Hermeneutik werden wir im sechsten Kapitel auf diese Frage
zurückkommen.

3. *Emotionen sind kulturell konstituiert.* Bedenken Sie eine der beunruhigenden
Konsequenzen dieses letzten Arguments. Wenn sich Emotionsbegriffe nicht
von einer Kultur in eine andere übersetzen lassen, wie können wir dann wissen, dass Menschen in anderen Kulturen Emotionen haben? Und woher wissen wir, dass Emotionen in unserer eigenen Kultur existieren? Das ganze
Konzept wirkt plötzlich eigenartig. Anstatt Emotionen als psychische Zustände
zu identifizieren, richten viele Anthropologen ihre Aufmerksamkeit auf die
kulturelle Konstitution bedeutungsvoller Handlungen. Eine ihrer Fragen lautet:
Können wir für den Menschen im Westen (in diesem Fall) ein Verhaltensmuster
angeben, das wir mit dem Ausdruck "Emotion" bezeichnen dürfen? Anders
formuliert: „Wir wissen nicht genau, was sich im Kopf abspielt, doch wir können euch einiges darüber berichten, was wir im Westen als emotional bezeichnen." Was wir Emotionen nennen, sind weniger die Eigenschaften eines individuellen Geistes, als vielmehr Formen öffentlicher Darstellung, die für eine
bestimmte Kultur spezifisch sind. Im fünften Kapitel werden wir auf diese
Konzeptualisierung mentaler Zustände zurückkommen. Hier zunächst eine
kurze Einführung.

Als Ergebnis ihrer Feldstudien auf der im Südpazifik gelegenen kleinen Insel
Ifaluk beschreibt Catherine Lutz eine Reihe von Verhaltensweisen, die wir im
Westen als emotional bezeichnen und gleichzeitig eher *unnatürlich* finden würden. Zu diesen „Emotionen" zählt *Fago*. In mancher Hinsicht ähnelt *Fago*
Zuneigung oder Liebe. „Ich *fago* ihn, weil er mir Dinge schenkt", „ich *fago*
jemanden, wenn er sich nicht daneben benimmt", „ich *fago* jemanden, wenn er
ruhig ist" waren einige der Beispiele, die Lutz genannt wurden. Sexuelle
Beziehungen sind jedoch nicht der Kontext, in dem *Fago* relevant ist. *Fago* ist
zudem ein Begriff, der Mitleid ausdrückt. Eine Person, die gedemütigt wird
oder keine Verwandten hat, verdient *Fago*. Gleichzeitig bringt der Begriff
Bewunderung zum Ausdruck. Verhält sich jemand beispielhaft, intelligent oder
zielstrebig, verdient er ebenfalls Fago. Manchmal steht das Wort für Trauer. Die
Inselbewohner sprechen von *Fago*, wenn eine nahestehende Person abwesend
oder tot ist. Doch *Fago* ist nicht lediglich Trauer angesichts des Verlustes einer
geliebten Person, da es auch in bestehenden Beziehungen gezeigt wird, insbesondere gegenüber Schwachen oder Kranken. In dieser Hinsicht erinnert es
mehr an Mitgefühl. Lutz spekuliert, woher diese Emotion stammen mag.
Anstatt eine genetische Basis für *Fago* anzunehmen – wie man es im Westen
wohl tun würde – , verweist sie auf soziale Umstände und Umweltbedin-

gungen, die *Fago*-artige Verhaltensweisen fördern. Zum Beispiel gilt *Fago* aufgrund der gegenseitigen Abhängigkeit der Ifalukbewohner als Form des kulturellen Lebens. Das kleine Atoll wird ständig von Taifunen bedroht. Außerdem bestehen Überbevölkerung und Ressourcenmangel. Starke soziale Bindungen sind notwendig für das Überleben. Lutz zufolge begünstigt *Fago* das Überleben. „Das Teilen von Lebensmitteln, Adoption, Gastfreundschaft, liebevolle geschwisterliche Beziehungen, Formen von Autorität und die mit ihnen einhergehenden Einstellungen sowie das Gesundheitssystem sind Beispiele für Eigenschaften des Alltagslebens, die von der Ideologie des *Fago*-Konzeptes geprägt werden."[35] *Fago* ist somit nicht nur ein Wort, sondern wichtiger Bestandteil einer Lebensweise.

Nachgedanken

Für mich hat die Diskussion über Emotionen eine besondere Bedeutung. Ich wurde in Bezug auf Emotionen als Realist erzogen. Emotionen waren für mich nicht nur reale „Dinge", sondern zählten zu den wichtigsten Aspekten meines Lebens. Fühlen bedeutete frei zu sein. Als ich zehn Jahre alt war, geriet ich unter den Einfluss der Südlichen Baptisten, einer sehr leidenschaftlichen religiösen Gemeinschaft. In unseren Gottesdiensten tranken wir symbolisch das Blut Christi und aßen sein Fleisch. Dass sich dies in Form von Traubensaft und Hostien materialisierte, tat diesem Drama kaum Abbruch. Allerdings wurden wir gewarnt, dass wir nur als wahre Gläubige an diesem heiligen Ritual teilhaben dürften. Doch woran hätte ich erkennen sollen, ob ich „wahrhaftig" gläubig bin? Hätte ich mich nicht auch täuschen können? Ganz im Sinne eines potenziellen Empiristen ging ich davon aus, dass meine Emotionen nicht lügen könnten. Als ich in der Schlange vor dem Altar stand, konnte ich die Intensität meiner Emotionen daran messen, wie sehr meine Hände schwitzten. Dies war eine fürchterliche Erfahrung, die mich noch lange prägte. Als ich einige Jahre später begann, mich für Mädchen zu interessieren, erlebte ich die üblichen Dramen und Enttäuschungen. Nicht selten fragte ich mich, „was ich wirklich fühle" und „ob ich wirklich verliebt sei". Oft geriet ich in Panik. Wie sollte ich diese Fragen beantworten? Wo waren die Beweise? Schließlich gelang es meiner Frau Mary, mir den Wert der konstruktionistischen Sichtweise vorzuleben. Sie sagte mir: „Die Aussage ‚Ich liebe dich' ist kein Bericht über deinen inneren Zustand. Sie ist eine Form des Umgangs mit einer anderen Person. Und sie ist eine gute Form." Gleiches gilt für das gesamte Spektrum emotionaler Handlungsvollzüge. Sie sind Formen des Umgangs und des Seins, im Laufe der Geschichte entwickelte Lebensweisen. Wir brauchen sie nicht zu wägen und müssen nicht warten, bis sie uns zum Handeln drängen. Ebenso wenig sollten wir uns sorgen, dass wir mehr fühlen als „natürlich" wäre. Vielmehr liefern uns

Emotionen genau wie Kleiderordnungen, Züge in einem Spiel oder Bewegungen in einem Tanz Handlungsvokabularien. Unser Leben wird bereichert oder es verarmt, je nachdem, wie wir Emotionen in Handlungen umsetzen.

Anmerkungen

1 Slife, B.D. & Williams, R.N. (1995). *What's Behind the Research, Discovering Hidden Assumptions in the Behavioral Sciences.* Thousand Oaks, CA: Sage.
2 Argyris, C. (1980). *Inner Contradictions of Rigorous Research.* New York: Academic Press.
3 Linda B, zitiert in P. Lather & C. Smithies (1997). *Troubling the Angels: Women Living with HIV/AIDS.* Boulder, CO: Westview Press. p. xxvi.
4 Milgram, S. (1997). *Das Milgram-Experiment. Zur Gehorsamkeitsbereitschaft gegenüber Autorität.* Reinbeck: Rowohlt.
5 Gilligan, C. (1999). *Die andere Stimme. Lebenskonflikte und Moral der Frau.* München: Piper. (Original erschienen 1982).
6 Belenky, M., Clinchy, B.M., Goldberger, J.N.R. & Tarule, J.M. (1991). *Das andere Denken. Persönlichkeit, Moral und Intellekt der Frau.* Weinheim: Beltz.
7 Siehe z.B. Bertaux, D. (1981). *Biography and Society.* Beverly Hills, CA: Sage.
8 Gergen, M.M. (1992). *Life stories: pieces of a dream.* In G. Rosenwald & R. Ochberg (Eds.). Storied Lives. New Haven, CT: Yale University Press.
9 Beispielhafte Arbeiten sind z.B. Josselson, R. (1995). *Exploring Identity and Gender: The Narrative Study of Lives.* Thousand Oaks, CA: Sage; Rosenblatt, P.C., Karis, T.A. & Powell, R.D. (1995). *Multiracial Couples: Black and White Voices.* Thousand Oaks, CA: Sage.
10 Ellis, C. (1995). *Final Negotiations: A Story of Love, Loss, and Chronic Illness.* Philadelphia, PA: Temple University Press.
11 Gergen, M. (1999). *Impious Improvisations: Feminist Reconstructions in Psychology.* Thousand Oaks, CA: Sage.
12 Vgl. Karl, Cynthia, Andrew & Vanessa (1992). *Therapeutic distinctions in an on-going therapy.* In S. McNamee & K.J. Gergen (Eds.). Therapy as Social Construction. London: Sage.
13 Crawford, J., Kippax, S., Onyx, J., Gault, U. & Benton, P. (1992). *Emotion and Gender: Constructing Meaning from Memory.* London: Sage.
14 Lather & Smithies (1997). Troubling the Angels. p. 103.
15 Siehe unter „Weiterführende Literatur."
16 Fals-Borda, O. (1991). *Some basic ingredients.* In O. Fals-Borda & M.A. Rahman (Eds.). Action and Knowledge. New York: Apex. p. 3.
17 de Roux, G. (1991). *Together against the computer: PAR and the struggle of Afro-Colombians for public services.* In Fals-Borda & Rahman, Action and Knowledge.
18 Siehe unter „Weiterführende Literatur."
19 Corbin, A. (1984). *Pesthauch und Blütenduft. Eine Geschichte des Geruchs.* Berlin: Wagenbach.
20 Ebd., S. 191.
21 Scarry, E. (1992). *Der Körper im Schmerz. Die Chiffren der Verletzlichkeit und die Erfindung der Kultur.* Frankfurt a. M.: S. Fischer.

22 Klassisch ist die Arbeit von Zborowski, M. (1952). *Cultural components in responses to pain*. Journal of Social Issues, 8, 16-30. Siehe auch Bates, M.S. (1996). *Biocultural Dimensions of Chronic Pain*. Albany, NY: State University of New York Press.

23 Cohen, E. (1993). *Towards a history of physical sensibility: pain in the later middle ages*. Artikel wurde präsentiert an der Israel Academy of Sciences and Humanities.

24 Frank, A. (1995). *The Wounded Storyteller*. Chicago: University of Chicago Press.

25 Kessen, W. (1990). *The Rise and Fall of Development*. Worcester, MA: Clark University Press; White, S. (1983). *The idea of development in developmental psychology*. In R. Lerner (Ed.). Developmental Psychology: Historical and Philosophical Perspectives. Hillsdale, NJ: Erlbaum.

26 Kirschner, S. (1996). *The Religious and Romantic Origins of Psychoanalysis*. New York: Cambridge University Press.

27 Ebd., S. 128.

28 Darwin, C. (2000). *Der Ausdruck der Gemütsbewegungen bei den Menschen und den Tieren*. Frankfurt a. M.: Eichborn. (Original erschienen 1873).

29 Tomkins, S. (1962). *Affect, Imagery and Consciousness*. Vol. 1. New York: Springer-Verlag.

30 Izard, C.E. (1977). Human Emotions. New York: Plenum.

31 Vgl. Shimanoff, S. (1993). *The role of gender in linguistic references to emotive states*. Communication Quarterly, 30, 174-179.

32 Vgl. Lutz, C.A. (1990). *Engendered emotion: gender, power, and the rhetoric of emotional control in American discourse*. In C.A. Lutz & L. Abu-Lughod (Eds.). Language and the Politics of Emotion. Cambridge: Cambridge University Press.

33 Für weitere Beschreibungen siehe Averill, J. (1982). *Anger and Aggression*. New York: Springer-Verlag.

34 Rosaldo, M.Z. (1980). *Knowledge and Passion*. New York: Cambridge University Press.

35 Lutz, C.A. (1998). *Unnatural Emotions*. Chicago: University of Chicago Press. pp. 153-154.

Weiterführende Literatur

Über Probleme der empirischen Forschung

Danziger, K. (1990). *Constructing the Subject: Historical Origins of Psychological Research*. Cambridge: Cambridge University Press.

Gergen, K.J. (1993). *Toward Transformation in Social Knowledge*. London: Sage.

Slife, B.D. & Williams, R.N. (1995). *What's Behind the Research? Discovering Hidden Assumptions in the Behavioral Sciences*. Thousand Oaks, CA: Sage.

Alternative Untersuchungsansätze

Denzin, N.K. & Lincoln, Y.S. (1994). *Handbook of Qualitative Research*. Thousand Oaks, CA: Sage.

Dunaway, D.K. & Baum, W.K. (Eds.). (1996). *Oral History*. Thousand Oaks, CA: AltaMira.

Ellis, C. & Bochner, A.P. (Eds.). (1997). *Composing Ethnography, Alternative Forms of Qualitative Writing*. Thousand Oaks, CA: Sage.

Fals-Borda, O. & Rahman, M.A. (Eds.). (1991). *Action and Knowledge: Breaking the Monopoly with Participatory Action Research*. New York: Apex.

Gergen, M., Chrisler, J.C. & LoCicero, A. (1999). *Innovative methods: resources for research, teaching and publishing.* Psychology of Women Quarterly, 23, 431–456.

Kvale, S. (1996). InterViews. Thousand Oaks, CA: Sage.

Polkinghorne, D.E. (1988). *Narrative Knowing and the Human Sciences.* Albany, NY: State University of New York.

Van Maanen, J. (1988). *Tales of the Field, On Writing Ethnography.* Chicago: University of Chicago Press.

Das Selbst im historischen Kontext

Badinter, E. (1999). *Die Mutterliebe.* München: Piper.

Carrithers, M., Collins, S. & Lukes, S. (Eds.). (1985). *The Category of the Person.* Cambridge: Cambridge University Press.

Danziger, K. (1997). *Naming the Mind.* London: Sage.

Graumann, C.F. & Gergen, K.J. (1996). *Historical Dimensions of Psychological Discourse.* New York: Cambridge University Press.

Hacking, I. (2001). *Multiple Persönlichkeit. Zur Geschichte der Seele in der Moderne.* Frankfurt a. M.: Fischer.

Miller, W.I. (1997). *The Anatomy of Disgust.* Cambridge, MA: Harvard University Press.

Morss, J. (1991). *Growing Critical. Alternatives to Developmental Psychology.* London: Routledge.

Onians, R.B. (1988). *The Origins of European Thought.* Cambridge: Cambridge University Press.

Spacks, P.M. (1995). *Boredom, The Literary History of a State of Mind.* Chicago: Chicago University Press.

Taylor, C. (1989). *Sources of the Self.* Cambridge, MA: Harvard University Press.

Das Selbst im kulturellen Kontext

Bachnik, J.M. & Quinn, C.J. (1994). *Situated Meaning.* Princeton, NJ: Princeton University Press.

Heelas, P. & Lock, A. (Eds.). (1981). *Indigenous Psychologies: The Anthropology of the Self.* New York: Academic Press.

Kirkpatrick, J.T. (1983). *The Marquesan Notion of the Person.* Ann Arbor, MI: University of Michigan Press.

Levine, G. (Ed.). (1992). *Constructions of the Self.* New Brunswick, NJ: Rutgers University Press.

Lutz, C.A. & Abu-Lughod, L. (Eds.). (1990). *Language and the Politics of Emotion.* Cambridge: Cambridge University Press.

Morris, D.B. (1991). *The Culture of Pain.* Berkeley, CA: University of California Press.

Radley, A. (1993). *Worlds of Illness: Biographical and Cultural Perspectives on Health and Disease.* London: Routledge.5

5 Das in Beziehungen eingebundene Selbst

Am Anfang steht die Beziehung.

Martin Buber, *Ich und Du*

In den vorangehenden Kapiteln habe ich versucht darzustellen, wie wichtig reflexive Formen der Untersuchung unserer Lebensumstände, Traditionen, Institutionen und Beziehungen sind. Erschaffen wir unsere Welt hauptsächlich durch Diskurse, sollten wir Acht geben auf das, was wir sagen und schreiben. Ein reflexives Hinterfragen unserer Konstruktionen der Welt und der durch sie geförderten Praktiken öffnet uns das Tor zu Emanzipation, geistiger Bereicherung und kultureller Transformation. Wir sollten allerdings noch weiter gehen. Reflexität ist wichtig, aber nicht hinreichend. Es ist eine Sache, zu forschen und nachzudenken. Alternativen hervorzubringen ist jedoch weitaus schwieriger. Unsere Fragen führen uns hin zu neuen Grenzen. Doch wie sollen wir sie überschreiten und mit welchen Ressourcen? An dieser Stelle liefern konstruktionistische Dialoge einen weiteren wichtigen Beitrag.

Generative Theorie

Handlungsmuster sind üblicherweise eng mit Diskursformen verbunden. Die Aussage „Du bedeutest mir sehr viel" impliziert, dass aus ihr bestimmte Handlungen folgen (z.B. die Aufrechterhaltung des Kontakts, Unterstützung), während andere ausgeschlossen werden (z.B. Vermeidung, gehässige Bemerkungen). Wollen wir Handlungsmuster ändern, so liegt eine Möglichkeit darin, neue Formen des Diskurses zu schaffen, die sich darauf beziehen, wie Ereignisse beschrieben, erklärt oder interpretiert werden. In mancher Hinsicht durchdringt diese Art der Veränderung bereits unser Alltagsleben. In Freundschaften und Politik verwenden wir Klatsch, abfällige Kommentare und Witze, um das Bild vom Gegenstand unserer Aussagen zu verändern und uns neue Handlungsweisen zu erschließen. Der Konstruktionismus ermöglicht jedoch Veränderungen auf ganz anderer Ebene. In unserem Alltagsleben bewegen wir uns innerhalb allgemein anerkannter Wirklichkeiten. Wir verwenden die allseits übliche Sprache und beschränken somit Veränderungen auf ein Minimum. Um weitreichendere Veränderungen herbeizuführen, müssen wir mit diesen Konventionen brechen.

Dieser Punkt lässt sich anhand der im ersten Kapitel dargestellten Begriffe verdeutlichen. Wie wir gesehen haben, können wir die Bedeutung von Wörtern über binäre Einteilungen verstehen, die meist zu Polarisierungen führen: z.B. oben/unten, innen/außen, schlau/dumm. Versuchen wir, die traditionellen binären Unterscheidungen für kulturelle Veränderungen zu nutzen und die Welt oder Personen in diesen Begrifflichkeiten neu zu beschreiben, bewirkt dies lediglich eine oberflächliche Transformation. Der „alte Weg" wird dabei nicht verlassen. Nutzen wir unser traditionelles Vokabular um zu zeigen, dass „gute Menschen" (z.B. der Präsident, Richter, Polizei) in Wirklichkeit „schlecht" (korrupt, voller Vorurteile, ungerecht) sind (oder umgekehrt), bewegen wir uns nach wie vor innerhalb des binären Systems von gut und schlecht. Die Aussage „Sie sind schlecht" bewahrt das Ausdruckssystem, in dem Menschen in diese polaren Kategorien eingeordnet werden. Gleichzeitig liefert sie die Grundlage für das Gegenargument. Der feministische Kritiker Andre Lorde schreibt: „Du kannst das Haus des Meisters nicht mit den Werkzeugen des Meisters zerstören." Die radikalere Variante besteht darin, Sprechweisen zu entwickeln, in denen das binäre System als irrelevant angesehen und aufgegeben wird. Ist es vorstellbar, die gut/schlecht-Polarität aufzugeben, wenn wir über andere und uns selbst sprechen? Obgleich sie die Flüssigkeit unseres Handelns erhöht, ermöglicht die binäre Unterteilung nicht „das Bauen neuer Häuser." Neue Konstruktionen, neue Ausdrucksweisen, neue Metaphern und Erzählungen und neue Formen der Beschreibung und Erklärung sind nötig. Wir brauchen eine *generative Theorie*, das heißt, *Darstellungen unserer Welt, welche die als selbstverständlich geltenden Konventionen des Verstehens herausfordern und gleichzeitig in neue Welten von Bedeutung und Handlung einladen.*[1] Freuds theoretische Werke waren mit Sicherheit generativ, da sie die traditionellen Vorstellungen des Bewusstseins als dem Zentrum der Handlung, der Sexualität als untergeordnetem Aspekt menschlichen Lebens und der Moralität als essentiellem Gut herausforderten. Die marxistische Theorie war in ähnlicher Weise generativ, indem sie die „Natürlichkeit" sozialer Klassenunterschiede und die Einkommensunterschiede zwischen Fabrikbesitzern und Arbeitern in Frage stellte. B. F. Skinners behavioristische Theorie, in der individuelles Verhalten als ein Produkt von Verstärkungskontingenzen gilt, stand in krassem Widerspruch zu den üblichen Annahmen über menschliche Selbstbestimmtheit (den freien Willen) und die Bedeutung psychologischer Prozesse. In all diesen Fällen kam es zu erheblichen Konsequenzen – u.a. der Entstehung des Berufsbildes des Psychiaters, der russischen Revolution und der Änderung von Erziehungs- und Bildungsmaßnahmen. Damit soll weder gesagt werden, dass diese Folgen begrüßenswert waren, noch dass die Theorien auch in der Gegenwart generativ sind. Vielmehr dienen diese Beispiele der Einsicht, dass eine der wichtigsten Möglichkeiten zu sozialen Veränderungen in kühnem Theoretisieren besteht.

Es ist wichtig, die weitreichende Bedeutung der hier vorgestellten Idee zu erkennen. Gemäß der traditionellen realistischen Sichtweise besteht die Aufgabe der Forscherinnen und Forscher darin, zutreffende Darstellungen der Wirklichkeit zu liefern und die Welt so abzubilden, wie sie wirklich ist. Die auf dieser Tradition beruhende Forschung bedient sich üblicherweise einer Sprache, die als objektiv und realistisch gilt. Sehen wir uns mit dem Problem der Kriminalität konfrontiert, forschen wir nach Möglichkeiten der Prävention. Nach konventionellen Standards gilt es als selbstverständlich, dass Kriminalität Ursachen hat und vermieden werden sollte. Eine *realistische* Herangehensweise erhält somit unsere Konventionen und die mit ihnen verbundene Lebensweise. Dadurch kommt es kaum zu nennenswerten Veränderungen. Die Hinwendung zu generativen Theorien lädt uns demgegenüber zu einer Abkehr von den Traditionen ein und ermöglicht uns, mit neuen Formen der Etikettierung, Beschreibung und Erklärung der Welt zu experimentieren. Könnte Straßenkriminalität nicht auch als Manifestation sozialer Missstände, als Weg zur Erhöhung des Selbstwertgefühls oder als eine Konstruktion bestimmter Menschen, die nicht zu ihrer Klasse gehörige Personen bestrafen wollen, gesehen werden? Jede dieser Alternativen eröffnet neue Perspektiven und Möglichkeiten, sich in der Welt zu bewegen. In gewisser Hinsicht ist generatives Theoretisieren eine Form von *poetischem Aktivismus*. Es fordert uns auf, mit Worten Risiken einzugehen, Konventionen herauszufordern und neue Formen des Verstehens, neue Bilder und neue Denkweisen zu generieren.

Das vorliegende Kapitel ist nur eine kleine Expedition in die generative Theorie. Indem ich mich auf ein Beispiel beschränke, hoffe ich, Ihnen ein Gefühl für die Herausforderung und ihre Komplexitäten, Versprechungen und möglichen Grenzen zu vermitteln. Unser Beispiel wird uns zudem dabei helfen, unsere auf das Selbst gerichtete Aufmerksamkeit zu erweitern. Wie können wir unser Verständnis vom Selbst durch Sprache transformieren? Wie können wir mit einer seit Jahrhunderten bestehenden Tradition brechen und unserem Leben durch neue Begriffe neue Bedeutung verleihen und es um neue Dimensionen bereichern? Dies sind die vor uns liegenden Herausforderungen. Es gilt, die traditionelle Vorstellung eines individuellen Selbst durch die Sicht eines in Beziehungen eingebundenen Selbst zu ersetzen. Bevor wir dieser Vision nachgehen, wollen wir uns zunächst noch mit den Gründen für diesen Versuch beschäftigen.

Individualismus und Ideologie

> Keiner von uns lebt ohne Bezugnahme auf eine
> imaginäre Singularität, die wir unser Selbst nennen.
>
> Paul Smith, *Discerning the Subject*

Es ist bequem, an die Bedeutsamkeit persönlicher Erfahrungen zu glauben und uns als selbstbestimmte und freie Entscheidungen treffende Individuen zu betrachten. Wie wir jedoch bereits im ersten Kapitel gesehen haben, müssen wir diese Annahmen in Frage stellen. Bis jetzt haben wir uns vorwiegend mit begrifflichen Problemen beschäftigt – Unstimmigkeiten, Ungereimtheiten und Stagnationen. Denken Sie zurück an das erste Kapitel und die dort gestellte Frage, wie wir das Geistige vom Weltlichen trennen können, wie der Geist die Natur abzubilden vermag und wie sich eindeutig psychische Zustände identifizieren lassen. In den darauffolgenden Kapiteln erkannten wir, dass das individuelle Selbst sozial definiert wird – sowohl in sozialen Beziehungen als auch durch die Massenmedien. Und im letzten Kapitel sahen wir, dass Konzepte vom Selbst sich mit der Zeit verändern und kulturspezifisch sind. Die Annahme, dass Denken, Fühlen, Wünschen, Beabsichtigen und ähnliches persönliche Erfahrungen sind, ergibt sich demnach nicht zwangsläufig aus den Dingen, „wie sie sind". Vielmehr handelt es sich bei dieser Auffassung im Wesentlichen um eine uns offen stehende Option.

Ausgehend von den eher schwachen Annahmen, auf denen das Konzept eines individuellen Selbst beruht, müssen wir uns nun die Frage nach sozialen Werten stellen. Alle Annahmen haben ihre Schwächen. Es gibt keine endgültigen Rechtfertigungen für unsere Überzeugungen. Müssten wir unsere Lebensweise eindeutig begründen, stünde plötzlich alles zur Disposition. Viel wichtiger ist jedoch die Frage, welche Folgen es für das kulturelle Leben hat, dass wir die Dinge so darstellen, wie wir es tun. Oder, um bei unserem Beispiel zu bleiben, was gewinnen wir und was verlieren wir, wenn wir die Tradition des persönlichen, individuellen Selbst als dem Urheber unserer Handlungen beibehalten? Ich denke, die meisten von uns würden der Behauptung zustimmen, dass diese Konzeption der westlichen Kultur viele Vorteile gebracht hat. Nicht zuletzt ist die Annahme von persönlichen, individuellen Gedanken eine Voraussetzung für die Institution der Demokratie. Eng verbunden mit unserer Wertschätzung der Demokratie ist unsere Förderung öffentlicher Bildung, die auf der Annahme basiert, dass wir durch sie unabhängiges Denken kultivieren. Häufig wird argumentiert, dass sich der demokratische Prozess umso effektiver gestaltet, je gebildeter die daran beteiligten Individuen sind. Ohne den Glauben an die Selbstbestimmtheit von Individuen würden unsere Institutionen der moralischen Beurteilung in sich zusammen fallen. Es macht Sinn anzunehmen, dass wir für unsere Taten verantwortlich sind – sowohl im Alltagsleben als auch vor Gericht – und davon auszugehen, dass wir zu individuellen Entscheidungen in der Lage sind. Dieser *individualistischen Tradition* verdanken wir sehr viel. Es wäre überaus problematisch, diesen Diskurs aus unserer Kultur zu verbannen. Dennoch sollten wir unserer Neugierde freien Lauf lassen, auch seine dunkle Seite zu erkunden.

Die letzten Jahre brachten eine zunehmende Unzufriedenheit mit dem Individualismus – und dem damit verbundenen Diskurs des individuellen Geistes (siehe Kapitel 1). Durch unser Eingebundensein in die westliche Tradition sind wir nicht von seiner Wahrheit, sondern auch von seiner universellen Anwendbarkeit überzeugt. Was sind jedoch die Folgen unserer westlichen Sichtweise, die sich im Zuge der Globalisierung und den aus Unterschieden resultierenden, immer größer werdenden Herausforderungen ergeben? Wer gewinnt und wer verliert? Bringt uns der Individualismus erfolgreich durch das 21. Jahrhundert? Sollten wir Alternativen kultivieren? Viele meinen, Individualismus sei eine Form von kultureller Ideologie. Obgleich sie auf eine erfolgreiche Geschichte zurückblicken kann, ist diese *Ideologie des Selbst als eine in sich geschlossene Einheit* überaus problematisch. Folgende Argumente sollen dies verdeutlichen.

Das Problem der isolierten Seelen

Wenn das für mich Zentrale in mir liegt – und nur mir allein gehört –, wie stehe ich dann zu Ihnen? Von Beginn an sind Sie eine „andere" Person, die getrennt von mir existiert. Ich stehe im Wesentlichen allein da. Ich komme als isoliertes Wesen in diese Welt und verlasse sie auch wieder allein. Sie können niemals wirklich erfahren oder verstehen, wer ich bin, da sich vieles von mir Ihnen nicht offenbart. Es kann niemals eine andere Person geben, die mich in meiner Isolation versteht. In gleicher Weise liegt auch das, was Sie auszeichnet – Ihr Wesenskern – für mich überwiegend im Verborgenen. Ich kann mir nie sicher sein, wer Sie wirklich sind, und weiß nicht, was Sie alles vor mir verbergen und was Sie wirklich wollen. Selbst in unseren intimsten Momenten weiß ich nicht, was Sie wirklich fühlen. Unsere Isolation führt zwangsläufig zu Misstrauen. Völlige Sicherheit erlangen wir nie. Wörter und Handlungen sind daher nie vollends glaubwürdig, immer lauert der Zweifel gleich hinter der nächsten Ecke. Wenn dies unsere Orientierung im Leben ist, welchen Platz haben dann enge und ernsthafte Beziehungen? Und wie sollen wir mit dieser Einstellung kooperative Beziehungen auf globaler Ebene aufbauen?

Narzissmus und die Ausnutzung anderer

> Ich zelebriere mich selbst.
>
> Walt Whitman, *Grashalme*

Das dominierende Gefühl von Isolation, Entfremdung und Misstrauen verschlimmert noch ein weiteres Problem, das aus der individualistischen Ideologie resultiert. Wenn das Selbst das Zentrum der eigenen Existenz ist und wir andere Personen nie wirklich verstehen und ihnen nie vollends vertrauen können, muss es uns vorrangig darum gehen, unsere eigenen Bedürfnisse und Ziele durchzusetzen. Dies ist nur natürlich. Sich für andere übermäßig anzustrengen ist dagegen unnatürlich. Im Hinblick auf andere müssen wir uns stets fragen: „Was gewinne ich dabei? Was verliere ich?" Diese Orientierung wird auch als *instrumentalistisch* (oder als *utilitaristisch*) bezeichnet. Die Dinge werden hier nicht um ihrer selbst willen getan. Als rational gelten nur jene Handlungen, die sich als instrumentell im Hinblick auf die Erreichung eines Ziels erweisen. Die Ideologie des Individualismus mag zwar zu Altruismus führen, aber nur weil altruistisches Verhalten Belohnungen mit sich bringen kann – Lob, Dankbarkeit, bessere Beziehungen etc. Christopher Laschs Buch *Das Zeitalter des Narzißmus*[2] ist eine vernichtende Kritik der egoistischen, individualistischen Einstellung. Lasch zufolge verlieren emotionale Beziehungen und sexuelle Intimität durch die instrumentalistische Orientierung an Bedeutung. Gibt man sich Liebe und Sexualität nur hin, um sich selbst zu befriedigen, geht der traditionelle Wert dieser Handlungen verloren. In gleicher Weise sind wissenschaftliche Forschung, die nur dazu dient, „meine Karriere" zu fördern, und politische Aktivität, die „mir zum Sieg verhelfen" soll, ohne tieferen Wert.

Beziehungen als Kunstgriffe

Lassen Sie einmal folgende Aussagen auf sich wirken: „Wir müssen an unserer Beziehung arbeiten", „Die Beziehung fällt auseinander", „Wir müssen bessere Teamarbeit leisten", „Er hatte großen Anteil am Aufbau des Unternehmens." All diese Aussagen entspringen der individualistischen Sichtweise. Wenn wir glauben, dass das Selbst die elementare Einheit bildet und dass die Gesellschaft sich aus individuellen Akteuren zusammensetzt, dann müssen Beziehungen aufgebaut, geschaffen oder repariert werden. Das Selbst wird damit zur vorrangigen Ralität, während Beziehungen als künstlich und vorübergehend angesehen werden. Außerdem gelten Beziehungen nur dann als wünschenswert, wenn man nicht so gut allein zurechtkommt. In dem vielgepriesenen Werk *Habits of the Heart*[3] schlagen Robert Bellah und seine Kollegen vor, dass die gegenwärtige Bevorzugung von Selbstausdruck, Freiheit, individueller Entwicklung und Selbstverwirklichung den für eine funktionierende Gesellschaft notwendigen Institutionen zuwiderläuft. Hierzu ein Beispiel: „Wenn Liebe und Ehe primär danach beurteilt werden, welche psychologische Befriedigung sie bieten, so verfehlen sie möglicherweise ihre ältere soziale Funktion. Die bestand darin, einen Rahmen für stabile vertrauensvolle Beziehungen zu schaffen, der die Menschen in die Gesellschaft einband."[4] Aus individualistischer Sicht besteht kein Grund, eine Ehe zu erhalten, wenn diese die eigenen Wünsche nach Freiheit und Selbstausdruck einschränkt. Das Selbst ist die zentrale Einheit und eine wenig erfreuliche Ehe wird eben beendet. In gleicher Weise bezweifeln Bellah und Kollegen, ob sich Kommunen selbst regieren könnten. Genauso stellen sie in Frage, ob Menschen die nötige Bereitschaft aufbringen, sich an öffentlichem Leben, Institutionen und Politik zu beteiligen. Da diese Aktivitäten Zeit und Energie kosten, werden sie womöglich als der persönlichen Entwicklung und dem persönlichen Profit nicht dienlich angesehen. Ein Individualist betrachtet „Bindungen als Einschränkungen, Werte als Meinungen oder Voreingenommenheiten und Bräuche als Bevormundung."[5]

Die Tragödie des Jeder gegen Jeden

In seinem berühmten Buch *Leviathan* aus dem 17. Jahrhundert betont der Philosoph Thomas Hobbes die Wichtigkeit von Gesetzen und einer starken zentralen Regierung. Ihm zufolge sind Menschen im Naturzustand stets sich selbst am nächsten. Die allem menschlichen Verhalten zugrunde liegende Bedingung ist daher „ein Krieg jeder gegen jeden." In diesem Zustand ist das menschliche Leben „einsam, arm, gemein, brutal und kurz." Aus diesem Grunde sind Gesetze und eine starke Regierung für unser Wohlbefinden unabdinglich. Hobbes' Vision des Individuums ist auch im heutigen Individualismus noch ein zentraler Aspekt – im Alltag und in den Institutionen von Regierung, Bildung und Wirtschaft. Die Prämisse ist, dass Isolation und Misstrauen unserem natürlichen Zustand entsprechen. Wenn es wirklich drauf ankommt, sind die Menschen zuallererst auf den eigenen Vorteil bedacht. Niemandem darf man wirklich vertrauen; allen geht es nur um den eigenen Profit.

Des Weiteren lädt uns der Individualismus zum Wettstreit ein. Wir begeben uns in die Universität und schon befinden wir uns in einer Konkurrensituation – nur einige wenige werden die Besten sein. Wir nehmen eine Arbeit an und müssen üblicherweise erneut mit anderen konkurrieren – nur wenige werden Karriere machen. Sowohl in der Bildung als auch auf dem Arbeitsmarkt und in der Wirtschaft ist der Individualismus deutlich erkennbar. Marxistische Kritikerinnen und Kritiker ergänzen, dass kapitalistische Marktwirtschaft eng mit individualistischer Ideologie verbunden ist. Die Welt der Wirtschaft, wie wir sie verstehen, setzt sich aus individuell Handelnden zusammen, die alle versuchen, die eigenen Vorteile zu maximieren und die Verluste zu minimieren. In einer Welt mit begrenzten Ressourcen bedeutet dies, dass wir miteinander um diese knappen Güter konkurrieren müssen. Wir sollten uns jedoch fragen, ob dieser Zustand des kontinuierlichen Kämpfens wünschenswert ist. Müssen wir unbedingt Institutionen schaffen, die diese Sichtweise verkörpern? Wenn wir diese Sicht auf globale Beziehungen ausdehnen, welche Zukunft erwartet uns dann?

Das Machtproblem

„Getrennt gehen wir unter…"

Wir haben uns überwiegend an der von Hobbes geäußerten Sicht des Regierens orientiert. Da wir uns als isoliert, wenig vertrauenswürdig, von Eigeninteressen bestimmt und konkurrenzorientiert ansehen, etablieren wir Institutionen, die uns einschränken – Organisationen, die uns überwachen, bewerten, bestrafen und einsperren. Sobald diese Organisationen gegründet sind, entwickeln sie häufig ein Eigenleben. Sie unterliegen ihrerseits nicht mehr der Überwachung und Kontrolle seitens derjenigen, die sie ins Leben gerufen haben. KGB und CIA sind gute Beispiele aus der Vergangenheit. Sogar Regierungsmitglieder hatten die unkontrollierte Macht dieser Organisationen zu fürchten. Es geht nicht nur um das Misstrauen gegenüber Individuen. Durch einen Prozess der Individualisierung verstärken übergeordnete Kräfte ihre Kontrolle. Foucault meinte, in früheren Perioden westlicher Geschichte habe kaum das Verlangen bestanden, Bücher mit den Namen einzelner Autoren zu versehen. Das Schreiben wurde nicht als Ausdruck individueller und origineller geistiger Leistungen angesehen. Das Konzept des Autors als Urheber begann Foucault zufolge erst, als die französischen Könige Angst vor politischer Kritik an ihrer Regierung entwickelten. Indem sie es als gesetzeswidrig erklärten, Schriften ohne den Namen eines Autors zu veröffentlichen, schufen sie eine neue Kontrollmaßnahme. In gleicher Weise sind heutzutage viele Stimmen zu hören, die die Quantifizierung des Individuums und die vielen Möglichkeiten kritisieren, mit denen enorme Mengen an Informationen über eine Person gesammelt und im Internet verfügbar gemacht werden. Rosy Stone meint, wir seien zu nummerierten Subjekten geworden, die von anderen zu jeder Zeit identifiziert und zur Rechenschaft gezogen werden können.[6] Widerstand gegen die Individualisierung ist notwendig, um eine freie Gesellschaft zu erhalten.

154

Systemische Blindheit

Da wir an das Individuum als eine in sich geschlossene Einheit glauben – ein Selbst, das denkt, fühlt, abwägt, bewertet und dementsprechend handelt –, verfügen wir über eine bequeme Möglichkeit, schlechte Taten zu verstehen – Verrücktheit, Kriminalität, Belästigung, Diskriminierung usw. In allen Fällen sind wir geneigt, den Fehler beim Individuum zu suchen. Verrücktheit wird auf „geistige Krankheit" zurückgeführt, Kriminalität auf eine verfehlte Einschätzung von „Gut und Böse", Belästigung und Diskriminierung auf „tief verwurzelte Vorurteile" usw. Indirekt sagen wir auf diese Weise: „Weiter geht die Ursachenforschung nicht." Individuen verursachen Probleme und am Individuum muss die Intervention ansetzen – durch Therapie, Erziehung, Gefängnisstrafen usw.

Halten wir jedoch einen Moment inne. Haben die Handlungen einer Person ausschließlich im Selbst ihren Ursprung, unabhängig von allen Rahmenbedingungen? Kommen Vorurteile tatsächlich von innen? Dies ist kaum vorstellbar. Wenn wir uns aktiv am Geschehen in der Welt beteiligen – in Beziehungen, Arbeitsleben, materiellem Umfeld usw. –, warum sehen wir dann im individuellen Geist die Quelle problematischen Verhaltens? Warum sollte ich meine Depressionen behandeln lassen, wenn meine Arbeit langweilig und mein Chef ein Tyrann ist? Warum nicht lieber den Arbeitsplatz wechseln? Im erweitertem Sinne fungieren die individualistischen Annahmen wie Scheuklappen. Sie führen uns zu primitiven und stark vereinfachenden Methoden der Problembewältigung. Dabei versäumen wir, die Umstände zu berücksichtigen, unter denen Handlungen vollzogen werden und beschränken uns zu sehr auf die vor unseren Augen stehende Person. Die individualistische Option ist nicht nur sehr begrenzt, sondern verkennt darüber hinaus die Rahmenbedingungen individueller Lebensgeschichten. Sie kann dadurch katastrophale Folgen nach sich ziehen.

Zusammenfassend lässt sich festhalten, dass die Annahme eines individuellen Selbst trotz ihrer Beiträge zu hoch geschätzten Traditionen wesentliche Mängel aufweist. Gilt das Selbst als elementarer Baustein der Gesellschaft, führt dies leicht zu Isolation, Misstrauen, Narzissmus und Konkurrenzkampf, während Beziehungen auf unwesentliche Kunstgriffe reduziert werden, die nur unsere Freiheit bedrohen. Zugleich beschränken wir uns damit auf oberflächliche Versuche, unsere Probleme zu lösen. Es gilt daher, vielversprechendere Alternativen und neue Konzeptionen des Selbst zu generieren, die das soziale Leben weniger bedrohlich machen und eine globale Zukunft verheißungsvoller gestalten. Welche Alternativen stehen uns für das neue Jahrhundert zur Verfügung? Dieser Frage wollen wir uns jetzt zuwenden.

Das Selbst als Beziehung: Erste Schritte

> In unserer schwierigen Zeit sind die Fähigkeit, zu tolerieren, und der
> Wille, flexible und multiple Formen der Subjektivität zu fördern,
> zwingend erforderlich und in hohem Maße ethisch gerechtfertigt.
>
> Jane Flax, *Multiplies*

Wenn wir aus der Tradition des individuellen Selbst kommen – eines Selbst, das wahrnimmt, denkt, fühlt und frei handelt –, diese Konstruktion von Personen aber für problematisch halten, welchen alternativen Konstruktionen der Wirklichkeit könnten wir uns statt dessen zuwenden? Nach welchen Alternativen sollten wir streben? Wie können wir Personen konstruieren, ohne die Fehler der individualistischen Sichtweise zu wiederholen und gleichzeitig vielversprechendere Formen des sozialen Lebens zu ermöglichen? Obgleich es auch andere Wege gibt, für die wir offen sein sollten, ist eine hoffnungsvolle Variante der sozialkonstruktionistische Dialog.

Wie in den vorhergehenden Kapiteln dargelegt, sieht der Soziale Konstruktionismus die Entscheidungen über das Reale und Gute in sozialen Prozessen begründet. Was wir für Wissen von der Welt halten, entsteht aus Beziehungen und ist nicht in einen individuellen Geist, sondern in interpretative oder gemeinschaftliche Traditionen eingebettet. Konstruktionistische Dialoge betonen daher Beziehungen statt Individuen, Verbindungen statt Isolation und Kooperation statt Konkurrenz. Wie können wir jedoch die Frage beantworten, was es heißt, eine Person zu sein, und uns gleichzeitig von der individualistischen zur relationalen Sichtweise umorientieren? Dies ist keine leichte Aufgabe, da die Sprache, die wir übernommen haben, stark am Individualismus orientiert ist. Im Englischen gibt es mehr als 2000 Begriffe, die sich auf individuelle geistige Zustände beziehen (und diesen dadurch „Realität verleihen"), doch nur sehr wenige, die Beziehungen beschreiben. Sogar das Konzept der Beziehung, das wir übernommen haben, setzt voraus, dass Beziehungen durch einen Zusammenschluss noch elementarerer Einheiten, eben individueller Personen, entstehen. Es scheint, als hätten wir ein komplexes Vokabular zur Beschreibung einzelner Bauern, Läufer und Pferde entwickelt, ohne jedoch mit ähnlicher Präzision über das Schachspiel als Ganzes sprechen zu können. Wie können wir nun eine generative Theorie entwickeln, ohne über das entsprechende Vokabular zu verfügen?

Da wir nicht noch einmal von Neuem beginnen und ein System ohne Bezugnahme auf irgendeine Tradition erschaffen können, eignet sich eine genaue Untersuchung der Vergangenheit als erster Schritt zu einem relationalen

Verständnis. Sind in unseren Traditionen Aspekte enthalten, die sich als Ressourcen für die Zukunft eignen? Diese finden sich zuhauf. Lassen Sie uns drei wichtige Wege näher beleuchten, die uns einem relationalen Verständnis des Seins näher bringen: symbolische Interaktion, Kulturpsychologie und Phänomenologie. Gleichzeitig wollen wir erkunden, inwieweit wir über diese Traditionen hinausgehen können.

Symbolische Interaktion: Das intersubjektive Selbst

> Ein Selbst kann nur in Beziehung zu anderen existieren.
>
> George Herbert Mead, *Geist, Identität und Gesellschaft*

Seit den 30er Jahren des vergangenen Jahrhunderts hat sich die Sozialpsychologie vorwiegend einer individualistischen Sicht der Person verschrieben. In Laborexperimenten werden die *Reizbedingungen* der Umgebung manipuliert, auf die das Individuum – in Abhängigkeit von Kognitionen, Motivationen, Emotionen usw. – mit mehr oder weniger Aggression, Altruismus, Vorurteilen, Anziehung usw. *reagiert*. Beziehungen sind in dieser Sicht das Nebenprodukt der Zusammenkunft unabhängiger Individuen. Da sich somit Beziehungen stets auf einen individuellen Geist zurückführen lassen, halten die meisten Sozialpsychologinnen und Sozialpsychologen sie ironischerweise für eher uninteressant. Das Individuum steht eindeutig im Zentrum der meisten Forschungsbemühungen. Gleichzeitig demonstrieren die meisten sozialpsychologischen Theorien eine starke Abneigung gegenüber der Einmischung anderer in das eigene Leben. Andere Personen gelten üblicherweise als Störfaktoren und bewirken Abweichungen vom optimalen Funktionieren des Individuums. In der sozialpsychologischen Tradition sind es „andere Menschen", die verlangen, dass man sich an ihre fehlgeleiteten Überzeugungen anpasst und ihren unmenschlichen Befehlen gehorcht. Es sind die „Anderen", die das unabhängige Denken beeinträchtigen („group think").

Die Sozialpsychologie hätte sich jedoch auch anders entwickeln können – sowohl hinsichtlich ihrer Forschungsschwerpunkte als auch in Bezug auf ihre Bewertung der Präsenz anderer Personen in unserem Leben. Eine wichtige Alternative entstand im Jahre 1934 mit George Herbert Meads Klassiker *Geist, Identität und Gesellschaft*[7] Mead zufolge gibt es kein Denken und kein Gefühl eines Selbst, das unabhängig von sozialen Prozessen existiert. Mead zufolge werden wir mit rudimentären Fähigkeiten geboren, uns auf andere einzustellen, vor allem als Reaktion auf Gesten mit Händen, dem Klang der Stimme, Gesichtsausdrücken, Blicken usw. Durch die Reaktionen, die andere auf unsere

Gesten zeigen, entwickeln wir allmählich die Fähigkeit zu geistiger Symbolisierung. Und es sind unsere Gesten und die Reaktionen der Anderen darauf, die mental repräsentiert werden.

Sprache wird möglich, wenn Menschen einen gemeinsamen Satz an mentalen Symbolen teilen, z.B. wenn Wörter bei allen an einem Gespräch beteiligten Personen die gleichen Symbole hervorrufen. Die Entwicklung gemeinsamer Symbole wird laut Mead durch das gefördert, was er als die natürliche Tendenz zur *Rollenübernahme* bezeichnet. Das heißt, indem andere auf unsere Gesten reagieren und wir diese Reaktionen in uns erfahren, entwickeln wir ein Gefühl dafür, was die Gestik der anderen Person für sie bedeutet. Schreie ich als Kind meinen Vater an und hebt er daraufhin drohend die Hand, werde ich ängstlich und höre auf zu schreien. Dabei stellt sich bei mir gleichzeitig der Eindruck ein, dass mein Vater mein Geschrei für unakzeptabel hält. Indem ich seine Rolle in dieser Situation einnehme, verstehe ich, dass er in seiner symbolischen Welt mein Geschrei nicht tolerieren kann.

Mead schreibt weiterhin, dass ich mir erst durch die Rollenübernahme meiner selbst bewusst werde. Durch das Einnehmen der Rolle der anderen Person, wie sie auf mein Verhalten reagiert, verstehe ich allmählich, wer und was ich bin. Im Laufe der Zeit entwickle ich ein Gefühl eines *generalisierten Anderen*, das heißt, einer viele Situationen einschließenden Zusammenfassung aller Reaktionen anderer auf mich und meine Handlungen. Aus diesem Gefühl des generalisierten Anderen entsteht eine kohärente Wahrnehmung meines Selbst, dessen, „was ich wirklich bin." Da unser Gefühl vom Selbst auf Kontakt mit anderen beruht, sind wir somit engstens miteinander verbunden. Mead schreibt: „Zwischen unserem Selbst und dem Selbst anderer Personen lässt sich keine endgültige und eindeutige Linie ziehen, da unser Selbst nur insofern existiert und zum Bestandteil unserer Erfahrungen wird, als auch das Selbst anderer existiert und als solches in unsere Erfahrungen eingeht."[8]

Obgleich es in der Sozialpsychologie kaum beachtet wurde, führte Meads Werk zur Entstehung der kleinen, aber aktiven Bewegung des *Symbolischen Interaktionismus*. Die Vertreterinnen und Vertreter dieses Ansatzes interessieren sich vor allem für die Ursachen für soziale Ordnung und Abweichungen von dieser. Von großer Bedeutung ist das Konzept der *sozialen Rolle*. Aus der Sicht des Symbolischen Interaktionismus spielt sich das soziale Leben in den Rollen ab, die wir annehmen, erfinden oder uns aufdrängen lassen.[9] Betrachten Sie Ihr vor Ihnen liegendes Leben, sehen Sie eine Struktur unterschiedlicher Rollen – Lehrerin, Therapeut, Managerin usw., oder Ehefrau, Vater, Homosexueller. Auch das Verhalten von Außenseitern der Gesellschaft – Drogensüchtige, Diebe oder „psychisch Kranke" – kann man als das Übernehmen von Rollen betrachten, die festgelegt werden, bevor wir die Bühne betreten. Zwischen dem Symbolischen Interaktionismus und der von Erving Goffman und Kollegen entwickelten dramaturgischen Sichtweise (siehe Kapitel 3) gibt es viele Parallelen.

Der Symbolische Interaktionismus macht deutlich, wie sehr Menschen gegenseitig voneinander abhängig sind. Aus dieser Sicht haben jegliches Denken, Wissen und Glauben und jede Selbsterkenntnis ihren Ursprung in sozialen Interaktionen. Psychische Vorgänge sind damit nicht von sozialen Prozessen zu trennen. Trotz seiner intellektuellen Bedeutsamkeit hat sich der Symbolische Interaktionismus jedoch nicht als geeigneter Ersatz für den Individualismus erwiesen. Dafür gibt es mehrere Gründe. Erstens enthält dieser Ansatz trotz seines relationalen Schwerpunktes noch immer Elemente des Individualismus. Mead zufolge werden wir als persönliche Subjekte geboren und müssen andere als persönliche Subjekte „erfahren", um geistig „die Rolle des Anderen übernehmen" zu können und auf diese Weise höhere kognitive Fähigkeiten zu entwickeln. Persönliche Subjektivität wird in Meads Ansatz nie wirklich in Frage gestellt. Kommunikation erfolgt von einer individuellen Subjektivität zur anderen. Des Weiteren wirft der Symbolische Interaktionismus das unlösbare Problem auf zu erklären, wie eine Person den geistigen Zustand anderer aus deren Ausdruck erschließen kann. Wenn ich als Kind vor der erhobenen Hand meines Vater stehe, woher weiß ich dann, was seine Bewegung für ihn bedeutet? Auf diese Schwierigkeit, eine andere Person zu verstehen, sind wir bereits im ersten Kapitel gestoßen. Außerdem gibt es im Symbolischen Interaktionismus noch einen Beigeschmack von sozialem Determinismus. Laut Mead gibt es eine „zeitliche und logische Präexistenz sozialer Prozesse vor den in ihnen entstehenden selbstreflexiven Individuen."[10] Das heißt, wie wir über die Welt und uns selbst denken, wird letztendlich von anderen festgelegt. Ohne ihre Ansichten über uns könnten wir auch kein Selbstkonzept entwickeln. Die deterministische Sicht liegt auch der Analyse sozialer Rollen zugrunde: Haben wir keine andere Wahl, als die für uns vorgeschriebenen Rollen zu spielen? Mein Bedenken deckt sich nicht mit der traditionellen Kritik, dass diese Art von sozialem Determinismus unvereinbar ist mit dem Konzept des freien Willens und der menschlichen Selbstbestimmtheit. Dies wäre die Klage des Individualismus. Vielmehr frage ich, ob eine mechanistische Sicht menschlicher Beziehungen – in der wir alle das Verhalten anderer festlegen – positive Auswirkungen auf das soziale Leben haben kann. Ist nicht die Vorstellung von Ursache und Wirkung in menschlichen Beziehungen eher dazu angetan, Trennung und Entfremdung herbeizuführen? Wenn Sie „mein Verhalten verursachen", sind sie dann nicht von mir getrennt und haben Sie dadurch nicht große Macht über mich? Optimal wäre ein Ansatz, in dem wir die binäre Unterscheidung zwischen freiem Willen und Determinismus abschaffen könnten. Dies ist eine bedeutende intellektuelle Herausforderung, die uns noch weiter beschäftigen wird.

Kulturpsychologie: Die Fortsetzung

> Sprechen/Denken (eine dialektische Einheit)
> ist eine sozial-kulturelle Aktivität.
>
> Lois Holzman, *Schools for Growth*

Wie wir gesehen haben, hätte sich die Sozialpsychologie auch in eine Richtung entwickeln können, in der Beziehungen statt Individuen im Vordergrund stehen. Gleiches gilt für die Entwicklungspsychologie: Entwicklungspsychologinnen und Entwicklungspsychologen hätten die menschliche Entwicklung auch als sozialen Prozess betrachten können. Die meisten von ihnen sind jedoch den gleichen Weg gegangen wie die Sozialpsychologinnen und Sozialpsychologen und haben menschliche Entwicklung in den Begriffen eines in sich abgeschlossenen Individuums definiert. Die Arbeit der meisten Entwicklungspsychologinnen und Entwicklungspsychologen basiert auf einer von zwei Metaphern über den Menschen: Eine Person wird entweder als Maschine oder als Blume konzeptualisiert. Oft werden diese Ansätze auch als *mechanistische* und *organismische* Konzeptionen der Entwicklung bezeichnet.[11] Aus mechanistischer Sicht ist ein Säugling im Wesentlichen eine Input-Output-Maschine, das heißt ein Organismus, dessen Entwicklung und verhaltensbezogener Output hauptsächlich von den Umweltbedingungen (dem Input) bestimmt werden. Diesem Ansatz verpflichtete Forscherinnen und Forscher untersuchen z.B. den Einfluss der Reizbedingungen auf die Intelligenz des Säuglings. Oder sie prüfen die Folgen unterschiedlicher Erziehungspraktiken für die Bindungsfähigkeit und das Selbstwertgefühl des Kindes. Das Verhalten des Kindes ist in dieser Sicht der Output, der aus dem (Umwelt-)Input resultiert. Diese mechanistische Orientierung wird auch *behavioristisch* genannt. Im Gegensatz dazu betonen organismische Theoretiker die genetischen Grundlagen der Entwicklung. Wie bei einer aufblühenden Blume sind Richtung und Phasen der Entwicklung im Voraus festgelegt – sie liegen in der Natur des Organismus. Das Werk von Piaget ist hierfür ein Beispiel. Piaget legte seinen Schwerpunkt auf die Art und Weise, wie sich die kognitiven Fähigkeiten des Kindes auf natürlichem Wege entwickeln – von den rudimentären Sinnesreaktionen im Säuglingsalter bis hin zu den abstrakten begrifflichen Fähigkeiten der späten Kindheit. Sowohl im mechanistischen als auch im organismischen Ansatz gilt das Kind als grundsätzlich getrennt von seiner Umwelt.

Die Geschichte der Entwicklungspsychologie hätte ganz anders verlaufen können. In Russland entwickelte Lew Wygotski in den 30er Jahren eine kühne Alternative zu den dominierenden Konzeptionen. Für Wygotski sind

Individuen untrennbar miteinander und mit ihrer Umwelt verbunden. Das Individuum von seinem Umfeld zu trennen – ob als Maschine oder als Blume – , ist nur auf analytischer und theoretischer Ebene möglich. Von besonderem Interesse waren für Wygotski die „höheren kognitiven Fähigkeiten" wie Denken, Planen, Aufmerksamkeit und Erinnerung. Psychologen betrachten diese Funktionen üblicherweise als universell. Die Forschung richtet sich auf Kognitionen im Allgemeinen, fast nie untersucht sie jedoch Kognitionen z.B. innerhalb unterschiedlicher ethnischer oder religiöser Traditionen. Für Wygotski waren diese höheren Prozesse dagegen in Beziehungen eingebettet: „Soziale und zwischenmenschliche Beziehungen sind die Grundlagen aller höheren (geistigen) Funktionen und deren Beziehungen zueinander."[12] Geistige Abläufe reflektieren somit soziale Prozesse.

In ähnlicher Weise, in der George Herbert Meads Werk zur Entstehung des Symbolischen Interaktionismus führte, waren Wygotskis Theorien der Ausgangspunkt der sogenannten *Kulturpsychologie*. Einer ihrer wichtigsten Vertreter, Jerome Bruner, hatte die vielversprechende Idee, dass die alltäglichen Berichte davon, warum Menschen sich so verhalten, wie sie es tun, die wichtigsten Elemente des Denkens wiedergeben. Diese Berichte werden oft als Populärpsychologie bezeichnet. Wir betreiben immer dann *Populärpsychologie*, wenn wir das Verhalten anderer z.B. über deren Wünsche, Überzeugungen, Ziele und Leidenschaften erklären. Dies sind die Begriffe, in denen wir denken. Bruner meint, ohne die von uns geteilte Populärpsychologie würden wir kaum wissen, wie wir Beziehungen aufbauen sollten. Ohne sie gäbe es die Gesellschaft, wie wir sie kennen, nicht. Laut Bruner existieren die Annahmen der Populärpsychologie in Form von Erzählungen in unserem Geist. Wir verstehen andere, indem wir in Erzählungen denken. Wir denken z.B. „Alex wurde wütend, weil er den Preis haben wollte und Susie gewonnen hat. Deshalb spricht er nicht mehr mit Susie." Des Weiteren organisieren diese geistigen Erzählungen Bruner zufolge die Art, in der wir die Welt erfahren und unsere Gefühle regulieren. Durch unser Wissen über Erzählungen verstehen wir, welche Gefühle wann angemessen und welche Gefühle unangebracht sind. „Die Form unseres Lebens – die rauen und sich ständig verändernden Wellen unserer Autobiografie, die in unserem Geiste vorkommen – ist für uns und andere nur dank unserer kulturellen Interpretationssysteme verstehbar."[13]

Kulturpsychologie ist nicht nur aus intellektueller, sondern auch aus praktischer Sicht eine wichtige Entwicklung. Die kulturelle Sichtweise hat weitreichende Folgen für die Erziehungs- und Bildungspraxis.[14] Traditionelle Bildung ist auf die Förderung von Denkfähigkeit, Wissen und Verständnis individueller Schülerinnen und Schüler ausgerichtet. Diesen wird Bildungsmaterial vorgesetzt und es wird von ihnen erwartet, dass sie lernen. Aus kultureller Sicht verschiebt sich das Augenmerk des Bildungsprozesses jedoch vom Individuum zu Beziehungen – zwischen Lehrenden und Lernenden und zwischen Schülerinnen und Schülern. Insbesondere für Wygotski findet das Lernen innerhalb einer Matrix relationaler Handlungen statt. Handeln ist Voraussetzung für Lernen. Durch gemeinsame Aktivitäten treten wir metaphorisch gesprochen aus unserem Selbst heraus und übernehmen einen Aspekt des anderen. Eines der eindrucksvollsten Beispiele für diese kulturelle Sicht ist die Barbara Taylor Schule in Brooklyn.[15] Für die dortigen Schülerinnen und Schüler, die zwischen 4 und 14 Jahre alt sind, gibt es keinen festen Lehrplan und keine strikte altersabhängige Klasseneinteilung. Die Lehre ergibt sich aus einem Beziehungsprozess zwischen Lernenden und Lehrenden. Anstatt eine festgelegte Menge an Material zu lernen, liegt der Schwerpunkt des Lernprozesses auf Aktivität – Lernen durch Zusammenarbeit. In Abstimmung mit den Lehrerinnen und Lehrern werden von den Schülern gemeinsame Projekte entwickelt. Oft arbeiten Schülerinnen und Schüler in Gruppen und manchmal werden die Lernprojekte auch außerhalb der Schule bearbeitet (z.B. in Einkaufszentren, Museen oder an politisch bedeutsamen Orten).

Trotz dieser Beiträge der Kulturpsychologie müssen wir nochmals fragen, ob wir an dieser Stelle mit der Suche nach beziehungsorientierten Alternativen aufhören sollten. Vielleicht erahnen Sie bereits die Grenzen dieses Ansatzes. Die meisten wurden schon in der Diskussion des Symbolischen Interaktionismus erwähnt. Ebenso wie Mead stehen auch Kulturpsychologinnen und -psychologen vor dem Problem erklären zu müssen, wie kulturelle Einsichten in den individuellen Geist Eingang finden. Wenn es so ist, dass wir die Welt und das, was uns andere sagen oder zeigen, dank unserer höheren kognitiven Prozesse verstehen, wie haben wir dann die Kultur verstanden, bevor wir über diese Fähigkeiten verfügten? Wie konnten wir als unwissende Säuglinge die Wörter und das Verhalten unserer Eltern verstehen? Wenn wir nicht mit in sich abgeschlossenen kognitiven Prozessen geboren wurden, wie konnten wir dann die Rügen, die Bitten und das Lob unserer Eltern begreifen? Und wenn wir mit solchen Prozessen geboren wurden, liefert uns die Kulturpsychologie offensichtlich nicht die ganze Wahrheit. Außerdem besteht auch hier das Problem des sozialen Determinismus. Falls alle Gedanken und Vostellungen das Resultat des Aufwachsens in einer bestimmten Kultur sind, wird dadurch nicht das Individuum zu einem von der Gesellschaft programmierten Roboter? Und falls Kultur tatsächlich den individuellen Geist hervorbringt, wo liegt dann der Ursprung der Kultur? Lassen Sie uns noch einen Schritt weiter gehen.

Phänomenologie und der Andere

Ein dritter wichtiger Beitrag für eine relationale Sicht des Selbst entspringt einer ungewöhnlichen Quelle: der kontinental-europäischen Phänomenologie. Warum ist dies ungewöhnlich? Phänomenologische Arbeiten beschäftigen sich üblicherweise mit der Beschreibung und Analyse bewussten Erlebens – oder

der Natur des individuellen Bewusstseins. Die Phänomenologie erscheint somit als individualistischer Ansatz par excellence. Die übliche Trennung zwischen dem bewussten Subjekt und dem Objekt der Aufmerksamkeit erschien den Phänomenologen jedoch nie als glückliche Lösung. Der Philosoph Edmund Husserl (1859-1938) nahm an, jegliche Erfahrung sei *intentional*. Damit meinte er, dass unsere Erfahrungen stets auf ein bestimmtes Etwas (Objekt, Person etc.) in der externen Welt gerichtet sind oder von diesem angezogen werden. Bewusste Erfahrung ist damit in grundlegender Weise relational. Subjekt und Objekt bzw. das Selbst und der Andere fallen in der Erfahrung zusammen. Mit anderen Worten: Meine Erfahrung ist von Ihnen abhängig, nur so hat sie einen Inhalt. Sie existieren für mich nur insofern, als Sie zum Bestandteil meiner Erfahrung werden. Es war jedoch das Verdienst von Husserls Nachfolger, Alfred Schutz, die sozialen Dimensionen persönlicher Erfahrungen genauer herauszuarbeiten.

Schutz schlug vor, unsere Erfahrung der Welt werde von einer natürlichen Einstellung gesteuert. Damit meinte er, dass unser Verständnis von der geordneten und verstehbaren Welt um uns herum ein Nebenprodukt ist. Allerdings nicht von der Welt, wie sie ist, sondern von dem, was wir für selbstverständlich halten. Ihre Hände, Ihr Rumpf, Ihre Füße, Ihre Schultern und Ihre Augen mögen sich bewegen, wenn Sie lächeln, doch ich registriere diese vorübergehenden Ereignisse nicht. Vielmehr nehme ich nur wahr, dass „Sie lächeln." Unsere *natürliche Einstellung* besteht hauptsächlich aus *Typisierungen*, d.h. aus Annahmen über Klassen von Ereignissen. Ich mag hundert mal ein unterschiedliches Lächeln sehen und auch Ihr Lächeln mag jedes Mal etwas anders sein, und doch erfahre ich stets nur die Typisierung „eines Lächelns". Für Schutz übernehmen wir die meisten unserer Typisierungen aus der Sprache. Lernen wir z.B. das Wort „Lächeln", speichern wir einen Namen für eine Klasse. Wir verfügen nicht über spezielle Wörter für all die unterschiedlichen Qualitäten, die ein Lächeln haben kann. Wir beschränken uns darauf zu sagen: „sie lächelte" und fügen dem manchmal noch hinzu „freundlich", „verschmitzt", „künstlich" usw. Durch das Erlernen von Sprache erfahren wir damit die Welt fortan in einer Weise, die uns „blind" macht für Nuancen. Unsere Erfahrungen sind unweigerlich gefärbt durch die soziale und vor allem sprachliche Welt, in der wir leben.

Dieser Aspekt macht phänomenologische Arbeiten für die Entwicklung des relationalen Standpunktes bedeutsam. Schutz behauptet im Wesentlichen, dass das, was wir für zutiefst persönlich halten – unsere bewusste Erfahrung –, größtenteils das Produkt sozialer Interaktionen ist. Drastischer ausgedrückt heißt dies, dass sich das Persönliche nicht vom Öffentlichen trennen lässt. Dies ist in der Tat eine kühne Sichtweise, die mit jener der Kulturpsychologie in Einklang steht. Allerdings ist dies auch eine Perspektive mit wichtigen praktischen Konsequenzen. Die phänomenologische Sicht wurde mit Begeisterung aufgegriffen von Therapeutinnen und Therapeuten, die sich als humanistisch, holistisch oder existentialistisch bezeichnen. Diese therapeutsch tätigen Personen wollten sich von den manipulativen, mechanistischen und streng reglementierten Therapieformen distanzieren, da sie diese als entmenschlichend empfanden. Von der phänomenologischen Theorie werden sie in diesem Anliegen unterstützt, da sie die persönlichen Erfahrungen der Klientinnen und Klienten ins Zentrum rückt. Für Phänomenologinnen und Phänomenologen sind die Erfahrungen des anderen von großem Wert. Eine gute Therapie ermöglicht der behandelten Person, ihre Erfahrungen voll zum Ausdruck zu bringen. Qualitäten wie Aufrichtigkeit, Wärme, Akzeptanz und Wachstum genießen in diesen Kreisen eine hohe Wertschätzung.[17]

Trotz ihrer Verdienste um das kulturelle Leben ist auch die phänomenologische Sichtweise mit den bereits dargestellten Problemen behaftet. Auf den Punkt gebracht: Wenn Sprache das primäre Vehikel ist, durch das wir unsere Welt verstehen, wie sind wir dann jemals zu einem Verständnis der Sprache gelangt? Wie kann es für uns als Kinder eine Bedeutung haben, wenn wir bestimmte Folgen von Silben hören? Ohne Kategorien, durch die wir Sprache als „etwas Konkretes" erfahren können, müssten sie ohne Bedeutung bleiben. Ein zweites Problem kommt hinzu: Wie kann es sein, dass die Aufnahme einer bestimmten Sammlung von Silben in unseren Wortschatz unsere Erfahrung von der Welt verändert? Wie verändert das Lernen von Wörtern die tatsächlichen Formen und Farben der Objekte, die wir sehen?[18] Außerdem liefert uns der phänomenologische Standpunkt aufgrund seiner andauernden Verpflichtung gegenüber der subjektiven Erfahrung nicht all das, was wir uns von einer relationalen Sichtweise der Person erhoffen. Da die phänomenologische Analyse die subjektive Erfahrung als ihren primären Untersuchungsgegenstand ansieht, kann sie über das individualistische Erbe nie wirklich hinausgelangen. Sprache mag dem Individuum die Mittel zum Verstehen liefern, doch es ist letztlich die Beschaffenheit der persönlichen Welt, die für die Phänomenologie im Zentrum steht.

Relationales Sein: Die entstehende Vision

> Ich schaue, wohin sich die Dinge entwickeln…
> Ich achte nicht so sehr auf die Form, sondern will
> offen sein für jegliche Form, die sich anbietet durch
> mich aus dem Selbst, nicht meines sondern unseres.
>
> A. R. Ammons, „*Poetics*"

Die Diskussionen über Symbolischen Interaktionismus, Kulturpsychologie und soziale Phänomenologie sind sich in einer Hinsicht ähnlich: Sie gehen davon aus, dass sich das Psychologische aus dem Sozialen ergibt. Sobald die soziale Welt die psychologische geprägt hat, existiert das Selbst unabhängig von der Gesellschaft. Demnach bedienen sich all diese Ansätze der bekannten binären Unterscheidungen wie Selbst/Anderer, innen/außen, Individuum/Gesellschaft. Suchen wir nach einem Nachfolger für den Individualismus, müssen wir einen radikaleren Weg beschreiten. Wir müssen die binären Unterteilungen aufgeben, durch die wir von anderen getrennt sind und dennoch unter deren Einfluss stehen. Wir müssen einen Weg finden, uns selbst zu verstehen als Bestandteile eines Prozesses, in dem es kein Individuum gibt, der sich aber gleichzeitig aus individuellen Elementen zusammensetzt. Wie ist eine solche Sichtweise möglich? Ein wichtiger Ansatzpunkt findet sich im Werk des russischen Literaturwissenschaftlers Michail Bachtin.

Bachtin und Dialogismus

> Kein Sprecher ist letztlich der erste Sprecher, derjenige, der die ewige Stille des Universums unterbricht.
>
> Michail Bachtin, *Discourse in the Novel*

Obgleich es viel von der russischen Literatur und dem kulturellen Leben handelt, steht Bachtins Werk in vielerlei Hinsicht im Widerspruch zur vorherrschenden politischen Ordnung im Russland der 30er Jahre des vergangenen Jahrhunderts. Aus diesem Grunde musste Bachtin zu Beginn seiner Karriere für fünf Jahre ins Gefängnis und konnte danach keine wichtigen akademischen Positionen mehr erreichen. Erst kürzlich fand sein Werk außerhalb der ehemaligen Sowjetunion Beachtung. Für viele war die Entdeckung Bachtins wie das Wiederfinden eines lange verschollenen Familienmitglieds. Vielerorts führte sie zu großer Begeisterung. Bachtins Schriften sind umfangreich und komplex. Wir wollen uns daher auf einen zentralen Bestandteil konzentrieren. Außerdem entzieht sich sein Werk einer eindeutigen Interpretation. Das Unvermögen, die Bedeutung seines Werks klar festzulegen, kann auch als wichtiger Teil seines Inhalts gesehen werden. Bachtin war zutiefst besorgt über den unterdrückenden Charakter des *Monologs*, d.h. der Fähigkeit einer einzelnen Autorität, Sinn und Bedeutung zu monopolisieren und alle konkurrierenden Stimmen zu verdrängen. Bachtins Kritik bezog sich ebenso auf die unterdrückenden Kräfte des totalitären Regimes seines Landes und führte daher zu seiner Gefängnisstrafe. Seine Kritik sollte auch für all diejenigen gelten, die heute von sich behaupten, die „einzig richtige Interpretation" seines Werkes gefunden zu haben.

Sein Widerstand gegen den Monolog war Bachtins größter Antrieb bei der Entwicklung seiner wichtigsten Ideen, vor allem seiner Theorie des Dialogs (die oft als *Dialogismus* bezeichnet wird). In mancher Hinsicht gilt der Dialog als ein zu erreichendes Ideal – eine Form des Umgangs, die den Monolog ersetzt. In Bachtins Werk wird zudem deutlich, dass das Selbst vollkommen in Beziehungen eingebunden ist. Für Bachtin finden Personen über den Dialog zu ihrer Identität. Wie ist dies zu verstehen? Zunächst einmal ist es hilfreich, Bachtins Konzept der *Heteroglossie* zu erwähnen. Damit ist die Vielfältigkeit der Sprache innerhalb einer Kultur gemeint. Laut Bachtin ist die Sprache einer Kultur niemals das reine Produkt einer einzigen einheitlichen Tradition, sondern eine bunte Mischung. Dies liegt nicht nur daran, dass die Sprachen der meisten Kulturen Spuren vieler anderer Traditionen enthalten, mit denen sie in Kontakt kamen. So finden sich z.B. in der englischen Sprache u.a. Elemente aus dem Griechischen, Lateinischen, Altnordischen und Deutschen. Außerdem verändert sich die Sprache einer Kultur fortwährend. Die Bedeutung von Wörtern verändert sich in subtiler Weise durch jeden neuen Kontext, in dem sie verwendet werden. Zu jeder Zeit kann es auch zur Bildung neuer Wörter kommen.

Bachtin zufolge bedienen wir uns daher aus einem riesigen und vielgestaltigen Reservoir an Wörtern, wenn wir miteinander kommunizieren. Wenn wir sprechen oder schreiben, greifen wir auf die Vergangenheit zurück und setzen diese in Bewegung durch das, was Bachtin als *die Äußerung* bezeichnet. Die Äußerung enthält nicht nur Fragmente eines vielfältigen Erbes, sondern trägt auch die Bedeutung, die sie aus ihrem gegenwärtigen Kontext und ihrer Intonation bezieht. Der Satz „Es ist gut" sagt für sich genommen daher noch nichts aus. Sagt aber Iwan diesen Satz zu Peter, während beide spät am Abend Wein trinken und ins Kaminfeuer schauen, ist er ein bedeutsamer Beitrag zu einem Dialog. Antwortet Peter „Es ist gut", hat sich die Bedeutung der Wörter verändert. Jetzt stehen sie für Zustimmung und womöglich eine Bindung. Durch die vorhergehende Äußerung erhält dieser Satz seine Bedeutung. In diesem Sinne sind alle Äußerungen *zweistimmig*, da sie die Stimme aus der Vergangenheit in einen gegenwärtigen Dialog einbringen.

Für unsere Zwecke ergeben sich aus dieser Analyse zwei wichtige Aspekte: Erstens erkennen wir, dass die Bedeutung von Äußerungen aus einer dialogischen Beziehung hervorgeht. Es gibt keine Bedeutung, die nicht auf einer Beziehung beruht. In diesem Sinne geht Bachtins Formulierung über die Wittgensteinsche Vorstellung von Bedeutung als einem Nebenprodukt von Sprachspielen hinaus (Kapitel 2). Zweitens wird deutlich, dass die Position eines Individuums – z.B. seine Vernunft oder Einfühlsamkeit – stets auf einer Beziehung beruht. Das Selbst kann in dieser Hinsicht nicht vom anderen getrennt werden. In der Entstehung von Sinn und Bedeutung bilden das Selbst und der Andere eine Einheit. Bachtin schreibt: „Bewusstsein ist nie auf sich selbst beschränkt. Es befindet sich stets in einer intensiven Beziehung mit einem anderen Bewusstsein."[19] Kurz gesagt: „Sein bedeutet Kommunizieren."[20]

Relationales Sein

Bachtins Theorien sind eine Fundgrube für alle, die nach einem relationalen Verständnis unseres Lebens suchen. Sie liefern eine Vision vom menschlichen Handeln, in der Vernunft und Beziehung miteinander verbunden sind und in der jede Handlung unsere Einbettung in frühere Beziehungen und gleichzeitig den Stempel der gegenwärtig entstehenden Beziehungen trägt. Allerdings verbleiben noch immer Spuren von Individualismus im Zentrum dieser Darstellung. Es ist das Individuum, das vergangene Dialoge in die Gegenwart einbringt, in Dialogen denkt und in fortwährendem Dialog immer wieder neu geboren wird. Bachtin schreibt: „Wenn der Zuhörer die (sprachliche) Bedeutung von Aussagen wahrnimmt und versteht, nimmt er augenblicklich eine aktive, reaktionsorientierte Einstellung ihr gegenüber ein."[21] Der individuelle Geist ist somit weiterhin entscheidend für die Generierung und Interpretation von Bedeutung. Können wir überhaupt eine katalytische Vision von Personen, die in dynamische Beziehungen eingebunden sind, aufrechterhalten und gleichzeitig unsere Verankerung im individuellen Denken aufgeben? Nicht gemeint ist damit der Verzicht auf Wörter, die geistige Zustände beschreiben, da diese für unser Alltagsleben enorm wichtig sind (z.B. „ich fühle…", „ich denke…", „ich wünsche…" usw.) Vielmehr sollten diese Aussagen ihrerseits als Bestandteile von Beziehungen aufgefasst werden. Erwünscht ist somit eine Darstellung, die aus dem Bachtinschen Ideenreichtum schöpft und gleichzeitig die Beziehung in den Mittelpunkt stellt. Wie ist dies möglich? Lassen Sie uns zwei mögliche theoretische Schritte in diese Richtung erwägen und anschließend auf die Praxis schauen.

1. *Psychologischer Diskurs als performativ:* Dieser erste Schritt ergibt sich aus den in vorangegangenen Kapiteln aufgeführten Argumenten. Wie wir sahen, gibt es keine Möglichkeit, Äußerungen wie „Ich liebe dich" oder „Ich bin wütend" als Berichte über einen inneren geistigen Zustand oder über Neuronen zu verstehen (Kapitel 1). Dagegen kann die Äußerung „Ich liebe dich" im Rahmen einer Beziehung überaus bedeutungsvoll sein. Diese Aussage kann die andere Person zu mehr Intimität und stärkerer Bindung einladen oder sie die Flucht ergreifen lassen. Die Äußerung wirkt somit als wichtiger Teil der Beziehung. Sie gibt der Beziehung eine ganz bestimmte Form und Richtung. In diesem Sinne sind ähnliche Aussagen wie „Ich mag dich", „Ich bewundere dich" oder „Ich bin verrückt nach dir" keineswegs das gleiche. Ebenso wenig sind sie jedoch Manifestationen anderer geistiger Zustände. Vielmehr wirken sie alle in leicht unterschiedlicher Weise, um die Beziehung auf subtile Weise zu modifizieren und zu steuern. Der Satz „Ich mag dich" könnte z.B. eine leiden-

schaftliche Beziehung in eine Freundschaft transformieren. „Ich bin verrückt nach dir" hört sich nach einer Beziehung wie im Kino oder Theater an und lässt etwas von der Aufrichtigkeit vermissen, die oftmals in der Aussage „Ich liebe dich" enthalten ist. Die Variationen im Ausdruck von Zuneigung bereichern somit das Spektrum möglicher Beziehungsformen.

Es ist wichtig zu verstehen, dass es nicht nur um „bloße Worte" geht, die von Menschen verwendet werden, um „vom anderen das zu bekommen, was sie wollen." Wie im zweiten Kapitel dargestellt, erfüllen Äußerungen eine *performative* Funktion. Indem wir etwas sagen, vollziehen wir auch eine Handlung innerhalb der Beziehung. Am deutlichsten erkennbar ist dies beim Fluchen („Verdammter Idiot!"), bei rituellen Zeremonien („Hiermit erkläre ich sie zu Mann und Frau") oder bei Spielen („Auf die Plätze, fertig, …!"). Nicht der spezifische Inhalt dieser Äußerungen ist wichtig, sondern ihre Funktion innerhalb verschiedener Beziehungen. Jede Tatsachenbeschreibung – „Die Wasserstoffmoleküle wurden extrahiert" – ist eine Handlung innerhalb einer bestimmten sozialen Gruppe und dient z.B. dazu, Hierarchien festzulegen, Tagesordnungen aufzustellen und eine Vorgehensweise gegenüber einer anderen zu bevorzugen. Das gleiche gilt für unsere Sprache über psychologische Zustände, unsere Ausdrucksweisen für Liebe, Ärger, Hoffnung, Wünsche usw. Solche Aussagen sind üblicherweise Bestandteile von Handlungen, zu denen u.a. Intonation, Gestik, Mimik, Blicke und Körperhaltung zählen. Die Wortfolge „Ich bin wütend" ist z.B. von geringem performativem Wert, wenn sie mit leiser, zittriger Stimme, zu Boden gesenktem Blick und einem Lächeln ausgesprochen wird. Wir wären nicht sicher, was die Person zum Ausdruck bringen will. Um innerhalb der westlichen Kultur Ärger angemessen auszudrücken, bedarf es einer gewissen stimmlichen Intensität und Lautstärke. Auch eine strenge Miene und eine starre Körperhaltung sind hilfreich. Es macht Sinn, die Vorstellung von persönlichen „Gefühlen" durch öffentliches Handeln zu ersetzen. Emotionen, Gedanken und Erinnerungen *haben* wir nicht, wir *vollziehen* sie.[22]

Zu sagen, psychologische Sprache sei performativ, bedeutet nicht, dass unsere Aussagen oberflächlich oder berechnend seien. Denken Sie an Ihre Handlungen während einer anstrengenden sportlichen Betätigung – laufen, springen, aufgeregt und voll involviert sein. Sie würden über ihr Verhalten wohl kaum sagen, es sei gestellt oder oberflächlich oder es stünde nur im Dienste der Zielerreichung. Doch auch das Spiel selbst ist eine kulturelle Erfindung – „nur ein Spiel", wie wir sagen. Gleiches gilt für Handlungsvollzüge, an denen psychologischer Diskurs beteiligt ist. Indem wir Ärger, Liebe, Erinnerung u.ä. vollziehen bzw. darstellen, sind wir vollends involviert und verhalten uns „natürlich", auch wenn diese Handlungen einer kulturellen Tradition entspringen und nur vor dem Hintergrund der kulturellen Regeln Sinn ergeben.

2. *Die relationale Einbettung der Performanz:* Wenn es Sinn macht, psychologischen Diskurs als performativ zu betrachten, können wir nun zwei wichtige

Fragen stellen. Zunächst einmal: Woher stammt der Handlungsvollzug? Liegt z.B. dem Ausdruck von Emotionen keine animierende Quelle zugrunde, wie entsteht er dann? In dieser Hinsicht ist die Darstellung von Emotionen im kulturellen und historischen Kontext aus dem vorigen Kapitel relevant. Erinnern Sie sich daran, wie die Verstehbarkeit unserer Aussagen sich aus unserer kulturellen Geschichte ergibt. Andere können mich nicht verstehen, wenn ich ein Wort verwende, das ich mir selbst ausgedacht habe. In gleicher Weise ergeben auch meine Handlungen keinen Sinn, wenn ich mich nicht an den kulturell vorgegebenen Rahmen halte. Indem ich handle, bringe ich eine lange Geschichte von Beziehungen zum Ausdruck, die jede meiner Bewegungen durchdringt. Darauf folgt eine zweite wichtige Frage: An wen richtet sich die Performanz? Um die Metapher vom Theater zu verwenden: Wer sind die Zuschauer? Wenn wir über unsere psychologischen Zustände sprechen („ich will…", „er fühlt…", „sie denkt…"), wenden wir uns dabei Bachtin zufolge stets implizit oder explizit an jemanden, mit dem wir uns in irgendeiner Form von Beziehung befinden. Zu behaupten, die Handlungen würden sich an jemanden richten, bedeutet auch, dass sie auf den Empfänger zugeschnitten sind. Ärger wird wahrscheinlich den eigenen Kindern gegenüber nicht in der gleichen Weise ausgedrückt wie gegenüber Freunden oder Eltern. Der Andere beeinflusst den Ausdruck somit bereits in seiner Entstehung.

Die eigenen Handlungsvollzüge sind im Wesentlichen Bestandteile von Beziehungen. Sie sind nicht nur von einer langen Geschichte in Beziehungen geprägt, sondern auch von jenen Beziehungen, die durch sie beeinflusst werden sollen. Durch diese beiden theoretischen Schritte, die Betrachtung psychologischer Diskurse als performativ und die relationale Einbettung der Performanz, können wir nunmehr das gesamte Vokabular des Geistes als Bestandteil von Beziehungen sehen. Es erfolgt keine Erschaffung eines unabhängigen Geistes durch soziale Beziehungen mehr wie in den früheren Darstellungen. Wir müssen uns nicht mehr darum sorgen, wie die soziale Welt in die subjektive Welt des Individuums Eingang findet. Aus dieser Sicht gibt es kein unabhängiges Territorium des „Geistes" mehr, dem wir unsere Aufmerksamkeit zuwenden könnten. Es gibt Handlungen, und diese Handlungen erfolgen innerhalb von Beziehungen, die ihnen auch ihren Sinn verleihen.

Entsprechend nehmen Theoretikerinnen und Theoretiker an, dass Denken kein privates Ereignis sei. Vielmehr schreiben wir Personen Gedanken oder Vernunft zu, wenn sie auf eine bestimmte Art sprechen und handeln. Vernunft ist damit nicht mehr von wirkungsvoller Rhetorik zu trennen,[23] und das Denken ist im wesentlich die Fähigkeit, gut zu argumentieren.[24]

Vielleicht kommen Ihnen an diesem Punkt Zweifel. Negiert diese Analyse nicht unsere Subjektivität und alles, was wir im privaten Rahmen und allein tun? Mit Sicherheit tun wir doch etwas ganz Privates, wenn wir lange aus dem Fenster schauen, bevor wir einen Artikel schreiben, oder über die harschen

Worte einer anderen Person nachdenken. Warum sind dies keine spezifischen *psychologischen* Prozesse, die sich in wichtiger Hinsicht von sozialen Handlungen unterscheiden? Gehen wir dem einmal nach. Wenn wir uns darauf vorbereiten, einen Artikel zu schreiben, in welchen Prozess bringen wir uns damit ein? Bemühen wir uns nicht, sinnvolle Argumente zu Papier zu bringen, die andere überzeugen sollen? Ist dies nicht eine soziale Handlung? In gleicher Weise ist die Zurückweisung eines Freundes nur innerhalb bestimmter Traditionen von Beziehungen bedeutsam. Wir mögen also etwas Privates tun – was wir als Nachdenken oder Fühlen bezeichnen –, doch aus der hier dargestellten Sicht sind dies letztendlich öffentliche Handlungen, die sich im privaten Rahmen abspielen. Denken Sie an eine Schauspielerin, die ihren Text für ein Theaterstück lernt. Dieser Text ergibt ohne den Rest des Stückes keinen Sinn. Er ist demnach auf Beziehungen angewiesen, um verstehbar zu sein. Die Schauspielerin kann den Text allein üben und laut sprechen oder sie mag still dasitzen und die Wörter nur im Geiste durchgehen. Doch im Wesentlichen führt sie eine öffentliche Handlung aus, nur unvollständig und ohne Zuschauerinnen und Zuschauer.[25]

Lassen Sie uns diese Orientierung am relationalen Sein in der Praxis betrachten. Insbesondere wollen wir uns den Prozessen der Erinnerung und Emotion zuwenden.

Kollektive Erinnerung

„Erinnerst du dich an die Zeit, in der… ?"

„Was ist das Quadrat der Hypotenuse?"

„Kannst du die Ereignisse aus der Nacht des 5. März beschreiben?"

Fragen zu Gedächtnis und Erinnerung sind allgegenwärtig. Mitunter verändern unsere Antworten auf diese Fragen unseren Lebensweg. In Psychologie und Neurologie werden daher z.B. die Bedingungen eines Gedächtnisverlustes untersucht oder wie das Gedächtnis verbessert werden kann und auf welcher neurologischen Grundlage eine Aphasie entsteht. Unsere üblichen Vorstellungen vom Gedächtnis – und auch die Vostellungen, die seiner wissenschaftlichen Untersuchung zugrunde liegen – sind durch und durch individualistisch. Sie gehen davon aus, das Wort „Gedächtnis" stehe für einen spezifischen Prozess, der sich im Kopf eines Individuums abspielt. Dieser Prozess wird als neurologisch fundiert und universell in seiner Funktion angesehen. Mit den mit dieser Orientierung verbundenen begrifflichen und politischen Problemen haben wir uns bereits beschäftigt. Die Herausforderung besteht nun darin,

Gedächtnis als relationales Phänomen zu begreifen. Lassen Sie uns zunächst das Wort „Erinnerung" in seiner performativen Rolle betrachten. Es macht keinen Sinn, die Aussage „Ich erinnere mich" als Bericht über einen bestimmten psychologischen oder neurologischen Zustand zu betrachten. Was für ein Zustand wäre dies, und wie sollten wir „nach innen schauen" und erkennen, dass es sich um eine Erinnerung und nicht um einen „Gedanken" oder einen „Wunsch" handelt? John Shotter schreibt: „Unsere Formen des Sprechens über Erfahrungen repräsentieren nicht so sehr die Natur dieser Erfahrungen selbst. Vielmehr repräsentieren sie diese auf eine Weise, dass dadurch eine bestimmte soziale Ordnung geschaffen oder erhalten wird."[26]

In diesem Sinne können wir sagen, dass Erinnern keine individuelle, sondern eine kollektive Handlung darstellt. Nehmen wir als Beispiel den folgenden Ausschnitt aus einem Gespräch, das britische Schüler über einen gemeinsam gesehenen Film (*E. T.*) führten:[27]

Diane: Es war so traurig.
Lesley: Der kleine Junge war ein sehr guter Schauspieler.
Diane: Er war einfach brillant.
Tina: Insbesondere am Ende, als er …
Karen: Er hat gezittert, oder?
John: Wie viele haben nicht geweint?
Lesley: (energisch) Ich hab nicht geweint und bin stolz drauf.
Diane: Was mich am meisten berührt hat war, als er gleich am Anfang nicht auf das Raumschiff kam…die Geschichte an sich war eher langweilig, oder?
Karen: Ja.
Lesley: Total langweilig.
Tina: Aber die Spezialeffekte waren Klasse.
Paul: Da waren einige wirklich lustige Szenen, z.B. als er betrunken war.
Lesley: Ja.

Es hätte unzählige Möglichkeiten gegeben, den Film zu beschreiben. Die Schüler beschränken sich in ihrem Gespräch jedoch auf einige wenige Aspekte. Während sie miteinander sprechen, erzeugen sie eine Darstellung dessen, „was passiert ist." Indem sie darin übereinstimmen, dass es traurig und teilweise langweilig war und der Schauspieler eine gute Leistung zeigte, legen sie zum Teil fest, was sie sagen würden, wenn sie jemand fragt: „Hast du *E. T.* gesehen? Wie war es?" Ähnlich ist es, wenn ein Kind in der Schule gefragt wird: „Was ist drei mal drei?" Die Antwort „neun" ist kein Bericht über einen inneren Zustand des Gedächtnisses, sondern eine Handlung, die sich aus einer komplexen relationalen Geschichte ergibt. Treffen sich Personen bei einem Familientreffen, sind die Geschichten von früher keine Abbildungen ihres Geistes, sondern Gesprächsformen, die einer langen Geschichte von Gesprächen entspringen. In ihrer Studie darüber, wie Menschen sich an politische Ereignisse wie Kriege oder Revolutionen erinnern, kommen spanische Kollegen zu der Schlussfolgerung: „Jede Erinnerung, so persönlich sie auch sein mag – auch an Erfahrungen, die allein gemacht und niemandem erzählt wurden –, existiert durch ihre Beziehung zu dem, was mit anderen geteilt wurde: Sprache, Redewendungen, Ereignisse und alles, was die Gesellschaft formt, der die Individuen angehören."[28]

Eine andere Möglichkeit besteht darin, Erinnerungen und andere geistige Prozesse als *sozial verteilt* zu bezeichnen. Denken Sie an ein Kind, dem das Alphabet beigebracht wird. Die Mutter fragt: „Laura, was kommt nach F?" Das Mädchen antwortet für einen Moment nicht und die Mutter sagt: „gut…Gans…Grütze…", woraufhin Laura sofort ruft: „G!" In diesem Falle ist das Produzieren der „richtigen Erinnerung" zwischen Mutter und Kind verteilt. Das Kind liefert die Antwort, doch die Hilfestellung der Mutter ist nicht weniger wichtig. Erinnerung ist oftmals in dieser gemeinschaftlichen Weise verteilt. Die Erinnerungen der Menschen in einem bestimmten Land z.B. an eine historisch bedeutsame Person oder ein Ereignis werden nicht nur über viele Gespräche, sondern auch über Lehrbücher, Zeitungen, Fernsehsendungen und Filme verteilt.[29] In diesem Sinne ist Geschichte ein kollektives Produkt, das – wie jeder clevere Politiker weiß – stets für Neukonstruktionen offen ist.

In gleicher Weise könnten wir sagen, dass auch Vernunft sozial verteilt wird. Da rationale Entscheidungen aus einer Fülle von Gesprächen innerhalb von Organisationen entstehen, können wir laut Mary Douglas berechtigterweise sagen, Organisationen würden „denken."[30] Dumme Entscheidungen entspringen nicht einem einzelnen Geist, sondern sind ein Nebenprodukt der ganzen Gruppe – einschließlich der Art, wie die Personen miteinander sprechen und wer in Gespräche einbezogen und wer aus diesen ausgeschlossen wird. In diesem Zusammenhang wurde in wichtigen Studien untersucht, wie die Crew großer Flugzeuge gut koordiniert zusammenarbeiten muss, um „intelligente Entscheidungen" bezüglich Flugrouten, Wetterbedingungen, Landungen usw. zu treffen.[31] Offensichtlich entscheiden diese Koordinierungen über Leben und Tod. Wie die Studien zeigen, hat bei einem Großteil der Flugzeugkatastrophen ein höhergestelltes Mitglied der Crew die Ratschläge eines Assistenten nicht befolgt. Fehler im kollektiven Denken und Entscheiden führten zum Tod.

Emotionale Szenarien

Üblicherweise halten wir Emotionen für „naturgegeben" und betrachten sie als Teil der menschlichen Natur. Mütter gehen meist davon aus, ihre Säuglinge würden mit voll funktionierenden Emotionen geboren.[32] Das Schreien des Kindes wird als Zeichen von Ärger gewertet und ein Lächeln gilt als Ausdruck von Freude. Psychologinnen und Psychologen bemühen sich, die physiologischen Grundlagen von Emotionen zu lokalisieren und argumentieren zugunsten ihrer Universalität.[33] Die Annahme, Emotionen seien universell, ist in gewisser Hinsicht attraktiv, da sie suggeriert, menschliches Verständnis sei ein Teil der menschlichen Natur. Demzufolge wären wir von der Natur dafür ausgerüstet, z.B. die Angst, Liebe oder Freude anderer Personen zu verstehen. Dies ist jedoch eine gefährliche Annahme, da das, was wir für „natürlich" halten, üblicherweise die Emotionen in unserer eigenen Kultur sind. Das *Fago* der Ifaluk oder das *Mayae* der Japaner kommen bei uns im Westen in unserem vermeintlich universellen Vokabular der Emotionen nicht vor. Dieses Problem des kulturellen Imperialismus wird weiter verschärft durch die vielfältigen intellektuellen Schwierigkeiten, die in den vorangegangenen Kapiteln dargestellt wurden.

Wie können wir daher emotionale Ausdrücke als relationale Handlungen verstehen? Hier ist es hilfreich, das Konzept des *Szenarios* zu verwenden. Ein Szenario ist eine vorgeschriebene Menge aufeinander bezogener Handlungen, wie sie etwa in einem Theaterstück vorkommen.[34] Jede Handlung innerhalb des Szenarios ist die Vorbereitung für das, was danach kommt. Und das Nachfolgende ermöglicht das Verständnis des Vorhergehenden. Die Darbietung eines jeden Schauspielers verleiht dem Stück seine kohärente Einheit. Der Sinn einer jeden Darbietung ergibt sich aus den anderen Darbietungen. In diesem Sinne sind emotionale Darbietungen Bestandteile kulturspezifischer Szenarien – Teile eines Stückes, in dem andere Schauspielerinnen oder Schauspieler nötig sind. Der wütende Ausruf und der wehleidige depressive Ausdruck ergeben nur durch ihre Position innerhalb des relationalen Szenarios Sinn. Diese Ausdrücke können nicht überall und jederzeit auftreten, sondern nur innerhalb einer kulturell angemessenen Folge. Sie können nicht einfach während des Abendessens im Kreis der Familie aufspringen und brüllen: „Ich bin total wütend!" Gemessen an normalen westlichen Standards wäre ein solches Verhalten lächerlich. Würde Sie jedoch jemand öffentlich beleidigen, wäre die gleiche Aussage nicht nur angebracht, sondern womöglich sogar notwendig, um nicht als schwache Persönlichkeit zu gelten („Was bist du denn für ein Weichling?"). Allgemein können wir sagen, dass es Zeiten und Orte gibt, an denen die Darbietung von Emotionen angemessen ist.

Des Weiteren legt das relationale Szenario fest, was auf die Darbietung einer Emotion folgt. Gesteht Ihnen ein Freund, er fürchte, unter einer tödlichen Krankheit zu leiden, schreiben die kulturellen Szenarien bestimmte Handlungen vor und verbieten andere. Angemessenerweise dürfen Sie mit Mitgefühl und Unterstützung reagieren. Geschmacklos wäre es jedoch, einen dummen Witz zu erzählen oder von ihrem Urlaub zu schwärmen. Ebenso wie gute Geschichten haben auch viele emotionale Szenarien *Anfang* und *Ende*. Kommt es spät in der Nacht zu einem Stromausfall, ist dies der Beginn eines Szenarios, in dem der Ausdruck von Angst (und nicht von Eifersucht oder Ekstase) angemessen wäre. Klagt Ihnen eine Freundin ihr Leid, wäre es angebracht, solange Verständnis und Unterstützung zu zeigen, bis sie wieder lächelt. An

173

diesem Punkt endet das Szenario und es steht Ihnen frei, einen Witz zu erzählen oder über Ihren Urlaub zu berichten.

Aus dieser Sicht sind Emotionen nicht der private Besitz des individuellen Geists, sondern Bestandteile von Beziehungen. „Ihre Freude" ist nicht Ihre, sondern „unsere", „mein Ärger" ist „unser Ärger" usw. Diese neue Sichtweise hat beträchtliche Konsequenzen. Nehmen wir als Beispiel die Depression, eine „psychische Störung", von der mittlerweile jede zehnte Person betroffen sein soll. In unserer neuen Sicht erscheint Depression nicht länger als individuelle Störung. Ein Individuum „vollzieht Depression" bzw. „führt Depression auf" als kulturell verstehbare Handlung innerhalb eines Kontexts von Beziehungen. Die therapeutische Aufmerksamkeit bewegt sich somit von der individuellen Person („was stimmt mit ihm nicht?") nach außen und hin zu den relationalen Szenarien, an denen die Person beteiligt ist. In welchen Formen von Beziehung kommt es zur Depression, mit wem und unter welchen Bedingungen? Sind in diesen Beziehungen auch andere Verhaltensweisen möglich? In gleicher Weise erscheint die Misshandlung des Partners nicht als natürlicher Ärgerausbruch, sondern als eingebettet in subtile Formen der Interaktion – mit Familienmitgliedern und anderen Personen, in der Gegenwart wie in der Vergangenheit. Es gibt eine Zeit und einen Ort, in der sich dieses Verhalten „natürlich anfühlt", doch die wichtige Frage besteht darin, wie sich derartige Szenarien vermeiden lassen.

In positiver Hinsicht deutet die relationale Orientierung darauf hin, dass all unsere Freuden – Gerüche, Geschmack, Farben, Erotik usw. – nicht das Resultat individueller Biologie sind. Vielmehr verdanken wir all diese Genüsse dem Umstand, in Beziehungen eingebettet zu sein. Ich ging nie in die Oper, bis ich Shirley kennen lernte. Mir schmeckte Whisky nicht, bis ich Mike traf. Baseball fand ich langweilig, bis ich mich mit Stan anfreundete…Diese Beispiele könnte ich fortsetzen. Vielleicht könnten Sie dies ebenso tun.

Schlussfolgerung

Letztendlich müssen wir fragen, ob das sich entwickelnde Konzept des relationalen Seins uns über die bereits dargestellten Probleme des in sich geschlossenen Individuums hinausführt. Mit Sicherheit verringert das Konzept des relationalen Seins die begrenzende Kluft zwischen dem Selbst und anderen – dem Gefühl, als Individuum allein dazustehen und den Anderen als fremd und wenig vertrauenswürdig anzusehen. Was immer wir sind – aus dieser Sicht sind wir es direkt oder indirekt im Verbund mit anderen. Es besteht kein Grund, nur an sich selbst zu denken und andere als Mittel zur Erlangung persönlicher Vorteile zu betrachten. Wir bestehen auseinander. Durch diese Sicht lassen wir auch das Problem früherer relationaler Theorien hinter uns, nämlich dass das

Selbst ein Produkt der Anderen und die bloße *Folge* des sozialen Umfelds wäre. Innerhalb der neuen Sichtweise gibt es weder Ursache noch Wirkung. Wir bedingen uns gegenseitig. So weit, so gut. In den folgenden Kapiteln wollen wir uns mit weiteren Konsequenzen der relationalen Sichtweise beschäftigen.

Nachgedanken

Sie werden gemerkt haben, dass ich von der Idee des relationalen Selbst begeistert bin. Diese Begeisterung beruht zum Teil auf dem Gefühl, dass wir in der westlichen Kultur an der Schwelle zu einer wesentlichen Veränderung in der Art und Weise, wie wir uns selbst begreifen, stehen. Es ist wie die Teilnahme anm Enststehen einer zweiten Aufklärung. Die erste Periode der Aufklärung – die die Vostellung von einem in sich abgeschlossenen Individuums etablierte – brachte uns Demokratie, öffentliche Bildung und Menschenrechte. Welche neuen Praktiken können wir diesmal erwarten? Gleichzeitig steckt unser Versuch, uns selbst als relationale Wesen zu begreifen, erst in den Anfängen. Bedeutsame Erweiterungen sind nötig. Eine der wichtigsten dieser Erweiterungen liegt für mich darin, über „das Privilegieren des Sozialen" hinauszugehen. In der Entwicklung des Konzepts des relationalen Selbst ist die Annahme enthalten, Beziehungen seien sozialer Natur und würden in menschlichen Gemeinschaften im Zuge der Erzeugung von Bedeutung gelebt. Beschreiben wir jedoch Beziehungen in dieser Weise, erhalten wir damit binäre Unterscheidungen wie sozial/nicht-sozial oder Kultur/Natur, Gemeinschaft/Umgebung. Indem wir über die Prozesse sprechen, auf die sich die erstgenannten Ausdrücke der Gegenüberstellungen beziehen, unterdrücken wir die Bedeutsamkeit der zweitgenannten. Wir verlieren den Blick für die Existenz von Personen innerhalb ihres natürlichen Umfeldes. Wir bedürfen daher dringend einer Erweiterung des Begriffs der Beziehung, der auch die Welt des Nicht-Sozialen und insbesondere die natürliche Umgebung mit einschließt. Können wir eine neue Familie von Metaphern, Erzählungen, Bildern usw. generieren, in der sich Bedeutung als Nebenprodukt von Personen in Umgebungen neu begründet?

Anmerkungen

1   Für eine detailliertere Darstellung der generativen Theorie siehe Gergen, K.J. (1993). *Toward Transformation in Social Knowledge*, 2nd edn. London: Sage.
2   Lasch, C. (1980). *Das Zeitalter des Narzißmus*. München: Steinhausen.
3   Bellah, R.N., Madsen, R., Sullivan, W.M., Swidler, A. & Tipton, S.M. (1987). *Gewohnheiten des Herzens*. Köln: Bund-Verlag.

4 Ebd., S. 114.
5 Wallach, M. & Wallach, L. (1983). *Psychology's Sanction for Selfishness.* San Francisco: Freeman. p. 11.
6 Stone, A.R. (1996). *The War of Desire and Technology at the Close of the Mechanical Age.* Cambridge: MIT Press. Interessanterweise empfiehlt Stone als Kommentator der Internet-Technologie die Entwicklung multipler Identitäten im Internet, um sich der Individualisierung zu widersetzen.
7 Mead, G.H. (1934). *Mind, Self and Society.* Chicago: University of Chicago Press. (Deutsche Ausgabe: Geist, Identität und Gesellschaft. Frankfurt a. M.: Suhrkamp. Erschienen 1934).
8 Ebd., S. 164.
9 Interessante Beispiele für Forschung und Theorie in diesem Bereich sind z.B. Hochschild, A. (1990). *Das gekaufte Herz. Zur Kommerzialisierung der Gefühle.* Campus; Turner, R.H. (1978). *The role and the person.* American Journal of Sociology, 84, 1-23; Matza, D. (1969). Becoming Deviant. Englewood Cliffs, NJ: Prentice-Hall.
10 Mead, Mind, Self and Society, p. 186.
11 Die klassische Diskussion dieser Unterteilung ist jene von Overton, W.R. & Reese, H.W. (1973). *Models of development: methodological implications.* In J.R. Nesselroade & H.W. Reese (Eds.). Life-span Development Psychology: Methodological Issues. New York: Academic Press.
12 Wygotski, L. (1981). *The genesis of higher mental functions.* In J.V. Wertsch (Ed.). The Concept of Activity in Soviet Psychology. Amronk, NY: M.E. Sharpe. p. 163.
13 Bruner, J. (1997). *Sinn, Kultur und Ich-Identität. Zur Kulturpsychologie des Sinns.* Heidelberg: Carl-Auer-Systeme.
14 Siehe z.B. Moll, L.C. (1990). (Ed.). *Vygotsky and Education.* Cambridge: Cambridge University Press.
15 Siehe Holzmann, L. (1997). *Schools for Growth.* Mahwah, NJ: Erlbaum.
16 Siehe z.B. Schutz, A. (1970). *On Phenomenology and Social Relations.* Chicago: University of Chicago Press. Schutz' Arbeit spielt auch eine wichtige Rolle in einem der ersten wichtigen Bücher über soziale Konstruktion: Berger, P. & Luckmann, T. (1991). *Die gesellschaftliche Konstruktion der Wirklichkeit. Eine Theorie der Wissenssoziologie.* Frankfurt a. M.: Fischer. (Original erschienen 1966).
17 Für eine weiterführende Diskussion dieses Beitrags siehe Schneider, K.J. (1998). *Toward a science of the heart: Romanticism and the revival of psychology.* American Psychologist, 53, 277-289.
18 Die Idee, dass Sprache unsere Wahrnehmung der Welt beeinflusst, wird häufig die "Whorf-Hypothese" bezeichnet, in Anlehnung an Whorf, B.L. (1999). *Sprache, Denken, Wirklichkeit.* Reinbeck: Rowohlt. (Original erschienen 1956). Doch selbst innerhalb der Linguistik gibt es keine überzeugende Erklärung dafür, warum dies so sein könnte.
19 Bachtin, M. (1984). *The Problems of Dostoevsky's Poetics* (Ed. and trans. C. Emerson). Minneapolis, MN: University of Minnesota Press. p. 26.
20 Ebd., S. 287.
21 Bachtin, M.M. (1986). *Speech Genres and Other Late Essays* (trans. by V.W. McGee). Austin, TX: Universtiy of Texas Press. p. 68.
22 Siehe auch Roy Schaeffer (1976). *A New Language for Psychoanalysis.* New Haven, CT: Yale University Press.
23 Myerson, G. (1994). *Rhetoric, Reason and Society: Rationality as Dialogue.* London: Sage.
24 Bilig, M. (1996). *Arguing and Thinking.* 2nd ed. Cambridge: Cambridge University Press.

25 Für eine weiterführende Diskussion dieses Punktes siehe Harré, R. (1979). *Social Being*. Oxford: Blackwell.

26 Shotter, J. (1990). *The social construction of remembering and forgetting.* In D. Middleton & D. Edwards (Eds.). Collective Remembering. London: Sage. pp. 122-123.

27 Middleton, D. & Edwards, D. (1990). *Conversational remembering: a social psychological approach.* In D. Middleton & D. Edwards (Eds.). Collective Remembering. London: Sage. pp. 31-32.

28 Iniguez, L., Valencia, J. & Vasquez, F. (1997). *The construction of remembering and forgetfulness: memories and histories of the Spanish civil war.* In J. Pennebaker, D. Paez & B. Rime (Eds.). Collective Memory of Political Events. Mahwah, NJ: Erlbaum. p. 250.

29 Siehe z.B. Schudson, M. (1992). *Watergate in American Memory.* New York: Basic Books.

30 Douglas, M. (1986). *How Institutions Think.* London: Routledge & Kegan Paul.

31 siehe z.B. Engestrom, Y. & Middleton, D. (Eds.). (1996). Cognition and Communication at Work. Cambridge: Cambridge University Press.

32 Siehe Gergen, K.J., Gloger-Tippelt, G. & Berkowitz, P. (1990). *The cultural construction of the developing child.* In G. Semin & K.J. Gergen (Eds.). Everyday Understanding. London: Sage.

33 Für eine nützliche Diskussion siehe Lillard, A. (1998). *Ethnopsychologies: cultural variations in theories of mind.* Psychological Bulletin, 123, 3-32.

34 Siehe auch Gagnon, J. & Simon, W. (1973). *Sexual Conduct.* Chicago: Aldine.

Weiterführende Literatur

Überlegungen zum Individualismus

Bellah, R.N., Madsen, R., Sullivan, W.M., Swidler, A. & Tipton, S.M. (1985). *Habits of the Heart.* Berkeley, CA: University of California Press.

Sampson, E.E. (1993). *Celebrating the Other: A Dialogic Account of Human Nature.* London: Harvester-Wheatsheaf.

Symbolischer Interaktionismus

Denzin, N. (1992). *Symbolic Interaction and Cultural Studies: The Politics of Interpretation.* Oxford: Blackwell.

Hewitt, J.P. (1994). *Self and Society.* Boston, MA: Allyn & Bacon.

Kulturpsychologie

Bruner, J. (1997). *Sinn, Kultur und Ich-Identität. Zur Kulturpsychologie des Sinns.* Heidelberg: Carl-Auer-Systeme.

Cole, M. (1996). *Cultural Psychology.* Cambridge, MA: Harvard University Press.

Moll, L. (1990). *Vygotsky and Education.* New York: Cambridge University Press.

Soziale Phänomenologie

Berger, P. & Luckmann, T. (1991). *Die gesellschaftliche Konstruktion der Wirklichkeit. Eine Theorie der Wissenssoziologie.* Frankfurt a. M.: Fischer. (Original erschienen 1966).

Owen, I.R. (1995). *El construccionismo social y la teoria, practica e investicacion en psicoterapia: Un manifesto de psicologia fenomenologica.* Boletin die Psicologia, 46, 161-186.

Polkinghorne, D. (1988). *Narrative Knowing and the Human Sciences.* Albany, NY: State University of New York Press.

Wagner, H. (1970). Alfred Schutz: *On Phenomenology and Social Relations.* Chicago: University of Chicago Press.

Bachtins Theorien

Hermans, H.J.M. & Kempen, H.J.G. (1993). *The Dialogical Self.* New York: Academic Press.

Morson, G.S. & Emerson, C. (1990). Mikhail Bakhtin, *Creation of a Prosaics.* Stanford, CA: Stanford University Press.

Shotter, J. (1993). *Conversational Realities.* London: Sage.

Wertsch, J.V. (1991). *Voices of the Mind.* Cambridge, MA: Harvard University Press.

Relationales Selbst

Bakhurst, D. & Sypnowich, C. (Eds.). (1995). *The Social Self.* London: Sage.

Burkitt, I. (1993). *Social Selves.* London: Sage.

Edwards, D. (1997). *Discourse and Cognition.* London: Sage.

Gergen, K.J. (1994). *Realities and Relationships.* Cambridge, MA: Harvard University Press.

Middleton, D. & Edwards, D. (1990). *Collective Remembering.* London: Sage.

Pennebaker, J.W., Paez, D. & Rime, B. (Eds.). (1997). *Collective Memory of Political Events.* Mahwah, NJ: Erlbaum.

Sarbin, T.R. (1989). *Emotions as narrative emplotments.* In M.J. Packer & R.B. Addison (Eds.). *Entering the Circle: Hermeneutic* Investigation in Psychology. Albany, NY: State University of New York Press.

6 Dialogische Potenziale

> Dialoge weisen die Tyrannei einzelner Systeme oder Dogmen zurück.
> Sie heißen neue Ideen willkommen und garantieren ihnen Gleichbe-
> rechtigung. Sie weigern sich, „gefährliche" Ideen zu zensieren. Sie
> begrüßen und beschützen die Fähigkeit, zu lernen und zu wachsen.
> Sie halten Freude und Humor für wertvoll und erstrebenswert.
>
> Robert Grudin, *On Dialogue*

Wenn wir, als Individuen, aus Beziehungen entstehen, wie im letzten Kapitel vorgeschlagen, was folgt daraus? Ist dies lediglich eine originelle und vielleicht sogar inspirierende Metapher, der außerhalb akademischer Kreise keinerlei Bedeutung zukommt? Dies ist immer eine Gefahr intellektueller Arbeit – das Vertrauen darauf, dass Gedrucktes wirklich einen Einfluss hat auf das Geschehen in der Welt. Im vorliegenden Fall haben wir jedoch gute Gründe, an eine aktive Beziehung zwischen den Worten, wie sie auf einer Seite geschrieben sind und auf der Straße gesprochen werden, zu glauben. Die konstruktionistischen Worte sind selbst eine Form sozialer Praxis. Es ist wichtig, dass diese Praxis nicht im Verborgenen verbleibt. In den noch folgenden Kapiteln wird die Praxis immer mehr im Mittelpunkt stehen.

Wir wollen uns hier zunächst einem der größten Probleme des Alltagslebens – und der wissenschaftlichen Welt – zuwenden: Wie kommt es, dass wir einander verstehen? Wie können wir innerhalb eines Dialogs zu einem gemeinsamen Verständnis gelangen? Indem wir dieses Problem von einem relationalen Standpunkt aus betrachten, erschließen wir uns neue Handlungsmöglichkeiten. Diese Diskussion bereitet uns auch darauf vor, das Potenzial des Dialogs im Alltagsleben zu beleuchten. Die letzten Kapitel haben den Dialog als den Ursprung konstruierter Welten dargestellt. Jetzt stehen wir den explosiven Herausforderungen gegenüber, die sich aus Dialogen und Unterschieden ergeben. Wie können Menschen zusammen leben, die sich in unterschiedlichen, miteinander in Konflikt stehenden Wirklichkeiten befinden – in Welten, in denen „der Andere" diskreditiert und dämonisiert wird?

Die hermeneutische Frage: Vom Geist zur Beziehung

„Du verstehst mich einfach nicht…"

„Du kannst nicht wissen, was ich fühle…"

„Ich verstehe nicht, was du meinst…"

Diese häufig vorkommenden Aussagen sind Beispiele dafür, wie schwer es im Alltag sein kann, uns gegenseitig zu verstehen. Doch ohne uns zu verstehen, sind wir verloren. (Stellen Sie sich vor, wie es wäre, in einem Land zu reisen, in dem Sie niemanden verstehen.) Ohne einander zu verstehen können wir keine gemeinsamen Bedeutungen aufbauen, keine Handlungen koordinieren und nicht zusammenleben. Doch was tun wir, um einander zu verstehen, und warum sind Missverständnisse so häufig?

Das Problem menschlichen Verstehens ist seit langem eine Herausforderung für Wissenschaftlerinnen und Wissenschaftler. Besonders intensiv haben sich *hermeneutische* Studien mit diesem Thema beschäftigt. In der Hermeneutik geht es um die Untersuchung von Interpretationen. So wie Hermes, der Bote der griechischen Götter, den Menschen ermöglichte, die Worte vom Olymp zu verstehen, soll die Hermeneutik dazu dienen, die Wurzeln interpersonalen Verstehens zu beleuchten. Die Anfänge der hermeneutischen Studien liegen in der frühen religiösen Beschäftigung mit biblischen Texten. Die damalige Frage lautete: Wie können wir die „Worte Gottes" und die frühen religiösen Schriften verstehen? Was genau bedeuten diese Worte? Auf säkularer Ebene stehen wir vor dem gleichen Problem, wenn wir frühere Gerichtsurteile interpretieren. Zum Beispiel wird das Leben von Millionen Menschen davon beeinflusst, wie der Oberste Gerichtshof der Vereinigten Staaten die amerikanische Verfassung interpretiert – etwa das Recht auf freie Meinungsäußerung oder das Recht, Waffen zu besitzen. In der Literatur wollen wir die Bedeutung dessen, was wir lesen, verstehen – von Shakespeare bis T. S. Eliot. Hermeneutische Studien suchen nach Lösungen für das schwierige Problem, andere zu verstehen.

Über die Wahrheit hinaus durch Methode

Die grundlegende Prämisse der traditionellen Hermeneutik ist dualistisch: Wörter und Handlungen sind offene oder materielle Ausdrücke innerer Zustände. Eine korrekte Interpretation bedarf daher des Einblicks in den Geist des Handelnden bzw. des Autors. Wir wollen wissen, was eine andere Person *wirklich* meint, beabsichtigt oder fühlt. Im letzten Jahrhundert wurde vielfach versucht, den eigenen Interpretationen eine wissenschaftliche Grundlage zu geben. Gäbe es standardisierte Methoden der Interpretation, so lautete die

Überlegung, könnten wir Subjektivität und „bloße Meinungen" überwinden und festlegen, was mit einem Gesetz, Gedicht, Theaterstück oder einer Geste tatsächlich gemeint ist. Wie Sie sehen, erinnert diese Romanze mit *Wahrheit durch Methode* an empiristische Wissenschaftlerinnen und Wissenschaftler, die standardisierte Tests und Verfahren einsetzen, um alles von chemischen Verbindungen bis hin zu psychologischen Depressionen zu untersuchen. Im Falle der Hermeneutik ist die Arbeit von E. D. Hirsch, einem Professor für englische Literatur, ein gutes Beispiel für dieses Bemühen. In seinem vielgepriesenen Werk *Validity in Interpretation* schlägt Hirsch vor, „die Bedeutung eines Textes ist die Bedeutung, die der Autor damit verbindet."[1] Es ist somit die Aufgabe der Leserinnen und Leser, sorgfältige Beobachtungen und logische Schlussfolgerungen heranzuziehen, um so weit wie möglich festzulegen, was der Autor meinte. Hirschs Modell ist direkt aus den Verhaltenswissenschaften übernommen. Hirsch schlägt einen Prozess des Hypothesentestens vor, in dem die Leserinnen und Leser verschiedene Hypothesen bezüglich dessen, was der Autor meinen könnte, dem Text gegenüberstellen. Es sind die Belege aus dem Text, die „anzeigen, dass eine Hypothese mehr Elemente des stummen Textes funktional erscheinen lässt als eine rivalisierende Hypothese. Die Hypothese, welche die größte Anzahl an Eigenschaften funktional macht, muss in Beziehung zur eingeschränkten Befundlage als die wahrscheinliche Hypothese beurteilt werden."[2] Glauben Sie z.B., ein komplexes Gedicht sei als Anleitung zur Verführung geschrieben, suchen Sie womöglich nach sexuellen Anspielungen. Fänden Sie im Text eine ganze Reihe dieser Andeutungen, würden Sie schließen, dass Ihre Hypothese wahrscheinlich richtig ist.

Obgleich die Vorstellung sehr anziehend ist, dass wir durch eine systematische Methode zu wahren Interpretationen gelangen können, lassen die vorhergehenden Kapitel Zweifel aufkommen. Im hermeneutischen Ansatz ist der wichtigste Gegner dieser Sichtweise der deutsche Philosoph Hans-Georg Gadamer. In seinem bedeutenden Werk *Wahrheit und Methode: Grundzüge einer philosophischen Hermeneutik*[3] argumentiert Gadamer, dass eine Konzeption von Wahrheit oder ein Vorverständnis bereits vor der Entwicklung irgendeiner Interpretationsmethode vorhanden sein muss. Erst durch dieses Vorverständnis werden Interpretationen möglich und ergeben Interpretationsmethoden einen Sinn. Nicht die Methoden erzeugen Wahrheit, sondern das Vorverständnis von Wahrheit erzeugt Methoden. Keine Methode kann uns mehr geben als das, was wir bereits annehmen. Hirschs Methode fordert von uns, mit bestimmten Annahmen zu beginnen, z.B. dass der Autor eine bestimmte oder artikulierbare Absicht verfolgt, dass eine einfache Korrespondenz zwischen Absicht und Worten besteht, und dass sich eine Absicht in verschiedenen Ausdrucksformen manifestiert.

Diese Sichtweise der Methode liegt auch Gadamers Auffassung von Interpretationen zugrunde. Gadamer nimmt an, wir würden einem Text (oder den Handlungen einer Person) mit einem *Verständnishorizont* gegenübertreten – einer Vielzahl an Vorbewertungen oder Vorurteilen –, der bestimmt, welche Fragen wir an den Text stellen und welche Antworten wir als annehmbar betrachten. Wir glauben nicht, dass Shakespeares *Hamlet* eine Erkundung homosexueller Angst darstellt oder dass Mickey Mouse Comics die Absicht verfolgen, uns auf subtile Weise zu einer heidnischen Religion zu bekehren. Wir schließen diese Möglichkeiten nicht deshalb aus, weil sie unmöglich sind, sondern weil diese Interpretationen keine Bestandteile unseres Verständnishorizonts sind. Erlauben wir jedoch diesem Verständnishorizont, unsere Interpretationen vollends zu dominieren, gelangen wir laut Gadamer in eine solipsistische Welt, in der lediglich unsere ursprünglichen Vorurteile bestätigt werden. Interpretiert ein begeisterter Marxist alle Nachrichtenberichte als kapitalistische Versuche, die Menschen zu unterdrücken, bleibt dieser Horizont eingefroren und privat.

Der eigene Horizont kann Gadamer zufolge nur erweitert werden, indem wir uns für eine *dialogische Beziehung* zum Text öffnen. Durch diese dialogische Beziehung entsteht eine *Verschmelzung der Horizonte*. Erforderlich für diese dialogische Beziehung ist zunächst die Aufgabe der eigenen Vorstrukturierung des Verstehens. Ohne diese Vorstrukturierung können wir dem Text erlauben, seine eigenen Fragen zu stellen. Während der Text sich völlig neuartig präsentiert, können wir seine Bedeutung „in Beziehung setzen mit der Gesamtheit eigener Bedeutungen."[4] In dieser dialogischen Beziehung verbinden sich die eigenen Bedeutungen mit jenen des Textes wie in einer Konversation. Bei einer erfolgreichen Konversation sind sie „miteinander in einer neuen Gemeinschaft verbunden." Es entsteht eine „Transformation in die Gemeinschaft, in der wir nicht so bleiben, wie wir waren."[5] Die Verschmelzung der Horizonte erfolgt im Austausch zwischen Leserin bzw. Leser und Text. Das Ergebnis ist nicht eine richtige oder exakte Auslegung, wie im Falle von Hirsch, sondern eine neue Schöpfung. Die erfolgreiche Interpretation erzeugt somit neue Welten.

Gadamers Ideen sind hilfreich, um die Gefahren der Wahrheit durch Methode zu vermeiden. Außerdem vermitteln sie eine sehr optimistische Sicht. Allerdings erzeugt dieser Ansatz letztendlich ebenso viele Probleme wie Hoffnungen. Wie können wir z.B. unsere Vorurteile abbauen und aus dem interpretativen Rahmen heraustreten, auf den unsere Kultur uns geprägt hat? Und selbst wenn uns dies gelingt, wie könnten wir einen Text (oder das Verhalten anderer) aus sich selbst heraus verstehen? Welche Fragen könnte uns ein Text stellen, außer denen, auf die wir durch unseren ursprünglichen Horizont vorbereitet sind? Wenn ich z.B. Französisch verstehe (mein gegenwärtiger Verständnishorizont), wie kann ich diese Vorstrukturierung des Französischen aufgeben, um mich auf einen russischen Text einzulassen und mit diesem in einen Dialog einzutreten? Diese Fragen zur Plausibilität des Dialogs sind noch offen und durch Gadamers Theorie (seine eigene Vorstrukturierung) womöglich nicht zu beantworten.

Bedeutung in Beziehungen

An diesem Punkt mag das Problem des Verstehens anderer reichlich hoffnungslos erscheinen. Es scheint kaum möglich zu sein, die hinter Worten und Handlungen stehende Bedeutung zu bestimmen und Menschen mit unterschiedlichen Sichtweisen zu einem gegenseitigen Verständnis und zu gegenseitiger Wertschätzung zu führen. Auf der Grundlage des letzten Kapitels werden Sie jedoch womöglich erahnen, dass unser Problem überwiegend auf der Art der Fragestellung beruht, indem wir davon ausgehen, ein *individueller Geist* würde versuchen, in Handlungen und Texten eine Bedeutung zu finden und zu bestimmen, was sich *im Geist* des anderen abspielt. Deshalb sollten wir auf Wittgenstein hören: „Betrachten wir das Verstehen nicht als ‚geistigen Prozess.‘ Denn *dies* ist der Ausdruck, der zu Verwirrung führt. Fragen wir statt dessen: In welchem Falle und unter welchen Umständen können wir sagen: ‚Jetzt weiß ich, wie ich vorgehen kann‘".[6] Damit soll angeregt werden, Bedeutung aus den Köpfen von Individuen herauszuholen und sie vielmehr in unseren Formen des *zwischenmenschlichen Umgangs* zu suchen. In dieser Weise erweitern wir den Schwerpunkt des letzten Kapitels über relationales Sein.

Was heißt es zu sagen, Bedeutung beruhe auf einer Beziehung? Lassen Sie mich allgemein vorschlagen, dass Bedeutung eine *aus koordinierten Handlungen hervorgehende Eigenschaft* ist. Hierzu ein Beispiel. Wenn Sie und ich uns auf der Straße begegnen und ich meine Hand ausstrecke, wird diese Handlung zu einem Kandidaten für Bedeutung. Nehmen und drücken Sie meine Hand, verleihen Sie diesem Ereignis die Bedeutung eines Grußes. Drücken Sie meine Hand zur Seite und umarmen mich statt dessen, zeigen Sie mir dadurch, dass ein einfacher Gruß einer innigen Freundschaft nicht angemessen ist. Starren Sie nur auf meine ausgestreckte Hand und wenden sich dann ab, legen Sie mir nahe, dass ich kein Recht habe, mich als Ihren Freund zu bezeichnen. Formal gesprochen wirken Ihre Reaktionen auf mein Verhalten als *Ergänzungen*, die meinen Handlungen eine Bedeutung verleihen, die sie für sich allein genommen noch nicht besitzen.[7] Anders ausgedrückt: Isoliert bin ich nicht in der Lage, „irgendetwas zu bedeuten". Erst durch die ergänzenden Handlungen anderer erlange ich die Fähigkeit „etwas zu bedeuten". Die Bedeutung meiner Worte und Handlungen steht nicht grundsätzlich unter meiner Kontrolle. Ich brauche Sie, um etwas zu bedeuten.

Lassen Sie uns dieser Idee noch weiter nachgehen. Obgleich meine Handlung nichts bedeuten mag, solange Sie dieser nichts hinzufügen, erlangen Sie durch meine Handlung Ihre Fähigkeit, zu ergänzen (und Bedeutung zu erzeugen). Strecke ich nicht meine Hand aus, können Sie auch nicht die

Bedeutung eines Grußes, einer Unangemessenheit oder einer Fehleinschätzung erzeugen. Sie erlangen die Fähigkeit, „etwas zu bedeuten" durch die Handlungen, die ich initiiere. Bedeutung liegt damit weder in meinen Handlungen noch in ihren, sondern in der Verbindung aus Handlung und Ergänzung bzw. in der Art der Koordination, die wir erreichen. Der Sozialtheoretiker John Shotter schreibt, Bedeutung resultiere nicht aus Aktion oder Reaktion, sondern aus gemeinsamer Handlung.[8]

Lassen sie uns dies noch ausbauen. Gehen wir die Straße entlang, sind wir nicht allein. Wir tragen in uns die Spuren unzähliger Beziehungen aus Vergangenheit und Gegenwart. In gewisser Hinsicht beziehen wir unser Vokabular von Handlung und Ergänzung aus dieser *Geschichte der Beziehungen.* Die Einbettung in eine Geschichte der Koordination verleiht meiner ausgestreckten Hand ihren Anspruch auf Bedeutung. Stehen wir uns gegenüber und ich klopfe mir aufs Bein, wird dies von Ihnen kaum bemerkt oder ergänzt werden. Erst aufgrund früherer Beziehungen wird eine solche Handlung zum Kandidaten für Bedeutung. Meine Möglichkeiten, „etwas zu bedeuten", hängen daher nicht nur von Ihnen ab. Sie werden durch eine lange Geschichte von Beziehungen vorbereitet. In gleicher Weise schränkt diese Geschichte der Beziehungen Ihre Möglichkeiten zur Ergänzung ein. Es ist unwahrscheinlich, dass Sie beim Anblick meiner ausgestreckten Hand umfallen und sich in die Fötusstellung begeben. Ihr Vokabular der Koordination – Ihre Fähigkeit, etwas in Beziehung zu mir zu bedeuten – beruht ebenfalls auf einer Geschichte der Beziehungen. Durch die Beziehungen, an denen wir beteiligt waren, erlangen wir unsere Möglichkeiten, gemeinsam Bedeutung zu erzeugen.

Wir können diese Darstellung noch in eine letzte Richtung erweitern, nämlich von der Bedeutung früherer Beziehungen zur *Abhängigkeit von zukünftigen Entwicklungen.* Sie und ich mögen auf Ressourcen aus der Vergangenheit zurückgreifen, um gemeinsam Bedeutung zu erzeugen. Unsere Beziehung befindet sich jedoch im Fluss und bewegt sich auf eine unbestimmte Zukunft hin. Daraus ergeben sich zwei wichtige Aspekte dieser kontinuierlichen Koordination. Erstens gibt es nichts in unserer Vergangenheit, was unsere Möglichkeiten, gemeinsam Bedeutung zu erzeugen, starr festlegt. Wir sind nicht lediglich darauf konditioniert, alte, abgenutzte Rituale zu wiederholen. Sicher mag es einige Rituale geben – z.B. Grüße –, die endlos wiederholt werden. Unser Repertoire an sprachlichen Ausdrucksmöglichkeiten und Verhaltensweisen verschafft uns in normalen Gesprächen jedoch enorm viele Möglichkeiten neuer Kombinationen. Wir können Worte und Handlungen zusammenfügen, die noch nie in genau dieser Weise koordiniert wurden. In diesem Sinne ist die Bedeutung, die wir gemeinsam erzeugen, selten festgelegt. Sie unterliegt einer *kontinuierlichen Umdeutung.* Ein plötzlicher Kuss mag zunächst als aufdringlich definiert werden. Im Verlauf weiterer Koordinierungen mag er als ein Zeichen hoffnungsloser Abhängigkeit erscheinen. Oder er könnte als Ausdruck tiefer

Leidenschaft gelten – oder als unreife Impulsivität. Vielleicht bedeutet er auch gar nichts – „Hey, es ist einfach nur so passiert." Es ist wichtig zu verstehen, dass diese kontinuierliche Umdeutung nicht immer unter der Kontrolle einer einzelnen Person steht. Selbst in einer Zweierbeziehung sind stets die Stimmen aus anderen Beziehungen zu hören. Indem wir mit anderen in Dialog treten, können die entstehenden Muster der Koordination alles verändern, was zuvor klar und deutlich erschien. Wie die meisten Kinder geschiedener Eltern wissen, kann ein Elternteil auf sehr geschickte Weise im Rückblick alles zerstören, was einst bewundert wurde. Auch die Geschichte einer Nation ist selten stabil. Jede Generation definiert die Helden und Schurken der Vergangenheit neu.

Auf der Grundlage der im letzten Kapitel entwickelten relationalen Sichtweise erkennen wir somit, dass es beim sozialen Verstehen nicht darum geht, in die Privatsphäre der Subjektivität anderer einzudringen. Ein solches Vorhaben könnte nie zu besserem Verständnis führen. Vielmehr ist Verstandnis eine relationale Errungenschaft, die auf koordinierten Handlungen beruht – insbesondere auf einer durch eine Tradition vorgegebenen Koordinierung. Nehmen wir als Beispiel das Problem der Emotionen. Wie können wir verstehen, was eine andere Person fühlt? Wären Emotionen private Ereignisse, könnten wir die Gefühle anderer nie verstehen. Zum Beispiel ist keiner meiner Gesichtsausdrücke ein Fenster zu meinem Inneren. Wenn Sie annehmen, mein Lächeln repräsentiere einen *Ausdruck* (ein Drücken nach außen) von Freude, liegt dies nicht daran, dass Sie in mich hinein geschaut und es dort bestätigt gefunden haben. Auch ich selbst kann nicht nach innen schauen und Freude eindeutig identifizieren wie einen vorbei fliegenden Schmetterling (im ersten Kapitel haben wir uns mit der Identifizierung innerer Zustände beschäftigt). Vielmehr gelangen Sie zu Ihrer Schlussfolgerung, weil Sie an einer Kultur teilhaben, in der „Freude" als durch Lächeln belegt angenommen wird. Wohl kaum würden Sie annehmen, mein Lächeln sei ein Zeichen von *Fago* (siehe Kapitel 4 zur kulturellen Konstruktion von Emotionen). In der westlichen Kultur ist es angemessen, auf ein Lächeln mit einem eigenen Lächeln zu reagieren und vielleicht die Gefühle des anderen zu kommentieren. Dieses Muster wird kaum bemerkt. Alle Teilnehmer scheinen „einander vollständig zu verstehen." Wenn ich jedoch mit einer finsteren Miene auf Ihr Lächeln reagiere und sage: „Meine Güte, Sie müssen sich aber schlecht fühlen" werden Sie mich wahrscheinlich sehr verwirrt anschauen. Womöglich würden Sie zu sich selbst sagen: „Was für ein Esel. Er versteht mich überhaupt nicht." Mein Unvermögen, Sie zu verstehen, ist nicht darauf zurückzuführen, dass ich keinen Einblick in die inneren Abläufe Ihres Geistes habe. Entscheidend ist vielmehr der Bruch mit einem gemeinsamen Beziehungsszenario. Gegenseitiges Verständnis ist somit vergleichbar mit einem gemeinsamen Tanz, in dem alle Bewegungen aufeinander abgestimmt sind und als zulässig gelten.

Dialog, Diskurs und Unterschied

You see it your way, I see it my way
We can work it out, We can work it out

The Beatles

In gewisser Hinsicht fungiert der Dialog als ordnende Schlüsselmetapher der sozialkonstruktionistischen Theorie. Meinen wir mit Dialog ein Gespräch zwischen zwei oder mehr Personen, so ist der Dialog verantwortlich für die Erzeugung all dessen, was wir für real und gut halten. Wir haben uns mit unterschiedlichen Mitteln beschäftigt, durch die Personen gemeinsam diskursive Ressourcen nutzen, handeln, objektivieren, verhandeln, ordnen usw., um verstehbare Welten zu erschaffen. Im erweiterten Sinne geht es in all diesen Diskussionen um Dialoge. Es gibt jedoch noch eine zweite Bedeutung von Dialogen, der wir uns jetzt zuwenden wollen. Mit Dialogen meinen wir oft nicht Gespräche im Allgemeinen, sondern spezielle Arten von Beziehungen, in denen Veränderung, Wachstum und neue Einsichten gefördert werden. Über diese Form des Dialogs wurde noch fast nichts gesagt. Unsere Diskussionen haben sich bislang sehr allgemein darauf bezogen, wie wir gemeinsam Wirklichkeiten konstruieren. Sobald diese jedoch gefestigt sind und institutionalisiert wurden, wie und warum sollten wir Veränderungen herbeiführen? Dies ist die Herausforderung des Dialogs als eines *transformativen* Mediums. Damit ist nicht bloß ein Austausch von Sichtweisen gemeint, sondern ein Weg, der von entfremdeter Koexistenz zu einem vielversprechenderen Zusammenleben hinführt.

Anderssein und das Ende von Bedeutung

Lassen Sie uns die Konsequenzen dialogischer Transformationen betrachten. Die meisten von uns fühlen sich in bestimmten Gruppen wohl, nicht jedoch in anderen. Aus unserer Sicht mag es manche Gruppen von Menschen geben, die einfach völlig fehlgeleitet oder sogar böse erscheinen – zu diesen Gruppen zählen für Sie vielleicht Neonazis, der Ku-Klux-Klan, die Mafia oder terroristische Vereinigungen. Dieses Gefühl des Andersseins, der Unterschiedlichkeit von bestimmten anderen ist eine nahezu unausweichliche Folge des sozialen Lebens. Wie im dritten Kapitel dargestellt, erzeugen wir Wirklichkeiten und Moral innerhalb bestimmter Gruppen – Familie, Freunde, Arbeitskollegen, Kirche oder Synagoge. Unsere Gesprächspartnerinnen und -partner werden somit zu wichtigen Ressourcen. Mit ihrer ausdrücklichen oder stillschweigenden Unterstützung entwickeln wir ein Gefühl dafür, wer wir sind, was wirklich und was richtig ist. Gleichzeitig erzeugen jedoch all die unsere Welt konstruierenden Beziehungen ein geringgeschätztes Außen – einen Bereich, der das beinhaltet, was wir nicht sind, woran wir nicht glauben und was wir nicht für wahr und gut halten.

Diese Geringschätzung beruht in großem Maße auf der Struktur der Sprache, innerhalb derer wir unsere Wirklichkeit konstruieren. Erinnern Sie sich an die binären Unterschiede in der Sprache, mit denen wir uns im zweiten Kapitel beschäftigt haben. Sprache ist im Wesentlichen ein differenzierendes Medium. Jedes Wort trennt das, was benannt oder bezeichnet wird, von dem, was nicht gemeint ist (dem Abwesenden, Gegenteiligen). Immer wenn wir bestimmen, was wahr oder gut ist, verwenden wir Wörter, die bestimmte Dinge privilegieren und gleichzeitig Abwesendes und Gegenteiliges an den Rand drängen. Konzentrieren wir uns auf die materielle Beschaffenheit der Wirklichkeit, verdrängen oder entwerten wir damit das Spirituelle. Richten wir unser Augenmerk auf die beobachtbare Welt, schwächen wir damit in subtiler Weise den Glauben an das nicht Sichtbare und Intuitive. Letztendlich gibt es für jedes Sein ein Anderssein.

Das Problem der Unterschiedlichkeit wird verstärkt durch weitere begleitende Tendenzen. Zunächst besteht die Tendenz, diejenigen zu *meiden*, die anders sind, insbesondere wenn sie als Gegner unserer Lebensweise erscheinen. Wir vermeiden es, mit diesen Personen zu sprechen und sie näher kennen zu lernen. Da wir kaum mit ihnen interagieren, besteht die Tendenz, unsere Einstellungen ihnen gegenüber *zu vereinfachen*. Die eigenen Vorstellungen und Erklärungen werden kaum in Frage gestellt. Ausnahmen werden seltener gemacht. Durch die zunehmende Tendenz, das Verhalten der anderen in negativer Weise zu beschreiben, kommt es zu einer Neigung zu *Extremen*. Sehen wir dauerhaft „das Böse" im Verhalten der anderen, staut sich immer mehr auf. Allmählich wird der andere als minderwertig, dumm oder bösartig angesehen. Sozialpsychologinnen und Sozialpsychologen sprechen in diesem Kontext häufig von „negativen Stereotypen", d.h. starren und vereinfachenden Vorstellungen vom anderen.[9] Die vorliegende Analyse verschiebt den Schwerpunkt von den Vorurteilen einzelner zu Diskursformen, die innerhalb einer Gruppe praktiziert und unterstützt werden. Das Resultat ist soziale Atomisierung. Die gleichen Prozesse, die Jugendcliquen und -banden trennen, finden sich auf sozialer Ebene in den Konflikten zwischen politisch Linken und Rechten, Fundamentalisten und Liberalen, homosexuellen Aktivisten und ihren Gegnern und Abtreibungsbefürwortern und Abtreibungsgegnern. Auf globaler Ebene erkennen wir ähnliche Trennungen zwischen Juden und Palästinensern, irischen Katholiken und Protestanten, Moslems und Christen usw.

Die vorliegende Analyse deutet an, dass Tendenzen zur Trennung und zum Konflikt normale Ergebnisse des sozialen Austauschs sind. Vorurteile sind damit kein Erkennungsmerkmal eines schlechten Charakters – geistiger Starrheit, fehlerhafter Kognitionen, emotionaler Voreingenommenheiten usw. Solange wir den normalen Vorgang fortsetzen, nach Übereinstimmung über das Gute und Wahre zu suchen, ist die Konstruktion von Klassen des Unerwünschten unausweichlich. Alle Tendenzen zu Einheit, Kohäsion, Gemeinschaft, Bindung, Solidarität usw. beinhalten zugleich Anderssein, die Absetzung von den nicht mit eingeschlossenen Anderen. Hierin liegen die Wurzeln des Konflikts. Gegenwärtig ist jeder von uns für mindestens eine, wahrscheinlich jedoch sogar für mehrere andere Gruppen unerwünscht. Die große Herausforderung liegt nicht darin, bequeme, in sich abgeschlossene Gemeinschaften, konfliktfreie Gesellschaften oder eine harmonische Weltordnung zu schaffen. Vielmehr stellt sich angesichts der starken Tendenzen zu Konflikten die Frage, wie wir zusammenleben können, ohne dass die sich ständig entwickelnden Konflikte in Aggressionen, Unterdrückung oder Völkermord ausarten – und letztlich zum Ende von Sinn und Bedeutung führen. Diese Herausforderung wird umso schwieriger, je mehr die Kommunikationstechnologien vielen Gruppen dazu verhelfen, sich zu organisieren, gemeinsame Identitäten zu entwickeln, Pläne auszuarbeiten und umzusetzen.[10] Die vielleicht wichtigste Herausforderung des 21. Jahrhunderts liegt darin, das *Zusammenleben* auf der Erde zu ermöglichen.

Welche Ressourcen stehen uns zur Verfügung, um diese Herausforderung zu meistern? Die sozialkonstruktionistische Theorie liefert mindestens eine wichtige Möglichkeit: Entstehen Konflikte durch Dialoge, sollten wir an den Dialogen ansetzen, um mit rivalisierenden Wirklichkeiten umzugehen. Im weiteren Verlauf dieses Kapitels wollen wir uns mit drei Ansätzen beschäftigen, die zur Konfliktentschärfung beitragen sollen. Der erste beruht auf regulativen Regeln der Verhandlung und der zweite auf einer Ethik des Diskurses. Beide entspringen aus großen, aber begrenzten Traditionen. Abschließend wollen wir uns dem transformativen Dialog zuwenden – einem Ansatz, der direkt aus der zuvor dargestellten relationalen Sichtweise hervorgeht.

Von der Argumentation zur Mediation: Hoffnung und Zweifel

> Auf mich und auf dich.
> Sollten wir verschiedener Meinung sein,
> Zur Hölle mit dir!
>
> Traditioneller Trinkspruch

Sollten wir verschiedener Meinung sein und gewalttätige Auseinandersetzungen vermeiden wollen, besteht eine offensichtliche Option darin, „es zu diskutieren." Wie wir alle wissen, sind solche Diskussionen jedoch keineswegs ideal. Häufig führen sie zu Missverständnissen, Täuschungsversuchen und subtilen Machttaktiken, die Beziehungen zerstören können. Eine Lösung dieser

Probleme wäre die Formalisierung. Wir könnten bestimmte Regeln oder Standards für Argumente entwickeln, die zu gewaltfreien Lösungen führen sollen. Solche regelgeleiteten Ansätze sind in den letzten Jahren immer beliebter geworden. Wir sollten sie daher etwas genauer betrachten. Worin liegen die Vorteile und welches sind die Nachteile? Diese Ansätze entspringen den miteinander verbundenen Traditionen von Realismus und Rationalismus. Auf der rationalistischen Seite tendieren sie dazu, Menschen als unabhängig Handelnde darzustellen, die sich mittels ihrer Vernunft auf identifizierbare Ziele hin bewegen. Auf der Seite des Realismus gehen sie von einer einzigen existierenden Realität (oder Struktur von Belohnungen, Strafen, Vorteilen) aus. Aus dieser Sichtweise sollte es im Idealfall möglich sein, die beste logische (rationale) Möglichkeit zur Lösung von Konflikten zwischen rivalisierenden Gruppen zu finden. Am extremsten ist in dieser Hinsicht die *Argumentationsorientierung*. In dieser „müssen die Diskussionsteilnehmerinnen und -teilnehmer Argumente vorbringen, in denen der in Frage stehende Standpunkt angegriffen und verteidigt wird. In einer argumentativen Diskussion versuchen die teilnehmenden Personen, einander mittels argumentativer Aussagen davon zu überzeugen, dass die dargelegten Meinungen annehmbar oder unhaltbar sind. Die ausgedrückten Meinungen sollen damit zur Zufriedenheit der Zuhörer gerechtfertigt oder widerlegt werden."[11] Spezifische Regeln der Argumentation werden für breite (und potenziell universelle) Anwendungsspektren entworfen. Das vielleicht klarste Beispiel der Argumentationsorientierung in der Praxis ist das Rechtssystem. Jede Seite sammelt Gründe und Beweise, um den anderen zu besiegen.

Unter weniger formalisierten Bedingungen finden wir die *Handelorientierung*, die viele Gemeinsamkeiten mit der Argumentationstheorie aufweist. In der Handelorientierung bestimmt jede der Konfliktparteien Kosten und Nutzen unterschiedlicher Ergebnisse und versucht, den für die eigenen Interessen größtmöglichen Vorteil auszuhandeln (Nutzenmaximierung). In einem Ratgeber heißt es, aufgrund des üblichen „Präferenzenkonflikts" zwischen den Parteien sei „Verhandlung die Suche nach Vorteilen durch Akkomodation."[12] Auf der Handelebene wird die zentrale Stellung der Logik in den Diskussionen über optimale Handelsstrategien (Gewinne maximieren und Verluste minimieren) deutlich. Zum Beispiel werden die Möglichkeiten und Konsequenzen des Einsatzes von Belohnungen statt Strafen oder Drohungen behandelt. Die Hoffnung liegt darin, durch die Ausnutzung der Schwächen des Gegners den größtmöglichen Vorteil zu erreichen, während man selbst nur minimale Zugeständnisse macht. Handelsstrategien gelangen üblicherweise bei schwierigen Konflikten in Wirtschaft und Politik zum Einsatz.

Die *Verhandlungsorientierung* legt den Schwerpunkt ebenfalls auf unabhängige Gegnerinnen und Gegner, beruht jedoch nicht auf den beim Handeln üblichen Minimax-Strategien, sondern auf der Suche nach maximalen gemeinsamen Vorteilen (*satisficing*). In dem Bestseller Das *Harvard Konzept* beschreiben Roger Fisher, William Ury und Bruce Patton Strategien, mit denen die an einer Verhandlung beteiligten Parteien „Optionen zum allseitigen Nutzen" generieren können.[13] Alle Parteien werden aufgefordert, ihre wichtigsten Interessen und Ziele und die Wichtigkeit dieser Anliegen zu benennen. Auf dieser Grundlage wird nun versucht herauszufinden, welche gemeinsamen Interessen bestehen, wie Interessenkonflikte vermieden werden können und wie sich für alle Parteien akzeptable Lösungen finden lassen. Verhandlungen dieser Art kommen häufig im geschäftlichen und politischen Bereich vor, wenn keine langfristigen Gegensätze vorliegen.

Die in vielerlei Hinsicht der Verhandlungspraxis ähnliche *Mediationsorientierung* legt ihren Schwerpunkt auf die Verringerung der Distanz zwischen den Teilnehmerinnen und Teilnehmern.[14] In der Mediation geht es häufig darum, eine Konkurrenzbeziehung durch eine gemeinschaftliche, integrative Problemlösung zu ersetzen. Die Parteien sollen einander zuhören und versuchen zu verstehen, was die andere Seite über die Situation denkt und fühlt. Auf diese Weise sollen verschiedene Optionen generiert und eine für alle Beteiligten annehmbare Lösung umgesetzt werden. Eine Mediation dieser Art ist häufig bei zwischenmenschlichen Konflikten wie Scheidung oder Sorgerechtsstreit nützlich.

Alle diese Praktiken – Argumentation, Handel, Verhandeln und Mediation – sind wertvolle Ressourcen für die Lösung von Konflikten. In den unterschiedlichsten Kontexten, von internationalen Konflikten und Auseinandersetzungen zwischen Arbeitgebern und Gewerkschaften bis hin zu familiären Interessenunterschieden haben sich diese Praktiken als wirksam erwiesen. Dennoch sollten wir noch weiter gehen. Alle diese Praktiken beruhen auf einer modernistischen Weltsicht, in der Rationalität und objektive Wirklichkeiten vorausgesetzt werden. Aus sozialkonstruktionistischer Sicht sind sowohl das Rationale als auch das Reale Nebenprodukte gemeinschaftlicher Beziehungen. Was die Vernunft betrifft, betrachten Konstruktionisten alle rationalen Argumente, Aussagen und Überlegungen als historisch und kulturell begrenzt. Es gibt sicher Konventionen in Bezug auf „Vernunft", über die sich viele Menschen in der westlichen Gesellschaft einig sind. Alle fixierten Standards und Anforderungen führen jedoch zwangsläufig zu einer Verdrängung bestimmter Personen oder Gruppen. Außerdem erschweren wir durch die Festlegung solcher Standards oder Anforderungen die Möglichkeit neuer Alternativen (z.B. das Ersetzen von „vernünftigen Gesprächen" durch irgendeine Form des nonverbalen Austauschs). Im Hinblick auf den Realismus sehen Konstruktionisten all das, was wir für real halten (z.B. „das Problem", „meine Interessen", „die optimale Lösung"), als Folgen eines Diskurses, der nur für bestimmte Personen zu bestimmten Zeiten glaubwürdig ist und stets als mehrdeutig und flexibel angesehen werden muss. Eine Festlegung auf „das Problem", „meine Interessen" usw. etabliert daher starre Grenzen, innerhalb deren sich der Dialog abspielt.

Stimmen wir überein, „worin das Problem liegt", bewegen wir uns gemäß den üblichen Konventionen in Richtung „Lösungsfindung." Einigen wir uns auf „Ihre Interessen gegen meine Interessen", verlassen wir Diskurse über „Rechte", „Pflichten", „Gerechtigkeit", „das Geistige" usw. Auf diese Weise verringern wir die Möglichkeiten für eine gemeinsame Konstruktion des Wirklichen.

Diese zuletzt genannte Begrenzung wird noch durch eine weitere Annahme der bestehenden Traditionen unterstrichen. Wie die vorangegangenen Kapitel gezeigt haben, hält der Konstruktionismus die Vorstellung von unabhängigen Individuen für ein historisches und kulturelles Artefakt. Betrachten wir Dialoge als Beziehungen zwischen getrennten, autonomen Individuen, die alle ihre persönlichen Interessen, Wahrnehmungen und Gründe haben, verstärken wir das Gefühl des Konflikts. Wir unterstellen damit, dass trotz aller vorübergehenden Einigungen der andere immer fremd, unbekannt und grundsätzlich nicht vertrauenswürdig ist. Im Zentrum der individualistischen Sicht ist eine Welt „jeder gegen jeden." Ich meine, dass eine relationale Sicht von Personen wesentlich vielversprechender ist.

Habermas und die Diskursethik

Sind die Regeln von Argumentation und Verhandlung derartig begrenzt, bietet sich eine allgemeinere Orientierung in Bezug auf Dialoge an. Zum Beispiel könnten sich die Beteiligten zunächst auf allgemeine Werte einigen, die ein Gespräch ordnen. Diese Möglichkeit findet sich in den Schriften des deutschen Theoretikers Jürgen Habermas, dessen frühe Werke von enormer Bedeutung waren, da sie den wissenschaftlichen Ansprüchen auf Überlegenheit gegenüber allen konkurrierenden Formen der Vernunft ihre Grenzen aufzeigten (siehe Kapitel 1).[15] Obgleich er die unterdrückerischen Tendenzen aller dominanten oder monologischen Autoritäten ablehnt, widersetzt sich Habermas auch der gegensätzlichen Tendenz einer *„anything- goes"*- Anarchie. Er beschäftigt sich vor allem mit den enormen Konflikten in der heutigen Gesellschaft, speziell im Zusammenhang mit Gerechtigkeit und Moral. Denken Sie z.B. an die Fragen: Sollen in der Schule Gebete gesprochen werden? Soll die Todesstrafe erhalten bleiben? Sollen wir Wälder vor der Abholzung schützen, auch wenn dadurch Arbeitsplätze verloren gehen? All dies sind komplizierte Fragen von moralischer und ethischer Bedeutung. Vieles hängt davon ab, wie wir sie beantworten. Laut Habermas wäre es ein Fehler, ethische Regeln – ein universelles Dogma – vorzuschreiben, an die sich alle Menschen zu halten haben. Keine Religion, keine Regierung und kein Philosoph hat das Recht, den eigenen Willen anderen Menschen aufzuzwingen. Wenn wir jedoch alle Autorität aufgeben, wie soll es dann weitergehen? Kommt es dadurch zu einem unübersichtlichen Krieg konkurrierender Interessen?

Für Habermas liegt die Lösung in der Diskursethik. Damit gemeint sind die ethischen Grundlagen eines produktiven Dialogs über mögliche Lösungen für Konflikte. Habermas hat insbesondere versucht, rationale Grundlagen für friedliche, demokratische und gerechte Überlegungen vorzuschlagen. Ihm zufolge bringt ein gerechtes Anhören aller Sichtweisen und Begründungen sowie ein Zusammentragen aller relevanten Fakten die Menschen einer Übereinkunft näher. Obwohl Habermas' Werk über *Diskursethik* komplex und umfangreich ist, will ich einige seiner wichtigsten Schlussfolgerungen zusammenfassen. Besonders wichtig sind für Habermas die folgenden Punkte:[16]

- Wo Konflikte bestehen, sollte ein Diskussionsprozess in Gang gebracht werden. Argumentation sollte auf Übereinkunft abzielen.

- Alle Personen sollten das gleiche Recht haben, sich zu beteiligen.

- Die Beteiligten an einer Diskussion sollten gleichgestellt sein. Es sollte keine Machtunterschiede, keine Unterdrückung und keinen Zwang geben.

- Jede Person darf sagen, was sie möchte, und all ihre Meinungen und Wünsche frei äußern.

- Nur solche Lösungsvorschläge, denen alle Beteiligten zustimmen, werden angenommen. Die Interessen aller Teilnehmerinnen und Teilnehmer müssen berücksichtigt werden.

Obgleich Habermas nicht auf praktische Details der Diskussion eingeht, erscheinen diese fünf Auflagen sehr attraktiv. Gleichzeitig gibt es jedoch einige Probleme. Es gibt letztendlich keine Möglichkeit, diese spezielle Form der Diskursethik zu rechtfertigen. Warum sollten alle Personen diese Vorschläge annehmen, insbesondere wenn sie die von gebildeten Menschen der westlichen Kultur bevorzugten Argumentationsstrukturen nicht akzeptieren? Habermas' Rechtfertigung gründet auf seiner eigenen moralischen Bindung (an eben diese Art von demokratischem Prozess). Sie ist damit das Produkt einer einzelnen Autorität (ihm selbst) und nicht des von ihm empfohlenen dialogischen Prozesses. Bei ihm stellt sich somit das gleiche Problem wie bei den Argumentationstheoretikern, welche die Regeln der Vernunft und Beweisführung als selbstverständlich und universell ansehen. Ebenso wie die Argumentationstheoretiker meint Habermas, dass ein ethikbasierter Meinungsaustausch zu einer Übereinkunft führt. Diese Hoffnung erscheint als übertrieben idealistisch. Ist es bei starken Interessenkonflikten (wie z.B. zwischen Abtreibungsgegnern und -befürwortern) wahrscheinlich, dass die eine Seite ihre Gegner durch Vernunft und Belege davon überzeugen kann, dass die vertretene Position falsch ist – und dass sie von falschen Voraussetzungen ausgegangen sind? Wohl kaum. Was für der einen Seite als vernünftig erscheint, muss der Gegenseite keineswegs als vernünftig gelten. Was eine Person als überzeugenden Beleg ansieht, mag einer anderen als fehlerhaft und unannehmbar erscheinen. Viele Abtreibungsgegnerinnen und -gegner halten es z.B. für eine Tatsache, dass der Moment der Zeugung den Beginn menschlichen Lebens darstellt, während die, die Abtreibungen befürworten, dies als völlig willkürliche Vorstellung betrachten. Welche zusätzlichen Belege könnten die Richtigkeit einer dieser beiden Positionen beweisen?

Des Weiteren fragen Habermas' Kritiker, warum wir unbedingt nach einer Übereinkunft streben sollten? Ist es nicht auch wichtig, Unterschiede anzuerkennen und wertzuschätzen? Warum sollte es keine Vielfalt an Religionen, politischen Werten, kulturellen Idealen und Lebensweisen geben? Selbst wenn wir nicht zustimmen und unsere Lebensweise für die beste halten, könnte die Welt nicht davon profitieren, „Tausend Blumen blühen zu lassen?" Diese Kritik wird insbesondere von konstruktionistischen Argumenten unterstützt. Gibt es die „eine richtige Antwort" nicht – keine überlegene Logik, keine eindeutigen Belege, keine verbindliche Ethik, die über den Rahmen einer bestimmten Gemeinschaft hinausgeht –, warum sollten wir dann immer auf Übereinstimmung bedacht sein? Die Anerkennung der Existenz von Vielfalt und Unterschieden mag daher unsere beste Strategie für den Erhalt menschlichen Zusammenlebens sein.

Ungeachtet dieser Probleme sind Habermas' Vorschläge für ethische Diskurse dennoch attraktiv. Würden wir es uns nicht wünschen, ohne Angst vor Bestrafung unsere Meinung sagen zu dürfen, wenn wir eine im Vergleich zu anderen gegensätzliche Position vertreten? Und wäre uns nicht daran gelegen, dass nur solche Vorschläge umgesetzt werden, denen wir selbst zugestimmt haben? Obgleich es keine universelle Rechtfertigung für diese Kriterien gibt, erscheinen sie intuitiv als attraktive Bestandteile eines effektiven Austausches. Können wir über antagonistische Modelle hinausgehen und uns dabei diese Merkmale erhalten?

Auf dem Weg zum transformativen Dialog

> Wenn es notwendig ist, Bedeutungen und Wahrheiten
> zu teilen, müssen wir etwas anders machen.
>
> David Bohm, *Der Dialog*

Es ist verständlich, dass Wissenschaftlerinnen und Wissenschaftler versuchen, Regeln und ethische Maßstäbe zu generieren, um die Konflikte zu entschärfen, die aus der Kollision unterschiedlicher Wirklichkeiten resultieren. Wir wissenschaftlich tätigen Personen leben jedoch in einer exklusiven Welt, in der es bereits tiefverwurzelte Traditionen gibt. Es ist unvermeidbar, dass unsere

Theorien diese vor dem Trubel der alltäglichen Konflikte geschützten Positionen widerspiegeln. Zwangsläufig werden sie die Argumente bevorzugen, die „Leuten wie uns" geläufig sind. Weniger Berücksichtigung finden die Interessen und Traditionen von Menschen aus anderen Kulturen oder mit anderem Hintergrund. Generell ist es schwierig für eine Person oder eine Gruppe, Regeln und Richtlinien für produktive Dialoge zu entwerfen, die nicht in irgendeiner Weise Voreingenommenheiten beinhalten. Kritikerinnen und Kritiker haben gezeigt, dass selbst die strikten Regeln der Argumentation und Beweisführung vor Gericht – die angeblich „Gerechtigkeit für alle" sicherstellen – die wirtschaftlich Privilegierten bevorzugen.[17]

Bedeutet dies, dass wir auf die Lösung des Problems verzichten und die Idee dessen, was Habermas als „ideale Gesprächsbedingungen" bezeichnet, einfach aufgeben? Ich denke nicht. Es gibt noch einen weiteren vielversprechenden Weg, den wir beschreiten können. Anstatt „von oben nach unten" zu gehen – und hochrangigen Autoritäten zuzugestehen, die Regeln und die Ethik für alle festzulegen – können wir auch von „unten nach oben" vorgehen. Das heißt, wir könnten uns zunächst der Welt der Handlungen zuwenden und Fälle betrachten, in denen Menschen mit Problemen zu tun haben, die aus vielfältigen und unterschiedlichen Wirklichkeiten resultieren. Indem wir diese Fälle untersuchen, können wir nach Möglichkeiten der Gesprächsführung suchen, die das Zusammenleben oftmals erleichtern. Damit werden keine festen Regeln für transformative Dialoge festgelegt. Vielmehr wird ein Vokabular für relevante Handlungen vorgeschlagen. Je nach Situation können wir uns aus diesem Vokabular entnehmen, was immer unter den jeweiligen Bedingungen nützlich ist. bleibt jedoch stets flexibel. Im Laufe der Zeit verändern sich Bedeutungen und neue Stimmen bringen sich ein. Auf diese Weise wird verändert und ergänzt. Es gibt demnach keine universellen Regeln für transformative Dialoge, da der Dialog selbst das verändert, was jeweils nützlich ist.

Lassen Sie uns nun einen erfolgreichen Fall näher betrachten. Anschließend können wir einige Merkmale herausarbeiten und über Implikationen nachdenken. Im Jahre 1989 setzten Laura und Richard Chasin, Sallyann Roth und ihre Kolleginnen und Kollegen im Öffentlichen Gesprächsprojekt in Watertown, Massachusetts, Techniken aus der Familientherapie im Kontext festgefahrener öffentlicher Kontroversen ein.[18] Diese Praxis hat sich im Laufe der Jahre weiterentwickelt und zu beindruckenden Ergebnissen geführt. Als Beispiel wollen wir ihren Versuch, die Gegenparteien im Abtreibungsstreit einander näher zu bringen, einmal genauer betrachten. In diesem Fall haben regelmäßige Debatten nichts gebracht, vor allem weil beide Seiten Wirklichkeit und Moral in völlig unterschiedlicher Weise konstruieren. Es ist ein brisantes Thema, bei dem viel Feindseligkeit in der Luft liegt. Aktivisten, die zu einer Diskussion bereit waren, wurden in kleinen Gruppen zusammengeführt. Das Projekt garantierte den mitwirkenden Personen, dass sie an keiner für sie unangenehmen Aktion teilnehmen müssten. Das Treffen begann am Abend mit einem Büffet, so dass die Teilnehmerinnen und Teilnehmer zunächst andere Aspekte ihres Lebens *außer* ihrer Position in der Abtreibungsfrage besprechen konnten. Nach dem Essen lud der Moderator zu „einer anderen Art von Gespräch" ein. Die teilnehmenden Personen wurden gebeten, als einzigartige Individuen zu sprechen – über ihre eigenen Erfahrungen und Ideen – und nicht als Vertreterin oder Vertreter einer Position. Sie sollten Gedanken und Gefühle mitteilen und Fragen stellen, die sie interessierten. Zu Beginn wurden alle Teilnehmerinnen und Teilnehmer gebeten, auf drei wichtige Fragen zu antworten (jede Person konnte der Reihe nach und ohne Unterbrechungen sprechen):

1. Wie kam es dazu, dass sie sich mit diesem Thema beschäftigten? Welche persönliche Beziehung und welche persönliche Geschichte haben sie zu diesem Thema?

2. Wir würden gerne etwas mehr über ihre persönliche Meinung und Sichtweise zum Thema Abtreibung hören. Worum geht es für sie im Wesentlichen?

3. Viele Menschen, mit denen wir gesprochen haben, sagten uns, es gäbe in ihrer Auffassung zu diesem Thema viele Grauzonen und Dilemmata in ihren persönlichen Überzeugungen, vielleicht sogar einige Konflikte. Gibt es auch bei Ihnen Aspekte, bei denen sie sich nicht ganz sicher oder gar unsicher sind? Gibt es Bedenken, Wertekonflikte oder gemischte Gefühle, die sie uns mitteilen möchten?

Die Antworten auf die ersten beiden Fragen offenbaren meist eine Vielfalt an persönlichen Erfahrungen. Oftmals kamen Geschichten von großem Schmerz, Verlust und Leid vor. Die Teilnehmerinnen und Teilnehmer äußerten auch viele Zweifel und waren überrascht festzustellen, dass auch auf der Gegenseite Zweifel vorkamen.

Nach der Beantwortung dieser drei Fragen hatten die teilnehmenden Personen Gelegenheit, sich gegenseitig Fragen zu stellen. Sie wurden gebeten, keine „versteckten Beschuldigungen" zu formulieren, sondern Fragen, die von Neugierde geprägt sind. „Wir möchten etwas über ihre persönlichen Erfahrungen und ihre individuelle Einstellung hören…" Nach der Besprechung einer Vielzahl von Themen, die für die Teilnehmerinnen und Teilnehmer wichtig waren, gab es eine abschließende Diskussion über das, was die Personen glaubten, getan zu haben, „um das Gespräch so zu führen, wie es verlaufen ist." Einige Wochen nach jeder Sitzung durchgeführte Telefongespräche zeigten dauerhafte positive Wirkungen. Die Teilnehmerinnen und Teilnehmer hatten das Gefühl, ein komplexeres Verständnis des Konflikts und ein wesentlich menschlicheres Bild „des Anderen" entwickelt zu haben. Es kam zu keiner

Veränderung der grundlegenden Einstellung, doch die Beteiligten sahen das Thema nicht mehr als schwarz oder weiß und betrachteten Andersdenkende nicht mehr als Dämonen.

Die Arbeit des Öffentlichen Gesprächsprojekts ist in der Tat beeindruckend und hat zu vielen neuen Möglichkeiten geführt. Wichtige Fragen drängen sich auf: Welche spezifischen Eigenschaften machen diese Art des Dialogs so wirkungsvoll? Wie können wir diese Merkmale auf eine Weise konzeptualisieren, dass sie sich auch auf andere Kontexte übertragen lassen? Wir können nicht exakt die gleichen Mittel bei allen Konflikten und Meinungsverschiedenheiten einsetzen. Gelingt es uns jedoch, von diesen Praktiken zu abstrahieren, verfügen wir über Anhaltspunkte für erfolgreiches Vorgehen in anderen Situationen. Wir sollten auch auf Dinge achten, die in dieser Praxis nicht vorkommen. Welche Ergänzungen könnten aus konstruktionistischer Sichtweise vorgenommen werden? Richten wir unsere Aufmerksamkeit nun auf fünf wichtige Bestandteile, die für den transformativen Dialog von besonderer Bedeutung sind.

Von Schuldzuweisungen zu relationaler Verantwortlichkeit

> „Wir können nur einer Person die Schuld geben,
> nämlich uns gegenseitig."
>
> Barry Beck, ein Spieler der Hockeymannschaft New York Rangers,
> nach einer Schlägerei bei einem Meisterschaftsspiel

In der Tradition der westlichen Moderne besteht die starke Tendenz, Individuen moralische Verantwortlichkeit für ihre Taten zuzuschreiben. Wir konstruieren Personen als Urheber ihrer eigenen Handlungen und ziehen sie für ihre Missetaten zur Verantwortung. Es gibt vieles an dieser Tradition der individuellen Verantwortlichkeit, was die meisten von uns sehr schätzen. Dank des Diskurses individueller Schuldzuweisungen können wir die moralische Verantwortung für Raub, Vergewaltigung, Mord usw. einzelnen Personen zuschreiben. In gleicher Weise können wir Individuen für großartige Leistungen, humanitäre und heldenhafte Taten usw. loben. Der Diskurs individueller Schuldzuweisungen trennt uns jedoch voneinander. Indem ich die Fehler einer anderen Person hervorhebe, errichte ich eine Wand zwischen uns. Wenn ich Ihnen die Schuld gebe, stelle ich mich selbst als allwissend und rechtschaffen dar und Sie als fehlerbehaftetes Wesen, das meinem Urteil unterliegt. Ich konstruiere Sie als Objekt der Verachtung, das auf den rechten Weg zurückgeführt werden muss, während ich selbst als vorbildlich und machtvoll dastehe.

Auf diese Weise entfremde ich mich von Ihnen und stelle Sie als Gegner dar. Das Problem wird im Falle von gegnerischen Gruppen noch verstärkt. Beide Parteien geben womöglich der Gegenseite die Schuld – die Armen werfen den Reichen Ausbeutung vor, die Reichen den Armen Faulheit; die religiös Konservativen geben den Homosexuellen die Schuld am Werteverfall in der Gesellschaft, während die Homosexuellen den Konservation Intoleranz vorwerfen usw. Jeder wirft dem schuldigen Anderen vor, nicht nur die eigene Schuld zu leugnen, sondern sogar den Versuch zu unternehmen, die Schuld umzudrehen. Gegensätze führen zu immer stärkeren Polarisierungen und die Tradition der individuellen Schuldzuweisungen sabotiert damit die Möglichkeit eines transformativen Dialogs.

In diesem Kontext können wir das Potenzial der relationalen Verantwortlichkeit womöglich besser wertschätzen.[19] Entspringt alles, was wir für wahr und gut halten, aus Beziehungen, insbesondere aus dem Prozess des gemeinschaftlichen Konstruierens von Bedeutung, haben wir einen guten Grund, Beziehungen des Bedeutungerzeugens ernst zu nehmen und näher zu untersuchen. Es gilt somit, Mittel für die Erhaltung eines Kommunikationsprozesses zu finden, in dem Bedeutungen nie starr und festgelegt sind, sondern sich in einer immer währenden Entwicklung befinden. Gegenseitige Schuldzuweisungen sind offensichtlich ein Hindernis auf dem Weg zu relationaler Verantwortlichkeit. Wie können wir in der Praxis *relationale Verantwortlichkeit* erzeugen? Im Falle des Öffentlichen Gesprächsprojekts wurde die Tendenz zu Schuldzuweisungen als Verletzung der Spielregeln definiert. Die Gesprächsaufgaben erlaubten keine Schuldandeutungen, auch keine, die in Fragen versteckt waren. Unter normalen Umständen haben wir jedoch kaum Kontrolle über die Gesprächsregeln. Wie können wir im Alltag individuelle Schuld durch eine relational verantwortlichere Sprache ersetzen? Obgleich es keine feststehenden Antworten auf diese Frage gibt, können wir innerhalb bestehender kultureller Praktiken mehrere Möglichkeiten entdecken, um Gespräche in andere Richtungen als die der individuellen Schuldzuweisung zu lenken. Hierzu folgende Beispiele:

Internale Andere: Wenn ich zuviel und zu laut rede und Sie aus dem Gespräch dränge, haben Sie einen guten Grund, mir die Schuld zu geben. Attackieren Sie mich allerdings in direkter Weise, könnte es zu einer Abkühlung unserer Beziehung kommen. Eine Option besteht darin, in mir eine andere Stimme zu finden, die für mich in dieser Situation „spricht." Sagen Sie z.B.: „So wie du redest, meine ich die dominierende Stimme deines Vaters zu hören…" oder „Du hörst dich wirklich so an wie dein Lehrer…" Auf diese Weise teilen Sie mir Ihr Unbehagen mit, ermöglichen mir jedoch gleichzeitig, meine Handlung als etwas anderes als „ich selbst" zu bewerten. Das, was wir für das „Kernselbst" halten, wird hierbei nicht angegriffen – jenes „Ich", das um jeden Preis verteidigt werden muss. Vielmehr konstruieren Sie mich als jemanden, der in seinem

Repertoire über viele andere Personen verfügt. Diese sind es, die meine gegenwärtigen problematischen Handlungen steuern.

Gemeinsame Beziehungen: Beleidigen Sie mich inmitten eines hitzigen Wortgefechts, könnte ich Ihnen für Ihre verbalen Entgleisungen berechtigterweise die Schuld geben. Dies könnte zu einer Verschlechterung unserer Beziehung führen. Ich könnte jedoch auch Möglichkeiten finden, um nicht bei Ihnen allein, sondern in unserem Muster des miteinander Umgehens die Schuld zu suchen. Nicht Sie gegen mich, sondern *wir* haben die fragwürdige Handlung hervorgebracht. Aussagen wie: „Schau doch, was wir einander antun..." , „Wie haben wir uns nur in diese Situation gebracht..." oder „Wir zerstören unsere Beziehung auf diese Weise; lass' uns doch von vorn anfangen und eine andere Art von Gespräch führen..." können dazu beitragen, Schuldgefühle bei Individuen durch ein Gefühl einer wechselseitigen Beziehung zu ersetzen.

Gruppenwirklichkeiten: Alice ist von Ted genervt. Er ist schlampig, lässt all seine Sachen herumliegen, denkt nur an seine eigenen Bedürfnisse und hört ihr nur selten zu. Ted kann Alices übertriebene Ordentlichkeit kaum aushalten, stört sich an ihrem beruflichen Desinteresse und findet ihr unaufhörliches Geschwätz unausstehlich. Beide richten zahllose Schuldvorwürfe an ihren Partner. Es besteht jedoch die Möglichkeit zu einem neuen Vokabulars, durch das die Form und Richtung des Gesprächs verändert werden kann. Es gibt einen Weg, uns selbst nicht als einzelne Individuen zu betrachten, sondern als Vertreterinnen und Vertreter von Gruppen, Traditionen, Familien usw. Wir können die Gewohnheit der individuellen Schuldzuweisungen durch Verweis auf Gruppenunterschiede vermeiden. Würden Ted und Alice z.B. über Geschlechterunterschiede sprechen und ihre Verhaltensweisen auf unterschiedliche Geschlechtertraditionen zurückführen, könnten sie sich einen Raum für erfreulichere Gespräche eröffnen. Richten wir den Schwerpunkt einer Diskussion auf Gruppenunterschiede, tritt individuelle Schuld in den Hintergrund.

Der systemische Gang der Ereignisse: Als Timothy McVeigh für schuldig befunden wurde, das städtische Verwaltungsgebäude von Oklahoma City in die Luft gesprengt und dabei Dutzende von Menschen getötet zu haben, verurteilte man ihn zum Tode. Durch dieses Urteil kam es zu einem allgemeinen Aufatmen. Recht war gesprochen, das Leben konnte weitergehen. Bedenken Sie jedoch die Logik der Milizbewegung, der McVeigh angehörte. Aus ihrer Sicht zerstört die nationale Regierung die amerikanische Tradition, verwehrt den Menschen ihre Rechte und verdrängt sie von ihrem Land. Gerechtigkeit bedeutet für diese Gruppe, gegen die bösartige Macht der Regierung vorzugehen. Die gleiche Logik von Schuldzuweisungen liegt damit sowohl McVeighs Verbrechen als auch den Reaktionen darauf zugrunde. Anders ausgedrückt: In bedeutsamer Hinsicht war McVeighs Verbrechen eine Erweiterung genau jener Tradition, die die meisten von uns unterstützen und erhalten. Damit soll das

Verbrechen nicht vergeben werden. Vielmehr soll dies verdeutlichen, dass die Tradition der individuellen Schuldzuschreibungen nicht ausreicht. Wir sollten unsere Sicht erweitern um zu erkennen, wie wir selbst dabei mitwirken, die von uns am stärksten missbilligten Muster zu erzeugen. Es braucht mehr als ein Dorf, damit es zu einer Vergewaltigung, einem rassistisch motivierten Mord oder einem Raubüberfall kommt; das ganze System ist daran beteiligt.

Die Wichtigkeit des Ausdrucks des Selbst

Wenn wir Schuldzuweisungen erfolgreich vermeiden können, wie können wir durch Dialoge Veränderungen herbeiführen? Das Öffentliche Gesprächsprojekt deutet auf die Wichtigkeit, sich selbst auszudrücken, hin. Alle Beteiligten an einem Gespräch erhielten die Möglichkeit, die für sie wichtigen Meinungen zum Ausdruck zu bringen. Zum Teil liegt die Bedeutung des Ausdrucks des Selbst in der westlichen Tradition des Individualismus begründet. Als Beteiligte an dieser Tradition glauben wir, innere Gedanken und Gefühle zu haben, die festlegen, wer wir sind, und unsere Identität definieren. Für einen erfolgreichen Dialog ist es daher entscheidend, dass der Andere versteht, wer wir sind und welche Werte wir vertreten. Außerdem darf die andere Person nicht die Verständlichkeit des von uns Gesagten anzweifeln. Sie muss zuhören und verstehen. Die dahinterstehende Logik besagt: „Wenn meine Position – was ich denke und fühle – nicht ausgedrückt wird, gibt es keinen Dialog."

Der vom Öffentlichen Gesprächsprojekt geförderte Ausdruck des Selbst war jedoch ein ganz besonderer. Die Beteiligten wurden gebeten, über sich selbst und nicht über abstrakte Inhalte zu sprechen. Sie sollten ihre persönliche Beziehung zum Thema Abtreibung beschreiben. Es gibt mindestens drei Gründe dafür, warum ein auf dem *Erzählen von Geschichten* basierender Ausdruck des Selbst für den transformativen Dialog wünschenswert ist. Erstens sind Geschichten *leicht verständlich*. Seit unserer Kindheit haben wir mit Geschichten und Erzählungen zu tun. Wir können sie wesentlich leichter verstehen als abstrakte Argumente. Zweitens laden Geschichten zu einer stärkeren *Beteiligung der Zuhörer* ein als abstrakte Ideen. Wenn wir Geschichten hören, stellen wir uns dabei Bilder vor; wir lassen uns mitreißen und wir leiden und freuen uns mit dem Erzähler. Drittens führt eine persönliche Geschichte eher zu *allgemeiner Akzeptanz* und ruft seltener Widerstand hervor. Geht es um „Ihre Geschichte, Ihre Erfahrung", kann ich kaum sagen: „Sie irren sich." Konfrontieren Sie mich dagegen mit einem abstrakten Prinzip, bereiten mich unsere gemeinsamen Traditionen der Argumentation auf Widerstand vor. Wenn Sie mir ein Prinzip aufdrängen, präsentieren Sie sich als kleiner Gott, der von seiner hohen Warte Gebote erlässt. Meine Ablehnung wird einen Gegenangriff auslösen, den Sie ebenso unannehmbar finden. „Wer sind Sie denn, um mir weismachen zu wollen, ein nur unter dem Mikroskop erkennbares befruchtetes Ei habe ein ,Recht auf Leben'?"; „Und wer sind Sie, dass Sie mir erzählen wollen, eine Frau habe das Recht, ein sich entwickelndes Kind zu ermorden?" Eine Pattsituation.

Anerkennung des Anderen

Es ist eine Sache, die eigenen Gefühle auszudrücken und Lebensgeschichten zu erzählen. Etwas ganz anderes ist es jedoch, von der anderen Person akzeptiert und gewürdigt zu werden. Da Bedeutung aus Beziehungen entsteht, erlangt der Ausdruck eines Individuums nur durch die Ergänzung durch andere seine volle Bedeutung. Wenn Sie nicht anerkennen, was ich sage, oder ich den Eindruck gewinne, Sie würden meine Geschichte missverstehen, habe ich nicht wirklich etwas ausgedrückt. Um das von mir Gesagte anzuerkennen, müssen Sie in meinem Ausdruck etwas finden, dem Sie zustimmen oder das Sie unterstützen wollen. Eine solche Anerkennung ist unter anderem wichtig vor dem Hintergrund der individualistischen Tradition und der Annahme, Gedanken und Gefühle seien individuelle Besitztümer. Wir sagen z.B. „Es ist meine Erfahrung, dass…" oder „Dies ist *meine* Einstellung." Zweifeln Sie derartige Aussagen an, *stellen Sie meine Identität in Frage*. Äußern Sie dagegen Anerkennung, zeigen Sie mir Ihre Wertschätzung der Bedeutsamkeit meiner Subjektivität. Des Weiteren werden durch die Ablehnung und Diskreditierung der eigenen Wirklichkeiten auch die Beziehungen entwertet, aus denen sie entspringen. Halten Sie als Leserin und Leser den Sozialen Konstruktionismus für absurd und hoffen, dass ich zum Realismus zurückfinde, verlangen Sie von mir die Aufgabe einer Vielzahl an Beziehungen. Eine Idee anzunehmen bedeutet Beziehungen anzunehmen. In gleicher Weise ist die Ablehnung einer Idee zugleich eine Absage an eine Gemeinschaft.

Womöglich fragen Sie sich, wie Anerkennung möglich ist, wenn Menschen in gegensätzlichen Wirklichkeiten leben. Wie können sie einander anerkennen, wenn sie nicht übereinstimmen? Auch hier liefert das Öffentliche Gesprächsprojekt wichtige Hinweise. Die Gespräche wurden so organisiert, dass sie Formen von Anerkennung förderten. Zum Beispiel wurde Neugierde angeregt. Neugierde ist ein Signal für Anerkennung. In gleicher Weise wurde Anerkennung durch aufmerksames Zuhören ausgedrückt. Von dem Leid anderer „ergriffen zu sein" ist eine starke Form der Anerkennung. Die Therapeutin Harlene Anderson spricht über die allgemeine Bedeutung von Anerkennung beim Zuhören. Sie meint, eine Therapie sei dann transformativ, wenn „die Therapeutin eine aufrichtige Haltung einnimmt, die durch die Offenheit für die ideologische Basis der anderen Person – deren Wirklichkeit, Überzeugungen und Erfahrungen – charakterisiert ist. Diese Zuhörerposition beinhaltet den Ausdruck von Respekt und Demut und die Überzeugung, dass das von der Klientin bzw. vom Klienten Gesagte es wert ist, gehört zu werden."[20]

Das Koordinieren von Handlungen: Einladung zur Improvisation

Nach meiner Auffassung ist einer der wichtigsten Gründe für den Erfolg des Öffentlichen Gesprächsprojekts, dass die Treffen mit einer gemeinsamen Mahlzeit begannen. Zu Beginn begrüßten sich die Teilnehmerinnen und Teilnehmer, schüttelten sich die Hand und lächelten. Sie sprachen spontan über Kinder, Berufe, Hobbys usw. Dabei entwickelten sie Rhythmen der Unterhaltung, des Augenkontakts, des Sprechens und Zuhörens. Ich denke, dass transformative Dialoge gerade von solchen Bemühungen um gemeinschaftliche Koordination profitieren. Vor allem deshalb, weil die Erzeugung von Bedeutungen eine koordinierte Handlung darstellt. Wollen wir gemeinsam Bedeutungen generieren, müssen wir wirksame Interaktionsmuster entwickeln – ein Tanz, bei dem wir uns harmonisch zusammen bewegen.

Die vielleicht wichtigste Form von Koordination können wir *Kokonstitution* nennen. In dieser sind die Beiträge aller Beteiligten an einem Gespräch in irgendeiner Weise auf die Beiträge der anderen Personen abgestimmt. Dies bedeutet nicht, die Aussagen der anderen lediglich zu wiederholen oder ihnen vollständig zuzustimmen. Vielmehr reflektieren die eigenen Beiträge jene Aspekte in den Aussagen anderer, die man auch bei sich selbst sieht. Eine Kokonstitution erfolgt z.B., wenn die eigenen Handlungen Fragmente der Handlungen anderer enthalten – Teile, die das Ganze repräsentieren. Wenn ich Ihnen sage, ich würde daran zweifeln, dass mich meine Eltern wirklich lieben, und sie daraufhin fragen: „Wie lautet der Wetterbericht für morgen?", haben Sie es versäumt, mich in Ihre Antwort einzubeziehen. Enthält Ihre Reaktion jedoch eine Anerkennung des von mir Gesagten, z.B. in Form von Anteilnahme, finde ich mich selbst in Ihnen wieder. Ich erkenne in Ihnen das „Ich", das gerade gesprochen hat. Gleichzeitig ist dieser Ausdruck doch nicht ganz meiner, da Sie ihn hervorgebracht haben. Sie bringen uns näher zusammen und laden mich dazu ein, jetzt auf Ihre Aussagen zu reagieren. Transformativer Dialog hängt daher vor allem davon ab, uns selbst im anderen zu sehen. Lassen Sie uns zwei Formen der Kokonstitution näher betrachten:

Koordinieren von Rhythmen: Freunde von uns machten Urlaub auf Jamaika. Sie hatten ihren Säugling dabei, als sie zu einem Brunch gingen, bei dem eine lokale Musikband spielte. Sie waren bestürzt, als ihr Baby plötzlich während eines ergreifenden Stückes anfing, laut zu schreien. Peinlich berührt suchten sie nach einem Ausgang. Die Musiker hatten jedoch eine andere Idee. Sie begannen mit einer komplizierten Umformung ihrer Rhythmen, die sie nunmehr am Rhythmus des kindlichen Schreiens orientierten. Die Musik und das Weinen wurden eins. Die Zuhörerinnen und Zuhörer waren begeistert. Diese

Umformung ist ein Beispiel für ein kokonstituierende Koordination. Durch spontane und geschickte Aktionen wird das Unpassende und Störende in den Prozess der Bedeutungsgenerierung einbezogen.

Obgleich das Verhalten der Band eine buchstäbliche Koordination von Rhythmen darstellt, wollen wir den Ausdruck „Rhythmus" etwas weiter fassen. Lassen Sie uns damit jegliche Handlung einschließen, die positive Merkmale des Vorangegangenen in sich aufnimmt. Beispiele für kokonstituierende Koordination auf einfachster Ebene wären z.B.: die Erwiderung eines Lächelns mit einem eigenen Lächeln (statt eines leeren Blicks), die Übernahme des Tonfalls des Anderen und die Anpassung der eigenen Kleidung an den formellen oder informellen Stil des Anderen. All diese Handlungen könnten Rhythmen gegenübergestellt werden, die einen negierenden Effekt haben. Beispiele hierfür wären die Erwiderung von Wärme mit Kälte, eine kreischende Antwort auf eine ruhige Frage und eine formelle Geste als Reaktion auf ein informelles Zeichen. Derartige Verhaltensweisen negieren das Vorangegangene, statt sich mit ihm in Gleichklang zu setzen. Das Ziel der Improvisation liegt darin, einen wechselseitigen Rhythmus zu finden, durch den die Gesprächsbeteiligten einander näher kommen und sich einen Raum öffnen, in dem Neues entstehen kann.

Koordinieren des Diskurses: Konstruieren wir die Welt in völlig unterschiedlichen Begriffen, ist ein gemeinsames Erschaffen unmöglich. Es gibt jedoch Möglichkeiten, Gemeinsamkeiten in der Sprache zu fördern, einschließlich der Verwendung ähnlicher Ausdrucksweisen, Sprechmelodien und eines ähnlichen Tonfalls. Einer der interessantesten diesbezüglichen Ansätze ist die *sprachliche Abschattung.* Damit gemeint ist das Ersetzen eines Wortes (oder einer Ausdrucksweise) durch ein sehr ähnliches anderes Wort. Zum Beispiel können wir „Liebe" auch als „Anziehung" und „Ärger" als „Irritation" bezeichnen. Das Potenzial der Abschattung ist enorm, da jedes Ersetzen eines Wortes zu einer Vielzahl neuer Assoziationen und Bedeutungen und zu neuen Möglichkeiten der Gesprächsfortsetzung führt. Inmitten eines Konflikts von „Spannungen" (statt von „Hass") zu sprechen, reduziert das Ausmaß an angedeuteter Feindseligkeit und lässt die Wiederherstellung von Harmonie als denkbar erscheinen. Die Möglichkeiten, die die Abschattung bietet, sind theoretisch unbegrenzt. Im Extremfall beinhaltet jeder Begriff unendlich viele Bedeutungsmöglichkeiten – bis hin zur Bezeichnung seines Gegenteils. Zum Beispiel kann „Liebe" zu „starker Anziehung" werden, „starke Anziehung" zu „Besessenheit" und „Besessenheit" zu „Krankheit." Der Andere ist nun „die Ursache meiner Krankheit." Selbstverständlich ist die Ursache der eigenen Krankheit „unerwünscht" und etwas „Unerwünschtes" wird „nicht gemocht"; was „nicht gemocht" wird, wird „gehasst." Durch die vollständige Erweiterung ihrer Implikationen wird Liebe somit zu Hass.

In diesem Licht wollen wir uns nochmals der Herausforderung der kokonstituierenden Koordination zuwenden. Enthalten unsere Aussagen Wörter, die in ihrer Bedeutung nicht festgelegt sind, eignen sie sich für eine sprachliche Abschattung, die sie in etwas anderes verwandeln kann. Gegensätzliche Meinungen müssen nicht notwendigerweise in diesem Zustand verbleiben. Alles, was gesagt wird, könnte auch anders sein und mittels einer angemessenen Abschattung in einen Zustand überführt werden, der der zuvor abgelehnten Position ähnelt. Auf praktischer Ebene bedeutet dies, dass eine angemessene Abschattung selbst die gegensätzlichen Argumente so umzuformen vermag, dass gemeinsame Interessen erkundet werden können. Vielleicht widersprechen Sie jemandem, der die Todesstrafe für kaltblütige Mörder fordert. Bedeutet „Zustimmung für die Todesstrafe" jedoch z.B. „eine radikale Maßnahme gegen abscheuliche Verbrechen", würden Sie womöglich zustimmen, dass „radikale Maßnahmen" manchmal notwendig sind. Durch eine solche Übereinstimmung könnten Sie eine gemeinsame Basis finden.

Selbstreflexivität: das Versprechen der Vielstimmigkeit

Werden die eigenen Wirklichkeiten gehört und anerkannt und das Gespräch immer besser koordiniert, ist der Grundstein gelegt für einen weiteren wichtigen Schritt in Richtung eines transformativen Dialogs: die Entwicklung von Selbstreflexivität. Ein unglücklicher Aspekt der modernistischen Tradition ist unsere übliche Position in Gesprächen als *einheitliches Ego*. Das heißt, wir werden als einzigartige, kohärente Individuen konstruiert. Logische Inkohärenz wirkt lächerlich, moralische Inkohärenz macht ärgerlich. Wenn wir daher Menschen begegnen, deren Positionen sich von unseren unterscheiden, repräsentieren wir uns meist eindimensional, um sicherzustellen, dass unsere Kommentare ein einheitliches, stimmiges Gefüge bilden. Begeben wir uns unter diesen Bedingungen in eine Beziehung, die durch meine versus deine Position definiert ist, wird das Bestreben nach Einheitlichkeit Distanz erzeugen. Wird die Integrität oder Gültigkeit des eigenen kohärenten Gefüges durch den anderen gefährdet, lassen wir uns womöglich auf einen polarisierenden Kampf ein. Wie oft haben Sie gehört, dass jemand inmitten eines heftigen Streits aufsteht und sagt: „Tatsächlich, meine Argumentation war falsch. Du hast gewonnen!"?

Die transformative Herausforderung besteht darin, das Gespräch in Richtung Selbstreflexivität zu bewegen – und damit die eigene Position zu hinterfragen. Im Nachdenken über unsere eigene Sichtweise müssen wir natürlich eine andere Stimme zulassen. Wir können unsere Aussage „X ist wahr" oder „Y ist gut" nicht hinterfragen, indem wir wieder das gleiche sagen. Vielmehr müssen wir den „festen Standpunkt", der uns in den Konflikt führt, aufgeben, und uns für neue Möglichkeiten der Gesprächsführung öffnen. Eine solche Selbstreflexion wird durch unsere Vielstimmigkeit ermöglicht. Wir beteiligen uns an verschiedenen Beziehungen – mit Familie, Freunden und Kollegen, aber auch stellvertretend mit Fernsehcharakteren – und tragen vielfältige Spuren dieser Beziehungen in uns. Dies befähigt uns, mit vielen Stimmen zu sprechen. Mit etwas Bemühen können wir z.B. Gründe dafür finden, alles anzuzweifeln, was wir normalerweise für wahr halten, und die Grenzen jener Werte zu erkennen, die wir in unserem Leben als grundlegend betrachten. In dem Moment, in dem ich „meine Meinung" kundtue oder „sage, was ich glaube", wird der Chor der inneren Neinsager unterdrückt. Wenn wir diese unterdrückten Stimmen finden und in einem konfliktreichen Gespräch vorbringen, werden Transformationen möglich.

Im Falle des Öffentlichen Gesprächsprojekts war Selbstreflexivität ein Bestandteil der Gesprächsregeln. Nachdem die Teilnehmerinnen und Teilnehmer ihre Geschichten erzählt hatten, wurden sie über mögliche „Grauzonen" ihrer Überzeugungen, Unsicherheiten und gemischte Gefühle befragt. Als sie über ihre Zweifel sprachen, kam es zu einem deutlichen Abbau der Feindseligkeiten. Die Reflexionen eines Teilnehmers ermutigten auch die anderen zu ähnlichen Reaktionen. Möglichkeiten wurden geschaffen für neue Gespräche, die weit über die bloße Verteidigung eigener Standpunkte hinausgehen. Im Sinne dieses Ansatzes setzen die Konfliktspezialisten Pearce und Littlejohn häufig das „Zuhören als dritte Person" ein, bei dem ein Mitglied einer gegnerischen Gruppe aus dem Gespräch heraustritt und die Interaktion beobachtet.[21] Der Wechsel von der eigenen Position, in der man eine Sichtweise verteidigt, in die Rolle einer dritten Person ermöglicht die Beobachtung des Konflikts mit Hilfe anderer Kriterien (z.B.: Ist dies eine produktive Form der Interaktion? Welche Verbesserungen wären hilfreich?). In anderen Konfliktlösungsansätzen haben die Teilnehmerinnen und Teilnehmer davon profitiert, Meinungen oder Überzeugungen von Gruppen einzubringen, die sich von denen beider streitenden Parteien unterscheiden. Zum Beispiel verändert sich ein Konflikt zwischen zwei religiösen Gruppen (etwa Christen versus Moslems) vollständig, wenn viele alternative Religionen eingebracht werden (z.B. Judaismus, Hinduismus, Buddhismus).

Die gemeinsame Erschaffung neuer Welten

Jede der dargestellten Möglichkeiten zur Einflussnahme auf Gespräche kann dazu beitragen, Feindseligkeiten abzubauen und neue Wege zu einer für alle Beteiligten zufriedenstellenden Interaktion erschließen. Keine dieser Möglichkeiten fördert jedoch aktiv die Entwicklung neuer Wirklichkeiten. Keine führt zu einer neuen gemeinschaftlichen Konstruktion des Wirklichen oder Guten. Es bedarf dessen, was wir *imaginäre Momente* im Dialog nennen könnten. Gemeint ist damit die Verbindung der Beteiligten in einer gemeinsamen Vision einer Wirklichkeit, die bislang noch nicht verwirklicht wurde. Diese imaginären Momente sind nicht nur der Samen für gemeinsames Wachstum, sondern verändern auch die Orientierung der Beteiligten von Kampf zu Kooperation. Sie weisen die Richtung zu einem gemeinsamen Ziel, wodurch auch der andere als Teil des „uns" umdefiniert wird. Der vielleicht einfachste Weg, eine gemeinsame Wirklichkeit zu erzeugen, besteht darin, ein gemeinsames Anliegen zu identifizieren. Dadurch vergessen die gegnerischen Parteien vorübergehend ihre Unterschiede, um sich in den Dienst eines von beiden unterstützten Anliegens zu stellen. Streitende Ehepartner könnten sich z.B. gegen einen besserwisserischen Außenstehenden vereinigen, oder radikale Feministinnen und konservative Traditionalisten könnten einen gemeinsamen Kreuzzug gegen Pornografie führen. Es gibt nichts, was ein Land so sehr vereint wie die Gefahr einer Invasion. Die Sozialpsychologie bezeichnet diese Gemeinsamkeiten als *übergeordnete Ziele*.

Obgleich gemeinsame Ziele oftmals nützlich sind, führen sie nicht zwangsläufig zu einer neuen, dauerhaften Verbindung. Einige der diesbezüglich interessantesten Arbeiten stammen von dem Harvard-Psychologen Herbert Kelman. Kelman beschäftigt sich vor allem mit dem Konflikt zwischen Israelis und Palästinensern,[22] dessen Ursprung auf die Geburt des politischen Zionismus am Ende des 19. Jahrhunderts zurückgeht. Zu gewalttätigen Auseinandersetzungen kam es erstmals in den 20er Jahren des letzten Jahrhunderts. Seitdem ist die Lage überaus brisant. Im schlimmsten Falle verweigern beide Seiten ihrem Gegner das Recht auf Identität und Besitz und es kommt zum Blutvergießen. Erst im Jahre 1991 begannen intensive Friedensinitiativen. Trotz mancher Erfolge kommt es immer wieder zum Ausbruch von Feindseligkeiten.

In den 70er Jahren des vergangenen Jahrhunderts begann Kelman mit einer Reihe von Seminaren, die über mehrere Jahre fortgesetzt wurden und das Ziel hatten, einflussreiche Führer beider Seiten zusammenzubringen. Die „Problemlöseseminare", wie sie genannt werden, sind freiwillig und vertraulich und werden nicht aufgezeichnet. Ähnlich wie im Öffentlichen Gesprächsprojekt wird der Versuch unternommen, Tendenzen zu gegenseitigen Schuldzuweisungen und polemischer Kritik zu unterbinden. Außerdem liegt der Schwerpunkt wiederum auf „Erfahrungen im Hier und Jetzt" – statt auf abstrakten Prinzipien –, um eine Grundlage für die Wertschätzung der Position des anderen zu schaffen. Beeinflusst durch das zuvor dargestellte Verhandlungsmodell werden die Teilnehmer aufgefordert, eine Lösung für den Konflikt zu finden, bei der beide Seiten gewinnen. Des Weiteren sollen die Beteiligten „eine gemeinsame Vision für eine wünschenswerte Zukunft erarbeiten."[23] Debatten darüber, „wer im Unrecht ist", werden damit durch gemeinsame Überlegungen zu einer von beiden Seiten erwünschten Welt ersetzt. Kelman schreibt: „Der Prozess, dem diese Ideen entstammen, trägt dazu bei, eine neue Beziehung zwischen den Parteien zu erzeugen, zunächst zwischen den

Verhandlungspartnern und langfristig zwischen beiden Gesellschaften."[24] Wir werden uns im nächsten Kapitel mit weiteren Möglichkeiten zum Aufbau gemeinsamer Wirklichkeiten beschäftigen.

Nachgedanken

Die sich entwickelnde Konzeption des transformativen Dialogs war für mich sowohl beruflich wie persönlich sehr wichtig. In einer Welt, in der der Globalisierungsprozess gegensätzliche Wirklichkeiten in immer schwierigere Konflikte führt, bedarf es neuer Ressourcen für Kommunikation. Auch in meinem Alltagsleben haben sich diese Praktiken als nützlich erwiesen. In Universitäten gibt es immer Konflikte ebenso wie im Familienleben und in allen engen Beziehungen. Ich habe es als besonders nützlich erlebt, nach Wegen zu suchen, den anderen anzuerkennen und nach einem anderen „Selbst" zu suchen, das von der Position des anderen nicht so weit entfernt ist. Gleichzeitig will ich nicht zu optimistisch sein, was die Ausschöpfung des Potenzials des transformativen Dialogs betrifft. Dafür habe ich zu viele Fälle erlebt, in denen ein transformativer Dialog möglich und wünschenswert gewesen wäre, es mir jedoch nicht gelang, ihn in Gang zu bringen. Zum Beispiel bin ich viel zu sehr darin geübt, anderen die Schuld zu geben, wenn etwas schief läuft. In diesem Sinne bin ich nicht relational verantwortlich. Ich versäume es, eine Option zu nutzen, die eine größere Distanz zwischen mir und dem anderen verhindern würde. Dadurch werden die wichtigen Grenzen der in diesem Buch präsentierten wissenschaftlichen Überlegungen deutlich. Analyse ist hilfreich, um neue Handlungsmöglichkeiten verständlich zu machen. Sie reicht jedoch nicht aus. Es ist eine Sache, über neue Ressourcen zu verfügen, doch es ist etwas ganz anderes, diese auch einzusetzen. Wir müssen gemeinsam experimentieren und üben, um zu besseren Gesprächspartnern zu werden.

Anmerkungen

1   Hirsch, E.D. (1967). *Validity in Interpretation*. New Haven, CT: Yale University Press. p. 25.
2   Ebd., S. 190.
3   Gadamer, H.-G. (1990). *Wahrheit und Methode: Grundzüge einer philosophischen Hermeneutik*. Tübingen: Mohr. (Original erschienen 1960).
4   Ebd.
5   Ebd.
6   Wittgenstein, L. (2001). *Philosophische Untersuchungen*. Kritisch-genetische Edition. Frankfurt a. M.: Suhrkamp.

7 Für eine detailliertere Darstellung siehe Gergen, K.J. (1994). *Realities and Relationships.* Cambridge, MA: Harvard University Press.
8 Shotter, J. (1993). *Cultural Politics of Everyday Life.* Toronto: University of Toronto Press.
9 Siehe z.B. Brown, R. (1995). *Prejudice, Its Social Psychology.* Oxford: Blackwell.
10 Siehe z.B. Hunter, J.D. (1991). *Culture Wars: The Struggle to Define America.* New York: Basic Books.
11 van Eeemeren, F. & Grootendorst, R. (1983). *Speech Acts in Argumentative Discussions.* Dordrecht: Forris. p. 2.
12 Lebow, R.N. (1996). *The Art of Bargaining.* Baltimore, MD: Johns Hopkins University Press. p. 1.
13 Fisher, R., Ury, W. & Patton, B.M. (1998). *Das Harvard-Konzept. Sachgerecht verhandeln, erfolgreich verhandeln.* Campus.
14 Siehe z.B. Bush, R.A. & Folger, J.P. (1994). *The Promise of Mediation.* San Francisco: Jossey-Bass; Susskind, L. & Cruikshank, J. (1987). Breaking the Impasse: Consensual Approaches to Resolving Public Disputes. New York: Basic Books.
15 Siehe insbesondere Habermas, J. (1999). *Erkenntnis und Interesse.* Frankfurt a. M.: Suhrkamp; und Habermas, J. (1973). *Legitimationsprobleme im Spätkapitalismus.* Frankfurt a. M.: Suhrkamp.
16 Habermas, J. (1999). *Moralbewußtsein und kommunikatives Handeln.* Frankfurt a. M.: Suhrkamp.
17 Siehe z.B. Hunt, A. (1993). *Explorations in Law and Society.* New York: Routledge; Griggin, S.M. & Moffat, R.C. (Eds.). (1997). Radical Critiques of the Law. Lawrence, KA: University of Kansas Press.
18 Siehe z.B. Chasin, R. & Herzig, M. (1992). *Creating systemic interventions for the sociopolitical arena.* In B. Berger-Could & D.H. DeMuth (Eds.). *The Global Family Therapist: Integrating the Personal, Professional, and Political.* Needham, MA: Allyn & Bacon.
19 McNamee, S. & Gergen, K.J. (1999). *Relational Responsibility.* Thousand Oaks, CA: Sage.
20 Anderson, H. (1999). *Das therapeutische Gespräch. Der gleichberechtigte Dialog als Perspektive der Veränderung.* Stuttgart: Klett–Cotta. S. 153.
21 Pearce, W.B. & Littlejohn, S.W. (1997). *Moral Conflict: When Social Worlds Collide.* Thousand Oaks, CA: Sage.
22 Siehe z.B. Kelman, J.C. (1997). *Group processes in the resolution of international conflicts.* American Psychologist, 52, 212-230.
23 Ebd., S. 214.
24 Ebd., S. 218.

Weiterführende Literatur

Die hermeneutische Herausforderung

Bleicher, J. (1980). *Contemporary Hermeneutics.* London: Routledge & Kegan Paul.
Messer, S.B., Sass, L.A., Woolfolk, R.L. (Eds.). (1988). *Hermeneutics and Psychological Theory.* New Brunswick: Rutgers University Press.
Taylor, T.J. (1992). *Mutual Misunderstanding.* Durham, NC: Duke University Press.
Argumentation, Verhandlung, Mediation und Diskursethik

Arrow, K.J., Mnookin, R.H., Ross, L., Tversky, A. & Wilson, R.B. (Eds.). (1995). *Barriers to Conflict Resolution*. New York: W.W. Norton.

Bercovitch, J. & Rubin, J.Z. (Eds.). (1992). *Mediation in International Relations: Multiple Approaches to Conflict Management*. New York: St. Martin's Press.

Billig, M. (1996). *Arguing and Thinking (2nd ed.)*. Cambridge: Cambridge University Press.

Bush, R.A. & Folger, J.P. (1994). *The Promise of Mediation*. San Francisco: Jossey-Bass.

Habermas, J. (1991). *Erläuterungen zur Diskursethik*. Frankfurt a. M.: Suhrkamp.

Lebow, R.N. (1996). *The Art of Bargaining*. Baltimore, MD: Johns Hopkins University Press.

Shailor, J.G. (1994). *Empowerment in Dispute Mediation*. New York: Praeger.

Transformativer Dialog

Baxter, L.A. & Montgomery, B.M. (1996). *Relating, Dialogues, and Dialectics*. New York: Guilford.

Folger, J.P. & Jones, T.S. (Eds.). (1999). *New Directions in Mediation*. Thousand Oaks: Sage.

Grimshaw, A.D. (Ed.). (1990). *Conflict Talk*. New York: Cambridge University Press.

Markova, I., Graumann, C.F. & Foppa, K. (Eds.). (1995). *Mutualities in Dialogue*. Cambridge: Cambridge University Press.

Pearce, W.B. & Littlejohn, S.W. (1997). *Moral Conflict: When Social Worlds Collide*. Thousand Oaks, CA: Sage.

Sandole, D.J.D. & van der Merwe, H. (1993). *Conflict Resolution Theory and Practice: Integration and Application*. Manchester: Manchester University Press.

7 Vielfältige Praktiken

Sprache tritt durch konkrete Äußerungen ins Leben, und das
Leben tritt durch konkrete Äußerungen in die Sprache.

Michail Bachtin, *The Dialogic Imagination*

Es wird vielerorts für wichtig gehalten, auch den eigenen Aussagen und
Lehren gemäß zu leben. Allerdings ist es nicht immer einfach, abstrakte
Konzepte in die Praxis umzusetzen. Für Konstruktionistinnen und Konstruktionisten kommen noch weitere Aspekte hinzu. „Aussagen" sind für sie bereits
eine Form der Praxis. Man lernt nicht abstrakte Begriffe, um dann herauszufinden, wie man sie umsetzen kann. Sich einer bestimmten Sprache zu
bedienen ist bereits eine Handlung, die weitreichende Folgen nach sich ziehen
kann. Durch diese Sicht des Sprechens als Praxis ergeben sich jedoch für den
Konstruktionismus ernste Fragen im Hinblick auf das traditionelle wissenschaftliche Vorgehen. Wir sind die Erben einer modernistischen Sicht der
Wissenschaft, der zufolge es darum geht, „die Welt abzubilden" und zu
erforschen, „wie die Dinge beschaffen sind." Diese Sicht hat unglücklicher-
weise zur Entstehung von zwei Kulturen beigetragen − einerseits die
„Eingeweihten" in den wissenschaftlichen und akademischen Sphären,
andererseits die „überwiegend Unwissenden" außerhalb dieser Mauern. Die
Rolle der Eingeweihten besteht darin, Wissen zu schaffen (in Form von
abstrakten Formulierungen der Wahrheit). Die Unwissenden haben die Wahrheit zu lernen und in ihrem Handeln umzusetzen. So kommen wir zu den
Welten der „reinen Forschung" und der „Anwendung."

Aus konstruktionistischer Sicht sind jedoch die in wissenschaftlichen und
akademischen Kreisen entwickelten Formulierungen selbst Praktiken. Diese
Sichtweise stellt nicht nur die bestehende Tradition in Frage, sondern weist
zudem in neue und interessante Richtungen. Als erstes wird die Hierarchie, in
der die Theorie über der Praxis steht, durch eine ebene Fläche ersetzt: Wir alle
sind Praktikerinnen und Praktiker in der Erschaffung kulturellen Lebens. Da
wir alle „in einem Boot sitzen", werden wir dazu eingeladen, uns auszutauschen und Theorie, Praxis und Handlungen in gemeinschaftlichen, katalyti-
schen und schöpferischen Beziehungen miteinander zu verbinden. Wir müssen
Wege finden, um abstrakte Theorien zugänglich und gesellschaftlich umsetzbar

zu machen. Konkrete Handlungen müssen mit mitteilbaren Vorstellungen verknüpft werden. Das vorliegende Kapitel erkundet wichtige praktische Entwicklungen, die sich aus diesem Zusammenwirken ergeben. Insbesondere will ich auf konstruktionistische Praktiken in vier wichtigen Bereichen eingehen: Therapie, Organisationsentwicklung, Bildung und Wissenschaft. Die Veränderungen in diesen Bereichen sind faszinierend, in einigen Fällen geradezu dramatisch. Mit Bedauern muss ich aufgrund der Seitenzahlbegrenzung dieses Buches auf die Schilderung anderer Abenteuer verzichten. Am Ende dieses Kapitels finden Sie jedoch Literaturangaben zu einigen dieser Entwicklungen.

Therapie als soziale Konstruktion

> Wir müssen die Kraft des Neubeschreibens erkennen. Durch Sprache werden neue und unterschiedliche Dinge möglich und wichtig. Dies können wir jedoch erst wertschätzen, wenn unser Ziel nicht mehr darin liegt, die Eine Wahre Beschreibung zu finden, sondern darin, unser Repertoire an alternativen Beschreibungen zu erweitern.
>
> Richard Rorty, *Kontingenz, Ironie und Solidarität*

Kibby hat mich oft in unserem Garten besucht als ich noch ein Kind war. Er war ganz versessen darauf, mit meinen Brüdern und mir zu spielen. Mit einem breiten Lächeln beteiligte er sich an unseren Spielen, wann immer er konnte. Allerdings verstanden wir seine seltsame Sprache nicht und konnten uns daher nicht mit ihm unterhalten. Außerdem war Kibby ein erwachsener Mann. Meine Mutter sagte uns, wir sollten nicht mit ihm spielen. Jeder sagte: „Kibby ist ein wenig verrückt." Im Gälischen gibt es ein Wort für Menschen wie Kibby, das übersetzt so viel bedeutet wie „mit Gott." Die moderne Psychologie und Psychiatrie hat diese sanften Bezeichnungen verworfen und sie durch nahezu 400 Begriffe für „Störungen" ersetzt (siehe Kapitel 2). Aufwendige Forschungsprojekte bemühen sich um die Identifizierung der Ursachen dieser „Krankheiten" des Geistes, und unzählige Stunden werden darauf verwandt, die Effektivität verschiedener Therapieformen zu testen. Immer mehr Experten suchen nach einer Heilung durch Pharmazeutika.

Aus sozialkonstruktionistischer Sicht erscheinen diese enormen „wissenschaftlichen" Bemühungen nicht nur als fehlgeleitet, sondern oftmals auch als schädlich. Was immer bei Kibby und anderen wie ihm vorliegt, „Krankheit" ist nur eine von vielen möglichen Konstruktionen. Die Annahme, er sei krank, führt zur Suche nach einer „Heilung." Würde er nicht als krank gelten, käme es zu anderen Praktiken. Dieses *medizinische Modell* der Behandlung ungewöhnlicher Personen durchdringt die meisten traditionellen Formen von Therapie und Beratung. Menschen berichten über Probleme – Depression, Gewalt, Angst, Misserfolge usw. – und die Arbeit der Therapeutinnen und Therapeuten besteht darin, nach Ursachen und Lösungen zu suchen. In der Psychoanalyse werden die Ursachen in den Tiefen des Unbewussten („Verdrängung"), in der an Rogers orientierten Therapie im mangelhaften Selbstwert und in der kognitiven Therapie in dysfunktionalen Gedanken vermutet. In jedem Fall sind es die Klientinnen und Klienten, die das Problem haben, und die Therapeutinnen und Therapeuten sind die Expertinnen und Experten. Therapeutisch tätige Personen sollen „wertneutral" sein und sich darauf beschränken, die Ursache des Problems zu finden und eine Lösung vorzuschlagen.

Der Soziale Konstruktionismus stellt diese Therapieansätze ebenso in Frage wie das medizinische Modell, auf dem sie gründen. Warum müssen wir die Klientin oder den Klienten als Person „mit einem Problem" konstruieren? Es gibt nützliche Alternativen. Auf welcher Grundlage nimmt eine Therapeutin oder ein Therapeut für sich in Anspruch, die Dinge besser zu verstehen? Ist eine Therapie wirklich jemals wertneutral? Vor dreißig Jahren behaupteten therapeutische Experten, Homosexualität sei eine psychische Krankheit, für die sie vielfältige Heilungsansätze entwickelten. Zum Beispiel kamen Elektroschocks zum Einsatz, um Männer beim Anblick von Bildern nackter Männer umzukonditionieren. Ist dies Heilung oder eine Form von politischer Intoleranz? Beruht der heutige Versuch, die Gesellschaft von Depressionen zu befreien, nicht auf der Vision einer idealen Gesellschaft, in der jeder glücklich ist? In Polen heißt es: „Wenn du nicht depressiv bist, musst du dumm sein." Die therapeutische und politische Ebene sind eng verknüpft.[1]

Vor dem Hintergrund dieser konstruktionistischen Bedenken entwickeln sich eine Reihe neuer Ansätze. Auf dem Konstruktionismus basierende Therapien haben die folgenden Merkmale gemeinsam:

Schwerpunkt auf Bedeutungen: Traditionelle Therapien beschäftigen sich mit Wirklichkeiten aus Ursache und Wirkung. Es geht ihnen darum, die Ursache für Depressionen, Gewalt in der Ehe usw. zu finden. Im Gegensatz dazu gibt es für die konstruktionistische Therapie keine im voraus feststehenden Tatsachen – wie Depression und Gewalt – und die Annahme, dass Ursachen zu Wirkungen führen, wird als eine Erzählung unter vielen betrachtet. Nichts wird als selbstverständlich angesehen. Die „Tatsachen eines Falles" werden zwangsläufig konstruiert, indem die Welt durch in Beziehungen eingebundene Personen verständlich gemacht wird. Dadurch werden „die Tatsachen" nicht weniger bedeutsam. Es ist jedoch nicht mehr so wichtig herauszufinden, was wirklich passiert. Vielmehr liegt der Schwerpunkt auf den konstruierten Bedeutungen, mit denen wir durchs Leben gehen. Eine Psychiaterin wird sich z.B. sehr für die Gefühle eines Patienten gegenüber seinen Eltern interessieren. Ein an Rogers orientierter Therapeut erkundet dagegen die Gefühle der Klientin gegenüber sich selbst. Für konstruktionistische Therapeutinnen und Therapeuten sind „Gefühle" keine Tatsachen in der Welt, die wir einer Befragung unterziehen könnten, sondern Objekte in Gesprächen. Die Fragen der Therapeutinnen und Therapeuten laden das Individuum daher ein, sich für eine bestimmte Form der Konstruktion zu entscheiden. Anstatt den „geistigen Zustand" der Person zu testen, befassen sich konstruktionistische Therapeutinnen und Therapeuten mit ihrer Art und Weise, sich selbst zu konstruieren. Üblicherweise erhält die Person viel Freiraum, um sich auszudrücken und ihre bevorzugten Konstruktionen offen zu legen. Die Herausforderung besteht dann darin, mit diesen Konstruktionen auf Veränderungen hinzuarbeiten.

Therapie als Kokonstruktion: Traditionelle Therapeutinnen und Therapeuten nehmen in Bezug auf Themen wie Depression oder Ehekonflikte den Expertenstandpunkt ein. Diese Annahme des Expertenwissens erlaubt der therapierenden Person, die Richtung der Therapie vorzugeben. Ihre Aufgabe liegt darin, das Problem zu lösen und der zu behandelnden Person Einsicht zu vermitteln. Konstruktionistisch gesinnte Personen erkennen jedoch, dass ihre Theorien über Depression, Konflikt usw. das Nebenprodukt einer bestimmten beruflichen Gemeinschaft sind. Diese Konstruktionen verlieren nicht nur ihr Privileg gegenüber allen anderen, sondern wir müssen auch fragen, ob sie für alle Menschen nützlich sind. Viele Psychologinnen und Psychologen halten z.B. den Diskurs der romantischen Liebe für fragwürdig und betrachten den Diskurs über den Heiligen Geist als irreführende Mythologie. Für die meisten Menschen unserer Kultur sind dies jedoch lebendige und wichtige Konstruktionen der Welt. Konstruktionistische Therapeutinnen und Therapeuten müssen bestrebt sein, eine Beratung mit einer Haltung des *Nichtwissens*[2] zu beginnen, das Gerüst beruflicher Wirklichkeiten hinter sich zu lassen und sich neugierig und offen dem Bedeutungsvokabular der Klientin oder des Klienten zuzuwenden. Die Aufgabe der therapierenden Person liegt nicht darin, „den Weg zum Wissen" vorzugeben. Vielmehr soll sie mit der zu behandelnden Person (oder deren Familie) gemeinsam generative Gespräche führen. Die therapeutische Beziehung ist damit ein gemeinschaftliches Erzeugen von Bedeutungen.

Schwerpunkt auf Beziehungen: Die meisten Therapien beschäftigen sich vor allem mit dem geistigen Zustand des Individuums – Emotionen, Gedanken, Motive, Unbewusstes usw. Für konstruktionistische Therapeutinnen und Therapeuten tritt die Realität des Geistes in der Hintergrund und wird durch ein Bewusstsein für Beziehungen ersetzt. Bedeutungen entstehen aus Beziehungen und Handlungen werden erst durch Beziehungen vernünftig oder wünschenswert. Anstatt das Innenleben des Geistes zu untersuchen, wird das Netzwerk der Beziehungen untersucht, in die das Individuum eingebunden ist. Mit wem werden Bedeutungen erzeugt und welche Folgen hat dies? Wer sind die wesentlichen Gesprächspartnerinnen und -partner – jetzt und früher, tatsächliche oder fiktive, anwesende oder virtuelle? In der Familientherapie wird die hilfesuchende Person oft als *designierte Patientin* oder als *designierter Patient* bezeichnet, um damit auf die Möglichkeiten hinzuweisen, die sich die Familie ausgesucht hat, um einen Sündenbock für die in den familiären Beziehungen auftretenden Probleme zu finden.

Wertesensibilität: Im Gegensatz zu traditionellen Therapeuten erkennen Konstruktionistinnen und Konstruktionisten, dass es keine Werteneutralität in der therapeutischen Beziehung geben kann. Jede Intervention bevorzugt eine bestimmte Lebensweise und unterdrückt andere. Eine Therapeutin, die Heterosexualität bevorzugt, verschließt das Tor zu homosexuellen Optionen. Unterstützt sie die geschäftige Arbeitsorientiertheit des Klienten, enthält sie ihm damit die Freuden des Hedonismus vor. Eine „Stärkung" des Männlichen verringert die Optionen des Weiblichen. Vor diesem Hintergrund gibt es eine aktive Bewegung in Richtung auf eine an bestimmten Standpunkten orientierte Therapie, die sich zu expliziten politischen Zielen bekennt. Beispiele sind feministische, schwule und lesbische Therapeutinnen und Therapeuten. Die meisten Therapeutinnen und Therapeuten sind jedoch weniger stark einem spezifischen Anliegen verpflichtet und legen ihren Klientinnen und Klienten einfach ihre Werte dar, wenn es im Therapieverlauf zu kritischen Situationen kommt.

In Anbetracht dieser orientierenden Einstellungen gibt es viel Freiraum für die Praxis. Lassen Sie uns nun die drei beliebtesten Formen konstruktionistischer Therapie näher betrachten.

Lösungsorientierte Therapie: Die Kraft der kurzen Begegnung

Was wäre, wenn es keine Probleme gäbe? Und wenn all das Leid und die Hoffnungslosigkeit, die Menschen in die Therapie führen, nicht existierten? In gewisser Hinsicht fördern konstruktionistische Überlegungen gerade solche Fragen. Nicht, dass wir keine schwierigen Probleme in unserem Leben hätten. Diese Probleme sind real und oftmals sehr schmerzhaft. Konstruktionistinnen und Konstruktionisten erinnern uns jedoch daran, dass diese Wirklichkeiten konstruiert sind. Probleme sind nicht „da draußen", als von uns unabhängige Wirklichkeiten. Erst durch die Art und Weise, in der wir die Wirklichkeit konstruieren, werden Probleme zu dem, was sie sind. Diese Einsicht führt viele Therapeutinnen und Therapeuten dazu, ihre traditionellen Praktiken der Untersuchung und Behandlung therapeutischer Probleme aufzugeben. Es wird behauptet, wenn Klientinnen und Klienten dazu ermuntert würden, ausführlich über ihre Probleme zu sprechen, sie in allen Details zu erkunden und ihre diesbezüglichen Gefühle auszudrücken, könnte dies der Person eher schaden. Das ganze Gerede mache „das Problem" immer realer und objektiver. Warum sollten wir uns z.B. endlos mit den Enttäuschungen der frühen Kindheit beschäftigen, wenn diese Wirklichkeit dadurch immer dominanter, lebendiger und trauriger wird? Therapeutinnen und Therapeuten fragen, ob es nicht auch andere Visionen der Realität mit erfreulicheren Folgen gibt.

In Anbetracht dieser Fragen suchen viele Therapeutinnen und Therapeuten nach neuen Wegen, um therapeutischen Gesprächen andere Schwerpunkte zu geben. Eine weitverbreitete Praxis ist die *Lösungsorientierung*. Einer ihrer wichtigsten Vertreter, Steve deShazer meint, Klientinnen und Klienten würden es oftmals als hilfreicher empfinden, über Lösungen für ihre Probleme zu sprechen als über die Probleme selbst.[3] Lösungsgespräche sind meist voller Hoffnungen und Möglichkeiten. Anstatt z.B. die Tiefen der Depression einer Klientin zu erkunden, könnte es hilfreicher sein zu überlegen, wie die Klientin „ihre berufliche Situation verbessern" oder „regelmäßige Betreuung ihrer Kinder erhalten" könnte. Weiterhin schlägt deShazer vor, es wäre für Klientinnen und Klienten hilfreich, Gespräche auf ihre Ziele und potenziellen Ressourcen für die Zielerreichung zu lenken. Gespräche über Depressionen lassen diese immer realer erscheinen. Freies Sprechen über eigene Ziele und Fähigkeiten eröffnet dagegen neue Möglichkeiten.

Ein wichtiges Mittel, um lösungsorientierte Gespräche anzuregen, ist *die Wunderfrage*. Hierbei fragt die behandelnde Person die zu behandelnde: „Wenn heute Nacht ein Wunder geschähe und Sie morgen früh aufwachen würden und Ihr Problem wäre gelöst, was würden Sie anders machen?" Die Frage soll zum Nachdenken über positive Handlungsmöglichkeiten anregen und die Aufmerksamkeit auf das richten, was im Hier und Jetzt geändert werden könnte, um eine positivere Zukunft zu erschaffen. Klientinnen und Klienten werden eingeladen, Problembezogenes auszublenden und sich dem „Leben jenseits des Problems" zuzuwenden.[4] Durch ihre Fragen und Kommentare können Therapeutinnen und Therapeuten ihre Klientinnen und Klienten darin unterstützen, die *Entweder-oder-Mentalität* – bei der sie die Welt in einem Rahmen von „entweder diese" Handlung oder Lebensweise oder „jene" sehen – aufzugeben. Beispiele wären Heterosexualität oder Homosexualität, Karriere oder Familie, standhaft sein oder nachgeben. Statt dessen wird eine *Sowohl-als-auch-Orientierung* gefördert, bei der Klientinnen und Klienten vielfältige und sogar gegensätzliche Lebensweisen miteinander in Einklang bringen.[5] Andere Therapeutinnen und Therapeuten verwenden eine Sprache des *Auf-dem-Weg-Seins*[6], bei der Klientinnen und Klienten sich Ziele setzen und Vorstellungen ausarbeiten, durch welche Schritte sie diese erreichen können. Diese Konzeptualisierung des Lebens in Begriffen eines „Weges in die Zukunft" kann auch durch *Skalierungsfragen* unterstützt werden: „Auf einer Skala von 1 bis 10, wie erfolgreich sind Sie bisher?" Dabei sollen Klientinnen und Klienten ihren Zustand als außenstehende Beobachterinnen und Beobachter bewerten und ihre Handlungen miteinander vergleichen.[7]

Im Gegensatz zu den traditionellen Therapien verkürzt die Fokussierung auf Lösungen und positive Handlungen oftmals die Therapiedauer. Die „lösungsorientierte Therapie" wird daher häufig auch als *Kurztherapie* bezeichnet. Lösungsorientierte (Kurz-)Therapie ist ein dramatisches und erfrischendes Gegenstück zur problemzentrierten Ausrichtung der meisten traditionellen Therapien. Da sie die Anzahl der Therapiestunden verringert, wird sie (in den USA, *Anm. d. Übers.*) auch von vielen Versicherungen gefördert. Doch auch die lösungsorientierte Therapie hat ihre Grenzen. Für viele beruht sie zu stark auf dem individualistischen Modell, in dem das Individuum sich einfach seine Ziele aussuchen und auf ihre Erreichung hinarbeiten kann. Die Beziehungen, in die eine Person eingebettet ist, spielen eine untergeordnete Rolle. Andere kritisieren die starke Hervorhebung von Zielen und argumentieren, die Sicht vom Leben als einer „Serie von Aufgaben" und Errungenschaften – mitsamt der ständigen Kontrolle des Fortschritts – ließe nicht genug Raum für spontanes, freudvolles, sinnliches Spielen. Der vielleicht nachdrücklichste Zweifel bezieht sich auf die Effektivität der Kurztherapien bei schwerwiegenden Problemen. Die Lösungsorientierung mag für die alltäglichen Probleme des Lebens ausreichen. Doch wie steht es mit den ernsten, langfristigen Störungen?[8]

Narrative Therapie

Für viele konstruktionistische gesinnte Therapeutinnen und Therapeuten spielt das Konzept der Erzählung eine entscheidende Rolle. Im zweiten Kapitel haben wir gesehen, dass Erzählungen und Geschichten eine wichtige Möglichkeit darstellen, uns einander verständlich zu machen. Wir leben und sterben in Erzählungen. Wenn Erzählungen nun tatsächlich so wesentlich für unser Leben sind, indem sie ihm eine Richtung und eine Ordnung geben und unsere Beziehungen strukturieren, dann ist das Leid der zu behandelnden Person nicht unabhängig von diesen Erzählungen. Der Schmerz einer gescheiterten Ehe entspringt vorwiegend der gemeinsamen Geschichte, in der Eheglück das vorrangige Ziel ist. Wenn man den Eindruck hat, vom Ausleben einer erfolgreichen Erzählung abgehalten zu werden, ist Ärger eine verständliche Reaktion. In diesem Sinne ermöglicht erfolgreiche Therapie der Klientin oder dem Klienten, die Geschichte ihres Lebens neu zu schreiben und ihren Lebensweg auf neue, lebbarere Weise zu konzeptualisieren.

Wie kommt es zu einer solchen Veränderung? In ihrem bahnbrechenden Werk *Die Zähmung der Monster* beschreiben Michael White und David Epston verschiedene Mittel, die Klientinnen und Klienten dabei helfen, ihr Leben umzuschreiben. Eine der interessantesten Innovationen ist die sogenannte *Problemexternalisierung*.[9] Wie bereits dargelegt, hat es Tradition, Probleme in der Person zu suchen, z.B. „meine Depression", „meine Impotenz", „meine Feindseligkeit." Für White und Epston liegt ein wesentlicher Schritt zu einer neuen Erzählung darin, dass die Person – und ihre Familienmitglieder und Freunde – das Problem von ihrem Selbst trennen können. „Gelingt es den Familienmitgliedern, sich selbst und ihre Beziehungen vom Problem zu trennen, eröffnet die Externalisierung ihnen neue Möglichkeiten, sich selbst, andere und ihre Beziehungen aus einer anderen, nicht am Problem orientierten Sichtweise zu beschreiben. Dies kann zur Entwicklung einer anderen Geschichte des Familienlebens führen."[10]

Folgendes Beispiel soll die Externalisierung verdeutlichen. Der sechsjährige Nick wurde von seinen Eltern zur Therapie gebracht. Nicks Problem war sein spontan auftretendes Einkoten. Es kam immer wieder zu unvorhersehbaren „Unfällen." Außerdem schmierte Nick seine Ausscheidungen an Wände und Kleidungsstücke und rollte sie zu Bällen zusammen, die er überall im Haus deponierte. Die Gewohnheit schien unkontrollierbar zu sein und die Eltern waren außer sich. Die Externalisierung bestand darin, Nick zunächst vom „Kotproblem" zu trennen. Der Name „trickreicher Kot" wurde geprägt, um das Problem zu personifizieren. Durch diesen Begriff konnte diskutiert werden, wie der trickreiche Kot Nick überlistete und alles daran setzte, ihn zu seinem Spielkameraden zu machen. Es wurde besprochen, wie der trickreiche Kot Nick davon abhielt, Freunde zu finden, und wie die Eltern Nick unterstützen könnten, um den Tricks zu widerstehen. Die Externalisierung des Problems führte zu *einzigartigen Ergebnissen*. Damit gemeint sind Ereignisse und Aspekte des Falles, die nicht in der Geschichte von „Nicks Problem" enthalten waren, als die Therapie begann. Die Familie erinnerte sich an Situationen, in denen der trickreiche Kot nicht erfolgreich war, da sich alle gemeinsam gegen seine List verbündeten. Diese einzigartigen Ergebnisse wurden ihrerseits zur Grundlage für eine neue Geschichte, in der sich alle zusammentun, um eine von außen drohende Gefahr abzuwenden. Diese neue Geschichte führte zu einer erfolgreichen Lösung des Problems.

White und Epston beschäftigen sich auch mit der Politik von Therapie. Ihnen zufolge sind viele der problematischen Erzählungen, mit denen Menschen Therapeutinnen und Therapeuten aufsuchen, vor allem das Ergebnis von allgemeinen Machtbeziehungen in der Gesellschaft. Denken Sie zurück an Foucaults Theorie über die Art, in der dominante Diskurse zur Unterdrückung von Menschen führen (2. Kapitel). Glaube ich z.B., depressiv zu sein und eine Heilung für meine Depression finden zu müssen, gebe ich damit im Wesentlichen eine in Psychiatrie und Psychologie konstruierte Geschichte wieder. Ich habe das medizinische Modell verinnerlicht und betrachte mich als gestörten Patienten, der einer Heilung bedarf. White und Epston legen einen ihrer therapeutischen Schwerpunkte darauf, Menschen dabei zu helfen, sich der unterdrückerischen Wirkung der in der Kultur vorherrschenden Diskurse zu entziehen und einen „Aufstand des unterdrückten Wissens" zu proben.[11] Zum Beispiel schreibt Michael White in einem seiner vielen Briefe an Klientinnen und Klienten:

Liebe Sue,
die Bulimie hat Dir viel abverlangt. Für ihr Überleben musstest Du einen hohen Preis zahlen. Die Bulimie hat Dich dazu gebracht, gegen Dich selbst vorzugehen. Sie hat Dich gezwungen, Dich selbst abzulehnen und Dich selbst und Deinen Körper ständig zu bewerten. Sie hat Dich gefügig gemacht…

In diesem Brief versucht White, Sue dabei zu helfen, den vorherrschenden Diskurs der Psychiatrie in Frage zu stellen. In diesem Diskurs wird Bulimie als eine in der Person lokalisierte Krankheit gesehen, die einer von einem Therapeuten oder einer Therapeutin vermittelten Heilung bedarf. White fordert Sue auf, sich vom Einfluss dieses gesellschaftlichen Diskurses zu befreien, um eine alternative Konzeption ihres Selbst und ihrer Zukunft zu generieren, die besser an ihre konkreten Lebensumstände angepasst ist.

Viele Therapeutinnen und Therapeuten haben große Erfolge damit erzielen können, den Schwerpunkt auf Erzählungen zu legen. Fragen zum Lebenssinn treten dadurch in den Vordergrund und ein reger Austausch zwischen therapeutischen und wissenschaftlichen Gemeinschaften fördert das politische Bewusstsein. Viele sehen überdies Möglichkeiten für weitere Entwicklungen. Diese richten sich z.B. auf die häufige Annahme, die Geschichte der Klientin oder des Klienten sei unzulänglich und müsse aufgelöst, umgeschrieben und letztendlich ersetzt werden. Obgleich nicht von den narrativen Therapeutinnen und Therapeuten beabsichtigt, erkennt man hier eine subtile Abwertung der Geschichte der behandelten Person. Es ist letztlich die von dieser Person entworfene Darstellung der Welt, die „neu erzählt" werden soll. Wähne ich mich z.B. im Besitz einer besonderen Gabe, mit Toten in Kontakt treten zu können, weshalb sollte diese Geschichte unzulänglich sein? Warum sollten wir nicht mit den Menschen in meinem Umfeld arbeiten, so dass deren Geschichten des Realen so erweitert werden, dass sie meine mit einschließen? Außerdem stellt sich die Frage, ob Menschen tatsächlich innerhalb der Struktur einzelner Erzählungen – einer Lebensgeschichte – leben. Verfügen wir nur über eine Geschichte unseres Lebens, unserer Identität und unserer Zukunft? Ist es nicht wahrscheinlicher, dass wir mehrere Geschichten in uns tragen, die in unterschiedlichen Situationen mit unterschiedlichen Zuhörern Verwendung finden? Welche Folgen hat es anzunehmen, wir würden unser Leben nach unseren Erzählungen ausrichten? Womöglich ist es nützlicher, Geschichten nicht als Bestimmungsfaktoren unseres Verhaltens zu sehen, sondern selbst als eine Form von Handlung. Vor dem Hintergrund der im dritten Kapitel vorgestellten Diskussion über Erzählungen könnten wir Geschichten nutzen, um unsere zwischenmenschlichen Beziehungen zu gestalten. Des Weiteren müssen wir fragen, ob die im therapeutischen Kontext entwickelten Erzählungen auch in alltäglichen Beziehungen nützlich und anwendbar sind.

Vielstimmige Zusammenarbeit:
Die Vorteile vielfältiger Bedeutungen

Ein dritter Schwerpunkt konstruktionistischer Therapie wird durch den Ausdruck *Vielstimmigkeit* zum Ausdruck gebracht. Hierbei geht es darum, die Anzahl jener Stimmen zu erweitern, die sich zu einer problematischen Situation äußern. Das Ziel ist dabei nicht, „die Lösung" oder „die neue Geschichte" festzulegen, sondern ein Spektrum neuer Optionen zu generieren. Dank vieler zur Verfügung stehender Stimmen wird die von einer Klientin oder einem Klienten in die Therapie eingebrachte Verwirrung durch eine Vielfalt möglicher Handlungen ersetzt. Für manche Therapeutinnen und Therapeuten schließt sich daran eine weitere Hoffnung an: Die Berücksichtigung vieler Sichtweisen schafft die Grundlage für ein neues Bewusstsein der Konstruktion. Man erkennt, dass „*die* Wahrheit in der Angelegenheit" lediglich „*eine Wahrheit*" darstellt. Dieses Bewusstsein fördert die in den vorangegangenen Kapiteln beschriebene Befreiung.

Auf einfachster Ebene können Therapeutinnen und Therapeuten die Vielstimmigkeit im Individuum unterstützen. Wenn eine Person beginnt, von ihren Problemen zu sprechen, könnte die Therapeutin oder der Therapeut z.B. fragen, ob sie noch weitere Stimmen in sich finden kann – Stimmen, die die Welt in einem anderen Licht oder mit anderen Möglichkeiten konstruieren. Klagt eine Klient z.B. über Hassgefühle gegenüber seinem Vater, gibt es womöglich eine Stimme, die bisher „nicht gehört" wurde und andere Gefühle ausdrückt. Karl Tomm bemüht sich um Zugang zu den Stimmen *internalisierter Anderer*.[12] Wir haben viele Gefühle und Einstellungen, die aus unseren Beziehungen mit anderen stammen. Selbst wenn wir glauben, unsere „eigenen Überzeugungen" auszudrücken, gibt doch alles, was wir sagen, in gewisser Hinsicht eine Stimme wieder, die wir von anderen übernommen haben. Mit etwas Bemühen können wir daher oftmals plausible Alternativen finden, um zu mehr Flexibilität zu gelangen und uns neue Handlungsmöglichkeiten zu erschließen.

In einer interessanten Variation der individuellen Vielstimmigkeit lassen Peggy Penn und Marilyn Frankfurt ihre Klientinnen und Klienten Briefe an andere – lebende oder tote – Personen schreiben.[13] Nach ihrer Auffassung führt das Schreiben an andere, um selbst gehört zu werden, auch dazu, sich durch deren antizipierte Reaktion der eigenen Person zuzuwenden. Bachtin schreibt hierzu: „Wenn man in sich hineinschaut, sieht man sich mit den Augen eines anderen.“[14] Durch das Schreiben von Briefen kann ein *interner Dialog* angeregt werden, der dem Leben neue Richtungen zu geben vermag. Die Klientin Mary war auf ihren Ex-Mann enorm wütend. Sie hatte das Gefühl, von ihm ausgenutzt worden zu sein. Es fiel ihr überhaupt nichts Positives mehr zu ihm ein. Die Therapeutinnen fragten, ob er nicht doch irgendwelche guten Eigenschaften hätte. Schließlich gab Mary zu, dass er ihrem gemeinsamen Sohn ein guter Vater sei. Mary wurde gebeten, einen Brief an ihn zu schreiben. Ob sie diesen auch abschicken würde, sollte sie erst später entscheiden. In dem Brief sollte Mary ihrem Ex-Mann sagen, wie sie ihn als Vater ihres Kindes sieht. Nachdem sie den Brief geschrieben hatte, begann Mary, anders über ihn zu sprechen und auch sich selbst in einem anderen Licht und nicht mehr nur als Opfer zu sehen.

Vielstimmigkeit ist auch durch das Hinzuziehen weiterer Gesprächsteilnehmerinnen und -teilnehmer möglich. Eine der beliebtesten Praktiken, *das reflektierende Team*, wurde von dem norwegischen Familientherapeuten Tom Andersen vorgestellt.[15] Oft entwickeln Familien gemeinsame Konstruktionen der einzelnen Familienmitglieder, ihrer Beziehungen, Probleme usw. Andersen wollte radikale Veränderungen dieser Wirklichkeiten vermeiden. In seiner Sicht können nützliche Veränderungen am effektivsten durch einen Prozess angenehmer Gespräche vollzogen werden. Während eine Familie mit einer Interviewerin oder einem Interviewer über ihre Probleme spricht, beobachtet ein (oft aus drei Personen bestehendes) Team von Therapeutinnen und Therapeuten das Interview (z.B. durch einen Einwegspiegel). Während des Interviews führt jedes Teammitglied einen „privaten Dialog“ über das Beobachtete. Im weiteren Verlauf der Sitzung verlässt das Team die Beobachterposition, setzt sich zur Familie und bringt eigene Sichtweisen über das bisherige Gespräch zum Ausdruck. Um den Eindruck verbindlicher Expertenratschläge zu vermeiden, offenbaren die Teammitglieder Unsicherheiten bezüglich der eigenen Einschätzungen, indem sie etwa sagen: „Ich bin nicht sicher, doch vielleicht…könnte man daran denken, …“ etc. Anstatt zu versuchen, andere Sichtweisen auszuschließen, wird eine Sowohl- als- auch- Orientierung angestrebt: „Sie können es so sehen…eine andere Möglichkeit wäre…“ Anschließend werden die Familienmitglieder gebeten, die Diskussion des reflektierenden Teams zu kommentieren. Sie werden z.B. gefragt: „Möchten Sie dem bisher Gesagten noch etwas hinzufügen oder noch weiter darüber sprechen…?“ Therapeutinnen und Therapeuten machen die Erfahrung, dass das reflektierende Team die Verbindlichkeit der Expertenmeinung auflockert und zu einer dialogischen, freien Suche nach nützlichen Bedeutungen einlädt. „Die Therapie wird sowohl klienten- als auch therapeutenzentriert und sucht nach dem, was in einer bestimmten Situation im lebendigen Gespräch des Behandlungssystems passt.“[16]

Bedeutungsgenerierung in Organisationen

> Organisationen und bedeutungsgenerierende Prozesse sind aus dem gleichen Holz geschnitzt. Organisieren bedeutet, Ordnungen zu schaffen, Abweichungen zu vermeiden und Vereinfachungen und Verbindungen herzustellen. Gleiches gilt, wenn Menschen nach Bedeutungen suchen.
>
> Karl Weick, *Der Prozeß des Organisierens*

Wie dieses Zitat von Weick suggeriert, ist der Prozess der Erzeugung von Wirklichkeiten für Organisationen ebenso wichtig wie für das persönliche oder familiäre Wohlbefinden. Weick steht damit im Einklang mit vielen Organisationstheoretikern, denen zufolge das Schicksal jeder Organisation von deren Fähigkeit abhängt, sich innerhalb vielfältiger und sich ständig verändernder Realitäten – sowohl innerhalb wie außerhalb der Organisation – zurechtzufinden. Einige Beiträge zu diesem Dialog finden Sie in der Literaturliste am Ende dieses Kapitels. Es ist eine Sache, über Organisationen in sozialkonstruktionistischen Begriffen zu theoretisieren. Etwas ganz anderes ist es jedoch, effektive Praktiken zu entwickeln. Einer der wichtigsten praxisorientierten Impulse findet sich in Gareth Morgans revolutionärem Werk *Bilder der Organisation*.[17] Morgan zeigt, dass all unsere Versuche, Organisationen zu verstehen und mit ihnen zu leben, metaphorisch sind. Es sind gelebte Fiktionen in einer Welt, in der es kein Leben jenseits der Fiktion gibt. Ist z.B. die *Maschine* unsere Metapher für die ideale Organisation, tendieren wir dazu, die Organisation in spezialisierte Einheiten aufzuteilen, in denen jede Person eine bestimmte Aufgabe hat (ebenso wie die Teile eine Autos). Betrachten wir die Organisation dagegen als einen lebendigen Organismus, werden wir uns um ihre Gesundheit, die Zusammenarbeit in Teams und koordinierte Handlungen in Stresszeiten bemühen. Wählen wir das Gehirn als zentrale Metapher, interessieren wir uns für die Art und Weise, in der die Organisation Informationen aufnimmt und speichert, lernt und entscheidet. Für Morgan hängt der Erfolg einer Führungskraft davon ab, wie gut es ihr gelingt, „Situationen auf unterschiedliche Weise sehen und verstehen zu können" und Fortschritte zu machen „auf der Grundlage der auf diese Weise möglich gewordenen Einsichten."[18] Morgan zufolge muss der erfolgreiche Manager in der Lage sein, sich vielfältige Wirklichkeiten vorzustellen und diese in der Interaktion mit anderen umzusetzen.[19]

Für viele Konstruktionistinnen und Konstruktionisten reicht es nicht aus, die Fähigkeiten von Führungskräften zu verbessern. Es bedarf zudem neuer Wege, um eine volle und produktive Teilnahme am Prozess der Bedeutungsgenerierung zu fördern. Eine der vielversprechendsten Entwicklungen der konstruktionistischen Praxis geht in diese Richtung.

Wertschätzende Untersuchung

Das Leben in Organisationen ist dynamisch. Überall innerhalb der Organisation – vom Postraum bis zum Chefzimmer – entstehen lokale Vorstellungen vom Realen und Guten. Wirklichkeiten und Moral geraten zwangsläufig in Konflikt und diese Konflikte erzeugen Misstrauen, Feindseligkeiten, Identifikationsverlust usw. Dies sind die alltäglichen Herausforderungen in Organisationen. Wachsen sie den Beteiligten über den Kopf, werden alle möglichen Organisationsberaterinnen und -berater hinzugezogen. Traditionellerweise nähern sich sowohl Führungskräfte wie Beraterinnen und Berater den Problemen als Realisten. Das heißt, die Probleme werden als „Dinge" angesehen – etwa so wie Krankheiten der Organisation – und erfordern eine Lösung – eine Heilung der Krankheit. Manche Personen werden gefeuert, der Lohn wird erhöht oder gesenkt, neue Positionen werden geschaffen und neue Trainingsprozeduren werden erprobt. All dies sind gängige Behandlungsmethoden bei organisatorischen Problemen.

Für Konstruktionistinnen und Konstruktionisten entstehen Probleme jedoch hauptsächlich vor dem Hintergrund bestimmter Vorstellungen über die Realität. Probleme existieren, wenn wir darin übereinstimmen, dass es Probleme gibt. Jede Situation kann als problematisch oder unproblematisch definiert werden. Von dieser Logik ausgehend haben David Cooperrider und seine Kollegen an der Case Western Reserve University den Ansatz der *wertschätzenden Untersuchung*[20] entwickelt. Der Schwerpunkt auf Anerkennung entspringt der Konzeption der Wertschätzung in der Kunst, die davon ausgeht, dass man in jedem Kunstwerk etwas Bewundernswertes und Inspirierendes finden kann. Cooperrider fragt, ob es nicht auch möglich wäre, in jeder Organisation – trotz all ihrer Konflikte – etwas Schönes und Erhebendes zu finden. Wenn ja, könnte dies den Personen dieses Unternehmens als gemeinsamer Ausgangspunkt für die Vision einer neuen Zukunft dienen.

Die Mittel, um eine solche Anerkennung zu fördern, machen sich die konstruktionistische Betonung von Erzählungen zunutze. Menschen tragen viele Geschichten in sich. Innerhalb dieses Repertoires lassen sich oftmals Geschichten von Wertschätzung, Bewunderung und Freude finden. Für die Organisation sind diese Geschichten wertvolle Ressourcen, nahezu vergleichbar mit Geld auf der Bank. Sie zu fördern und umzusetzen ist laut Cooperrider eine Investition in neue Zukunftsvisionen. Indem die Menschen ihre Geschichten teilen, wird jenes Vertrauen gefördert, das für die Verwirklichung der Vision nötig ist. Anerkennende Erzählungen wecken demnach die Kräfte des schöpferischen Wandels.

Ein Beispiel soll dieses Potenzial verdeutlichen. Ein Unternehmen, das wir Acme Farm Equipment nennen wollen, geriet in einen Geschlechterkonflikt. Die Frauen des Unternehmens fühlten sich von den Männern schlecht behandelt, manchmal belästigt, selten anerkannt sowie unterbezahlt und überarbeitet. Gleichzeitig fühlten sich die Männer unberechtigterweise beschuldigt und warfen den weiblichen Angestellten vor, überempfindlich und feindselig zu sein. Allerorts herrschte Misstrauen. Juristische Klagen wurden in Betracht gezogen und das Unternehmen schien dem Untergang nahe zu sein.

Der Vorstand bat Cooperrider und seine Kollegen um Hilfe. Insbesondere wünschten sie sich Verhaltensregeln für alle Angestellten sowie Strafen für Verstöße gegen diese Regeln. Für Cooperrider machte diese Orientierung das Problem lediglich noch realer. Eine auf dieser Sicht beruhende Lösung könnte seiner Auffassung nach nicht zu einem dauerhaften Abbau des Misstrauens führen. Ein Prozess der wertschätzenden Untersuchung wurde eingeleitet, in dem sich kleine Gruppen von männlichen und weiblichen Angestellten zusammensetzten. Ihre Aufgabe bestand darin, sich an einige der positiven Erfahrungen innerhalb des Unternehmens zu erinnern. Gab es Situationen, in denen Männer und Frauen sehr gut und effektiv zusammenarbeiteten und einander wertschätzten? Gab es Fälle, in denen Männer und Frauen von den Beiträgen des jeweils anderen Geschlechts profitierten? Wie waren diese Erfahrungen und welche Bedeutung hatten sie für die Beschäftigten? Alle Beteiligten nahmen sich mit Enthusiasmus dieser Herausforderung an und berichteten über zahlreiche Erfolge in der Vergangenheit. Anschließend setzten sich die Gruppen zusammen und erzählten ihre Geschichten in einer großen Runde. Dabei kam es zu einer deutlich wahrnehmbaren Veränderung: Die Feindseligkeiten lösten sich allmählich auf. Es wurde viel gelacht, gelobt und gegenseitige Anerkennung ausgesprochen. In diesem positiven Klima forderte Cooperrider die Beschäftigten auf, sich die Zukunft des Unternehmens vorzustellen. Wie könnten sie gemeinsam die Art von Organisation erschaffen, in der die für sie wertvollsten Erfahrungen im Zentrum stehen? Wie könnten sie die Organisation zu einem Ort machen, in den sie diese Art von Freude einbringen können? Während die Beteiligten diese Diskussion über die Zukunft führten, fielen ihnen viele neue Ideen und Praktiken ein – Richtlinien, Ausschüsse, Kinderbetreuung usw. Es entwickelten sich großer Optimismus und eine neue Identifikation mit dem Unternehmen. „Das Problem" verschwand immer mehr von der Bildfläche, je mehr positive Pläne umgesetzt wurden.

Zukunftssuche und Aufbau von Gemeinschaften

> Wir sind gefangen in einem unauflösbaren Netzwerk der Gegenseitigkeit und verbunden in einem einzigen Gewand des Schicksals. Was eine Person direkt betrifft, betrifft alle anderen indirekt.
>
> Martin Luther King

Obwohl die wertschätzende Untersuchung viele Annahmen mit der konstruktionistischen Theorie teilt, gibt es auch andere, nicht spezifisch konstruktionistische Praktiken, mit denen sie im Einklang steht. Auch diesen sollten wir uns zuwenden, da sie den Anwendungsbereich der wertschätzenden Untersuchung über die konkrete Organisation hinaus erweitern. Einer dieser Schwerpunkte liegt auf der grenzenüberschreitenden Zusammenarbeit – zwischen Organisation und Gesellschaft oder zwischen ansonsten isolierten Subkulturen innerhalb der Gesellschaft. Nehmen wir als Beispiel die Praxis der *Zukunftssuche*, die die Menschen in der Entwicklung einer gemeinsamen Grundlage unterstützen soll. Die Zukunftssuche eignet sich für Planungen in großen Gruppen und soll Repräsentanten des „gesamten Systems" zu einem fruchtbaren Austausch zusammenführen. Offene Dialoge werden angeregt und alle Teilnehmerinnen und Teilnehmer sind an der Steuerung des Prozesses beteiligt. Üblicherweise treffen sich die Teilnehmerinnen und Teilnehmer eines Zukunftssuche-Programms für mehrere Tage zu intensiven Diskussionen. Es wird kein Versuch unternommen, Komplexität zu reduzieren, Meinungsverschiedenheiten aufzulösen oder Lösungen langfristiger Probleme herbeizuführen. Vielmehr geht es um den Aufbau von Visionen für eine gemeinsame Zukunft.

Hierzu ein Beispiel. Die Stadt Santa Cruz in Kalifornien hat eine Zukunftssuche eingesetzt, um das Problem der Wohnungsknappheit anzugehen.[21] Die Teilnehmerinnen und Teilnehmer der dreitägigen Veranstaltung waren Lehrerinnen und Lehrer, Studierende, Rentnerinnen und Rentner, landwirtschaftlich Beschäftigte, Geschäftsleute, Kirchenvertreterinnen und -vertreter, Verwaltungsangestellte und Politikerinnen und Politiker. Eine Person sagte gleich zu Beginn: „Auch wenn wir hier nichts erreichen – dies ist die bunteste Mischung von Leuten, die ich je erlebt habe." Nach einer ausführlichen Vorstellung begann die Gruppe, über die Vergangenheit zu sprechen, insbesondere über die in den letzten Jahrzehnten entstandenen Probleme: Drogen, AIDS, Bandenkriminalität usw. Eine Teilnehmerin meinte: „Der Sinn für Gemeinschaft ist vor so langer Zeit zerstört worden, dass viele von uns vergessen haben, wie es ist, die eigenen Nachbarn zu kennen." Anschließend würdigten die Anwesenden die Gegenwart – die Ressourcen, latenten Hoffnungen und geteilten Werte. Ein politischer Aktivist sagte dazu: „Wir sind stolz auf unsere ethnische und religiöse Vielfalt." Aus dieser Gruppendiskussion entstand eine Reihe von „Idealszenarien" für die Zukunft. Zum Beispiel entwickelte sich eine Vision für ein Kulturzentrum für Landwirtschaft und einen regionalen Marktplatz. Die Diskussion regte die Teilnehmerinnen und Teilnehmer an, nach einer gemeinsamen Basis zu suchen – Schlüsselthemen, die die Gruppe im Rahmen ihrer Planungen zu einer Einheit zusammenschweißen. Aus diesen Schlüsselthemen ergaben sich letztlich auch eine Reihe von Handlungsplänen. Zu diesen Plänen zählten die Vorhaben, einkommensschwachen Mieterinnen und Mietern den Erwerb von Wohnungseigentum zu erleichtern und die Bildungs- und Arbeitschancen für lateinamerikanische Bürger zu erhöhen.

Programme, die wertschätzende Untersuchung und Zukunftssuche miteinander verbinden, werden mittlerweile in verschiedenen Kommunen und Städten der USA eingesetzt, um die Menschen zu gemeinsamem Planen für die Zukunft anzuregen. In Programmen wie „Stelle Dir Chicago vor!" und „Stelle Dir Atlanta vor!" wird eine breite Beteiligung von hochrangigen Politikerinnen und Politikern bis hin zu Sozialhilfeempfängerinnen und -empfängern angestrebt. Innerhalb gemischter Gruppen und über Generationen hinweg erzählen die Teilnehmerinnen und Teilnehmer ihre Geschichten über positive Erfahrungen in der Stadt. Sie sprechen darüber, was ihnen in ihrer Gemeinde und in der gesamten Stadt am wichtigsten ist. Durch das Austauschen und Sammeln dieser Geschichten arbeiten die Beteiligten gemeinsam an der Planung einer Zukunft, in der die in den Erzählungen zum Ausdruck kommenden Werte und Ideale umgesetzt werden können. Das Anliegen besteht darin, das in Städten weitverbreitete Gefühl von Entfremdung und Hoffnungslosigkeit durch ein Gefühl von Gemeinschaft und Verbundenheit zu ersetzen, aus dem eine neue Zukunft entstehen kann. Wenden wir uns nun der konstruktionistischen Praxis in einem anderen Bereich zu, dem Schulsystem.

Erziehung: Zusammenarbeit und Gemeinschaft

> Ich stelle mir Schulen und Vorschulen vor, die in unseren sich verändernden Gesellschaften eine neue Funktion übernehmen. Dazu ist es nötig, dass die Schule zu einer gemeinschaftlichen Kultur der Lernenden wird, in der die Schüler Aufgaben gemeinsam lösen und sich an einem Prozess beteiligen, in dem alle gegenseitig voneinander lernen.
>
> Jerome Bruner, *The Culture of Education*

Wir sprechen oft von „den Vorzügen einer guten Bildung". Doch viele Menschen haben eher negative Erinnerungen an ihre Schulzeit: Versagens-

ängste, Konkurrenzkämpfe und unerträgliche Langeweile. Diese häufig ge-
machten Erfahrungen sind überwiegend auf die Vorannahmen zurückzuführen,
die den meisten Schulsystemen zugrunde liegen: Erstens wird oft davon ausgegangen, dass die Aufgabe der Schule darin liegt, die Schülerinnen und Schüler vom Nichtwissen in einen Zustand des Wissens zu bringen. Bloße Meinungen, fehlgeleitete Gedanken und blinder Glaube sollen durch harte Fakten
und logisches Überlegen ersetzt werden. Expertinnen und Experten legen fest,
was wahr und gültig ist. Sie geben den Lehrplan für die Lernenden vor. Die
zweite Vorannahme ist, dass schulische Bildung darauf abzielt, die geistigen
Fähigkeiten individueller Schülerinnen und Schüler zu verbessern. Um
sicherzustellen, dass jedes Individuum lernt, was wahr ist – und damit „Wissen"
erlangt –, müssen regelmäßige Tests durchgeführt werden. Entweder genügt das
Individuum den Anforderungen oder es wird bestraft. Damit sehen sich die
Lernenden einem Lehrplan von geringem intrinsischen Interesse gegenüber.
Immer wieder müssen sie sich Beurteilungen unterziehen, die festlegen, wie
gut sie die von den Expertinnen und Experten bestimmten Wahrheiten
wiedergeben können.

Diese Orientierung des Schulsystems wurde vielfach kritisiert. Einer der
lautesten Kritiker, Paulo Freire, sieht in der *Ernährung* die dominierende Metapher des traditionellen Systems.[22] Wissen wird als „gesunde Nahrung" angesehen, die von Lehrerinnen und Lehrern an die (entgegen ihren eigenen
Aussagen) als bedürftig angesehenen Kinder verteilt wird. Die letztendliche
Autorität besitzen jedoch jene, die das Wissen selbst produzieren – die
Wissenschaftlerinnen und Wissenschaftler. Diese Expertinnen und Experten
„verbreiten Wahrheit", die an die Lernenden „verfüttert" wird. Als nächstes folgen in der Hierarchie Bildungsexpertinnen und -experten, die Lehrpläne
gestalten und das Wissen in Lernstoffeinheiten verpacken. Darunter stehen die
Administratorinnen und Bürokraten, die aus diesen Einheiten auswählen. Die
Lehrerinnen und Lehrer befinden sich am unteren Ende der Hierarchie. Sie
sind lediglich die Instrumente, die die Bildungsnährstoffe an die Schülerinnen
und Schüler verteilen. Von Lernenden wird erwartet, das Wissen einfach zu
konsumieren. Kritikerinnen und Kritiker weisen darauf hin, dass diese
Anordnung eine progressive Entmachtung von der Quelle zu den Konsumen-
ten am Ende beinhaltet. Wird von Lehrerinnen und Lehrern erwartet, sich an
einen standardisierten Lehrplan zu halten, verlieren sie ihre Fähigkeit, über die
allgemeineren Probleme des Schulsystems nachzudenken und Lernerfahrungen
zu vermitteln, die der jeweiligen Situation angemessen sind. Ihre Kompetenzen
werden untergraben.[23] Schülerinnen und Schüler werden in diesem Modell
häufig als leere Gefäße betrachtet – als passive Wesen, die Informationen in sich
aufnehmen. Kreativität und Innovation werden unterdrückt.[24]

Der Soziale Konstruktionismus unterstützt Freires Argumentation. Wie die
vorangegangenen Kapitel gezeigt haben, ist das, was wir für wahres oder ratio-

nales Wissen halten, ein Produkt zwischenmenschlicher und gesellschaftlicher Beziehungen. Es gibt keine Wahrheit jenseits von Gemeinschaften. Des Weiteren ist das Konzept des individuellen Geistes überaus problematisch, sowohl intellektuell wie politisch. Zweifel an Wahrheit und Geist erstrecken sich unweigerlich auch auf die hierarchische Struktur des Schulsystems – in der bestimmte Gruppen für alle anderen festlegen, was wahr und vernünftig ist, und in der individuelle Schülerinnen und Schüler die ahnungslosen Opfer sind. Statt an dieser Stelle die Kritik zu vertiefen, wollen wir uns kurz mit drei vom Konstruktionismus bevorzugten pädagogischen Alternativen beschäftigen.

Reflexive Überlegungen

In der auf der Ernährungsmetapher beruhenden Tradition wird Wissen in den verschiedenen Fächern wie Biologie, Mathematik, Geschichte etc. „gekocht" und an bedürftige Schülerinnen und Schüler verteilt. Konstruktionistinnen und Konstruktionisten sehen jedoch in dem „gesammelten Wissen" im Wesentlichen (and damit einhergehende Handlungen) bestimmter Berufsgruppen. In diesem Sinne werden die Lernenden durch den Lehrplan auf fremdes Territorium eingeladen (oder gezwungen). Sie müssen die Eigenarten dieses Territoriums erlernen und sich von Fremden beurteilen lassen. Nur selten unterstützt dieser Prozess die Lernenden darin, eine andere Sichtweise einzunehmen oder andere Werte zu vertreten und diesbezügliche Fragen zu stellen. Schülerinnen und Schüler *lernen Geschichte* ohne zu Fragen wie den folgenden aufgefordert zu werden: „Wessen Geschichte ist dies eigentlich?" , „Warum sprechen wir über Könige, Kriege und Wohlstand und nicht über Musik, Kunst oder Liebe?" und „Warum ist dies gerade jetzt für mich wichtig?" Selten werden die Lernenden angeregt, es auch einmal „aus einer anderen Sicht" zu sehen oder eine alternative Geschichte und alternative Darstellungen dessen, „was wirklich passiert ist", zu generieren. Für Konstruktionistinnen und Konstruktionisten geht es vor allem darum, Mittel zu finden, um reflexive Überlegungen zu fördern. Wie können Schülerinnen und Schüler darin unterstützt werden, die üblichen Diskurse aus anderen Sichtweisen zu hinterfragen, Vor- und Nachteile der gängigen Darstellungen herauszuarbeiten und alternative Interpretationen zu entwickeln. Zu diesem Zweck sollten Lernende an der Gestaltung des Lehrplans beteiligt werden, ihre eigenen Erfahrungen in die Besprechung des Lernstoffs einbringen und Informationen sammeln, die ihnen eigene Schlussfolgerungen erlauben.

Die ersten wichtigen Schritte zu einer reflexiven Pädagogik wurden von Kritikerinnen und Kritikern des verborgenen Lehrplans entwickelt. Der *verborgene Lehrplan* besteht aus den Vorstellungen und Werten, die implizit und unausgesprochen im jeweiligen Fachgebiet enthalten sind. Diese verborgenen

Annahmen und Werte reflektieren häufig die Interessen bestimmter Klassen oder ethnischer Gruppen, insbesondere jener, die den Lehrplan entworfen haben. So haben Kritikerinnen und Kritiker z.B. darauf hingewiesen, dass die üblichen Lehrpläne die Angehörigen von Minderheitengruppen systematisch an akademischen Erfolgen hindern und stets nur die Werte vorherrschender Gruppen betonen und rechtfertigen.[25] Insbesondere Schülerinnen und Schüler aus Arbeiterfamilien werden dazu erzogen, gehorsam, passiv und unoriginell zu sein.[26]

Im Einklang mit dieser Kritik haben Lehrerinnen und Lehrer die *Pädagogik der Befreiung* entwickelt, deren Lehrpraktiken die Lernenden zu aktiver Kritik ermuntern und sie auffordern, sich an der Gestaltung ihrer Zukunft zu beteiligen, anstatt lediglich die ihnen präsentierten Wahrheiten aufzunehmen. Ein aktiver Vertreter der emanzipatorischen Pädagogik, Henry Giroux, benennt Möglichkeiten, durch die Lehrerinnen und Lehrer den offiziellen Lehrplan entmystifizieren können, indem sie auf die implizit in ihm enthaltenen Schwächen – z.B. die Voreingenommenheiten hinsichtlich Geschlecht, sozialer Klasse und ethnischer Herkunft – hinweisen und die Schülerinnen und Schüler dazu auffordern, Alternativen zu diesen Sichtweisen zu erkunden.[27] Aronowitz und Giroux empfehlen, wir sollten „die zentrale Wichtigkeit kultureller Unterschiede in Bezug auf die Bedeutung von Schulbildung und Staatsbürgerschaft verdeutlichen" und „Schüler dazu ausbilden, die für eine demokratische Gesellschaft notwendigen Prinzipien und Traditionen zu erhalten und zu verteidigen."[28]

Obgleich dies wichtige Schritte zu einer reflexiven Pädagogik sind, bedarf es weiterer Entwicklungen. Erstens gestehen die Befreiungspädagoginnen und -pädagogen ein, dass die Lehrerinnen und Lehrer ihren Schülerinnen und Schülern eventuell nur eine andere Ideologie vermitteln könnten. Patti Lather schreibt: „Allzu oft ist die Befreiungspädagogik ihrer eigenen Version der Wahrheit verpflichtet und interpretiert Widerstände als ‚falsches Bewusstsein'. Dabei wird versäumt zu erforschen, in welchem Ausmaß die neue Rolle der Schüler einfach von Pädagogen vorgegeben bzw. ‚den noch nicht Befreiten' aufgezwungen wird."[29] Wie werden Befreiungspädagoginnen und -pädagogen z.B. jenen gerecht, die nicht an volle Gleichberechtigung oder demokratische Entscheidungsfindung glauben, wie dies etwa bei orthodoxen Hindus oder Moslems der Fall ist? Ein Befreiungslehrplan birgt in sich daher die gleichen Risiken der Hierarchienbildung und Unterdrückung, die auch in den kritisierten bestehenden Institutionen enthalten sind. Die zweite Herausforderung der Befreiungspädagogik besteht darin, über die Kritik hinauszugehen. Die meisten ihrer Lehrpläne basieren auf einer Kritik der vorherrschenden Traditionen, vermitteln den Lernenden jedoch kaum eine Wertschätzung der positiven Aspekte dieser Traditionen. Ebenso wenig wird versucht, von einer Abwägung der Vor- und Nachteile zu positiveren Zukunftsmöglichkeiten überzuleiten. Konstruktionistinnen und Konstruktionisten würden diesbezüglich auf Praktiken des schöpferischen Austauschs hinweisen und nach neuen Wegen suchen, die Lernende, Lehrende und andere gemeinsam beschreiten können. Ein zweiter praktischer Ansatz nimmt sich dieses Themas an.

Zusammenarbeit im Klassenzimmer

In der Ernährungsmetapher verfügt die Lehrerin oder der Lehrer über das Wissen, das den Schülerinnen und Schülern mitgeteilt werden muss. Diese Sicht führt zu einer Bevorzugung des Monologs (z.B. in Form von Vorträgen oder Demonstrationen) gegenüber dem Dialog. Konstruktionistinnen und Konstruktionisten halten die Vorteile des Monologs jedoch für sehr begrenzt. Sicher gibt es Situationen, in denen informative Vorträge wertvoll sind. Durch eine Überbetonung von Monologen wird es jedoch versäumt, die vielfältigen bereits vorhandenen Fähigkeiten der Lernenden mit einzubeziehen. Ebenso wenig bietet sich den Schülerinnen und Schülern die Möglichkeit, das Fachgebiet in ihrem eigenen Stil zu lernen. Dadurch können sie kaum lernen, wie der gelernte Stoff für ihr eigenes Leben und ihre individuellen Umstände bedeutungsvoll sein könnte.

Der Lehrer Kenneth Bruffee ist ein führender Entwickler von pädagogischen Praktiken, die den Einfluss der monologischen Stimme der Autorität im Klassenzimmer und ihrer Betonung der „einen richtigen Antwort" einschränken sollen.[30] Zum Beispiel kommt es in seinem Unterricht in englischer Literatur häufig zur Bildung sogenannter *Konsensgruppen*, die aus ihrer eigenen Sicht Antworten auf die sich aus verschiedenen Texten ergebenden Fragen finden sollen. Dabei werden sie ermuntert, auch die ihnen vorgestellten Expertenmeinungen in Frage zu stellen. Allerdings muss jede Gruppe zu einem Konsens gelangen, den sie anschließend den anderen Gruppen mitteilt. Dies bedeutet, dass alle Beteiligten lernen müssen, mit Meinungsverschiedenheiten umzugehen, um sich letztlich eine eigene Meinung zu bilden. Ebenso müssen sie lernen, in einer Welt mit vielfältigen Wirklichkeiten zu leben. Bruffee schreibt: „Die Anforderung, eine Position zu entwickeln, mit der die ganze Gruppe ‚leben kann', bringt die Schüler häufig in die schwierigsten und komplexesten Konflikte, die sich in einer Disziplin stellen können."[31]

Des Weiteren suchen Pädagoginnen und Pädagogen nach Möglichkeiten, um die Dialoge auch über das Klassenzimmer hinaus weiterzuführen. Ihre Hoffnung besteht darin, dass das Lernen in der Schule den Geschehnissen in der Welt angepasst ist und auf alltägliche Anforderungen des sozialen Lebens vorbereitet. Dies beinhaltet schulische Projekte, die außerhalb des Klassenzimmers durchgeführt werden, z.B. ein Tutorenprogramm für unterprivilegierte Kinder, ehrenamtliche Mitarbeit in gemeinnützigen Organisationen oder Praktika in sozialen Einrichtungen. Auch das Internet kann einbezogen werden, um aus dem Klassenzimmer mit der Welt zu kommunizieren. Dadurch können sich Schülerinnen und Schüler aus verschiedenen Teilen der Welt über Probleme von globaler Bedeutung austauschen.[32] Internet-Kommunikation ist dabei nur eine Möglichkeit, um grenzüberschreitend zu arbeiten. In manchen Schulen werden die Lernenden darin unterstützt, ihre eigenen, auf Probleme „in der realen Welt" bezogenen Projekte zu entwickeln. Zum Beispiel arbeiten die Schülerinnen und Schüler im Foxfire Programm mit ihren Lehrerinnen und Lehrern und mit Vertreterinnen und Vertretern verschiedener Berufsgruppen zusammen, um Zeitschriften und Bücher zu veröffentlichen und Radio- und Fernsehprogramme zu produzieren. In diesen Projekten dienen die Materialien des Klassenzimmers als Ressourcen im Dienste von Beziehungen außerhalb der Schule.[33]

Vielstimmige Pädagogik

Was ist „gutes Schreiben?" Von den ersten Schulklassen bis hin zur Dissertation wird uns üblicherweise beigebracht, ein Thema zu benennen, die wichtigsten Begriffe darzulegen, auf eine klare Ausdrucksweise zu achten, Aussagen und Absätze logisch miteinander zu verbinden, die zentralen Punkte mit Belegen zu untermauern usw. In mancher Hinsicht beruhen diese Empfehlungen auf dem Glauben, die Prozesse des guten Argumentierens seien universell und gutes Schreiben müsste diese wiedergeben und entfalten. Im Vorwort des *Harper Handbook of College Composition* heißt es: „Nicht nur in der Universität, sondern bei allen geistigen Aktivitäten ist es von großer Bedeutung, die Prozesse zu lernen, die klares Denken und richtiges, präzises, effektives und angemessenes Schreiben ermöglichen."[34] Wie die vorangegangenen Kapitel (insbesondere das erste und zweite) jedoch zeigen, ist die Vorstellung einer universellen Vernunft – eines inneren Prozesses, der sich in gesprochenen und geschriebenen Wörtern manifestiert – überaus problematisch. Des Weiteren ist in der Annahme, intelligentes Schreiben müsse sich an bestimmten Standards orientieren – nämlich jenen der Bildungselite –, eine gewisse kolonialistische Einstellung unverkennbar. Angesichts der enormen Heterogenität der Weltbevölkerung und der zunehmenden Globalisierung stellt sich uns auf pragmatischer Ebene die Frage, wann, wo und für wen diese Standards des Schreibens ideal und effektiv sind. Kritikerinnen und Kritiker könnten anmerken, dass der Standardstil uns auf eine untergeordnete Rolle in der Gesellschaft vorbereitet, in der wir unseren Vorgesetzten klar, ökonomisch und zielführend Bericht erstatten. Dies ist nicht der Stil einer inspirierenden Führungspersönlichkeit oder einer treibenden Kraft hinter sozialen Veränderungen. Es ist der Stil nüchterner Berichterstattung.

Im Kontext dieser Fragen suchen konstruktionistische Pädagoginnen und Pädagogen nach Möglichkeiten, um die Vielstimmigkeit zu fördern. Schüler und Studenten sollen dadurch vielfältige Stimmen, Ausdrucksformen und Schreibstile entwickeln. Eine faszinierende diesbezügliche Idee stammt von Patti Lather.[35] Üblicherweise bitten Hochschullehrerinnen und Hochschullehrer ihre Studierenden, über ein Thema zu schreiben. Themen wie Psychopathologie, soziale Bewegungen, die Französische Revolution etc. sollen von ihnen beschrieben, erklärt und analysiert werden. Diese Art des Schreibens entspringt jedoch Lather zufolge dem Standpunkt des *Realismus*. Das heißt, es setzt die Existenz des jeweiligen Themengebietes voraus. Die „untersuchten Objekte" werden üblicherweise als selbstverständlich vorausgesetzt. Vor dem Hintergrund ihrer eigenen Arbeiten im Kontext der Befreiungspädagogik fordert Lather die Studierenden dazu auf, ihre Standardberichte um eine weitere Form des Schreibens zu ergänzen. Diesmal sollen sie in einem *kritischen* Rahmen schreiben und das Thema aus der Sichtweise einer bestimmten politischen Meinung behandeln. Zum Beispiel könnten sie fragen: Welche Rolle spielen Autoritäten, Unterdrückung und gesellschaftliche Rahmenbedingungen bei der Entstehung von Psychopathologie? Wer profitiert von den traditionellen therapeutischen Praktiken und wessen Sicht wird dabei außer Acht gelassen? Aufgrund der sich auch aus Kritik ergebenden Unterdrückung (siehe oben) fordert Lather anschließend zu einer dritten Darstellung des Themas auf, einer *dekonstruktionistischen*. Hierbei sollen die Studierenden die vielfältigen Interpretationen und Standpunkte ergründen, die sich aus dem Thema entwickeln können. Außerdem werden die Studierenden ermutigt, ihre eigenen Verständniskategorien in Frage zu stellen. Warum sollten sie gerade diese verwenden und nicht andere? Als letztes bittet Lather um eine Darstellung, die persönlicher und *selbstreflexiver* ist. Diesmal sollen sich die Studierenden in innovativer, nicht linearer und expressiver Weise des Themas annehmen und ihre eigene Position darlegen. Lather meint, durch die Beschäftigung mit diesen verschiedenen Formen des Schreibens könnten sich die Studierenden von dem Einfluss der realismusorientierten Darstellungsweise frei machen. Darüber hinaus würden sie darin geschult, vielfältige Sichtweisen zu generieren und sich vor den unterschiedlichsten Zuhörerinnen und Zuhörern wirkungsvoll auszudrücken.

Andere Lehrpersonen fördern Vielstimmigkeit, indem sie Studierende und Schülerinnen und Schüler Texte für unterschiedliche Leserschaften schreiben lassen. Zum Beispiel könnte ein Text über Umweltschutz zunächst für die eigenen Kommilitonen, anschließend für eine Umweltschutzorganisation und schließlich für eine gegnerische Gruppe verfasst werden. Mit jeder neuen Version entstehen neue Stimmen und neue Sichtweisen des Themas. Viele argumentieren, das geschriebene Wort würde an Wirkung verlieren, da Printmedien immer mehr von visuellen Medien wie Filmen, Videos, Computergrafiken, Fotos usw. abgelöst würden. Deshalb bemühen sich manche Lehrerinnen und Lehrer darum, die eigenen Ausdrucksmöglichkeiten durch Training in visuellen Medien zu erweitern.[36]

Diese pädagogischen Entwicklungen – Reflexivität, Zusammenarbeit und Vielstimmigkeit – sind nur ein Ausschnitt aus den vielfältigen, von konstruktionistischen Dialogen unterstützten Neuerungen. Um den Einfluss des Konstruktionismus in der Bildung besser einschätzen zu können, wollen wir uns nun den Umwälzungen in der akademischen Welt zuwenden.

Akademische Darstellungen: Neue Wege der Welterzeugung

> Wir können tanzen mit unseren Füßen, mit Begriffen, mit Worten.
> Muss ich hinzufügen, dass wir in der Lage sein sollten,
> es auch mit der Feder zu tun?
>
> Friedrich Nietzsche, *Die fröhliche Wissenschaft*

Es ist eine Sache, sich beim Unterrichten anderer vom Konstruktionismus anregen zu lassen. Wie steht es jedoch mit dem eigenen Handeln? Haben die konstruktionistischen Dialoge nicht auch einen Einfluss auf die akademische Arbeit selbst? Zum Teil wird diese Frage durch die in den vorangegangenen Kapiteln dargestellten Ansätze beantwortet. Es gibt zahlreiche neue Wege der Analyse und der Untersuchung. In diesem Kapitel über soziale Praktiken verlagert sich jedoch der Schwerpunkt von Inhalten zu Handlungen. Wir wollen uns jetzt nicht mehr vorrangig mit dem beschäftigen, was mitgeteilt wird, sondern mit der Praxis der akademischen Kommunikation. Für traditionelle Realistinnen und Realisten ist Kommunikation eine genaue Berichterstattung über Tatsachen. Für Konstruktionistinnen und Konstruktionisten ist „Genauigkeit" jedoch ein problematischer Begriff. Ein akademischer Bericht ist vielmehr eine Einladung zu einer Beziehung zwischen Autorin oder Autor und Leserin und Leser. Um dies zu verdeutlichen, achten Sie einmal auf Ihre Reaktionen auf die folgenden Beispiele vorbildlichen akademischen Schreibens:

Besteht Person Ps einziger Wunsch in Situation C zur Zeit t darin, das Ziel G zu erreichen, und ist P davon überzeugt, dass der Versuch der Ausführung der Handlung A in C zur Zeit t die Alternative ist, die mit höchster Wahrscheinlichkeit zu G führt, dass sie A in C zur Zeit t ausführen kann und dass die alternativen Handlungen, die sich P zutraut, nicht weniger Anstrengung erfordern als A, dann wird P versuchen, in C zur Zeit t A auszuführen.[37]

Es wird ferner vorhergesagt, dass das Eintreten von Schweigen (in der Kommunikation) unterschiedlich eingeordnet wird. Und zwar wird es auf der Grundlage der Regeln entweder eingeordnet als (i) eine Lücke vor der sich anschließenden Anwendung der Regeln 1(b) oder 1(c), oder (ii) als Rückfall auf die Nichtanwendung der Regeln 1(a), (b) und (c), oder (iii) als das bedeutsame Schweigen des nächsten Sprechers nach Anwendung von Regel 1(a).[38]

An traditionellen Standards gemessen sind dies Beispiele für erstklassige akademische Darstellungen. Dennoch ist es eher wahrscheinlich, dass Sie sich nicht an ihnen erfreuen konnten. Zunächst einmal erzeugt der Schreibstil eine gewisse Distanz zwischen Ihnen und der Autorin oder dem Autor. Die Beschreibung ist rein formal und offenbart nichts von dem dahinter steckenden Menschen. Sie ist flach und emotionslos. Es ist schwer, ein Gefühl der Leidenschaft mit Autorin oder Autor zu teilen. Des Weiteren lässt der Stil die Autorin oder den Autor als rational und wissend und die Leserinnen und Leser als unwissend erscheinen. Das Geschriebene ist fehlerlos und regt die Leserinnen und Leser eher dazu an, Fehler bei sich selbst zu suchen. Es ist einem fast peinlich, eine Antwort zu wagen. Außerdem ist dieser Stil elitär und wendet sich nur an jene Minderheit, die gebildet genug ist, um ihren Platz in einer Elitegemeinschaft einzunehmen. Die farbige feministische Akademikerin bell hooks schreibt: „Um mit der Stimme der Befreiung zu sprechen müssen wir uns mit den Zuhörern beschäftigen. Wir müssen wissen, zu wem wir sprechen."[39]

Sicher könnten Sie sagen: „Na und?" Wenn diese Form des Schreibens die effizienteste und effektivste ist, um sich über das Fachgebiet auszutauschen, sollten stilistische Bedenken keine Rolle spielen. Man sollte ein Geschenk nicht nach der Verpackung beurteilen. Für Konstruktionistinnen und Konstruktionisten bestehen dennoch gute Gründe, um sich mit der Form des Schreibens zu beschäftigen. Wie im zweiten Kapitel dargelegt, sind unsere Beschreibungen der Welt keine Landkarten der Welt. Vielmehr sollen sie uns zu Handlungen befähigen und Interaktionen ermöglichen. Wenn dem so ist, sollten wir uns fragen, welchen Einfluss bestimmte Ausdrucksformen auf eine Gemeinschaft haben. Welche Beziehungen werden durch eine bestimmte Darstellungsform gefördert und welche werden unterdrückt oder ausgeschlossen? Allgemeiner ausgedrückt, was für eine Welt erschaffen wir gemeinsam durch unsere Ausdrucksweisen?

Vor dem Hintergrund dieser Überlegungen fühlen sich viele Akademikerinnen und Akademiker inspiriert, mit neuen Ausdrucksformen zu experimentieren. Die Ergebnisse sind faszinierend:

Personalisierung: Personifiziertes Schreiben

Zu den beliebtesten dieser neuen Schreibstile zählen jene, die versuchen, die in traditionellen akademischen Werken erkennbare „Sicht Gottes" aufzugeben und im eigenen Werk eine lebendige Autorin oder einen lebendigen Autor voller Leidenschaften, Voreingenommenheiten und Fehler zu offenbaren. Autorinnen und Autoren mögen ihre Schriften mit „Umgangssprache" anreichern, z.B. mit Redewendungen oder Schimpfwörtern. Nehmen wir als Beispiel die von der Kulturwissenschaftlerin Rosanne Arquette Stone stammende, eher elegante Beschreibung ihrer eigenen Beziehung zur Technologie:

> Die Liebe erwischte mich das erste Mal 1950. Ich lag nachts im Dunkeln in meinem Bett und half einem Freund dabei, die Oberfläche eines Galenit-Kristalls zu bearbeiten, der Bestandteil eines primitiven Radios war. Wir suchten nach einem der heißen Punkte, wo der Kristall aktiv war und Radiowellen empfangen konnte. Eine sehr, sehr lange Zeit war es einfach nur still, doch dann erwachten die Kopfhörer plötzlich zum Leben und ein völlig neues Universum tobte in unseren Köpfen. Ich war süchtig. Süchtig nach Technologie.[40]

In dieser Beschreibung können wir die Präsenz der Autorin oder des Autors förmlich spüren, selbst wenn die dargestellte Person eine Konstruktion des Textes ist.

Selbstreflexion und der vielstimmige Autor: Wer bin ich?

In der akademischen Welt wird die Autorin oder der Autor traditionellerweise als ein einheitliches Subjekt definiert – als Person, die den höchsten Standards der Rationalität folgt, um das letzte und einzige Wort zu haben. Personalisierung bringt die Leserinnen und Leser in eine engere Beziehung mit Autorin oder Autor, doch der Stil enthält noch immer Spuren der Autorin oder des Autors als einzigartiges Individuum. Andere Wissenschaftlerinnen und Wissenschaftler stellen die Annahme des monologischen Geistes in Frage, indem sie nach Möglichkeiten suchen, vielfältige Stimmen und sogar kritische Kommentare in den Text einzubringen. Diese Erweiterungen erwecken nicht nur den Eindruck einer vielstimmigen Autorin, sondern laden auch die Leserinnen und Leser ein, sich eine eigene Meinung (oder viele Meinungen) zu bilden.

Michael Mulkays soziologische Abhandlung *The Word and the World* ist ein Klassiker im Bereich selbstreflexiver Schriften. Nach einer Einleitung in traditionell akademischem Stil führt Mulkay zwei weitere Stimmen ein, die „Leserin" bzw. den „Leser" und den hinter der akademischen Präsentation stehenden „privaten Autor".

Die „Leserin" bzw. „der Leser" sagt: „*Nun, Autor, das ist sehr interessant, doch ich bin nicht sicher, dass ich all das verstehe, was das Buch zu sagen hat. Wäre es möglich, dass ich dem Autor einige Fragen stelle?"*

Der private Autor antwortet: „*Ich fürchte nein. Das ist das Problem mit Büchern, Forschungsberichten und anderen Schriften; sobald sie ihre Aussagen gemacht haben, war es das… Solche Texte sind zwangsläufig immer etwas starr.*"[41]

Nachdem sich der Autor für seine rigide Kontrolle des Textes selbst rügt, unterbricht ihn die Leserin bzw. der Leser erneut: „*Das ist doch aber nicht die Schuld des Buches, sondern des Autors! Du bist der Autor. Das Buch wird alles wiedergeben, was du reinschreibst.*"

Wo ist Mulkay *selbst* bei alledem? Natürlich überall.

Ausrufung: Aufwühlende Stimmen

Wie wir gesehen haben, fehlt es akademischen Schriften oftmals an Lebendigkeit, Leidenschaft und Inspiration. Um das Geschriebene lebendiger zu machen und der Leserin und dem Leser eine reichhaltigere und mitreißendere Erfahrung zu ermöglichen, bedienen sich manche Wissenschaftlerinnen und Wissenschaftler der Stimmen aus nicht-wissenschaftlichen Traditionen des Schreibens. Beispiele hierfür sind Genres wie Romane, Gedichte, spirituelle Schriften und Mystizismus. Dadurch wird es nicht nur wahrscheinlicher, Leserin und Leser besser erreichen zu können, sondern die Verwendung dieser Genres beseitigt zudem die irreführende Unterscheidung zwischen objektiven, rationalen „Tatsachenbeschreibungen" und „Rhetorik."

Nehmen wir als Beispiel einen Auszug aus *The Unspeakable*, einem Werk des ikonoklastischen Anthropologen Stephen Tyler, in dem er die Idee rationaler Systeme attackiert:

> In abschließender Betrachtung ist die Idee des Systems nur eine nostalgische Vorstellung von jener Ganzheit, die die Analyse getötet hat und nun deren Leiche wiederzubeleben versucht durch eine Reinfektion mit dem Keim, der sie tötete. „System" ist ein weiterer Name für die große Spinnengöttin.[42]

Tylers Metaphern sind eindrücklich und kraftvoll. Ähnlich metaphernreich und ausdrucksstark schreibt der Professor für afroamerikanische Studien Cornell West über heutige Rassenbeziehungen:

> Die akkumulierte Wirkung der von Schwarzen in einer von Weißen dominierten Gesellschaft erlittenen Wunden und Narben besteht in einem tiefverwurzelten Ärger, einer kochenden Wut und einem leidenschaftlichen Pessimismus in Bezug auf Amerikas Bereitschaft zu Gerechtigkeit.[43]

Anschließend argumentiert er gegen eine nihilistische Reaktion auf diesen Ärger:

> Nihilismus lässt sich nicht durch Argumente oder Analysen überwinden, sondern nur durch Liebe und Zuwendung bezähmen. Jede Krankheit der Seele muss durch eine Wendung der eigenen Seele besiegt werden.[44]

Wests Schriften zeigen, dass Autorinnen und Autoren mehr als eine Tradition in ihre Arbeit einbringen und sich mehrerer Genres, die auf vielfältige Weise unterschiedliche Leserschaften ansprechen, bedienen können. Ein ausgezeichnetes Beispiel einer solchen Zusammenstellung finden wir bei dem einfallsreichen Soziologen Steven Pfohl in dessen Werk *Death at the Parasite Cafe*. Im Verlauf des Textes spricht Pfohl durch verschiedenen Persönlichkeiten, einschließlich der eines traditionellen Wissenschaftlers, eines Herausgebers, eines Übersetzers, eines Autobiografen, RadaRada, Jack O. Lantern und Black Madonna Durkheim. Die folgenden Worte sind die Antwort von Black Madonna auf den jungen Soziologen Pfohl, der sie um Unterstützung bei einer Feldstudie im Süden der Vereinigten Staaten bittet:

> Hör zu, Yankee! Keine weiteren weißen, männlichen Revolutionäre mehr! Keine weiteren Retter! Keine weiteren Zuhälter! Wir haben von alldem schon genug. Aber eine andere Form von Parasit? Vielleicht. Womöglich wirst du im Laufe der Zeit dahinterkommen und dich selbst in einer Form neu maskieren, die machtreflexiver ist. Aber das kann dich teuer zu stehen kommen und du wirst dich nicht ausgefüllt fühlen. Doch pack jetzt deine Sachen und lass uns tanzen.[45]

Hin zum Performativen

Experimente der Darstellung sind nicht auf den Bereich des Schreibens beschränkt. Wenn „das, was ist", uns nicht von sich aus zu verstehen gibt, wie es dargestellt werden soll, gibt es keine überzeugenden Gründe dafür, Wörtern gegenüber anderen Ausdrucksformen den Vorzug zu geben. In wichtiger Hinsicht beruht die Bevorzugung von Wörtern in der akademischen Welt auf dem traditionellen Glauben, Vernunft (logisches Denken) befände sich im Kopf des Individuums und würde überwiegend verbal zum Ausdruck gebracht. Die Fehler dieser Sichtweise sind bereits ausführlich dargelegt worden. Viel wichtiger ist nun, das Tor zum ganzen Spektrum menschlicher Ausdrucksformen zu öffnen – Kunst, Drama, Musik, Tanz, Komödie, Film, Multimedia usw. Auf diese Weise kann eine viel größere Anzahl an Personen erreicht werden. Zum Beispiel können Filme aufgrund des hohen Stellenwerts visueller Darstellungsformen in unserer Kultur wesentlich mehr Menschen in eine

Beziehung einladen als traditionelle akademische Schriften. Auch der Vorwurf des elitären Denkens wird dadurch abgeschwächt. Des Weiteren ermöglichen viele dieser Darstellungsformen eine größere Beteiligung des Publikums. Bearbeiten Sie ein Kreuzworträtsel, beschränkt sich Ihre Beteiligung auf verbale Manipulationen. Ist das Rätsel zudem humorvoll, mögen Sie auch mit Lachen reagieren. Bestünden die Buchstaben aus Steinen, müssten Sie diese an ihre richtige Position befördern. Mit jeder weiteren Veränderung der Aufgabe wird somit das Ausmaß der Beteiligung erweitert. Die Herausforderung liegt demnach darin, so zu kommunizieren, dass ein breites Spektrum an Beteiligung möglich wird – visuell, emotional, musikalisch, körperlich usw.

Es gibt bedeutsame Tendenzen zu neuen Darstellungsformen. Seit langem betonen Richtungen innerhalb der visuellen Anthropologie und Soziologie die Macht des Films. Die Kommunikationswissenschaften sehen in der Darstellung sowohl ein Medium als auch ein Unterrichtsmittel. Die Amerikanische Gesellschaft für Psychologie (APA) hat alljährliche Symposien über *Performative Psychologie* organisiert, auf denen Tanz, Dichtung, Drama, Bühnenkomik und Multimedien zu den Themen gehören. All diese Bereiche erweitern das Spektrum des Berufsstandes in bedeutsamer Weise. Durch derartige Ansätze verschwimmen allmählich die Grenzen zwischen der wissenschaftlichen Welt und den darstellenden Künsten, dem Filmemachen, dem multimedialen Tanz und anderen Formen kulturellen Ausdrucks.[46] Um Ihnen einen Eindruck von diesen Arbeiten, die aus dem akademischen Bereich hervorgegangen sind, zu vermitteln, beende ich das Kapitel mit einem Beispiel aus der *relationalen Kunst*. Die Arbeit stammt aus einer Serie von Texten und Grafiken, die ich gemeinsam mit der Züricher Künstlerin Regine Walter geschaffen habe. Die Arbeiten sollen vor allem mit dem zuvor beschriebenen relationalen Denken und den in diesem Kapitel vorgestellten Praktiken im Einklang stehen. Regines Grafiken betonen komplexe menschliche Verbindungen. Meine Texte drücken diese Beziehungen auf einer verbalen Ebene aus. Wir arbeiten zusammen, um diese beiden Explorationsformen des relationalen Seins in ihre eigene Beziehung zusammenzuführen.[47] Nun suchen sie eine Beziehung mit Ihnen als Leserin und Leser:

Du bist meine Wonne,
Und dein Lachen preist mein Sein.
Mein Vergnügen wohnt in deinem Herzen,
Und mein Lächeln ist das der Bewunderung
Freude liegt im Mitschwingen.

Nachgedanken

Obgleich ich als traditioneller Sozialwissenschaftler ausgebildet wurde, der die Dinge von außen betrachten und nüchtern über sie berichten soll, zeigten mir die konstruktionistischen Dialoge die Engstirnigkeit dieser Vorgehensweise. Sind meine akademischen Beobachtungen weniger Wahrheitsbeschreibungen als vielmehr Handlungen in der Welt, musste ich mich fragen, für wen dies bedeutsame Handlungen sind und aus welchem Grunde. Sollten sich meine Handlungen nur auf akademische Schriften beschränken? Solche Fragen haben mir neue Sichtweisen außerhalb der akademischen Welt erschlossen. Ich habe mit Therapeutinnen und Therapeuten, in Organisationen, mit religiösen Gruppen und Verhandlungsleiterinnen und -leitern gearbeitet. Ein Ergebnis dieser neuen Eindrücke war die Gründung des Taos Instituts – eine Gemeinschaft aus Wissenschaftlerinnen und Wissenschaftlern und Praktikerinnen und Praktikern, die die Verbindungen zwischen sozialkonstruktionistischer Theorie und einer Fülle an sozialen Praktiken untersuchen.[48] Doch selbst mein alltägliches Handeln als Hochschullehrer hat sich durch die konstruktionistischen Dialoge dramatisch verändert. Zum Beispiel bestanden einige meiner aufregendsten Momente als Hochschullehrer in den letzten Jahren darin, meinen fortgeschrittenen Studierenden die Option zu geben, ihre typischen Semesterarbeiten durch ein schöpferisches Produkt ihrer eigenen Wahl zu ersetzen. Das Ergebnis war eine Flut an Videoprojekten (meist mit Camcordern gefilmt und/oder manchmal auch mit Ausschnitten aus Filmen oder Fernsehsendungen angereichert), Gemälden und Collagen, Tonaufnahmen, Websites, vorgespielten Dramen, Gedichten, Tänzen usw. Bedeutet dies, dass ich Studierende nicht mehr gemäß eines für alle verbindlichen Standards beurteilen kann? Ganz sicher ja. Ich sehe darin jedoch einen von vielen Vorteilen. Zweifle ich manchmal daran, ob diese und andere Praktiken wirklich „Verbesserungen" darstellen? Sicher. Sie als Verbesserungen anzusehen ist letztendlich eine Konstruktion. Muss ich mich jedoch entscheiden, ob ich das Leben als fortschreitende Erzählung oder als Weg in die Hölle sehen möchte, entscheide ich mich an den meisten Tagen für ersteres.

Anmerkungen

1 Siehe z.B. Unger, R. & Crawford, M. (1992). *Women and Gender: A Feminist Psychology*. Toronto: McGraw-Hill; Szasz, T. (1984). *The Therapeutic State*. Buffalo, NY: Prometheus.
2 Anderson, H. & Goolishian, H. (1992). The client is the expert: a not-knowing approach to therapy. In S. McNamee & K. Gergen (Eds.). *Therapy as Social Construction*. London: Sage.
3 Siehe z.B. deShazer, S. (1998). ‚…*Worte waren ursprünglich Zauber'. Lösungsorientierte Kurztherapie in Theorie und Praxis*. Dortmund: Modernes Lernen.

4 Freedman, J. & Combs, G. (1993). *Invitation to new stories: using questions to suggest alternative possibilities.* In S. Gilligan & R. Price (Eds.). *Therapeutic Conversations.* New York: Norton.

5 Lipchik, E. (1999). *Sowohl-als-auch-Lösungen.* In Friedman, S. (Hrsg.). *Effektive Psychotherapie. Wirksam handeln bei begrenzten Ressourcen.* Dortmund: Modernes Lernen.

6 Walter, J. & Peller, J. (1996). *Lösungs-orientiere Kurztherapie. Ein Lehr- und Lernbuch.* Dortmund: Modernes Lernen.

7 Berg, I.K. & deShazer, S. (1999). Sprache in der Therapie. In Friedman, S. (Hrsg.). *Effektive Psychotherapie. Wirksam handeln bei begrenzten Ressourcen.* Dortmund: Modernes Lernen.

8 Für ein Gegenargument siehe Duncan, B.L., Hubble, M.A. & Miller, S. (1998). *Aussichtslose Fälle. Die Wirksame Behandlung von Psychotherapie-Veteranen.* Stuttgart: Klett-Cotta.

9 White, M. & Epston, D. (1990). *Narrative Means to Therapeutic Ends.* New York: Norton. (Deutsche Ausgabe: *Die Zähmung der Monster. Der narrative Ansatz in der Familientherapie.* Heidelberg: Carl-Auer-Systeme. Erschienen 1998).

10 Ebd., S. 38.

11 Ebd., S. 32.

12 Tomm, K. (1998). *Co-constructing responsibility.* In S. McNamee & K.J. Gergen (Eds.). *Relational Responsibility.* Thousand Oaks, CA: Sage.

13 Penn, P. & Frankfurt, M. (1994). *Creating a participant text: writing, multiple voices, narrative multiplicity.* Family Process, 33, 217-231.

14 Bachtin, M. (1986). *Speech Genres and Other Essays* (Eds. M. Holquist & C. Emerson). Austin, TX: University of Texas Press. p. 287.

15 Andersen, T. (Hrsg.). (1996). *Das Reflektierende Team. Dialoge und Dialoge über die Dialoge.* Dortmund: Modernes Lernen.

16 Lax, W. (1996). Das reflektierende Team und die erste Konsultation. In T. Andersen (Hrsg.). *Das Reflektierende Team.* Dortmund: Modernes Lernen.

17 Siehe Morgan, G. (1998). *Images of the Organization.* Thousand Oaks, CA: Sage. (Deutsche Ausgabe: *Bilder der Organisation.* Stuttgart: Klett-Cotta. Erschienen 1997).

18 Ebd., S. 11.

19 Morgan, G. (1998). *Löwe, Qualle, Pinguin. Imaginären als Kunst der Veränderung.* Stuttgart: Klett-Cotta.

20 Cooperrider, D.L. (1996). *Resources for getting appreciative inquiry started.* OD Practitioner, 28, 23-34.

21 Siehe auch Weisbord, M.R. & Janoff, S. (2001). *Future Search – die Zukunftskonferenz.* Stuttgart: Klett-Cotta.

22 Freire, P. (1985). *The Politics of Education.* South Hadley, MA: Bergin and Garvey.

23 Siehe z.B. Wise, A. (1979). *Legislated Learning.* Berkeley, CA: University of California Press; Apple, M. (1982). *Education and Power.* Boston, MA: Routledge & Kegan Paul.

24 Siehe z.B. Mehan, H. (1979). *Learning Lessons, Social Organization in the Classroom.* Cambridge, MA: Harvard University Press.

25 Siehe z.B. Aronowitz, S. & Giroux, H.A. (1993). *Postmodern Education: Politics, Culture and Social Criticism.* Minneapolis, MN: University of Minnesota Press.

26 Bowles, S. & Gintis, J. (1976). *Schools in Capitalist America.* New York: Basic Books.

27 Giroux, H. (1992). *Border Crossings.* New York: Routledge.

28 Aronowitz & Giroux, Postmodern Education. pp. 12, 34.

29 Lather, P. (1994). Getting Smart. New York: Routledge. p. 105.

30 Bruffee, K. (1992). *Collaborative Learning.* Baltimore, MD: Johns Hopkins University Press.
31 Ebd., S. 41.
32 Siehe z.B. Taylor, M.C. & Saaranen, E. (1994). *Imagologies: Media Philosophy.* London: Routledge.
33 Für mehr Informationen zum Foxfire Program siehe Boyte, H.C. & Evans, S.M. (1986). *Free Spaces, The Sources of Democracy in America.* New York: Harper & Row.
34 Wykoff, G.S. (1969). *Harper Handbook of College Composition.* New York: Harper & Row.
35 Lather, P. (1991), im aufgeführten Werk.
36 Siehe z.B. Ulmer, G. (1989). *Applied Grammatology, Post-Pedagogy from Jacques Derrida to Joseph Beuys.* Baltimore, MD: Johns Hopkins University Press.
37 Smedslund, J. (1988). *Psycho-logic.* New York: Springer-Verlag. p. 63
38 Levinson, S.C. (1994). *Pragmatik.* Tübingen: Niemeyer.
39 hooks, b. (1989). *Talking Back.* Boston, MA: South End Press.
40 Stone, A.R. (1996). *The War of Desire and Technology at the Close of the Mechanical Age.* Cambridge: MIT Press. p. 3.
41 Mulkay, M. (1985). *The Word and the World.* London: George Allen & Unwin. p. 8.
42 Tyler, S. (1987). *The Unspeakable.* Madison, WI: University of Wisconsin Press. p. 54.
43 West, C. (1994). *Race Matters.* New York: Vintage. p. 28.
44 Ebd., S. 29.
45 Pfohl, S. (1992). *Death at the Parasite Cafe.* New York: St. Martins. p. 47.
46 Siehe z.B. Carr, C. (1993). *On Edge, Performance at the End of the Twentieth Century.* Hanover, NH: University Press of New England.
47 Siehe auch Gergen, K.J. & Walter, R. (1998). *Real/izing the Relational. Journal of Social and Personal Relationships,* 15, 110-126.
48 Für weitere Informationen siehe http://www.serve.com/taos

Weiterführende Literatur

Über Therapie als soziale Konstruktion

Anderson, H. (1999). *Das therapeutische Gespräch. Der gleichberechtigte Dialog als Perspektive der Veränderung.* Stuttgart: Klett-Cotta.
Friedman, S. (1999). *Effektive Psychotherapie. Wirksam handeln bei begrenzten Ressourcen.* Dortmund: Modernes Lernen.
McNamee, S. & Gergen, K.J. (Eds.). (1993). *Therapy as Social Construction.* London: Sage.
Monk, G., Winslade, J., Crockett, K. & Epston, D. (Eds.). (1997). *Narrative Therapy in Practice.* San Francisco: Jossey-Bass.
O'Hanlon, W.H. & Weiner-Davis, M. (1989). *In Search of Solutions: A New Direction in Psychotherapy.* New York: Norton.
Riikonen, E. & Smith, G.M. (1997). *Re-Imagining Therapy.* London: Sage.
Rosen, H. & Kuehlwein, K.T. (Eds.). *Constructing Realities, Meaning-Making Perspectives for Psychotherapists.* San Francisco: Jossey-Bass.

Über Organisationsprozesse

Boje, D.M., Gephart, R.P. & Thatchenkery, T.J. (Eds.). (1996). *Postmodern Management and Organization Theory*. Thousand Oaks, CA: Sage.
Czarniawska-Joerges, B. (1996). *Narrating the Organization: Dramas of Institutional Identity*. Chicago: University of Chicago Press.
Gergen, K.J. & Thatchenkery, T.J. (1997). *Organizational science in a postmodern context*. Journal of Applied Behavioral Science, 32, 356-377.
Grant, D. & Oswick, C. (Eds.). (1996). *Metaphor and Organizations*. London: Sage.
Hassard, J.H. & Parker, M. (Eds.). (1993). *Postmodernism and Organizations*. London: Sage.
Hosking, D., Dachler, H.P. & Gergen, K.J. (1995). *Management and Organization: Relational Alternatives to Individualism*. Aldershot: Avebury.
Weick, K. (1995). *Der Prozeß des Organisierens*. Frankfurt a. M.: Suhrkamp.

Über Schule und Bildung

Freire, P. (1996). *Pädagogik der Unterdrückten*. Reinbeck: Rowohlt.
Jennings, T.E. (Ed.). (1997). *Restructuring the Integrative Education*. Westport, CT: Greenwood.
Petraglia, J. (1998). *Reality by Design, the Rhetoric and Technology of Authenticity in Education*. Mahwah, NJ: Erlbaum.
Usher, R. & Edwards, R. (1994). *Postmodernism and Education*. London: Routledge.
Walkerdine, V. (1990). *Schoolgirl Fictions*. London: Verso.

Über Forschung als Performanz

Carlson, M. (1996). *Performance, A Critical Introduction*. London: Routledge.
Clifford, J. & Marcus, G.E. (Eds.). (1986). *Writing Culture: The Poetics and Politics of Ethnography*. Berkeley, CA: University of California Press.
Game, A. & Metcalfe, A. (1996). *Passionate Sociology*. London: Sage.
Gergen, K.J. (1997). *Who speaks and who responds in the human sciences?* History of the Human Sciences, 10, 151-173.

Andere Praktiken in einem konstruktionistischen Rahmen

Best, J. (Ed.). (1995). *Images of Issues: Typifying Contemporary Social Problems*. New York: Aldine de Gruyter.
Fox, C.J. & Miller, H.T. (1995). *Postmodern Public Administration*. Thousand Oaks, CA: Sage.
Frank: A.W. (1995). *The Wounded Storyteller, Body, Illness and Ethics*. Chicago: University of Chicago Press.
Guba, E.G. & Lincoln, Y.S. (1989). *Fourth Generation Evaluation*. Newbury Park, CA: Sage.
Klineman, A. (1988). *The Illness Narratives*. New York: Basic Books.
Newman, F. (1996). *Performance of a Lifetime*. New York: Castillo International.
Young, K. (1997). *Presence in the Flesh: The Body in Medicine*. Cambridge, MA: Harvard University Press.

8 Postmoderne Kultur: Abenteuer der Analyse

> Wir entfernen uns von Romantik und Moderne, nicht ruhig und nachdenklich, sondern verzweifelt und bedrängt.
>
> Robert Jay Lifton, persönliche Kommunikation

Nehmen wir einmal an, Sie würden sich für die Entstehung neuer Kulturen im Internet interessieren und wollten dazu Untersuchungen durchführen. Sie hoffen, Ihre Beobachtungen würden Ihnen helfen, die Wichtigkeit (oder Unwichtigkeit) dieser Kulturen zu verstehen. Sie sind bereit, die konstruktionistischen Warnungen zu berücksichtigen, denen zufolge die Kategorien des Einteilens und Beschreibens der Internetkultur kein Spiegel der Natur, sondern kultur- und werteabhängige Produkte sind. Sie wollen die Mitglieder Ihrer Kultur in für sie verständlicher Weise über die Geschehnisse in diesem Bereich informieren. Sie entscheiden sich, Ihre Analyse auf eine bestimmte Nutzer-Gruppe zu beschränken, die sich Diskussionen über die Serie *Raumschiff Enterprise* verschrieben hat. Drei Monate lang verfolgen Sie die Kommunikation innerhalb der Gruppe und verfügen nun über eine Fülle an Daten, für deren Auswertung Sie sechs Monate einplanen. Nach weiteren drei Monaten ist das Manuskript erstellt, in dem Sie eine große, eingeschworene, engagierte und sich gegenseitig unterstützende Subkultur beschreiben, die viel Wert auf Humor, geistreiche Einsichten und kreative Gedanken legt. Ihr Manuskript regt einen Ihrer Freunde dazu an, sich bei den Enterprise-Fans einzuloggen. Er ruft Sie am nächsten Tag an und fragt, wie um alles in der Welt Sie zu Ihren Schlussfolgerungen gelangen konnten. Sie loggen sich nochmals ein und sehen, was er meint. Die von Ihnen beschriebene Kultur ist verschwunden. Würden Sie nun die neue Kultur untersuchen, wäre diese womöglich auch wieder verschwunden, bevor Sie über sie einen Bericht veröffentlichen könnten.

Derartige Probleme gibt es immer häufiger in den Sozialwissenschaften. Die meisten Untersuchungsmethoden sind darauf angelegt, ein Verhalten oder ein soziales Muster zu erfassen, das gegenwärtig interessant erscheint. Aufgrund der sich rasant vollziehenden sozialen Veränderungen haben sich die Phänomene jedoch oftmals bereits vor Beendigung der Untersuchung gewandelt. Daher scheint unsere Forschung stets nur in die Vergangenheit gerichtet zu sein – auf etwas, das es inzwischen nicht mehr gibt. Politikerinnen und Politiker spotten: „Sozialforschung ist Geschichte in Zeitlupe. Wenn wir die Berichte endlich erhalten, sind sie bereits überholt." An diesem Punkt hat der Soziale Konstruktionismus eine wichtige Alternative zu den traditionellen Forschungsparadigmen anzubieten. Unterliegt unsere Welt vielfältigen, kontinuierlichen Veränderungen, dann benötigen wir keine akribischen Darstellungen vergangener Ereignisse, sondern einsichtsvolle, fortlaufende soziale Analysen. Wir brauchen solche Analysen, die uns die Ereignisse aus der Perspektive verschiedener Sichtweisen verstehen helfen, einen Dialog mit Menschen mit den unterschiedlichsten Hintergründen ermöglichen und uns darin unterstützen, vielfältige mögliche Wege in die Zukunft in Betracht zu ziehen. Vor allem sollten soziale Analysen uns helfen, ein Vokabular des Verständnisses zu generieren, mit dem wir eine gemeinsame Zukunft erschaffen können. Für Konstruktionistinnen und Konstruktionisten geht es in der sozialen Analyse nicht darum, die Geschehnisse „richtig" zu beschreiben. Viel wichtiger ist, dass die Analyse zu Reflexion und Kreativität anregt.

In diesem Kapitel möchte ich einige der interessantesten und aufregendsten Arbeiten in diesem Bereich vorstellen. Einige dieser Arbeiten sind außergewöhnlich, vielleicht sogar bizarr. Es geht jedoch darum, unsere bequemen Annahmen zu hinterfragen und mit Bedeutungen zu spielen, die zu neuen Einsichten führen können. In diesem Sinne sollten nicht alle Arbeiten absolut ernst genommen werden – es handelt sich nicht um verbindliche Darstellungen dessen, was ist. Vielmehr sollten wir sie in dem Sinne ernst nehmen, dass unsere Zukunft von den Ergebnissen unserer Konstruktionen abhängt.

Dieses Kapitel ist vor allem den Untersuchungen des heutigen kulturellen Lebens gewidmet. Ebenso wie viele der sich in der akademischen Welt vollziehenden weitreichenden Veränderungen (siehe Kapitel 1) können wir die gegenwärtige Lage als *Postmoderne* bezeichnen. Der Ausdruck „Postmoderne" wird in unterschiedlicher Weise verwendet. Es ist daher vielleicht am besten, ihn als Beschreibung einer Vielzahl von miteinander verbundenen Dialogen über die gegenwärtige Situation anzusehen – eine Situation, die viele als postindustriell, informationsbasiert und von zunehmender wirtschaftlicher Globalisierung geprägt charakterisieren. Warum *Post*? im Allgemeinen suggeriert dieser Begriff, dass viele Menschen den Eindruck haben, ihr Leben würde sich rasant verändern. In Anlehnung an einen früheren marxistischen Spruch: „Alles, was fest war, verflüchtigt sich zu Luft." Dieses Gefühl der schwindelerregenden und chaotischen Veränderungen speist die gegenwärtigen Dialoge. Häufig beschäftigen sich diese Dialoge mit dem zunehmenden Gefühl der Fragmentierung. Immer deutlicher erkennbar wird die Erosion der stabilen Sicht des Selbst, der Verfall traditioneller Werte und der Vertrauensverlust gegenüber den *großen Erzählungen* der Vergangenheit – dem Vertrauen darauf, dass Regierungen, Wirtschaftsplanerinnen und -planer oder Wissenschaftlerinnen und Wissenschaftler uns in eine bessere Zukunft führen können.[2] Diese Umbrüche sind auch in der akademischen Welt sichtbar. Der Soziale Konstruktionismus selbst wird von vielen als postmodernes Projekt angesehen, das dem modernistischen Glauben an den individuellen Geist sowie Vernunft, Objektivität und Wahrheit entgegen steht. Ich werde mich auf einige Beispiele beschränken müssen. Aufgrund ihrer Faszination und ihrer Bedeutung für den Sozialen Konstruktionismus habe ich drei besonders interessante Bereiche ausgewählt: den Überfluss an vermittelten Botschaften, Bildern und Meinungen, die sich verändernden Machtverhältnisse, und den Einfluss der Technologie auf das kulturelle Leben.

Der Wirbel der Bedeutungen

> Alles, was gelebt wurde, ist zu einer Darstellung geworden.
>
> Guy Debord, *Die Gesellschaft des Spektakels*

Ich bin kürzlich übers Wochenende ans Meer geflohen, um die Natur zu genießen und mich an Sonne, Wasser, frischer Luft und Einfachheit zu erfreuen. Als ich gerade aufs blaue Meer schaute, wurde ich plötzlich vom Geräusch eines Flugzeugs abgelenkt. Über mir sah ich eine kleine Maschine, die ein langes Werbetransparent hinter sich her zog, auf dem eine neue Marke Rum angepriesen wurde. Einige Minuten später kam ein weiteres Flugzeug, das für ein nahe gelegenes Restaurant warb. Auf einmal fühlte ich mich belästigt. Genau dieser Welt wollte ich entfliehen und nun holte sie mich mit einem Luftangriff wieder ein. Ein Moment des Nachdenkens führte mich zu noch unbequemeren Einsichten. Ist diese Werbung nicht nur eine Form von Sprache und Symbolik, die häufig eingesetzt wird, um andere in eine Wirklichkeit, Lebensweise oder politische Sichtweise einzuladen? Vielleicht ist das Zirkusgebrüll zu einem Bestandteil des kulturellen Lebens geworden, dem wir nie mehr entfliehen können. Eine genauere Erkundung des Strandes bestätigte meine Sorge. Die Menschen kamen kaum an den Strand, um der Übermacht der Symbole zu *entfliehen*: Bücher und Zeitschriften waren überall, ebenso wie bedruckte T-Shirts und Designerlogos. Dies war keine abgeschiedene Welt der Natur. Ich befand mich inmitten eines Wirbels von Bedeutungen.

Für manche Analytiker unserer Kultur ist die sich in Radio, Fernsehen, Filmen, Büchern, Zeitungen, Zeitschriften und Internet vollziehende Erzeugung von Bedeutungen eines der wichtigsten Zeichen des zwanzigsten Jahrhunderts. Die überwiegend mündliche Kommunikation wurde im Westen

244

im siebzehnten Jahrhundert durch eine fortan immer größer werdende Abhängigkeit von Printmedien ergänzt. Im zwanzigsten Jahrhundert wurde ein Großteil der Kommunikation technologisch vermittelt. Wie sollen wir diese Veränderungen bewerten? Welche Auswirkungen haben sie auf unser Leben? Und wie soll es angesichts der dramatischen neuen technologischen Entwicklungen weitergehen? Dies sind tiefgründige und komplizierte Fragen, die ich hier auch nicht annähernd erschöpfend behandeln kann. Um jedoch die Rolle des Konstruktionismus in der Kulturanalyse einschätzen zu können, wollen wir uns drei wichtigen Positionen zuwenden, die in den letzten Jahren entstanden sind. Jede ermöglicht uns ein anderes, bedeutsames Verständnis des heutigen Zustands der Reizüberflutung.

Medien und Manipulation

> Eine durchschnittliche Person ist jeden Tag 3600 kommerziellen Eindrücken ausgesetzt. Werbung ist damit das am weitesten verbreitete System an Botschaften in der Konsumgesellschaft.
>
> Sut Jhally, *Advertising and the End of the World*

Nehmen wir einmal meine ersten Reaktionen auf die aufdringlichen Werbeflugzeuge: Gereiztheit und Ärger. In meiner Suche nach unberührter und einfacher Natur wurde ich zu einem *Opfer* aggressiver Verkaufsstrategien. Dieses Bild des Zuhörers als Opfer liegt den vielleicht wichtigsten neueren Analysen zugrunde. Ihnen zufolge sind wir in der einen oder anderen Form die unfreiwilligen Opfer einer Flut an Kommunikationsreizen, ausgehend vor allem von den Massenmedien. Diese Kommunikationen konstruieren für uns eine besondere Welt – voller Glamour, Abenteuer, Wissen, Erfüllung etc. Sie versuchen, uns zu überzeugen und unsere Gedanken, Wünsche und letztlich auch unsere Kaufgewohnheiten und politischen Meinungen zu beeinflussen und unsere Lebensweise zu prägen. Wir sind die Opfer einer Manipulation der Massen. Diese Orientierung hat ihre Wurzeln in einer der wichtigsten Fragen der 40er Jahre des vergangenen Jahrhunderts: Wie konnte die deutsche Bevölkerung der nationalsozialistischen Ideologie erliegen? Zumindest eine wichtige Antwort ist Propaganda. Die Menschen waren die Opfer der überwältigenden und systematischen Bemühungen des von Goebbels geleiteten Propagandaministeriums. Das gleiche Thema finden wir in George Orwells (damals) futuristischem Roman *1984*, in dem ein vollkommen totalitärer Staat dargestellt wurde, in dem das Wahrheitsministerium die Menschen lehrte: „Krieg ist Frieden, Freiheit ist Sklaverei und Unwissenheit ist Macht."[3] Vance Packards Buch *Die geheimen Verführer* aus dem Jahre 1957 informierte die Bevölkerung über die subtilen psychologischen Methoden, mit denen die Werbung die Menschen zu überzeugen versucht.[4] Die Angst vor den verheerenden Konsequenzen von öffentlich vermittelten Botschaften – aggressiven, pornografischen, furchteinflößenden – ist nach wie vor ein brisantes Thema.

Das Aufkommen sozialkonstruktionistischer Ideen hat die Sorge um den Einfluss der Medien noch verstärkt. Leben wir in einer konstruierten Welt, dann ist es wichtig, die Quellen der Konstruktion zu verstehen. Da sie uns durch unseren Alltag begleiten, sind die Medien ein naheliegender Kandidat für eine kritische Untersuchung. Von besonderem Interesse sind die Mittel, durch die die Medien sich in unser Leben einschleichen, unsere Wünsche, Ideale und Werte formen und letztlich auch unser Identitätsgefühl prägen.[5] Feministische Wissenschaftlerinnen kritisieren seit langem die von der Werbung propagierten Schönheitsideale (was es heißt, attraktiv und begehrt zu sein) und ihre Betonung des Frivolen und Oberflächlichen.[6] In seinem Buch *All Consuming Images* beschreibt Stuart Ewen den sich in der westlichen Kultur vollziehenden Wandel, nach dem sich Personen immer weniger über ihren Charakter definieren und der Präsentationsstil zunehmend wichtiger wird.[7] Laut Ewen wird die Tradition, uns über unsere Handlungen und Leistungen in der Welt zu konstruieren, allmählich durch das Konzept eines vorgespielten Selbst ersetzt. Unser Selbstkonzept hängt immer mehr von dem Bild ab, das andere von uns haben – in Bezug auf Besitz, Kleidung und die Orte, an denen wir gesehen werden. „Der *Traum der Identität*, der *Traum der Ganzheit*, ist heute eng verbunden mit dem Wunsch, wahrgenommen zu werden, bekannt und für alle sichtbar zu sein."[8] Dieser Wandel ist Ewan zufolge vor allem auf das rasante Wachstum der Medien (Fernsehen, Radio, Zeitschriften etc.), Werbeagenturen und Großkonzerne zurückzuführen. Leben wir in einer Welt der *kommerziellen Wahrheit*, sind wir laut Ewan nicht mehr in der Lage, eigenständig zu denken und wir selbst zu sein.

Derartige Analysen spielen eine wichtige Rolle im sozialen Leben. Zum Beispiel tragen sie dazu bei, Altersbeschränkungen bei Filmen, warnende Hinweise zu Werbeaussagen (etwa auf Zigarettenpackungen), Forderungen nach Gleichbehandlung politischer Parteien in den Medien und Einschränkungen in Bezug auf Sex und Gewalt in Film und Fernsehen durchzusetzen. Angeregt durch solche Kommentare gründen sich Bewegungen, die sich für weniger Werbung für Kinder, das Verbot von rassistischen oder homosexuellen-feindlichen Inhalten im Fernsehen oder einen erschwerten Zugang zu pornografischem Material einsetzen.

Ungeachtet des Themas der freien Meinungsäußerung gibt es einige Einschränkungen in Bezug auf die Metapher der manipulierten Zuhörerinnen und Zuhörer. Erstens wird kaum berücksichtigt, dass die Massenmedien weniger die Öffentlichkeit manipulieren, sondern vielmehr selbst die Opfer der in der Bevölkerung verbreiteten Wünsche sind. Zum Beispiel können Fernsehproduzentinnen und -produzenten kaum frei entscheiden, welche Sendungen oder Nachrichtenberichte sie zeigen. Sie müssen genau wissen, was die Einschaltquoten wie beeinflusst, da diese oft wie ein unbarmherziger Diktator wirken. Zweitens entspringt die Metapher des manipulierten Opfers dem Modell des individuellen Geistes. Die Medien, so heißt es, „verändern Einstellungen", „erzeugen Vorurteile", „wecken Wünsche" usw. Wie wir jedoch in diesem Buch immer wieder gesehen haben, ist der Glaube an den "Geist", der von Beziehungen unabhängig ist, höchst problematisch. Wir mögen alle zu den rassistischsten Aussagen in der Lage sein, doch gleichzeitig unser ganzes Leben in Beziehungen verbringen, in denen diese niemals geäußert werden. Während die Medien uns darauf vorbereiten mögen, an Beziehungen teilzunehmen, in denen Raub, Vergewaltigung und Rassismus vorkommen, verlangen oder verursachen die Medien für sich genommen nichts. Eine weitere wichtige Begrenzung dieser Tradition wird durch einen zweiten bedeutsamen Ansatz erkennbar.

Vom Opfer zum Rächer: Der aktive Zuschauer

> Jeder von uns steckt in einer Rüstung,
> deren Aufgabe es ist, Zeichen abzuwehren.
>
> Martin Buber, *Das dialogische Prinzip*

Kehren wir nochmals zu der Szene am Strand zurück. Ich wurde mit aufdringlicher Werbung konfrontiert, doch was war meine Reaktion? Ich rannte nicht in die Stadt, um eine Flasche Rum zu kaufen oder nach dem angepriesenen Restaurant zu suchen. Vielmehr wurde ich zu einer kritischen Auseinandersetzung mit der Situation angeregt. Oftmals hat die auf uns einwirkende Fülle an Reizen und Bedeutungen keinen Einfluss auf unser Handeln. Diese Einsicht liegt der zweiten Welle von Analysen zugrunde. Hier wird die Person nicht als passives Opfer angesehen, sondern als aktiv, denkend, fragend und kritisch. In etwas kühneren Darstellungen werden die Zuschauer mitunter als Rächer gesehen, die die Kommunikation zu ihren Zwecken nutzen und umkonstruieren, um das Establishment zu untergraben.

Die Metapher der aktiven Zuschauerinnen und Zuschauer ist ein nützliches Gegenmittel gegen das mechanistische Modell von Ursache und Wirkung, das dem Ansatz des manipulierten Opfers zugrunde liegt. Durch sie erlangen verschiedene Gruppen ihre Würde zurück, die ansonsten als denkunfähige Schafe dargestellt werden. Zum Beispiel wurde in frühen britischen Kulturstudien gezeigt, wie Jugendliche aus dem Mainstream verschiedene Bilder, Musikrichtungen und Lebensstile übernahmen und sie neu zusammensetzten, um sich selbst vom Mainstream abzugrenzen.[9] In seinem klassischen Werk *Subculture: The Meaning of Style* zeigt Dick Hebdidge, wie die Punkerkultur kulturelle Symbole wie Hakenkreuze oder Sicherheitsnadeln verwendete, um eine oppositionelle Subkultur aufzubauen.[10]

In ähnlicher Weise kritisieren feministische Wissenschaftlerinnen jene Autoren, die Frauen als arme, willenlose Wesen darstellen, die in Bezug auf Kleidung, Verhalten, Essgewohnheiten und Lebensziele ausschließlich nach der Pfeife der Medienmogule tanzen. Sie argumentieren, dass Frauen vielmehr die Medien zu ihren eigenen Zwecken nutzen und z.B. häufig gegen den unterdrückerischen Einfluss des vorherrschenden Diskurses aufbegehren. In einem frühen Versuch, „die Leserinnen und Leser zu retten", untersuchte Janet Radway die Reaktionen von Frauen auf romantische Romane,[11] einem Genre, dass scheinbar patriarchalische Dominanz und die Unterdrückung von Frauen fördert. Radway zeigt jedoch, dass Frauen die Romane oft in einer anderen Weise lesen und Spaß daran haben mitzuverfolgen, wie ansonsten unabhängige Männer endlich aufgeben und sich voll und ganz ihrer einen wahren Liebe hingeben. Es gibt noch eine zweite, subtilere Art, in der Frauen beim Lesen dem Einfluss der vorherrschenden Kultur widerstehen. Indem sie sich für die Lektüre solcher Romane einen privaten Raum schaffen, in dem sie ihren eigenen Fantasien ohne Ablenkung nachgehen können, widersetzen sie sich den Anforderungen ihres Mannes und ihrer Familie, die von ihr verlangen, eine verantwortungsvolle Frau und Mutter zu sein.

In einer neueren Arbeit untersucht Mary Ellen Brown[12] die Reaktionen von Frauen auf Seifenopern. Wiederum scheinen die „Soaps" Frauen nur in traditionellen Geschlechterrollen darzustellen und damit den Status quo zu festigen. Brown schreibt jedoch, dass Widerstand gegenüber den Medien vor allem von Kommunikation abhängt, insbesondere von den Beziehungen, in denen die Beteiligten gemeinsam aus der empfangenen Wirklichkeit heraustreten und über sie diskutieren können. Brown meint, es sei diese Art des Austauschs, die von Seifenopern angeregt wird. Die Soaps generieren Themen für lebhafte Diskussionen zwischen Frauen, denen es dadurch möglich wird, Einstellungen zu hinterfragen und alternative Standpunkte einzunehmen. Zum Beispiel zeigten sich die Frauen in Browns Studie sehr bewusst gegenüber Produktionsproblemen oder Ungereimtheiten und Absurditäten in Geschichten und Charakteren. Eine Frau sagte: „Ich mag den Film *Days of Our Lives* nicht. Es gibt zu viele Charaktere, die nicht wirklich vorgestellt werden."[13] Eine andere Frau kommentierte das Wirken von Fernsehproduzentinnen und -produzenten: „Sie haben eine ganze Folge von neuen Familien und Charakteren eingebracht, die sie vielleicht ein paar Monate zeigen werden; es funktioniert aber nicht richtig, also werden sie sie streichen. Die Produzenten sind schon drauf und dran, in Panik zu verfallen."[14]

Ungeachtet der Inhalte dieser Diskussionen verändern die Seifenopern Brown zufolge auch die Art der Beziehungen zwischen Frauen. Sie ermöglichen den Frauen, gemeinsame angenehme Erfahrungen zu machen und die Welt nach ihren eigenen Vorstellungen zu konstruieren. Soaps behandeln Themen wie weibliche Macht, Moral und Lebensstrategien. Dadurch erzeugen sie ein gemeinsames Bewusstsein und regen zum Dialog an. „Sie berühren weibliche Freundschaftsnetzwerke, die außerhalb der dominierenden Hierarchien existieren. Diese Gruppen verbleiben häufig bewusst in einem sozial unsichtbaren Bereich.“[15] Dieser Prozess der informellen Bindung ist laut Brown die Grundlage für aktiven Widerstand gegen unterdrückerische Verhältnisse.

Die Argumente zugunsten der aktiven Zuschauerinnen und Zuschauer sind eine erfrischende und notwendige Alternative zur traditionellen Sicht der Manipulation durch die Medien. Gleichzeitig hat jedoch auch dieser Standpunkt seine Grenzen. Kritikerinnen und Kritiker weisen darauf hin, dass „rächende“ Zuschauerinnen und Zuschauer sich nicht immer gleich verhalten. Würde tatsächlich eine aufbegehrende Subkultur entstehen, müssten sich die Werbeleute und Medienmogule schnell darauf einstellen. Zum Beispiel war die Jeanswerbung zwar erfolgreich, doch junge Menschen zeigten ihren Widerstand, indem sie ihre Jeans mit Löchern oder Flicken versahen. Als diese Trends sich immer deutlicher abzeichneten, wurden neue Jeans hergestellt, an denen diese antikommerziellen Merkmale simuliert wurden. Die vorherrschende Kultur verbündete sich somit mit der Subkultur, um diese zu einem Vehikel für steigende Profite zu machen. Diese Berücksichtigung von Widerständen ist jedoch nicht auf die Mitglieder der vorherrschenden Kultur beschränkt. Auch die Vertreterinnen und Vertreter alternativer Kulturen können große Profite einfahren, indem sie ihre eigene Version des Widerstands als Modestil verkaufen. Beispiele hierfür sind Motorrad- oder Pornostaroutfits sowie Body Piercings. Die wechselseitigen Abhängigkeiten zwischen den Zentren der Bedeutungsverleihung sind enorm komplex.

Schwimmen in Simulationen

> Ich wachte heute morgen auf und stellte schockiert fest, dass alles in meinem Zimmer durch ein exaktes Duplikat ersetzt wurde.
>
> Stephen Wright, Komödiant

Es gibt noch einen dritten wichtigen Ansatz in Bezug auf die Überfülle an Bedeutungen. Lassen Sie uns erneut an den Strand zurückkehren. Überall sah ich, wie Menschen Zeitschriften lasen oder mit Werbung bedruckte T-Shirts oder Badesachen trugen. Die Flugzeuge schienen nur ein kleiner Teil eines alles umfassenden Kreislaufs von Bedeutungen zu sein, in die wir alle willentlich eingebunden sind. Diese Metapher einer großen, unkontrollierbaren Flut von Bedeutungen liegt dem dritten analytischen Standpunkt zugrunde. Es sind demzufolge nicht einzelne Personen oder Institutionen „da draußen", die uns mit Zeichen und Signalen beliefern. Auch machen wir uns nicht die Medien für unsere eigenen Zwecke zunutze. Vielmehr nehmen wir aus dieser Sicht alle teil an einem gewaltigen Kreislauf von Wörtern, Bildern, Klängen usw. Wir sind zugleich Produzierende und Opfer, und es gibt kein Entkommen in eine Welt außerhalb dieses Strudels.

Diese Metapher eines größeren Systems, in das wir eingebunden sind, hat seine Wurzeln im frühen semiotischen Denken. Denken Sie zurück an die im ersten Kapitel vorgestellte Diskussion, in der davon ausgegangen wird, Sprache basiere auf einem System vorgegebener Regeln, denen wir uns nicht entziehen können, wenn wir miteinander kommunizieren wollen. Dieses Bild von Sprache als geteiltes soziales System wird besonders prekär, wenn wir uns Sprache als Repräsentation des Realen vorstellen. Das heißt, das System, welches das von uns für wahr und gut Gehaltene erzeugt, wirkt, ohne von dem, was ist, abhängig zu sein. Anders ausgedrückt: Führt das sich exponentiell ausdehnende Spektrum an Bildern, Meinungen, Berichten usw. nicht dazu, dass wir immer mehr Zeit in einer Welt der Repräsentationen verbringen statt in der Wirklichkeit? Diese Form der Kritik wurde zuerst von dem französischen Marxisten Guy Debord vorgebracht. In seinem Hauptwerk *Die Gesellschaft des Spektakels* beklagt Debord den von ihm wahrgenommenen kulturellen Trend zu einer Pseudo-Welt der Bilder.[16] „Das Schauspiel ist das wichtigste Produkt unserer heutigen Gesellschaft."[17] Debord zufolge erzeugt das Schauspiel unseren Sinn für das Reale. Nach seiner Einschätzung leben wir immer mehr in einer Welt des Scheins, in der wir nicht das Leben selbst und authentische Beziehungen erfahren, sondern eine „Negation des Lebens." „Das alltägliche Leben der Menschen wurde zu einem spekulativen Universum degradiert. Das Schauspiel ist der Hüter des Schlafes."[18] Vor dem Hintergrund der marxistischen Theorie führt Debord die Herstellung dieser Bilder auf die herrschende Klasse zurück und sieht in ihr einen weiteren Versuch, die Arbeiter voneinander und von ihrem materiellen Umfeld zu entfremden. An dieser Stelle kehrt Debord jedoch zu der oben beschriebenen Manipulationsmetapher zurück. Hinter dem Schauspiel steckt somit ein böser Zauberer.

Dieses Bild eines Feindes kommt in den späten Werken von Jean Baudrillard nicht mehr vor. Obgleich er in seinen frühen Schriften vom Kommunismus angezogen war, gab er nach dem Misslingen der Revolutionsbewegungen von 1968 seinen Glauben an die Möglichkeit großer sozialer Umbrüche auf. Vielleicht sah er in den Barrikaden, den Kämpfen mit der Polizei, der studentischen Leidenschaft, den Massendemonstrationen etc. Andeutungen von Debords Schauspiel. Dies war keine wahre Revolution, sondern eine Simulation – eine Darbietung von Haltungen, Rhetorik, Zeichen, konventionellen

Handlungen –, deren Glamour womöglich der Französischen Revolution entliehen ist. Zudem gab es bei den unterdrückerischen Polizeiaktionen, den Masseninhaftierungen und den starken Worten der Regierung keine Verteidigung heiliger Traditionen. Auch dies waren nur Simulationen, Schachzüge in einem Spiel, in dem die Handlungen der Revolutionäre zur Erfüllung ihrer Funktion benötigt wurden. Mit anderen Worten: Es gab keinen wirklichen politischen Konflikt, es ging um nichts Substantielles, alles war nur politische Heuchelei. Baudrillard zufolge bewegen wir uns auf einen Zustand hin, in dem es wahre politische Konflikte nicht mehr gibt. Wir sind vollends eingetaucht in eine simulierte Welt.

Des Weiteren sieht Baudrillard einen aus mehreren Stufen bestehenden geschichtlichen Wandel – von einer primitiven Kultur zur Massengesellschaft. In der primitiveren, vorindustriellen Epoche gab es Baudrillard zufolge kaum einen Platz für Bilder, Repräsentationen oder Abstraktionen. Die Menschen lebten in engen Beziehungen von Angesicht zu Angesicht und Objekte, Handlungen und Worte waren eng miteinander verbunden. Mit Beginn der Industrialisierung wurde die Gesellschaft jedoch zunehmend organisierter und es entstand eine immer größere Abhängigkeit von Zeichensystemen. Zum Beispiel konnten sich über Wörter und Bilder Formen der Organisation von vielen weit voneinander entfernt lebenden Menschen bilden und halten. Ein gutes Beispiel ist die grafische Organisationsdarstellung, die Unternehmen und Regierungen benutzen, um ihren Angestellten ihre spezifische Funktion und ihren Platz in der Hierarchie zu zeigen. Diese Darstellung fungiert wie ein Bild der Organisation, das Baudrillard als *Simulacron* bezeichnet.[19] Ein Simulacron ist keine Abbildung des Realen, sondern erzeugt eine Vorstellung, die ihrerseits das Denken und Handeln der Beteiligten organisiert. Es zeigt den Menschen, für was und wem gegenüber sie verantwortlich sind. Probleme sind jedoch unvermeidbar, da es sich eben um ein Simulacron handelt, und nicht um die Sache selbst. Repräsentationen können das, was sie darstellen sollen, verzerren oder gar pervertieren. So kann z.B. eine Organisation durch äußere Kräfte wie Regierung oder Mafia kontrolliert werden. Außerdem können Repräsentationen dazu dienen, das Fehlen einer zugrunde liegenden Wirklichkeit zu vertuschen. Daniel Boorstin schreibt, Regierungen und andere mächtige Institutionen würden Wörter und Bilder manipulieren, um „Pseudo-Ereignisse" zu erzeugen – Geschehnisse, die sich in den Medien und nirgends sonst abspielen.[20]

Schließlich argumentiert Baudrillard, in den Massengesellschaften des Informationszeitalters würden Radio, Fernsehen, Filme, Zeitschriften etc. als gigantische Fabriken zur Herstellung von Simulacra wirken. Von allen Seiten werden wir von einer Flut von Zeichen und Symbolen überwältigt und es besteht keine Möglichkeit, zum Wirklichen zurückzukehren. Zeichen, die einst „eine tiefgründige Wirklichkeit" widerspiegelten, haben in der Gegenwart „keine Beziehung mehr zu irgendeiner Wirklichkeit; sie sind ihre eigenen reinen Simulacra."[21] Laut Baudrillard leben wir nicht mehr in einer realen Welt, sondern im Bereich des *Hyperrealen*. Als Beispiel für die zukünftige Welt des Hyperrealen nennt Baudrillard Disneyland:

> Disneyland ist ein perfektes Modell all der miteinander verquickten Formen der Simulation…ein Spiel der Illusionen und Fantasien…das objektive Profil Amerikas… findet sich überall in Disneyland wieder, selbst in der Morphologie der Individuen und der Krähen…Disneyland ist dazu da, die Tatsache zu verbergen, dass es das „reale" Land, das „reale" Amerika ist…[22]

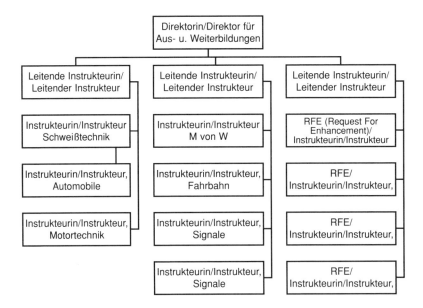

Abbildung 8.1 *Organisation als Struktur*

Dies sind wahrhaft kühne, sogar beängstigende Behauptungen, die zu vielen Kontroversen geführt haben. Sie laden uns ein in eine Wirklichkeit, die in vielerlei Hinsicht dem heutigen Leben entspricht und dennoch ein Niemandsland ist. In dieser Sicht scheint die Welt zu implodieren, in sich selbst zusammenzufallen und zu verrotten. Baudrillard geht noch weiter als die „kritische Theorie" (siehe Kapitel 3) – die emanzipieren will –, und entwickelt eine nihilistische und fatalistische Theorie. Müssen wir in diesem unglücklichen Zustand verharren? Kaum. Letztendlich kann sich auch Baudrillards These nicht ihren eigenen Schlussfolgerungen entziehen. Baudrillards Analyse ist selbst eine Form von Bedeutung, die sich als Simulacron verbreitet. Sie ist vor allem eine Erweiterung des alten Genres apokalyptischer Schriften, das mindestens bis zur biblischen Offenbarung des Johannes zurückreicht. Und wenn Baudrillards Darstellung keine Landkarte der tatsächlichen Beschaffenheit der Dinge ist, warum sollten wir dann gerade diese Art von Geschichte akzeptieren statt eine andere erbaulichere Version?

Was für eine Geschichte ist dies aus intellektueller Sicht? Gibt sich Baudrillard nicht ein wenig der Nostalgie einer niemals da gewesenen Vergangenheit hin, in der sich angeblich Wörter oder Bilder nicht frei von ihren alltäglichen Verankerungen abgehoben hätten, sondern in enger und glaubwürdiger Weise mit dem Realen verbunden waren? Der konstruktionistischen Theorie zufolge hat es eine solche Zeit nie gegeben. Repräsentationen hatten immer nur eine lockere Beziehung zu dem, was sie darstellen sollten. Sogar die Namen von Personen, die scheinbar auf etwas Stabiles hinweisen, werden der proteischen Plastizität eines lebendigen Wesens nicht gerecht. Letztendlich stellt sich die Frage, ob es denn so schlimm ist, in einer Welt der Darstellungen zu leben. Brauchen wir nicht abstrakte Bezeichnungen – Arbeit, Spiel, Familie, Gerechtigkeit, Wirtschaft usw. –, um die meisten unserer alltäglichen Überlegungen anzustellen? Könnte es politische oder wirtschaftliche Debatten überhaupt geben ohne jene Formen von Konstruktion, die als hyperreal bezeichnet werden? Und was ist mit den Freuden des Lebens – den großen Genüssen, Wünschen und Hoffnungen? Könnten sie ohne die ihnen vom Hyperrealen verliehene Dramatik und Lebendigkeit existieren? Ohne das große Spektrum an kulturell geteilten Geschichten – in Film, Fernsehen und Romanen – wäre ein Kuss womöglich nur eine Hautberührung. Begeisterung und Lebensfreude ergeben sich nicht aus dem, was ist, fern jeder Konstruktion, sondern sind gerade von diesen Prozessen des Erschaffens abhängig.

Machtmuster

> Das Verlangen nach jener Macht, die es uns ermöglicht, über Menschen und ihren Besitz nach Gutdünken zu verfügen, ist ein wesentliches Leitprinzip der menschlichen Natur.
>
> James Mill, *An Essay on Government*

Während Baudrillards Werk zu der Vorstellung von einer außer Kontrolle geratenden Welt führt, sind wir uns wahrscheinlich eher der Formen von Kontrolle bewusst, denen wir unterliegen. Wir haben oft das Gefühl, dass wir nicht frei sind und dass unser Verhalten in vielerlei Hinsicht beobachtet, bewertet, eingeschränkt, gelenkt und unterdrückt wird. In vielen Fällen geht diese Kontrolle von Institutionen aus: Schulen, Polizei, Regierungsbehörden usw. Wissenschaftlerinnen und Wissenschaftler sprechen im Zusammenhang mit diesen Erfahrungen von *struktureller Macht* – der Kontrolle, die von organisierten Institutionen innerhalb einer Gesellschaft ausgeht. Traditionelle Marxistinnen und Marxisten betrachten strukturelle Macht vor dem Hintergrund wirtschaftlicher Klassen und der Unterdrückung der Armen durch die Reichen. Feministinnen sehen strukturelle Macht eher in der männlichen Kontrolle der herrschenden Institutionen, insbesondere in der Einschränkung der Frauen offen stehenden Möglichkeiten.

Obgleich wir daran gewöhnt sind, die Welt in den Begriffen der strukturellen Macht zu verstehen, müssen wir diese Sicht hinterfragen. Neue Formulierungen bieten sich an, die unsere heutige Situation in treffenderer Weise beschreiben. Um die Bedeutung dieser neuen Sichtweisen zu verstehen, müssen wir uns zunächst einer subtilen und doch wichtigen Veränderung in den Theorien zur strukturellen Macht zuwenden. Zu Beginn des zwanzigsten Jahrhunderts war es leicht, strukturelle Macht durch Unterschiede in Bezug auf materielle Kontrolle zu erklären, z.B. Armeen, Waffen, Besitz oder Geld. Im Laufe der Jahrzehnte wandten sich die Theoretikerinnen und Theoretiker jedoch von den materiellen Unterschieden ab und beschäftigten sich mit dem gemeinsamen Verständnis, das diese Unterschiede sinnvoll und gerecht erscheinen lässt. Nach dieser Analyse beruht institutionelle Kontrolle auf einer Vielzahl an Annahmen – geteilte Ideen, Werte und Einstellungen, die häufig als Ideologie zusammengefasst werden. Es ist demnach der gemeinsame Glaube an die kapitalistische Ideologie, durch den Klassenunterschiede aufrechterhalten werden. Die männliche Vorherrschaft in unseren Institutionen basiert diesen Ausführungen zufolge auf einer für weite Kreise attraktiven sexistischen Ideologie. Ohne die entsprechenden Ideen, Werte und Einstellungen würden die Strukturen in sich zusammenbrechen. Wir wären frei, um neue und womöglich gerechtere Ordnungen zu erschaffen. Viele Theoretikerinnen und Theoretiker betonen zudem, dass Ideologien von *Hegemonie* geprägt sind. Damit gemeinst ist die Fähigkeit, durch den Zusammenschluss mehrerer Institutionen (z.B. Regierung, Bildung, Militär) Kontrolle zu erlangen und zu behaupten.[23] In diesem Sinne unterstützen die üblichen Praktiken des Einstellens und Entlassens in Unternehmen, der Benotung in Schulen und der juristischen Verfolgung von Individuen allesamt die Ideologie des Individualismus (siehe Kapitel 5). Eine hegemonische Ideologie ist nicht offen für Dialoge oder Kritik. Gestärkt wird sie durch das Verbreiten von Ideen, Bildern und Symbolen und aufrecht erhalten durch das Verschweigen von Alternativen.

Der neomarxistische Theoretiker Louis Althusser meint, hegemonische Interessen würden vor allem verwirklicht durch einen Prozess der *Interpellation*

– der Forderung nach einer Darstellung.[24] Metaphorisch gesprochen wird von uns verlangt, „uns zu erklären" in den Begriffen der vorherrschenden Ideologie. Indem wir antworten – und versuchen, uns selbst in diesen Begrifflichkeiten darzustellen – erfüllen wir unser Bewusstsein mit dieser Ideologie. Allmählich lernen wir, die vorherrschende Ordnung durch unsere Worte und Taten wiederzugeben. Ein Beispiel ist das Antworten auf die von Lehrenden in der Schule gestellten Fragen. Dieser Vorgang ist geprägt von der bestehenden schulischen Hierarchie. („Die Lehrerin ist wissend: Ich bin unwissend.") Da das Bildungssystem mit Regierung, Wirtschaft und Militär verbunden ist, reproduzieren wir durch unsere freiwilligen Antworten in der Schule die in unserer Gesellschaft vorherrschenden Hierarchien. Akzeptieren wir die Vorannahmen der vorherrschenden Ideologie, verlieren wir die Fähigkeit, unsere Situation und unsere Wünsche und Bedürfnisse zu beurteilen und zu erkennen, wie diese durch die bestehende Machtstruktur behindert werden. Denken wir wie das System, werden auch unsere Ziele vom System bestimmt. Steven Lukes schreibt: „Die Bedürfnisse von Männern sind vielleicht selbst das Produkt eines Systems, das gegen ihre Interessen arbeitet."[25] Dadurch leben wir in einem Zustand *falschen Bewusstseins*, in dem wir willentlich unsere Freiheit der bestehenden Ordnung opfern.

Dies sind wichtige Ideen, die vielerorts Zustimmung finden. Sie zeigen uns, wie unsere einfachsten Handlungen – das Kaufen eines Hamburgers, das Betanken unseres Autos oder das Lesen einer Zeitung – mächtige Institutionen unterstützen, deren Ressourcen eingesetzt werden, um uns noch mehr in den Dienst ihrer Interessen zu stellen. Des Weiteren hat das strukturelle Machtkonzept wichtige Folgen für das soziale Handeln. Zunächst einmal besteht eine enge Verbindung zwischen dem Konzept der strukturellen Macht und erlebtem Leid. Wir sprechen vor allem dann von Macht, wenn wir glauben, andere seien für unseren Schmerz verantwortlich (oder würden unsere Handlungen unterdrücken) und es gäbe keine Möglichkeit, sie von dieser negativen Einflussnahme abzubringen. Handelt unsere Regierung in unserem Interesse, stellt sich das Thema der Macht kaum. Erst wenn sie unseren Vorstellungen über das Gute zuwider handelt und wir nichts dagegen tun können, beginnen wir, von Macht zu sprechen. Zweitens ist strukturelle Macht eng verbunden mit einem Gefühl der Ungerechtigkeit (einem Verweigern von Rechten, Besitz, Lebenschancen etc.). Es ist jedoch nicht nur wesentlich, dass andere uns Leid zufügen. Es kommt auch darauf an, dass wir ihnen nicht das Recht zugestehen, so zu handeln. Wir sprechen daher bei Schmerzen, die wir bei der Zahnärztin erleiden, nicht von Macht. Obgleich die Zahnärztin unsere Zukunft kontrolliert, sind wir letztlich mit diesem Zustand einverstanden. Außerdem besteht noch eine enge Verbindung zwischen der Idee der strukturellen Macht und dem Konzept von Freiheit. Wenn wir das Gefühl haben, dass andere unsere Handlungsmöglichkeiten und unser Potenzial einschränken oder kontrollieren, sagen wir, sie besäßen Macht über uns.

Vor dem Hintergrund dieser engen Verbindungen zu Schmerz, Ungerechtigkeit und Unterdrückung erkennen wir, dass der Diskurs der strukturellen Macht enorm hilfreich ist, um uns zum Handeln zu bewegen. Für diejenigen, die ungerechtfertiges Leid erdulden müssen oder ihrer Freiheit beraubt wurden, eignet sich der Begriff der Macht als Schlagwort, um Kräfte zusammen zu führen, die sich für soziale Veränderungen einsetzen. Strukturelle Macht wird in diesem Sinne mit dem Bösen gleichgesetzt und der Kampf gegen die Machthaber zielt ab auf die Wiederherstellung des Guten. Dieser Logik des „gerechten Kampfes" haben sich sowohl die Protagonistinnen und Protagonisten der Französischen Revolution als auch Marxisten, Bürgerrechtler, Feministinnen und vielfältige andere Minderheitengruppen bedient. Sie dient als wichtiger Katalysator für die im zweiten Kapitel vorgestellte Ideologiekritik. Während der Diskurs der strukturellen Macht eine wichtige Ressource darstellt, um Widerstand zu mobilisieren und gegen Leid, Ungerechtigkeit und Unterdrückung anzukämpfen, handelt es sich jedoch um eine durchaus mit einigen Problemen behaftete Ressource. Wie wir bei der im dritten Kapitel dargelegten Kritik und in der im sechsten Kapitel diskutierten Argumentation feststellten, führt der Impuls, diejenigen, die wir im Unrecht glauben, anzugreifen, zu Widerstand und Gegenangriffen. Somit teilen sich die Menschen in verfeindete Lager und es kommt zu immer mehr Misstrauen und zu einer immer schlechteren Kommunikation. Schließlich entstehen Vorstellungen vom „bösen Anderen" und komplexe Themen werden auf ein simples „Wir gegen sie" reduziert. Andere Stimmen und andere Themen werden nicht mehr beachtet und die gegenseitige Vernichtung rückt allmählich näher. Diese Probleme werden nur noch schlimmer, wenn die für schuldig Gehaltenen sich zu unrecht angegriffen fühlen. Häufig widersprechen sie der Vorstellung, sie verfügten über Macht, die sie missbrauchen könnten. Hat das Fernsehen die Macht, unseren Geschmack und unsere Kaufgewohnheiten zu beeinflussen? Vielleicht, doch wir sehen auch, dass die Zuschauerinnen und Zuschauer die Fernsehinhalte kontrollieren: Unpopuläre Sendungen und Werbespots werden schnell abgesetzt. Verfügt der Präsident der Vereinigten Staaten über strukturelle Macht? Vielleicht, doch der Präsident wird ständig überwacht – von der Presse und seinen Kabinettsmitgliedern, vom Kongress und sogar vom Geheimdienst. Besaß die marxistische Regierung der Sowjetunion strukturelle Macht? In gewisser Weise sicher, doch ihre Fähigkeit zu regieren erschöpfte sich schließlich in ihrem Unvermögen, sich der Unterstützung des Volkes zu versichern. Macht ist ein sehr dehnbarer Begriff. Uns allen kann vorgeworfen werden, wir würden Macht missbrauchen. Und ebenso können wir alle Gründe dafür finden, andere wegen ihres Machtmissbrauchs zu kritisieren.

Angesichts dieser Probleme erscheint es nützlich, das Machtkonzept für alternative Vorstellungen zu öffnen. Durch neue Konstruktionen werden auch neue Handlungsmöglichkeiten geschaffen. Wenden wir uns nunmehr den alternativen Visionen zu, die aus den postmodernen Dialogen resultieren.

Disziplin, Diskurs und Verteilung: Post-strukturelle Macht

Vielen Beobachtern des heutigen Lebens erscheint die Metapher der strukturellen Macht ungeeignet. Sie mag in einer Welt der Königinnen und Könige, Diktatoren und Heerführer Bedeutung haben, doch in der Komplexität des demokratischen Prozesses, der Vielfalt der organisierten Institutionen und multinationalen Unternehmen und der unkontrollierbaren Expansion der Internet-Kommunikation wird es immer schwerer, solche Hierarchien aufzuspüren. Eine zentrale Figur in der post-strukturellen Konzeptualisierung von Macht ist Michel Foucault. Sein Werk wurde bereits im zweiten Kapitel im Zusammenhang mit der Ideologiekritik kurz vorgestellt. Hier wollen wir uns nun weiteren Aspekten seines Denkens zuwenden. Foucault zufolge kann die Aufgabe des Konzepts hierarchischer Machtstrukturen bis in die Zeit der Aufklärung im siebzehnten und achtzehnten Jahrhundert zurückverfolgt werden.[26] Mit der zunehmenden Bedeutung individueller Vernunft und dem Streben nach Gleichberechtigung verloren die Machthabenden allmählich immer mehr Kontrolle über die Bevölkerung. Da den Individuen Vernunft zugesprochen wurde – und die Möglichkeit ihrer Entwicklung durch Wissenszuwachs – bestand die Herausforderung für die Gesellschaft darin, gute Bürgerinnen und Bürger zu heranzubilden. Die Tradition der strukturellen Macht wurde somit Schritt für Schritt ersetzt durch Bildungsprogramme und Besserungseinrichtungen. Eine Folge dieses Trends war die Einrichtung moderner Gefängnisse. Statt unverwünschte Personen in dunkle Kerker einzusperren, versucht das moderne System, die Menschen zu verändern. Stellvertretend für diese Bewegung war für Foucault der im achtzehnten Jahrhundert von Jeremy Bentham entwickelte Plan eines Panopticons, d.h. einer Gefängnisform, in der alle Inhaftierten von einem einzigen, erhöhten Wachturm aus gesehen werden können. Dieser Turm war umgeben von einer Reihe von Einzelzellen, die von hinten beleuchtet waren. Der Wärter konnte somit alle Regungen der Insassen beobachten, ohne selbst von diesen gesehen zu werden. Bei dieser Anordnung konnte der Inhaftierte nie wissen, ob er gerade beobachtet wurde. Er konnte somit nichts tun, was nicht zum Gegenstand der Beobachtung werden konnte. Foucault erkennt in dieser Anordnung einige wichtige Elemente für die Konzeptualisierung von Macht.

Macht ist nicht genau lokalisierbar: Im Gegensatz zur strukturellen Sicht wird Macht nicht mehr in einzelnen Personen oder in einer klar identifizierbaren

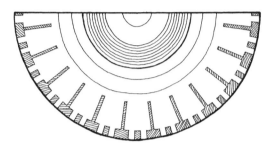

Abbildung 8.2   *Entnommen aus J. Bentham. Plan of the Panopticon* (The Works of Jeremy Bentham, *ed. Bowring, vol. IV. 1843. 172-3). Cf. p. 201.*

Verteilung gesehen. Foucault schreibt: „Macht bezieht sein Prinzip nicht aus einer Person, sondern aus einer bestimmten gemeinschaftlichen Verteilung von Körpern, Oberflächen, Lichtern, Blicken; es ist dies eine Anordnung, dessen interne Mechanismen die Beziehungen herstellen, in denen Individuen gefangen sind."[27] Allgemein können wir sagen, dass Macht nicht in einer Struktur oder einer Person liegt, sondern in einem Netz von Beziehungen. *Machtbeziehungen* beinhalten womöglich nicht nur verschiedene materielle Artefakte, sondern auch allgemeinere kulturelle Bedingungen. Zum Beispiel kann das Panopticon nur innerhalb eines unterstützenden sozio-politischen Kontextes funktionieren, aus dem es seine Begründung, Finanzierung, Aufrechterhaltung etc. bezieht.

Machtbeziehungen manifestieren sich in Körperdispositionen: Während Strukturalistinnen und –strukturalisten ihre Aufmerksamkeit auf die „Machthabenden" richten, legt Foucault seinen Schwerpunkt auf das Handeln der Personen, die in Machtbeziehungen gefangen sind. Durch unsere Alltagshandlungen bringen wir diese Beziehungen zum Ausdruck. Im Panopticon sind die Gefangenen in ihrem Handeln zunächst einmal darauf bedacht, Bestrafungen durch Beobachterinnen und Beobachter zu vermeiden. Da es jedoch nie einen Moment gibt, in dem sie sich unbeobachtet fühlen können, wird dieses richtige Verhalten allmählich zu einer Lebensweise – die auch dann aufrechterhalten wird, wenn niemand zuschaut. Foucault zufolge wirken Machtbeziehungen daher auf sogenannte *fügsame Körper*, die sich den existierenden Beziehungsformen unterordnen. Anders ausgedrückt erkennen wir hier die Wirkung von Bio-Macht-Machtbeziehungen, die die biologische Existenz der Person mit einbeziehen. *Bio-Macht* zeigt sich z.B., wenn wir abends unsere Zähne putzen. In diesem Fall ordnen wir unseren Körper in ein komplexes Netz von Beziehungen ein, zu dem unter anderem Zahnpflege, Zahnbürstenhersteller, allgemeine Ästhetikstandards und Waschbeckenformen gehören.

Macht ist nicht übelwollend oder mystifizierend, sondern produktiv: Im Gegensatz zur strukturellen Sicht der Macht, die zu Zweifeln an den in der Hierarchie am höchsten Platzierten („Großkapitalisten", „Wirtschaftsbosse", „das Militär" etc.) einlädt, äußert sich Foucault verhaltener. Aus seiner Sicht bestehen Machtbeziehungen aus normalen Menschen, die alltäglichen Aktivitäten nachgehen – vom Wischen der Flure und Bestellen von Büromaterial bis hin zum Verschreiben eines Antidepressivums oder dem Kauf einer Aktie. Es sind nicht einige wenige Privilegierte, die hinter großen Schreibtischen sitzen, die für Machtbeziehungen verantwortlich sind, sondern Menschen mit ihren vielfältigen, die gesamte Kultur durchdringenden einfachen Handlungen. Diese Sicht führt zu einer Neubewertung des traditionellen Verhältnisses zwischen Macht und Ungerechtigkeit. Wir sprechen nicht länger von einigen Privilegierten, die andere ausbeuten oder unterdrücken. Vielmehr geht es vorrangig um einfache Menschen, die normalen, überschaubaren und für sie moralisch vertretbaren Aktivitäten nachgehen. In diesem Sinne ist Macht für Foucault produktiv. Machtbeziehungen laden uns zur Teilnahme ein, beschäftigen uns mit vielfältigen Dingen und verleihen uns ein Gefühl von Befriedigung. Wir beteiligen uns in produktiver Weise an Machtbeziehungen, wenn wir zustimmend einen Bericht über neue Gefängnisse lesen, die noch sicherer, sauberer und elektronisch kontrollierbarer sind. Die Form der Darstellung ist es, die uns zur Teilnahme an produktiven Machtbeziehungen einlädt.

Wie Sie sehen, sind diese Ideen Vorstufen zu Foucaults Konzept der *disziplinären Macht*, das im zweiten Kapitel vorgestellt wurde. Hier geht es Foucault um die Art und Weise, in der verschiedene Wissensstrukturen – Schulen, akademische Disziplinen, der Berufsstand der Medizin und Psychiatrie, Religionen – Diskurse und Praktiken erzeugen, die uns in ihre jeweilige Wirklichkeit einladen. Indem wir diese Einladungen in Wirklichkeit oder Wahrheit willentlich annehmen, begeben wir uns in einen Zustand der Unterdrückung hinein.

Dieses Konzept der über die gesamte Kultur verteilten Macht – als Alternative zur traditionellen Sicht einer einzigen, monolithischen Hierarchie – wird in der von Ernesto Laclau und Chantal Mouffe verfassten Arbeit *Hegemonie und radikale Demokratie* weiter ausgebaut.[28] Diesen Autoren zufolge ist die traditionelle Idee der Hegemonie als eines einheitlichen und interdependenten Beschreibens vielfältiger Institutionen nach Bildung eines monolithischen Ganzen in westlichen demokratischen Gesellschaften nicht mehr anwendbar. Vielmehr schlagen sie vor, wir würden Macht in einer Vielzahl von *Knotenpunkten* sehen – einem Zusammenfluss gemeinsamer Diskurse und Praktiken, die sich jeweils aus bestimmten Traditionen, regionalen Bedingungen etc. ergeben. Knotenpunkte in der heutigen Gesellschaft sind z.B. die Computerindustrie, christlich-konservative Gemeinden, die liberale Presse, das staatliche Gesundheitssystem und die Filmindustrie. Alle diese Bereiche führen Tausende von Menschen in gemeinsamen Diskursen, Institutionen, Anliegen und der Verbreitung von Bildern und Informationen zusammen.

Es ist offensichtlich, dass diese Knotenpunkte nicht festgelegt sind – wie in der Konzeption der strukturellen Macht –, sondern einem fortwährenden Wandel unterliegen. Indem sich kulturelle Diskurse verbreiten und soziale Bedingungen verändern, entstehen und verschwinden auch Knotenpunkte. Dem Gesundheitssystem stehen besonders große Veränderungen bevor. Die Filmindustrie teilt sich in große Studios und unabhängige Filmschaffende. Dadurch erkennen wir vielfältige und sich verändernde Konfliktpunkte in der Gesellschaft. Wir stoßen immer wieder auf Situationen, in denen bestimmte Gruppen ausgeschlossen, unterdrückt oder ausgebeutet werden. Die Teilnahme an den komplexen Gesellschaften des neuen Jahrhunderts garantiert geradezu ein Feld von ständig wechselnden Machtunterschieden.

Diese postmodernen Diskursansätze enthalten ebenfalls den von der strukturellen Sicht der Macht angeregten Handlungsimpuls. Allerdings gibt es einige Unterschiede in Bezug auf den von ihnen hervorgerufenen Widerstand. Erstens ist der Widerstand nicht auf ein einzelnes, meist weit entferntes Ziel gerichtet (z.B. die Regierung, die Kapitalisten, das Bildungssystem). Die postmoderne Neubetrachtung lädt uns dazu ein, bei uns selbst zu suchen und die eigenen Alltagsaktivitäten zu hinterfragen. Zum Beispiel können wir uns dem zuwenden, was wir kaufen, essen, lesen, uns im Fernsehen ansehen oder im Radio hören. Machtbeziehungen sind ein Teil von allem, was wir tun. Der Verzicht auf eine Kreditkarte hat nicht nur einen wirtschaftlichen Aspekt, sondern ist ein kleiner Schritt in eine andere Zukunft. Zweitens bemüht sich der postmoderne Ansatz darum, die Entstehung von Bedeutungsveränderungen zu untersuchen. In gewisser Hinsicht wird dadurch die strukturalistische Sorge um ideologische Vorherrschaft betont. In der postmodernen Sicht geht es jedoch vor allem um die gemeinschaftliche Konstruktion der Welt. Statt um Gewehre, Molotow-Cocktails und Bomben geht es um Medienberichterstattung, Radioprogramme, Demonstrationen und Autoaufkleber. Selbst die eigene Kleidung und Frisur kann ein Zeichen des Widerstands sein.

Des Weiteren geht es beim postmodernen Standpunkt weniger um Nachfolgeprojekte – z.B. ein neues Wirtschaftssystem, eine neue Regierungsform oder eine andere utopische Vision als Ersatz des Bestehenden. Zum Teil liegt dies an der postmodernen Ablehnung der Vorstellung, bestimmte Ideologien seien *falsches* Bewusstsein. Es gibt keine falsche Sicht der Gesellschaft, von der sich die Menschen emanzipieren müssten, und keine tiefere Wahrheit über Macht, die es zu offenbaren gilt. Alle Positionen sind diskursive

Konstruktionen, auch jene, die als Gründe für Widerstand genannt werden. Die Einsicht, dass Macht in Beziehungen und nicht in übel wollenden Individuen zu finden ist, fördert die Tendenz zu Dialogen statt zu Angriffen. Laclau und Mouffe meinen, wir bräuchten eine Art radikaler Demokratie, in der ein „Verständnis für multiple Formen sozialer Logik vorliegt, gekoppelt mit der Einsicht in die Notwendigkeit ihrer Artikulation. Doch diese Artikulation sollte fortlaufend neu geschaffen und neu verhandelt werden, so dass es keinen Endpunkt gibt, an dem ein endgültiges Gleichgewicht erreicht wird."[29]

Technologie und Gesellschaft

> Man braucht sich nur das Fehlen heutiger technologischer Effizienz vorzustellen, um eine baldige Störung und den schließlichen Zusammenbruch unserer gesamten Gesellschaft vorherzusehen.
>
> Lewis Mumford, *Technics and Civilization*

Was haben Autos, Telefone, Filme, Radios, Fernseher, Flugzeuge, Internet, Camcorder und Faxgeräte gemeinsam? Sie alle sind Technologien des zwanzigsten Jahrhunderts. Darüber hinaus sind sie eng mit unseren Beziehungsmustern verbunden. Diese Technologien sind einem Großteil der Bevölkerung zugänglich. In den Vereinigten Staaten besitzen mehr als 99 Prozent der Haushalte mindestens einen Fernseher – diese Zahl übersteigt die jener, die über Toiletten mit Wasserspülung verfügen. Die durchschnittliche Angestellte eines florierenden Unternehmens erhält täglich mehr als achtzig technologisch vermittelte Botschaften. Wir fragen häufig nach den Vor- und Nachteilen verschiedener Technologien. Für Kulturanalytikerinnen und Kulturanalytiker sind dies jedoch banale Themen. Die wichtigste Frage ist, wie diese Technologien unser Leben, unsere Beziehungen und unsere Institutionen verändern. Was wird im Stillen zerstört und welche Zukunft erschaffen wir? Könnte es auch anders sein?

Dies sind Fragen von weitreichender Bedeutung, die hier unmöglich angemessen beantwortet werden können. Dennoch wollen wir uns mit einigen konstruktionistischen Beiträgen zu diesem Thema beschäftigen. Wenden wir uns daher nun dem Leben im Internet und dem technologischen Sein zu.

Das Internet: Gemeinschaften oder Scharaden?

Betrachten wir einmal folgenden Auszug aus einem Gespräch:

> Ich traf einst in einer Bar einen Bären und folgte ihm nach Hause. Dies führte zu einer Sado-Maso-Szene, in der er dominant war...Er biss mich und bedrohte mich mit seinen Zähnen und Klauen.[30]

Eine solche Beschreibung hätte kaum in ein Gespräch des neunzehnten Jahrhunderts gepasst. Sogar vor zehn Jahren wäre sie noch schwer vorstellbar gewesen. Durch die Entwicklung der Computer- und Internet-Technologie – die mehrere Hundert Millionen Menschen weltweit kontinuierlich und ohne zeitliche Verzögerungen miteinander verbindet – haben sich die Grenzen des Vorstellbaren beträchtlich erweitert. in Bezug auf das, was gesagt werden kann – und als vernünftig und richtig akzeptiert wird – betreten wir eine Welt des „Anything goes." Das obige Zitat stammt von einem Bewohner des Cyber-Landes der sexuellen Fantasien. Teilnehmerinnen und Teilnehmer aus der ganzen Welt nehmen fiktive Identitäten an und treten in erfundene sexuelle Beziehungen ein, die nur durch ihre gemeinsame Vorstellungskraft begrenzt werden.

Für den Sozialen Konstruktionismus sind diese neuen Kommunikationsmöglichkeiten von besonderem Interesse. Entsteht unser Gefühl des Realen und Guten – das, was uns Lebenssinn und Ziele, Neugierde und Kontrolle vermittelt – aus Beziehungen, dann könnten neue Formen von Beziehungen zur Entstehung neuer Welten führen. Wie in den vorangegangenen Kapiteln dargestellt, verdanken wir all unsere moralischen Standards unseren zwischenmenschlichen Beziehungen. Bedenken Sie jedoch folgendes: Meinen wir mit Gemeinschaft eine Gruppe von Personen, die sich in einer geografisch umschriebenen Region über die Zeit hinweg von Angesicht zu Angesicht begegnen, könnten wir eine allmähliche Erosion moralischer Standards vermuten. Wie ich in *Das übersättigte Selbst* zu zeigen versuchte,[31] bringen die neuen Technologien der sozialen Verbindung die traditionellen, auf direktem, persönlichem Kontakt beruhenden Gemeinschaften und die mit ihnen verbundenen Grundlagen für moralisches Handeln zum Verschwinden. Neue Transportsysteme haben das Zuhause vom Arbeitsplatz ebenso getrennt wie Wohngegenden von Einkaufs- und Unterhaltungszentren. Oft sind die Mitglieder einer Familie über verschiedene Kontinente verteilt. Überwiegend aufgrund von beruflichen Anforderungen zieht der Durchschnittsamerikaner im Verlauf seines Lebens mehr als elfmal um. Auch wenn andere Familien gleich nebenan wohnen, nehmen Begegnungen von Angesicht zu Angesicht immer mehr ab. Formen des technologisch vermittelten Austauschs – Telefon, Fernsehen, Radio, CD-Spieler, Computer usw. – verbinden uns mit weit entfernten Orten.

Peter Druker schreibt: „Die alten Gemeinden – Familie, Dorf, Kirche usw. – sind in der Wissensgesellschaft so gut wie verschwunden."[32]

Durch die technologischen Entwicklungen werden direkte persönliche Kontakte immer seltener. Gleichzeitig kommt es zu einer beträchtlichen Zunahme von *technik-basierten Gemeinschaften*, deren Mitglieder ihre Wirklichkeiten, Werte und Ziele vorwiegend über die Kommunikationstechnologien beziehen. Die großen Zulauf findenden Fernsehpredigerinnen und -prediger sind ein gutes Beispiel. Viele Millionen Amerikaner stehen hauptsächlich über vermittelte Kommunikationen mit einer Menge von Überzeugungen in Verbindung, die vielfältige Entscheidungen über das regionale Schulsystem bis hin zu den Programmen nationaler politischer Parteien beeinflussen.[33] Weniger offensichtlich ist die Arbeit von mehr als 20.000 in den USA aktiven, nicht-staatlichen und oftmals internationalen Organisationen – die sich Problemen wie Unterernährung, Überbevölkerung, AIDS, Umweltzerstörung und anderen Gefahren widmen – und mehr als einer Million privater sozialer Organisationen in den Vereinigten Staaten. Ohne die bestehenden Kommunikationstechnologien könnten die meisten dieser Organisationen nicht existieren.

Weniger mit moralischen Fragen beschäftigt sind die unzähligen im letzten Jahrzehnt entstandenen computer-vermittelten *virtuellen* Gemeinschaften. Das häufig in solchen Gruppen bestehende Gemeinschaftsgefühl kommt in Howard Rheingolds *Virtuelle Welten* zum Ausdruck:

> Das Entdecken der WELL (eine computer-vermittelte Gemeinschaft) war wie die Entdeckung einer gemütlichen kleinen Welt, die in den Wänden meines eigenen Hauses versteckt liegt. Eine große Schar an Charakteren hieß mich herzlich willkommen, als ich die geheime Tür fand. Eine voll entwickelte Subkultur entstand am anderen Ende meiner Telefonleitung und ich wurde eingeladen, an dieser neuen Schöpfung teilzuhaben. Das virtuelle Dorf von einigen Hundert Personen, das ich im Jahre 1985 zufällig fand, wuchs bis 1993 auf 8000 Menschen an.[34]

Die „Well" ist nur eines von vielen Tausend computer-vermittelten Netzwerken, die gegenwärtig existieren. Zwischen den Netzwerken gibt es beträchtliche Unterschiede in Bezug auf Größe, Themen, Exklusivität und Kommunikationsform (z.B. Chatrooms, Foren etc.). Können solche Netzwerke ebensoviel gegenseitige Unterstützung, Zuwendung und moralische Orientierung vermitteln wie die direkten und persönlichen zwischenmenschlichen Gemeinschaften? Können sie diese letztlich ersetzen? Obgleich sich Verallgemeinerungen verbieten, attestieren Hunderttausende von Nutzerinnen und Nutzern diesen Verbindungen eine große Bedeutung in ihrem Leben. In einer Befragung wurden die Teilnehmerinnen und Teilnehmer eines Suizidnetzwerkes online interviewt.[35] Das Netzwerk wurde gegründet, um selbstmordgefährdeten Personen die Gelegenheit zu geben, miteinander zu kommu-

263

nizieren. Die meisten Teilnehmerinnen und Teilnehmer schließen sich in einem Zustand tiefen Schmerzes dem Netzwerk an und suchen nach Unterstützung, Orientierung und Auswegen aus ihrem Leid. Die Beteiligten wurden gefragt, wie wichtig diese Kommunikation für ihr Leben sei. Hier einige Antworten:

> Unabhängig von der Situation ist es immer hilfreich, wenn du weißt, dass es andere wie dich da draußen in der Welt gibt. Meine Eltern haben mich immer behandelt als wäre ich nicht normal. Daher bedeutet es mir viel zu wissen, dass ich „nicht der einzige" bin, der dieses oder jenes Problem hat.

> Zusammenfassend kann ich über meine Erfahrung mit diesem Medium sagen, dass es für mich von unschätzbarem Wert ist. Das letzte Jahr war, gelinde gesagt, der Tiefpunkt in meinem Leben. Ich konnte keine Nacht mehr durchschlafen. Dieses Forum war für mich wie ein Fels in der Brandung. Es ist mir immer zugänglich und die Menschen treffen sich hier jeden Tag. Es reicht schon zu wissen, dass du in diesem Kampf nie allein bist und es immer eine andere Person (oder sogar zwölf!) gibt, die in schwierigen Zeiten an deiner Seite steht.

> Ich bin sehr dankbar für diese Online-Hilfe-Gruppen und ich vermisse sie, wenn ich nicht da bin! Jetzt, wo ich einen Laptop besitze, kann ich sie immer mitnehmen.

Die Entstehung von Techno-Gemeinschaften wird vor allem durch das World Wide Web gefördert, in dem praktisch jede Organisation farbenfrohe Einladungen zur Teilnahme präsentieren kann. Zur Zeit gibt es z.B. sehr aktive Webseiten, die uns einladen zur Mitgliedschaft in allen großen Religionen, einer Vielzahl an wiederbelebten Traditionen (einschließlich der Druiden und Pantheisten) und einem weiten Spektrum an neuen Gruppen – z.B. Verehrer von Lilith und Kali sowie Schüler von Yan Xin Qigong.

Obgleich bezüglich dieser sich rasant entwickelnden Techno-Gemeinschaften vielerorts Optimismus herrscht, zweifeln viele an ihrer Bedeutung. Bei vielen handele es sich schließlich nicht um „wirkliche" Gemeinschaften, sondern um blasse Simulationen. Diese würden ein oberflächliches „Wir-Gefühl" erzeugen, in dem die Menschen jedoch egoistisch und mit sich selbst beschäftigt blieben. Statt anderen in leibhaftiger Form zu begegnen – und zu erkennen, wer sie wirklich sind – würden die Menschen nur ihre eigenen Wünsche auf andere projizieren und sich die anderen gemäß ihrer eigenen Hoffnungen vorstellen. Auf diese Weise seien die Menschen in Wirklichkeit von anderen isoliert. Fälschlicherweise würden sie annehmen, Mitglieder in einer Gemeinschaft zu sein, doch „der andere ist nicht wirklich ein anderer, sondern eher ein Moment in meiner eigenen Selbstwerdung."[36] Das Problem des Wissens über andere und sich selbst durch Netzwerkbeziehungen wird noch verstärkt durch die weitverbreitete Tendenz, im Internet mit alternativen Identitäten zu experimentieren. Sherry Turkle beschreibt in *Leben im Netz*,[37] wie Tausende von Menschen bis zu achtzig Stunden in der Woche an irgendeiner Form von simulierter Wirklichkeit teilnehmen. In vielen dieser Netzwerke müssen die Beteiligten fiktive Identitäten annehmen – mythische Namen, Fantasiegeschöpf; in Cyber-Sex-Gemeinschaften wird von den Teilnehmerinnen und Teilnehmern erwartet, Pseudonyme zu verwenden. Selbst in Gemeinschaften, in denen authentische Kommunikation vermutet werden könnte, ergreifen viele Personen die Gelegenheit, mit alternativen Identitäten zu experimentieren. Die Anonymität der Situation macht es möglich, ansonsten unterdrückte Aspekte der Identität zu erkunden. Ein junger Mann, der verschiedene weibliche Online-Persönlichkeiten annahm, berichtet:

> Für mich sind weibliche Charaktere interessant, weil ich sagen und tun kann, was ich will. Bei einem Mann wären diese Dinge allerdings abstoßend.[38]

Für diejenigen Nutzerinnen und Nutzer, die „authentische Beziehungen" suchen, führen diese Identitätswechsel jedoch oftmals zu schweren Enttäuschungen. Kritikerinnen und Kritiker meinen, durch diesen Mangel an „wirklichen Kontakten" könnten Menschen keinen Sinn für tiefe, auf gegenseitiger Verantwortung basierende Beziehungen entwickeln. In einem Fall wurde in Santa Monica, Kalifornien, ein Öffentliches Elektronisches Netzwerk geschaffen, um den Einwohnern ein Gefühl von Gemeinschaft zu vermitteln. Es sollte eine neue Art von Forum sein, in dem alle Stimmen gehört würden und jedes Mitglied zu jeder Zeit etwas einbringen könnte. Außer der Möglichkeit, sich von Zuhause aus einzuloggen, gab es noch zwanzig öffentliche Terminals in Bibliotheken, Altersheimen und Verwaltungsgebäuden. Nach zwei Jahren nutzten nur zwei Prozent der Einwohnerinnen und Einwohner dieses System![39]

Diese Analysen führen zu keiner verbindlichen Schlussfolgerung. Dies kann jedoch in einer Welt mit so vielfältigen Entwicklungen, in der Stabilität als Rückschritt gesehen wird, kaum als Nachteil gewertet werden. Es scheint jedoch, als könnte die Computertechnologie unter bestimmten Bedingungen durchaus nützlich sein, um feste und dauerhafte Beziehungen hervorzubringen. Womöglich finden wir innerhalb der Technosphäre neue Quellen für die Entwicklung von Moral und neue Mittel, um alte Überzeugungsmuster aufzulösen und optimistische Handlungen zu inspirieren. Dennoch bleibt eine Sorge: Die meisten Techno-Gemeinschaften bleiben isoliert und abgelegen. Die Teilnehmerinnen und Teilnehmer tauschen sich nur untereinander aus. Sie zelebrieren die Wirklichkeit, die sie konstruiert haben, und blicken geringschätzend auf die Außenstehenden herab. Man sehe sich nur die Webseiten der Neonazis und „White-Power"-Bewegungen an. In der Zukunft gilt es, *Kontaktzonen* zu schaffen oder elektronische Domains einzurichten, in denen Dialoge zwischen Traditionen geführt werden können.

Lassen Sie uns nun zu einem zweiten Ansatz postmoderner Untersuchungen übergehen.

Cyborg-Wesen: Meine Maschine und ich sind eins

> Strom fließt durch Körper
> Und dann wieder nicht.
> Angeschaltet.
> Ausgeschaltet.
> Zwei Dinge wechseln sich immer ab.
> Das eine ersetzt augenblicklich das andere.
> Es ist die Sprache der Zukunft.
>
> Laurie Anderson, USA

Was ist offensichtlicher als der Unterschied zwischen Menschen und Maschinen? Wir sind lebendige, atmende Wesen, die Gedanken, Gefühle, Werte und Wünsche haben, und keine bloße Zusammensetzung materieller, fließbandgefertigter Objekte. Für viele ist dieser Unterschied nicht nur offensichtlich, sondern auch bedeutsam. Der Wert des menschlichen Lebens beruht auf der Tatsache, dass wir keine leblose Materie sind. Menschliches Leben hat einen völlig anderen Wert als das Leben einer Maschine. Wir trauern um das Leben junger Menschen, die im Krieg ihr Leben verlieren, in ganz anderer Weise als um den Verlust von Panzern oder Flugzeugen. Es ist eine Beleidigung, jemanden als Roboter oder Maschine zu bezeichnen. Zumindest ist dies die Einstellung innerhalb der *humanistischen* Tradition. Diese Tradition verliert jedoch zunehmend an Bedeutung.

Die wichtigsten Argumente gegen die humanistische Position stammen traditionell aus dem Lager der Wissenschaft. In der wissenschaftlichen Tradition ist „der Kosmos nur eine große Maschine", die aus materiellen Elementen besteht, welche durch systematische, kausale Beziehungen miteinander verbunden sind. In dieser Darstellung unterscheiden sich Menschen nicht wesentlich von der natürlichen Ordnung. Es ist jedoch wichtig zu verstehen, dass der Kampf zwischen den Vertreterinnen und Vertretern des Humanismus und der Wissenschaft auf realistischem und essentialistischem Boden ausgefochten wird. Wissenschaftlerinnen und Wissenschaftler argumentieren, es gäbe im Prinzip keinen Unterschied zwischen Menschen und Maschinen, während Humanistinnen und Humanisten das Gegenteil behaupten. Der Soziale Konstruktionismus bietet zu beiden Traditionen eine Alternative an. Aus seiner Sicht sind Wissenschaft und Humanismus Traditionen der Praxis, die unterschiedlichen Diskursen entstammen und durch diese gerechtfertigt werden. Es geht demnach nicht um Wahrheit. Wir müssen uns zwischen den beiden ebenso wenig entscheiden wie zwischen Oper und Jazz. Wir können die Beiträge beider Traditionen wertschätzen und gleichzeitig ihre jeweiligen Grenzen erkennen. Des

Weiteren sind Konstruktionistinnen und Konstruktionisten bemüht, neue Vorstellungen zu generieren, die neue Handlungsmöglichkeiten eröffnen. Es geht in diesem Fall nicht um die Suche nach grundlegenden Wahrheiten oder Wirklichkeiten, sondern um die Bereicherung der kulturellen Ressourcen der Kommunizierens. Die technologische Explosion des zwanzigsten Jahrhunderts lädt uns zu genau dieser Antwort ein. Betrachten wir daher die neu entstehende Metapher des Cyborg.

Für Humanistinnen und Humanisten unterscheiden sich Menschen von Maschinen; für Wissenschaftlerinnen und Wissenschaftler sind Menschen eine Art von Maschine. Sind dies unsere einzigen Möglichkeiten? Wir könnten diese Unterscheidung doch auch ganz aufgeben und eine Entität konstruieren, die halb Mensch und halb Maschine ist. Dies ist der Cyborg. Ein *Cyborg* unterscheidet sich vom *Androiden*, einer Maschine, die in Erscheinung und Verhalten dem Menschen gleicht, und vom *Roboter*, einer Maschine, die nicht wie eine Mensch aussieht, doch menschliche Funktionen übernehmen kann. „Schön und gut" mögen Sie sagen, „der Cyborg ist vielleicht ein aufregendes Konzept, doch wir sind keine Cyborgs!" Die Konstruktionistin antwortet: „Was sind wir denn dann?" Sind wir nicht in mancher Hinsicht Cyborgs? Wir tragen Füllungen in unseren Zähnen und setzen uns Brillen auf, um besser sehen zu können. Es wird immer schwerer, uns von unserer Technologie zu trennen. Hörgeräte, Herzschrittmacher, künstliche Extremitäten und Rollstühle tragen immer mehr zu unserer engen Verbundenheit mit unserer Technologie bei. Durch die technologische Revolution wird unsere Existenz als Cyborgs immer deutlicher. Das Radio öffnet unsere Ohren für weit entfernte Geräusche. Der Fernseher ist eine Erweiterung unserer Augen und dehnt unser visuelles Feld weit ins Universum aus. Die Computertastatur ist die globale Erweiterung unserer Stimme. Für viele von uns ist es schwer, unser Gedächtnis von den auf unseren Computern gespeicherten Dateien zu trennen – Adressen, Terminkalender, Briefe, Artikel und Rechtschreibkorrekturprogramme. In einem bedeutsamen Ausmaß führen die meisten von uns eine Cyborg- Existenz.

Es ist eine Sache, uns als Cyborgs zu konstruieren. Doch warum sollten wir das tun? Welche neuen Alternativen erzeugt diese Metapher? In einem klassischen Aufsatz schreibt die feministische Biologin Donna Haraway, dass das Bild vom Cyborg uns als Metapher für politisches Handeln dienen sollte.[40] Ihr Anliegen ist vor allem die Effizienz der feministischen Bewegung im Technologiezeitalter. In welcher Weise ist die Cyborg-Metapher politisch? Denken Sie zurück an die im ersten Kapitel vorgestellte Diskussion über binäre Unterscheidungen in der Sprache und ihre Folgen. Haraway teilt diese Sorge und meint, unsere klaren binären Unterteilungen richteten großen Schaden an. Zum Beispiel fördert die Unterscheidung zwischen Menschen und Tieren Haraway zufolge eine Reihe von Praktiken, die zur Ausrottung vieler Tierarten führen. Indem wir Wissenschaft und Natur trennen, erklären wir umweltzerstörende Maßnahmen für vernünftig. Und klare Unterscheidungen zwischen den Geschlechtern verschleiern laut Haraway die gegenseitige Verbundenheit und fördern eine Opferlogik. Durch unseren Versuch, klare Unterscheidungen zu treffen, zementieren wir das Willkürliche und erschaffen allgemeinverbindliche Welten. Haraway ist jedoch keineswegs gegen politisches Engagement. Ganz im Gegenteil. Sie argumentiert vielmehr gegen politische Standpunkte, die ihre Wirklichkeiten als die „eine wahre Welt" ausgeben. Nach ihrer Meinung sollten wir in unserer politischen Haltung durchaus klare Positionen beziehen, dabei jedoch offen und flexibel bleiben. Betrachten wir uns selbst als Cyborgs, wird diese Sicht noch verständlicher.

Die Cyborg-Metapher bietet weitere Vorteile. Laut Haraway verändert die technologische Revolution die weltweiten Muster der Politik, Vorherrschaft und Ausbeutung. Kommunikationsnetzwerke, Datenbanken, Schnittstellen, Simulationen und Robotertechnik wirken weltweit und verlangen eine Form von technologisch-politischem Aktivismus, der in hohem Maße anpassungsfähig ist. Man darf sich nicht entfremdet fühlen durch die technologischen Prozesse und sie als vom Menschen getrennt oder als minderwertig betrachten. Vielmehr müssen politische Kämpferinnen und Kämpfer in der Lage sein, Technologie zu guten Zwecken einzusetzen. Die heutigen technologischen Bewegungen definieren den Platz für Frauen außerhalb der Machtelite und weisen ihnen untergeordnete und periphere Positionen zu. Frauen können laut Haraway auch nicht länger Zuflucht suchen in der altmodischen Sicht des Weiblichen. Haraway fordert „Feministinnen, die eine Sprache sprechen, die dem eingefahrenen System Angst macht…und zum Aufbau und zur Zerstörung von Maschinen, Identitäten, Kategorien, Beziehungen, Räumen und Geschichten führt…Ich wäre lieber ein Cyborg als eine Göttin."[41]

Haraway verwendet die Cyborg-Metapher, um die feministische Bewegung zu stärken. Ihr Ansatz hat vielerorts Dialoge angeregt. Viele sehen nun in dieser Metapher ein breites Anwendungsspektrum und einen begrifflichen Ausgangspunkt für die postmoderne Zukunft. Zum Beispiel erkennen manche im Bereich der Medizin in der Cyborg-Metapher eine Trennung zwischen modernen und postmodernen Praktiken. In der Moderne wurde vor allem versucht, den Körper und seine Funktionen mittels universeller Technologien zu kontrollieren. An der Schwelle zur Postmoderne verschwimmen jedoch die Grenzen zwischen Körper und Technik. Beide verbinden sich in vielerlei Hinsicht, um neue Potenziale zu erzeugen. Unser Gedächtnis befindet sich nunmehr teilweise in Computern (Adressen, Briefe, Rechtschreibung), unsere Sehfähigkeit in Brillen und unser Gehör in Hörgeräten. Bei der Reproduktion können Frauen nun aus verschiedenen Techniken auswählen, mit wem sie sich „paaren", einschließlich künstlicher Besamung, in vitro Befruchtung, Intra-Eileiter-Transfers und einer Fülle an hormonellen Fruchtbarkeitsbehandlungen.[42] Wir und unsere Technik werden eins.

Wenden wir uns nun der globalen Ebene zu. Hier sehen viele in der Cyborg-Metapher eine Anregung zu Dialogen über die Zukunft der globalen Politik. Der Nationalstaat war lange Zeit die grundlegende politische Einheit, die jedoch in einer vernetzten Welt immer mehr an Bedeutung verliert. Technologische Verbindungen überschreiten geografische Grenzen und immer mehr Zentren der Bedeutungserzeugung haben eine technologische Grundlage. Ebenso wie der Cyborg die üblichen binären Unterscheidungen zwischen Mensch und Maschine in Frage stellt, vermischen die postmodernen „Staaten" „Menschen, Ökosysteme, Maschinen und verschiedene komplexe Softwares in einem riesigen kybernetischen Organismus, der in vielfältiger Weise mit den übrigen Organisations- und Lebensformen auf der Erde verbunden ist."[43]

Nachgedanken

Ich finde diese Sichtweisen auf unsere heutige Kultur ebenso faszinierend wie bedeutsam. Die Aufmerksamkeit der Wissenschaften wird auf das gegenwärtige und zukünftige Geschehen in unserer Welt gerichtet, und die Ergebnisse dieser Untersuchungen haben unmittelbare Auswirkungen auf unser Leben – was wir kaufen, welchen Einfluss die Massenmedien auf uns ausüben und wie wir miteinander umgehen. Besonders beeindruckt bin ich von der großen Bedeutung der Technologie in unserem Leben und ihrem Einfluss auf unsere Beziehungen und unser Selbstkonzept. Aus diesem Grunde habe ich mein früheres, in mancher Hinsicht autobiografisches Buch *Das übersättigte Selbst* geschrieben. Ein in diesem Buch zu kurz gekommenes Thema wurde in den letzten Jahren immer wichtiger. Die Computerwelt – E-Mail und World Wide Web – nimmt zunehmend Einfluss auf mein sich wandelndes Gefühl von Identität. In früheren Jahrzehnten diente der Computer als zentrale Metapher für menschliches Funktionieren. Der Geist wurde mit dem Funktionieren eines Rechners verglichen. Die kognitive Revolution in der Psychologie, die Erforschung künstlicher Intelligenz und die Kognitionswissenschaft haben alle zu dieser Gleichsetzung von Person und Computer beigetragen. Angesichts der dramatischen Ausbreitung des Internet und dem immer größeren Stellenwert von E-Mail und Internetsurfen wird der Computer als die Quelle unserer Faszination jedoch allmählich vom Netzwerk abgelöst. Das Internet ermöglicht uns eine sofortige Beziehung mit einer exponentiell zunehmenden Bevölkerung weltweit. Es ist ein so riesiges und mächtiges Feld, dass es von keinem Nationalstaat kontrolliert werden könnte. Keine Institution kann es wirkungsvoll einschränken. Es steht praktisch jenseits von Gesetzen. Das Internet erscheint als ein Tor in einen Bereich ohne erkennbares Ende. Die Metapher der Person als Computer erscheint dagegen engstirnig und begrenzt.

Wir können uns heute leichter als Teilnehmerinnen und Teilnehmer eines Beziehungsprozesses sehen, der in die Unendlichkeit hineinreicht. Interneterfahrung ist wie ein vernetzter Mutterleib, eine ständige Erinnerung daran, wie ich innerhalb eines systemischen Ereignisstroms verwirklicht werde, ein Prozess, der mich im Schatten stehen lässt und dennoch erst durch meine Beteiligung möglich wird.

Anmerkungen

1 Siehe die unter „Weiterführende Literatur" aufgeführten Werke zur Postmoderne.
2 Siehe insbesondere Lyotard, J.-F. (1999). *Das Postmoderne Wissen. Ein Bericht.* Wien: Passagen.
3 Orwell, G. (1994). 1984. Berlin: Ullstein. (Original erschienen 1949).
4 Packard, V. (1982). *Die geheimen Verführer.* Berlin: Ullstein. (Original erschienen 1957).
5 Siehe z.B. http: // www.adbusters.org
6 Siehe z.B. Faludi, S. (1991). *Backlash: The Undeclared War Against American Women.* New York: Crown.
7 Ewen, S. (1988). *All Consuming Images.* New York: Basic Books.
8 Ebd., S. 94.
9 Bahnbrechend war Hall, S. & Jefferson, T. (Eds.). (1976). *Resistance through Rituals.* London: Hutschinson. Für neuere Beiträge siehe Fiske, J. (2000). *Lesarten des Populären.* Turia & Kant; Jenkins, H. (1992). Textual Poachers. New York: Routledge.
10 Hebdidge, D. (1987). *Subculture: The Meaning of Style.* London: Methuen.
11 Radway, J. (1984). *Reading the Romance: Women, Patriarchy and Popular Literature.* Chapel Hill, NC: University of North Carolina Press.
12 Brown, M.E. (1994). *Soap Opera and Women's Talk.* Thousand Oaks, CA: Sage.
13 Ebd., S. 119.
14 Ebd., S. 124.
15 Ebd., S. 173.
16 Debord, G. (1983). *The Society of the Spectacle.* Detroit: Black and Red. (Deutsche Ausgabe: *Die Gesellschaft des Spektakels.* Berlin: Edition Tiamat. Erschienen 1996).
17 Ebd., section 15.
18 Ebd., section 21.
19 Baudrillard, J. (1982). *Simulacre et Simulation.* Paris: Galilée.
20 Boorstin, D. (1987). *Das Image: der amerikanische Traum.* Reinbek: Rowohlt.
21 Ebd.
22 Baudrillard, J. (1988). *The Ecstasy of Communication.* New York: Semiotext(e).
23 Für eine klassische Darstellung von Hegemonie und Macht siehe Gramsci, A. (1998). Gefängnishefte, in 10 Bänden. Hamburg: Argument.
24 Althusser, L. *Gesammelte Schriften.* Hamburg: Argument.
25 Lukes, S. (1974). *Power: A Radical View.* London: Macmillan. p. 34.
26 Siehe insbesondere Foucault, M. (2001). *Überwachen und Strafen. Die Geburt des Gefängnisses.* Frankfurt a. M.: Suhrkamp.
27 Ebd., S. 202.
28 Laclau, E. & Mouffe, C. (1988). *Hegemony and Socialist Strategy.* London: Verso.

(Deutsche Ausgabe : *Hegemonie und radikale Demokratie*. Wien: Passagen. Erschienen 2000).

29 Ebd., S. 108.

30 Aus McRae, S. (1997). *Flesh made word: sex, text and the virtual body*. In D. Porter (Ed.). *Internet Culture*. New York: Routledge. p. 78.

31 Gergen, K.J. (1996). *Das übersättigte Selbst. Identitätsprobleme im heutigen Leben.* Heidelberg: Carl-Auer-Systeme.

32 Druker, P. (1994). *The age of social transformation*. Atlantic Monthly, Nov. (274), 53-56.

33 Siehe z.B. Hoover, S.M. (1988). *Mass Media Religion*. Thousand Oaks, CA: Sage.

34 Rheingold, H. (1992). *Virtuelle Welten*. Reinbeck: Rowohlt.

35 Miller, J.K. & Gergen, K.J. (1998). *Life on the line: therapeutic potentials of computer mediated conversation*. Journal of Marriage and Family Therapy, 24, 189-202.

36 Taylor, M. (1971). *Parlactics*. In R. Scharlemann (Ed.). *On the Other*. Baltimore, MD: University Press of America. Für weitere Informationen über die Oberflächlichkeit elektronischer Gemeinschaften siehe Foster, D. (1997). *Community and identity in the electronic village*. In D. Porter (Ed.). Internet Culture. New York: Routledge.

37 Turkle, S. (1995). *Life on the Screen*. New York: Simon & Schuster. (Deutsche Ausgabe: *Leben im Netz. Identität in Zeiten des Internet*. Reinbeck: Rowohlt. Erschienen 1999).

38 Ebd., S. 219.

39 Für eine weiterführende Diskussion siehe Healey, D. (1997). *Cyberspace and place*. In D. Porter (Ed.). Internet Culture. New York: Routledge.

40 Haraway, D. (1995). *Simians, Cyborgs and Women: The Reinvention of Nature*. New York: Routledge. (*Die Neuerfindung der Natur. Primaten, Cyborgs und Frauen.* Frankfurt a.M.: Campus.)

41 Ebd., S. 170.

42 Für eine weiterführende Diskussion siehe Clarke, A. (1995). *Modernity, postmodernity and reproductive processes ca. 1890-1990*. In C.H. Gray (Ed.). *The Cyborg Handbook*. New York: Routledge.

43 Gray, C.H. & Mentor, S. (1995). *The cyborg body politic*. In Gray (Ed.). *The Cyborg Handbook*. p. 454.

Weiterführende Literatur

Kulturelle Studien

Barthes, R. (1964). *Mythen des Alltags*. Frankfurt a. M.: Suhrkamp.

Grossberg, L., Nelson, C. & Treichler, P. (Eds.). (1992). *Cultural Studies*. New York: Routledge.

Strinati, D. (1995). *An Introduction to Theories of Popular Culture*. London: Routledge.

Über die Postmoderne

Borgmann, A. (1992). *Crossing the Postmodern Divide*. Chicago: University of Chicago Press.

Connor, S. (1989). *Postmodernist Culture*. Oxford: Blackwell.

Harvey, D. (1989). *The Condition of Postmodernity*. Oxford: Blackwell.

Der Wirbel der Bedeutungen

Fiske, J. (2000). *Lesarten des Populären*. Turia & Kant.
Gane, M. (1991). Baudrillard: *Critical and Fatal Theory*. London: Routledge.
Gergen, K.J. (1996). *Das übersättigte Selbst. Identitätsprobleme im heutigen Leben*. Heidelberg: Carl-Auer-Systeme.
Hebdige, D. (1988). *Hiding in the Light: On Images and Things*. London: Routledge.
Mellencamp, P. (Ed.). (1990). *Logics of Television*. Bloomington, IN: University of Indiana Press.

Machtkonzeptionen

Clegg, S.R. (1989). *Frameworks of Power*. London: Sage.
Huspek, M. & Radford, C.P. (Eds.). (1997). *Transgressing Discourses*. Albany, NY: State University of New York Press.
Radtke, H.L. & Stam, H.J. (Eds.). (1994). *Power/Gender*. London: Sage.

Technologische Kulturen

Gray, C.H. (Ed.). (1995). *They Cyborg Handbook*. New York: Routledge.
Grodin, D. & Lindlof, T.R. (Eds.). (1996). *Constructing the Self in a Mediated World*. Thousand Oaks, CA: Sage.
Kiesler, S. (Ed.). (1997). *Culture of the Internet*. Mahwah, NJ: Erlbaum.
Porter, D. (Ed.). (1997). *Internet Culture*. New York: Routledge.
Poster, M. (1990). *The Mode of Information*. Chicago: University of Chicago Press.
Rochlin, G.I. (1997). *Trapped in the Net*. Princeton, NJ: Princeton University Press.
Stone, A.R. (1995). *The War of Desire and Technology at the Close of the Mechanical Age*. Cambridge, MA: MIT Press.
Turkle, S. (1999). *Leben im Netz. Identität in Zeiten des Internet*. Reinbeck: Rowohlt.

9 Fragen an den Konstruktionismus

> Viele Wissenschaftler bedauern diese Abkehr von der Vernunft und
> fürchten nicht nur einen Abstieg der Wissenschaft, sondern auch
> eine Gefahr für die Demokratie, die unabwendbar ist in einer
> Welt voller Geistheiler, religiöser Fundamentalisten,
> paranormaler Scharlatane und Postmodernisten.
>
> Donald G. Ellis, Herausgeber, *Communication Theory*

In seinem einflussreichen Buch *Bericht über die Methode/Discours de la Méthode*
stellte René Descartes Ideen vor, deren Auswirkungen noch Jahrhunderte
später sichtbar sind. Er sprach mit der Stimme größten Zweifels und fragte,
worauf wir unser Wissen und unsere Vorstellungen von der Welt gründen
könnten. Autoritäten nehmen laut Descartes Wissen für sich in Anspruch, doch
warum sollten wir ihnen vertrauen? Ebenso wenig besteht ihm zufolge Anlass,
unseren Sinnen Glauben zu schenken (schließlich könnten sie sich irren) oder
auf die sich ständig verändernden Meinungen der Massen um uns herum zu
setzen. Wie können wir also wohl überlegte und berechtigte Ansprüche auf
Wissen anmelden? Vor dem Hintergrund dieser ernüchternden Frage ließ
Descartes eine ermutigende Stimme ertönen. Wir beginnen laut Descartes mit
der Anerkennung des Zweifels. Obgleich unsere Vernunft uns alles, was uns
erscheint, anzweifeln lässt, können wir das Denken selbst nicht in Frage stellen.
Es ist demnach das Denken, aufgrund dessen wir uns sicher sein können, dass
wir überhaupt existieren: *Cogito ergo sum*.

Die Wertschätzung des individuellen Geistes und seiner Fähigkeiten,
Erfahrungen zu organisieren, logisch zu denken und intelligent zu spekulieren,
setzt sich bis in die Gegenwart fort. Wir loben das Individuum, das sich „der
Masse widersetzt", „eine eigene Meinung vertritt", „weise Entscheidungen
trifft" und „moralische Integrität zeigt." Wir vertrauen darauf, dass einzelne
Wissenschaftlerinnen und Wissenschaftler, ausgestattet mit der Kraft der Vernunft und dem Wissen um die Beschaffenheit der objektiven Welt, unser Leben
verbessern und die Gesellschaft einem Zustand des allgemeinen Wohlstands
näher bringen können.

Dieses Buch hat jedoch gezeigt, dass Descartes' Zweifel nicht umfassend
genug waren. Mit welcher Begründung hat er den Prozess des Zweifelns mit
individueller Vernunft gleichgesetzt? Ist der Zweifel notwendigerweise eine
Aktivität eines privaten Geistes? Sollte nicht auch diese Annahme angezweifelt
werden? Und ist es nicht überzeugender anzunehmen, dass Zweifel ein durch

Sprache vermittelter Prozess ist? Durch das Hinterfragen der Glaubwürdigkeit von Autoritäten, unserer Sinne, der öffentlichen Meinung usw. beteiligen wir uns an einem diskursiven Prozess, in dem wir uns mit anderen über die Natur der Dinge austauschen. Auch wenn wir allein unseren Zweifeln nachgehen, tun wir dies im Rahmen kultureller Gepflogenheiten des Sprechens und Schreibens. Unter diesen Voraussetzungen sind derartige Diskurse nicht der Besitz des einzelnen Individuums. Um eine bedeutungshaltige Sprache zu entwickeln bedarf es der sozialen Koordination. Nichts von dem, was wir Sprache nennen, entspringt einem privaten Geist. Erst durch eine breite Übereinstimmung hinsichtlich der Bedeutung von Wörtern oder Handlungen kann eine Sprache entstehen. Führen wir diese Argumentation fort, erkennen wir, dass es nicht der Geist der einzelnen Person ist, der zu Gewissheit führt, sondern die Beteiligung an gemeinschaftlichen Beziehungen. Ohne Beziehungen gäbe es keine bedeutungshaltigen Diskurse; und ohne Diskurse gäbe es keine verstehbaren „Objekte" oder „Handlungen" – oder Mittel, um diese in Zweifel zu ziehen. Wir können daher Descartes' berühmten Satz ersetzen durch *Communicamus ergo sum* – wir kommunizieren, also bin ich!

Auch wenn der Soziale Konstruktionismus unser Gefühl für das Wahre und Gute auf gemeinschaftliche Beziehungen zurückführt, sollten wir uns damit nicht begnügen. Was für eine Gemeinschaft „offensichtlich wahr und gut" ist, mag einer anderen als Täuschung oder als moralisch verwerflich erscheinen. In diesem Sinne lädt der Konstruktionismus zu ständiger Selbstreflexion ein – auch gegenüber dem Konstruktionismus selbst. Alle Wörter, Behauptungen und Vorschläge müssen als vorläufig angesehen werden und einer Dekonstruktion und einer moralischen und politischen Bewertung offen stehen. Durch jeden Schritt in einem Diskurs geben wir unzählige Möglichkeiten auf und unterdrücken andere Meinungen und Lebensformen. Wir sind gezwungen, gemeinsam Bedeutungen zu generieren, doch jede neue Bedeutung ist der potenzielle Tod ihrer Alternativen. Manche mögen sich aus allen diskursiven Festlegungen zurückziehen wollen .... und müssen erkennen, dass ein Rückzug ebenfalls eine Form der Festlegung ist.

In diesem Kontext müssen wir auch die sozialkonstruktionistische Orientierung in Frage stellen und einer aus vielen Richtungen kommenden Kritik zugänglich machen. Wie wir gesehen haben, erschließen die in den vorangegangenen Kapiteln vorgestellten Formulierungen neue und aufregende Sichtweisen des Verstehens und Handelns. Gleichzeitig stecken viele dieser Vorschläge voller Probleme, Gefahren und sogar moralischer Unzulänglichkeiten. Daher sind viele Reaktionen geradezu feindselig. Schmähungen wie „nihilistisch", „anti-rational", „anti-wissenschaftlich", „bürgerliche Mystifizierung" und „moralisch bankrott" sind nicht unüblich. Diesen ablehnenden Einstellungen liegen Diskurse zugrunde, die innerhalb ihrer eigenen Begrifflichkeiten überaus vernünftig erscheinen. Andererseits gibt es viele, die den konstruktionistischen

Dialogen nicht negativ gegenüberstehen, sondern nach ihren Folgen fragen. Haben diese Dialoge hilfreiche oder destruktive Konsequenzen? In diesem Kapitel wollen wir uns mit diesen Vorwürfen und Bedenken auseinandersetzen.

Da diese vielfältigen Fragen in unterschiedlichen Zusammenhängen entstehen, ist es schwer, eine geordnete Struktur für dieses Kapitel zu finden. Die Fragen stammen von verschiedensten Personen aus Philosophie, Wissenschaft, Religion, der humanistischen Tradition, der Praxis usw. Es wäre auch überraschend, wenn Sie als Leserin oder Leser nicht viele dieser Zweifel teilen würden. Ich habe daher sieben der am häufigsten gestellten Fragen ausgewählt und werde auf jede dieser Fragen eine konstruktionistische Erwiderung entwickeln. Dabei handelt es sich um folgende Fragen:

1. Welche Rolle spielt die physische Welt mit ihren sehr realen Problemen im Konstruktionismus?

2. Negiert der Konstruktionismus die Bedeutung persönlicher Erfahrungen und anderer mentaler Zustände?

3. Ist der Konstruktionismus als eine Form des Skeptizismus logisch inkonsistent?

4. Bezieht der Konstruktionismus eine moralische oder politische Position oder vertritt er einen moralischen Relativismus?

5. Wenn alles, was wir für real und gut halten, konstruiert ist, was lohnt es sich dann noch zu tun?

6. Laufen konstruktionistische Dialoge Gefahr, sich dogmatisch abzukapseln?

7. Was sagen Konstruktionistinnen und Konstruktionisten zu den offensichtlichen Erfolgen der Naturwissenschaften?

Realismus: „Es gibt aber doch eine Welt da draußen!"

> In einer Welt ohne Grundlagen sind alle gleich und die Durchsetzung eines jeden Systems an Bedeutungen gegenüber anderen ist Gewalt und Unterdrückung.
>
> Gianni Vattimo, *The Transparent*

Auf konstruktionistische Ideen wird häufig mit Zweifel und Unglauben reagiert. „Wie kannst du die Existenz der materiellen Realität anzweifeln? Willst du behaupten, Umweltverschmutzung, Armut oder der Tod seien nicht real? Meinst du, dass es da draußen keine Welt gibt und wir das alles nur erfinden? Absurd!" Obgleich diese üblichen Einwände berechtigt erscheinen, basieren sie leider auf einem Missverständnis der konstruktionistischen Argumente. Der Konstruktionismus leugnet weder Umweltverschmutzung noch Armut oder den Tod. Doch ebenso wenig äußert er sich bestätigend. Wie in früheren Kapiteln dargestellt, versucht der Konstruktionismus nicht, darüber zu entscheiden, was grundsätzlich real ist und was nicht. Was immer ist, ist einfach. Sobald wir jedoch das, was ist, zu artikulieren versuchen – und festlegen wollen, was tatsächlich und objektiv der Fall ist –, betreten wir eine Welt des Diskurses – und damit eine Tradition und eine Lebensweise mitsamt den mit ihnen einhergehenden Werten. Allein die Frage, ob es eine reale Welt „da draußen" gibt, führt uns in die westliche Metaphysik des Dualismus, mit einer subjektiven Welt „in unserem Kopf" und einer „objektiven" Welt irgendwo außerhalb von uns (siehe Kapitel 1). Indem wir scheinbar selbstverständliche Ausdrucksweisen wählen, vergessen wir oftmals, dass wir uns innerhalb einer bestimmten Tradition bewegen. Häufig verwenden wir Wörter als Beschreibung oder Abbildung der Welt, wie sie ist. Die Ergebnisse können betäubend sein, wenn nicht gar ethisch verwerflich. Nehmen wir folgendes Beispiel.

Wann immer wir uns einer bestimmten Darstellung des Realen verpflichten, schirmen wir uns ab von anderen Möglichkeiten. In diesem Sinne ist das, was uns am offensichtlichsten und überzeugendsten erscheint, auch das, was uns am meisten begrenzt. Ist die Erde definitiv flach, was einst als offensichtliche Tatsache galt, gibt es keinen Raum für diejenigen, die der Möglichkeit einer „runden" Erde nachgehen wollen. Für diejenigen, die sich sicher sind, dass Gras grün ist, gibt es keinen Platz für psychophysiologische Forschung, die Farbe als psychologisches Phänomen beschreibt, das aus dem von der Retina reflektierten Licht resultiert. Und wer sich darauf festlegt, Steine seien feste Materie, hat keinen Grund wie die heutigen Physikerinnen und Physiker anzunehmen, dass sie auch aus molekularen Teilchen bestehen könnten. Jede Festlegung auf das Reale begrenzt das große Meer an Alternativen und jede Unterdrückung alternativer Diskurse schränkt unsere Handlungsmöglichkeiten ein.

Diese Argumente legen nahe, dass unser Anspruch, „mehr" und „besser" zu verstehen als frühere Generationen eine eher lähmende Wirkung hat. Mit jeder Freude über einen neuen „Durchbruch" – dem Gefühl „jetzt wissen wir es wirklich" – kommt es gleichzeitig zum Ausschluss oder Verlust anderer Sichtweisen. So macht z.B. der Historiker Mircea Eliade darauf aufmerksam, dass die Menschen im Mittelalter davon ausgingen, das wirklich Reale läge *hinter* den materiellen Ereignissen des Alltagslebens. „Die Produkte der Natur und die durch menschliche Geschicklichkeit hervorgebrachten Objekte erlangten ihre Wirklichkeit und Identität durch das Ausmaß ihrer Beteiligung an einer transzendenten Realität. Eine Tat erlangte Bedeutung und Realität nur durch das Ausmaß, in dem sie eine ursprüngliche Handlung wiederholte."[1] Diese tiefere Realität wurde der Kultur in Mythen und Fantasiegeschichten offenbart – in Erzählungen von Heiligen, Heldinnen und Zauberern. Natürlich „wissen wir es heute besser". Die Welt, die wir kennen, mitsamt den in ihr befindlichen Menschen, ist eine materielle – alles besteht aus winzigen Materieteilchen. Je mehr wir uns mit dem „wirklich Realen" der physischen oder materiellen Welt begnügen, umso mehr verlieren wir die Wertschätzung für das Magische des alltäglichen Lebens. Durch die Festlegung auf eine Sprache des Materiellen verlieren wir die wertvolle Stimme des Zaubers und Entzückens. Ähnliche Verluste ergeben sich, wenn die Wissenschaft uns sagt, Liebe sei lediglich hormonell gesteuerte Erregung, Wünsche seien konditionierte Reaktionen, Religion sei eine Neurose und bei der Sorge der Mutter um ihre Kinder handele es sich um eine genetische Disposition. Betrachten wir alle menschlichen Handlungen als „rein materiell", werden sie dadurch oberflächlich und bedeutungslos. Wollen wir den Diskurs des Geheimnisvollen und der tiefen Bedeutungen wirklich aufgeben?

Mit anderen Worten: Indem wir bestimmen, was wirklich und wahr ist, was tatsächlich passierte und was offensichtlich vorliegen muss, verschließen wir uns vor anderen Optionen des Dialogs. Derartige Erklärungen wirken demnach als Gesprächsunterbrecher; sie legen fest, was andere sagen dürfen und wer Gehör findet. Nehmen wir z.B. den Diskurs der Medizin. Wer zweifelt an der Realität von Brustkrebs, Herzkrankheiten oder zystischen Fibrosen? All diese Erscheinungen gehören zur täglichen Realität in der Gesellschaft. Es geht hier weder darum, die Wörter zu ersetzen, noch die Forschungs- oder Behandlungspraktiken, die sich auf sie beziehen. Je mehr sich jedoch diese Begriffe der Medizin in der Gesellschaft verbreiten und zum „wirklich Realen" werden, umso mehr werden konkurrierende Stimmen aus dem Dialog ausgeschlossen.

Nehmen wir die Realität von AIDS. Es hat aktive Versuche vieler Gruppen gegeben, die Realität der breiten Öffentlichkeit bekannt zu machen. Etwa die Foto-Ausstellung von Nicholas Nixon unter dem Titel „Pictures of People", die weite Teile der Vereinigten Staaten erreichte. Auf den Bildern werden schwerkranke AIDS-Opfer gezeigt, die einem qualvollen Tod entgegensehen. Die Ausstellung war eine eindrucksvolle Darstellung des mit dieser Krankheit verbundenen Leids. Das Museum of Modern Art schreibt, das Anliegen dieser Ausstellung bestehe darin, „die Geschichte von AIDS zu erzählen; zu zeigen, was diese Krankheit wirklich ist und welche Auswirkungen sie auf Betroffene und ihre Partner, Familien und Freunde hat…"[2] Werden wir jedoch trotz der Brillianz der Fotografien darüber informiert, was die Krankheit „wirklich ist"? Zumindest bestreitet dies eine Gruppe von AIDS-Aktivistinnen und -Aktivisten, die gegen die Ausstellung demonstrierten. Sie verteilten Flugblätter, in denen sie der Ausstellung vorwarfen, falsche Vorstellungen zu festigen und sich nicht mit „den Wirklichkeiten derjenigen" zu beschäftigen, „die jeden Tag mit dieser Krise leben." Des Weiteren stand zu lesen: „Wir fordern die Darstellung von Personen mit AIDS, die lebensfroh, ärgerlich, liebevoll, sexy und schön sind, sich aktiv engagieren und wehren."[3] Geben diese zusätzlichen Bilder letztendlich die Wirklichkeit wieder? Andere Analysen bezweifeln dies. Manche meinen, derartige Darstellungen würden ein Individuum auf eine Krankheit reduzieren und damit seiner Ganzheitlichkeit und Vielfalt nicht gerecht werden. Andere argumentieren, Bilder von Personen mit AIDS seien im Wesentlichen Ausbeutung, die nur dazu diene, die Sensationslust der Öffentlichkeit zu befriedigen. Wiederum andere weisen darauf hin, dass eine Fokussierung auf Individuen unser Blickfeld einengt und uns den Kontext der Krankheit ebenso vergessen lässt wie Versäumnisse der Regierung, unzureichende Forschung und mangelhafte medizinische Betreuung. Sind nicht all diese Stimmen – und noch weitere – notwendig, wenn wir uns mit AIDS beschäftigen? Sollten wir in diesem Fall nicht skeptisch sein gegenüber Versuchen, die Diskussion durch Verweise auf das „Wahre" und „Wirkliche" zu beenden?

Die Frage der Erfahrung und anderer geistiger Zustände

> Wie sind wir jemals dazu gekommen, einen Begriff wie „ich glaube…" zu verwenden? Sind wir uns irgendwann eines Phänomens des Glaubens bewusst geworden?
>
> Ludwig Wittgenstein, *Philosophische Untersuchungen*

Denken Sie einmal daran, wie oft wir jeden Tag Wörter wie „denken", „hoffen", „wollen", „brauchen" und „erinnern" verwenden und wie wichtig in unseren Beziehungen Wörter wie „Liebe", „Traurigkeit" und „Freude" sind. Wir benutzen diese Begriffe, als ob sie für Zustände oder Ereignisse in uns stünden, in unserem Geist oder unserer privaten Erfahrung. Der Soziale Konstruktionismus scheint jedoch einen grauen Schatten auf ihre Existenz zu werfen. Die vielen im ersten Kapitel dargestellten Kritikansätze richten sich gegen die traditionelle Sicht des Wissens als in Köpfen einzelner Individuen verortbar. Es wurde gezeigt, dass es keine verlässlichen Methoden zu geben scheint, die zu erklären vermögen, wie sich Ideen aus Beobachtungen ergeben oder wie Ideen zu Taten führen. Nährt dies nicht auch den Zweifel an der Existenz all des vom übrigen psychologischen Vokabular Bezeichneten? Wirkt der Geist nicht wie ein Spiegel der Welt, welchen Sinn macht es dann, von „wissen", „glauben", „erinnern" usw. zu sprechen? Im zweiten Kapitel haben wir untersucht, wie Psychiatrie und Psychologie die Welt des Geistes konstruieren und welche nachteiligen Konsequenzen sich aus defizitären Begriffssystemen für das soziale Leben ergeben. Im dritten und vierten Kapitel sahen wir, wie die Welt des Geistes durch Sprache konstruiert wird, insbesondere durch Metaphern, und wie sich diese Sprache im Laufe der Zeit verändert und zwischen Kulturen unterscheidet. Im fünften Kapitel wurde ein Argument gegen die mentale Zustände voraussetzende individualistische Tradition vorgebracht und eine alternative, relationale Sichtweise dargestellt. In all diesen Fällen scheinen Konstruktionistinnen und Konstruktionisten nicht nur die Grundlagen für den Glauben an „den Geist" zu zerstören, sondern auch das gesamte Vokabular aus politischen und moralischen Gründen in Frage zu stellen.

Es darf also gefragt werden, ob der Soziale Konstruktionismus nicht für eine Abschaffung dieser Begriffe plädiert. Sind diese Begriffe nicht irreführend, da sie auf fehlgeleiteten Traditionen des Verstehens beruhen? Sollten wir solche „umgangssprachlichen" Begriffe nicht aus unserem Leben und aus den verschiedenen Disziplinen des Wissen streichen? Mentale Erklärungen sind nicht nur die Grundlage von Psychologie und Psychiatrie, sondern finden auch in Geschichte, Anthropologie, Wirtschafts- und Politikwissenschaften Anwendung. Müssen diese Disziplinen nicht ebenfalls in Frage gestellt werden? Sind alle klinischen Praktiken, bei denen Therapeutinnen und Therapeuten versuchen, das „innere Leben" oder die „subjektiven Erfahrungen" ihrer Klientinnen und Klienten zu verstehen, sinnlose Bemühungen? Und wie steht es mit frei gewählten Handlungen? Wo wären wir ohne unsere Überzeugungen, dass wir über unser Verhalten selbst entscheiden können und für unsere Taten verantwortlich sind? Sollten wir uns von diesen Annahmen trennen?

Diese Fragen sind enorm bedeutsam und erfordern weitere Dialoge. Für einen solchen Austausch ist es jedoch wichtig zu verstehen, dass Konstruktionistinnen und Konstruktionisten zwar dem Vokabular des geistigen Lebens die Grundlage entziehen, keinesfalls jedoch den Verzicht auf die Verwendung mentaler Begriffe fordern – weder im persönlichen oder politischen noch im wissenschaftlichen Rahmen. Aus konstruktionistischer Sicht stellt sich nicht die Frage, ob dieses Vokabular des Verstehens – oder irgendwelche alternativen Diskursformen – objektiv wahr sind oder nicht. Wie wir gesehen haben, kann das gesamte Spektrum miteinander verbundener Konzepte – „gültig", „real", „objektiv", „genau" und „wahr" – nicht in seiner traditionellen Verwendung gerechtfertigt werden. Ob mentale Konzepte wahr sind – z.B. Erfahrung oder freie Entscheidungen –, ist eine Frage, die keine Antwort erfordert. Die für Konstruktionistinnen und Konstruktionisten wichtigere Frage ist, welche Konsequenzen die Verwendung dieser Begriffe im kulturellen Leben hat.

Fragen wir nach den praktischen Folgen mentaler Begriffe, erkennen wir zunächst, dass diese Wörter von unschätzbarer Bedeutung sind. Die Sprache des Geistes spielt eine entscheidende Rolle im kulturellen Leben des Westens. Zum Beispiel wäre es ohne eine Sprache der Leidenschaften und Liebe, der

Wünsche und Bedürfnisse sehr schwierig, sich an der Tradition der romantischen Liebe zu beteiligen. Durch die Sprache wird Liebe etwas, was wir „tun", ebenso wie liebevolle Blicke, Handhalten oder Streicheln. In gleicher Weise kämen unsere Bildungseinrichtungen nicht ohne objektivierende Begriffe wie „Vernunft", „Gedächtnis" oder „Aufmerksamkeit" aus; und unser Rechtssystem würde ohne Wörter wie „Absicht", „bewusste Entscheidung" oder „Wissen um Recht und Unrecht" ins sich zusammenbrechen. Ohne eine Sprache der „individuellen Vernunft" und des „freien Willens" ergibt die Idee der Demokratie keinen Sinn. Psychologische Diskurse sind ein wesentlicher Bestandteil der westlichen kulturellen Tradition. Ich kann Ihnen versichern, dass ich trotz meiner ausführlichen Schriften zum Konstruktionismus auch weiterhin diese Wörter in den meisten meiner Beziehungen verwenden werde.

Sie mögen einwenden, es gehe hier um mehr als nur diskursive Praktiken. „Ich mache doch meine Erfahrungen", könnten Sie sagen. „Ich fühle etwas, wenn ich sage, ich sei verliebt. Diese Erfahrung ist anders, als wenn ich sage, ich sei wütend oder hungrig." Wie könnte es auch anders sein? Konstruktionistinnen und Konstruktionisten verleugnen nicht, dass in diesen verschiedenen Situationen „etwas passiert". Bedenken Sie jedoch, dass Sprache keine Abbildung des Realen ist. Wir mögen das Wort „Erfahrung" verwenden, um uns mitzuteilen, doch dadurch wird das Wort nicht wahr oder genau in Bezug auf das, was ist. Zum Beispiel könnten wir fragen, ob es möglich ist, ohne Nervenzellen Ärger zu erleben. Die Antwortet lautet sicher nein und daher ist „Erfahrung" nicht nur „im Geist", sondern „in der Physiologie." Physiologinnen und Physiologen würden vielleicht hinzufügen, der Begriff „Erfahrung" sei ungeeignet, da es schließlich um physiologische Reaktionen gehe. In diesem Zusammenhang von „Erfahrung" zu sprechen, sei eher umgangssprachlich und unwissenschaftlich. Anschließend könnten wir fragen, ob Neurone ohne Blutversorgung auskommen und das Blut ohne Sauerstoff. Plötzlich wäre „Erfahrung" auch mit der umgebenden Atmosphäre verbunden und könnte nicht länger auf die Physiologie begrenzt werden. Sauerstoff ist seinerseits abhängig von anderen Faktoren in der Umwelt (etwa der Photosynthese) und in diesem Sinne ist das, was Sie Ihre Erfahrung nennen, ein Teil der gesamten Natur – und nicht nur Ihr eigener, privater Besitz. Damit will ich nicht die Wahrheit dieses Standpunkts unterstreichen, sondern lediglich darauf hinweisen, dass es viele Möglichkeiten gibt, das, was „passiert", wenn wir unsere „Erfahrungen" machen, zu beschreiben. Zumindest eine Darstellungsweise verbindet Erfahrung mit der Gesamtheit der Natur. Die Folgen dieser Sicht, in der Erfahrung und Natur zu einer Einheit verschmelzen (statt Erfahrung und Objekt zu trennen), sind überaus interessant.

Da die Verwendung mentaler Begriffe so wichtig ist, können Disziplinen, die mentale Erklärungen liefern, großen Einfluss auf die Gesellschaft nehmen. Fachgebiete wie Psychologie, Anthropologie, Geschichte usw. tragen die Traditionen der Kultur auf ihren Schultern. Sie erhalten die Sprache des Geistes am Leben und formen somit die Beziehungen, in die diese Sprache eingebettet ist. Gleiches gilt für Psychiatrie und Klinische Psychologie. Diese Disziplinen „ergründen nicht die Tiefen des Geistes", wie oftmals angenommen wird. Dennoch arbeiten diese Berufe mit einem wirksamen Vokabular für menschliche Veränderungen. Personen ändern ihren Lebensweg durch Einsichten in „unbewusste Wünsche" und „verborgene Hoffnungen" und das Bestreben nach Selbstoffenbarung und psychologischem Wachstum.

Trotz allem, was zugunsten mentaler Diskurse gesagt werden kann, sollten wir uns ihrer Nachteile bewusst sein. Zum Beispiel der Art und Weise, in der die Sprache des Geistes eine Ideologie des Individualismus fördert – einschließlich ihrer Folgen wie Entfremdung, Narzissmus und Ausbeutung. Im fünften Kapitel haben wir uns bemüht, die Sprache des individuellen Geistes zu transformieren, um den Diskurs auf unsere Einbindung in Beziehungen zu lenken. Der Konstruktionismus versucht demnach nicht, den psychologischen Diskurs auszurotten. Vielmehr sind wir dazu eingeladen, die Tradition des Geistes wertzuschätzen, uns jedoch gleichzeitig ihrer Begrenzungen bewusst zu sein und uns für die Möglichkeiten alternativer Konstruktionen zu öffnen.

Über die Inkohärenz des Skeptizismus

> Es geht nicht um eine Reihe von Antworten,
> sondern darum, eine andere Praxis zu ermöglichen.
>
> Susanne Kappeler, *The Pornography of Representation*

Im Laufe der Jahrhunderte haben sich viele Philosophen mit den Begriffen der Objektivität, der Wahrheit und des Erfahrungswissens kritisch auseinandergesetzt. Die vielleicht häufigste Antwort auf die verschiedenen Formen des Skeptizismus erschien erstmals in Platons *Theätet*. Kurz gefasst lautet die in diesem Text formulierte Frage: „Wenn es Wahrheit, Objektivität oder Erfahrungswissen nicht gibt, wie die Skeptikerinnen und Skeptiker behaupten, auf welcher Grundlage sollten wir dann den Skeptizismus akzeptieren? Gemäß der eigenen Aussagen, kann der Vorschlag der Skeptikerinnen und Skeptiker nicht wahr, objektiv oder empirisch fundiert sein. Daher ist der Skeptizismus inkohärent. Er verlangt von uns, die Wahrheit seiner Position zu akzeptieren, während er gleichzeitig vorgibt, es gäbe keine Wahrheit." Scheinbar trifft diese Kritik auch auf die konstruktionistischen Argumente zu. Wenn alle Sichtweisen sozial konstruiert sind, wie kann der Konstruktionismus dann wahr sein?

Bevor wir uns konstruktionistischen Antworten auf diese Kritik zuwenden, ist es zunächst wichtig zu verstehen, dass Ansprüche auf Wahrheit nicht besser begründet sind als Ansprüche auf Skeptizismus. Skeptikerin und Skeptiker können sich nicht auf empirische Belege berufen, um die Behauptung, es gäbe keine empirische Wahrheit, zu rechtfertigen. Doch ebenso wenig können dies diejenigen, die für sich in Anspruch nehmen zu wissen, was wirklich oder wahr ist. Es gibt keine Theorie des Wissens – empiristisch, realistisch, rationalistisch, phänomenologisch oder sonstwie –, die kohärente Belege für ihre eigenen Behauptungen liefern könnte. Es ist üblich, dass Wissenschaftlerinnen und Wissenschaftler z.B. sagen, eine Theorie nähere sich der Wahrheit an, wenn alle verfügbaren Daten sie bestätigen und keine falsifizierenden Belege vorliegen. Doch auf welcher Grundlage lässt sich eine solche Aussage rechtfertigen? Es wäre kaum angebracht, einfach hinaus zu gehen und die Behauptung durch die Sammlung von Daten zu prüfen. Bereits der Versuch, die Theorie auf diese Weise zu beweisen, basiert auf der Annahme der Richtigkeit der Theorie. Es wäre zirkulär, die empirische Sicht der Wahrheit empirisch zu prüfen. Und alle anderen Begründungen, wie z.B. „wir wissen durch Logik, dass diese Theorie wahr ist", würden auf subtile Weise die Aussagen der Theorie untergraben. Würden wir den Empirismus allein durch logisches Denken beweisen, wäre es das Denken, das uns zur Wahrheit führt und nicht die empirischen Daten. Es gibt daher keine Ansprüche auf Wahrheit, die sich selbst rechtfertigen können.

Lassen Sie uns noch drei Varianten der Inkohärenz-Kritik näher betrachten. Zunächst gibt es Kritikerinnen und Kritiker, die fragen: „Ist nicht die konstruktionistische Position selbst eine soziale Konstruktion? Und wenn ja, warum sollten wir ihr eher glauben als konkurrierenden Standpunkten?" Die erste Frage beantworten Konstruktionistinnen und Konstruktionisten mit ja. Die Argumente zugunsten des Konstruktionismus sind letztendlich mit Metaphern und Erzählungen verbunden, zeitlich und kulturell begrenzt, und sie werden von Personen im Prozess kommunikativer Beziehungen vorgebracht. Zwei Aspekte bedürfen jedoch einer besonderen Berücksichtigung. Durch das Stellen dieser Frage hat die Kritikerin oder der Kritiker die konstruktionistische Position übernommen. Das heißt, die Kritik am Konstruktionismus basiert in diesem Falle auf den gleichen Vorannahmen, die die Kritikerin bzw. der Kritiker angreift: Es wird versucht, den konstruierten Charakter der konstruktionistischen Position nachzuweisen. Dadurch entwickeln Kritikerin und Kritiker nicht nur keine Alternative zum Konstruktionismus, sondern bedienen sich dessen Vorannahmen, um den Dialog voranzubringen. Für Konstruktionistinnen und Konstruktionisten ist der Prozess der Demontage der konstruktionistischen „Rhetorik" ein sehr wertvoller. Denn es sind genau solche Fragen, die uns Reflexivität ermöglichen (siehe Kapitel 2) und uns in die Lage versetzen, aus dem Diskurs herauszutreten und andere mögliche Wirklichkeiten in Betracht zu ziehen. Diese Art von Kritik erlaubt uns zu fragen, welche Folgen konstruktionistische Diskurse in unterschiedlichen Situationen haben und welche Vor- und Nachteile, Potenziale und Begrenzungen sich aus ihnen ergeben. Der Konstruktionismus strebt daher nicht danach, das *letzte Wort* zu haben. Vielmehr sieht er sich als eine Diskursform, mit deren Hilfe es sich vermeiden lässt, eine Welt aufzubauen, in der die Dialoge niemals enden.

Eine zweite Variante der Inkohärenz-Kritik repräsentieren jene Kritikerinnen und Kritiker, die fragen, wie der Konstruktionismus wahr sein könne, wenn er genau diese Annahme kritisiert. Konstruktionisten antworten, dass diese Kritikerinnen und Kritiker nicht die Begrenzung ihrer eigenen Frage erkennen. Die Frage beruht auf dem Konzept der „objektiven Wahrheit", das vom Konstruktionismus in Frage gestellt wird. Traditionell empiristisch denkende Personen argumentieren, dass (1) auf der Grundlage der Empirie über die Wahrheit verschiedener Vorschläge entschieden werden kann. Daraus folgt, dass (2) empirische Validität als angemessene Begründung für die Annahme oder Ablehnung einer bestimmten Theorie angesehen wird und dass (3) der Soziale Konstruktionismus eine solche Theorie ist, die es gemäß der empirischen Standards der Wahrheit zu beurteilen gilt. Wie die vorangegangenen Kapitel jedoch gezeigt haben, lässt sich die erste dieser Vorannahmen weder rechtfertigen noch verstehen. Deshalb ist es nicht länger vertretbar, „objektive Validität" als Kriterium zu verwenden, mittels dessen konstruktionistische Argumente beurteilt werden. Das Kriterium „Wahrheit" wird schlicht irrelevant in Bezug auf die Annahme oder Ablehnung konstruktionistischer Vorschläge. Der Konstruktionismus will nicht akzeptiert werden, weil er wahr ist. Vielmehr lädt er die Menschen dazu ein zusammenzuwirken, um der Welt Sinn und Bedeutung zu geben und gemeinsam eine vielversprechendere Zukunft zu gestalten. Alternative „Wahrheiten" werden dabei nicht unterdrückt, sondern zur Teilnahme am Dialog eingeladen. Zusammenfassend betrachtet ist der Konstruktionismus daher eher wie eine Einladung zum Tanzen und Spielen, zum Gespräch und zum Ausprobieren neuer Lebensweisen. Die wichtigste Frage lautet nun, was passiert, wenn wir konstruktionistische Ideen umsetzen? Wie verändert sich unser Leben, zum Positiven oder zum Negativen?

Die dritte wichtige Form der Inkohärenz-Kritik versucht, die Vernunft aus den Fängen des Konstruktionismus zu retten. Von der frühen Philosophie der Aufklärung bis hin zur Moderne des zwanzigsten Jahrhunderts wurde viel Hoffnung in die Kraft des Verstandes gesetzt. Es sei die menschliche Vernunft, die uns von den Tieren unterscheidet, uns vor religiösem und politischem Totalitarismus schützt und uns letztendlich eine ethische Grundlage zu liefern vermag. Wie die früheren Kapitel jedoch gezeigt haben, stehen diese Hoffnungen auf überaus schwankendem Boden. Für Konstruktionistinnen und Konstruktionisten ist Vernunft kein innerer Zustand des Geistes, sondern eine Form öffentlicher Handlung (in Sprache, Symbolen, materiellen Anordnungen). „Gute Gründe" erlangen Einsichtigkeit und Macht durch Beziehungen. Die „Gründe" der einen Person gelten einer anderen als „Irrtümer"; was eine Gruppe als „zwingende Logik" ansieht, betrachtet eine andere als „reine Sophisterei." Die Vernunft allein ist damit keine solide Grundlage für eine soziale, ethische oder politische Position; sie ist immer eingebettet in eine bestimmte Kultur, die ihrerseits bestimmten Werten und Lebensweisen verpflichtet ist.

Die Verteidigerin der Vernunft erhebt jedoch noch einen weiteren Einwand: Ist die Beweisführung gegen die Vernunft nicht selbst eine Anwendung der Vernunft, die damit der Bedeutung einer universellen Logik in menschlichen Angelegenheiten Tribut zollt? Der Philosoph Thomas Nagel schreibt:

> Ob man die rationalen Beglaubigungen eines einzelnen Urteils oder eines ganzen Bereichs an Diskursen in Frage stellt, stets muss man sich auf irgendeiner Ebene auf Urteile und Argumentationsmethoden verlassen, die nach eigener Überzeugung nicht den gleichen Vorbehalten unterliegen, sondern, selbst wenn sie unzutreffend sind, etwas Grundlegenderes repräsentieren und nur durch weitere Verfahren der gleichen Art korrigiert werden können.[4]

An dieser Stelle können Sie vielleicht bereits erahnen, wie die konstruktionistische Antwort aussehen wird. Sicher verwenden Konstruktionistinnen und Konstruktionisten „Argumentationsmethoden" gegen Ansprüche auf Vernunftgrundlagen. Dieses Buch ist dafür ein gutes Beispiel. Allerdings unterliegen diese Argumente der gleichen Kritik wie die Vernunft selbst: Es sind gemeinschaftliche, historisch und kulturell eingrenzbare Konstruktionen. Nur durch eine solche Einbettung kann auch dieses Buch Sinn ergeben. Im Gegensatz zu Nagel vertreten Konstruktionistinnen und Konstruktionisten daher nicht die Annahme, die konstruktionistischen Argumente seien Appelle an eine universelle Logik oder „Verbesserungen" müssten in einer Form erfolgen, die wir (gebildeten Leute) als rationale Argumentation akzeptieren. Das gesamte konstruktionistische Bild kann zerstört werden, indem wir darin nur „die Worte des westlichen Imperialismus" sehen. Und wenn diese Reaktion erfolgt, müssen wir – wenn wir gemeinsam weiter gehen wollen – neue Möglichkeiten finden, um Bedeutung herzustellen.

Die verheerenden Folgen des Relativismus

> Dekonstruktion ist bösartig radikal in Bezug auf die Meinung der anderen
> und vermag selbst die ernsthaftesten Aussagen als ungeordnete Spielerei an
> Zeichen zu entlarven. In jeder anderen Hinsicht ist sie jedoch äußerst kon-
> servativ. Da sie nicht verlangt, dass wir uns auf irgendetwas festlegen, ist sie
> so schädlich wie zerstörerische Munition.

> Terry Eagleton, *Illusionen der Postmoderne*

Der vielleicht heftigste Angriff gegen konstruktionistische Sichtweisen bezieht
sich auf ihre moralische und politische Position. Es wird behauptet, der Konstruktionismus habe keine Werte, toleriere alles und setze sich für nichts ein.
Schlimmer noch, er rate davon ab, sich auf konkrete Werte oder Ideale festzulegen, da diese „nur Konstruktionen" seien. Der Konstruktionismus versäume es,
soziale Kritik zu äußern oder neue Veränderungsmöglichkeiten aufzuzeigen.
Was könnten Konstruktionistinnen und Konstruktionisten gegen den
Holocaust sagen? Wie könnte vollständige „Toleranz" jemals akzeptabel sein?

Was kann von konstruktionistischer Seite auf solche Vorwürfe erwidern werden? Zunächst ist es wichtig zu erkennen, dass der Konstruktionismus eine
fördernde Kraft ist für Dialoge über gut und böse. Während der ersten Hälfte
des zwanzigsten Jahrhunderts wurden die Diskurse der Ethik und Moral
zunehmend unbeliebter. Diese Erosion ging vornehmlich von der Vorherrschaft des wissenschaftlichen Weltbildes aus. Am Ende des neunzehnten Jahrhunderts bestand die Hoffnung, die damals rasante Fortschritte machende
Wissenschaft könnte uns die Bequemlichkeit moralischer Klarheit bescheren.
Allmählich wurden sich die Wissenschaftlerinnen und Wissenschaftler jedoch
der Tatsache bewusst, dass man aus einem „soll" kein „ist" ableiten kann. Das
heißt, auf der Grundlage von Beobachtungen dessen, was Menschen tun, lässt
sich nicht bestimmen, was sie tun sollten. Mit anderen Worten: Wir müssen
zwischen Fakten und Werten unterscheiden. Die Wissenschaft untersucht
Fakten und hat ihre Wurzeln in systematischer Beobachtung und rigoroser
Logik. Der Bereich der Werte ist davon getrennt zu sehen, und Wissenschaftlerinnen und Wissenschaftler erheben keinen Anspruch auf Experten-
wissen bezüglich dieses Themas. Schlimmstenfalls stecken wissenschaftliche
Bemühungen voller Voreingenommenheiten, wenn sie von Werten motiviert
sind. Es mag politisch wünschenswert sein zu sagen, „Alle Menschen sind
gleich". Wenn jedoch alle wissenschaftlichen Belege dafür sprechen, dass es
angeborene Intelligenzunterschiede gibt, würde es die Wissenschaft kor-
rumpieren, etwas anderes zu behaupten.

Je mehr sich diese Sichtweise der Wissenschaft entwickelte, umso mehr
schwand das Interesse, über Werte zu diskutieren. Wissenschaft, so wurde be-

hauptet, sei jenseits von Ideologien; sie untersuche das, „was ist", und nicht das, „was sein sollte." In den ersten Jahrzehnten des letzten Jahrhunderts war diese Sicht eine erfrischende und dringend benötigte Gegenposition zu den aufkommenden Formen des Faschismus. Nach der Machtübernahme der Nazis sahen viele in der Wissenschaft das Versprechen einer von Ideologien unkontaminierten Welt. Die Ausdehnung des wissenschaftlichen Weltbilds wurde vor allem an Universitäten sichtbar. Während die Bildung im neunzehnten Jahrhundert zu einer intensiven Beschäftigung mit Ethik, Werten und Philosophie anregte, wurden diese Themen im zwanzigsten Jahrhundert allmählich durch eine streng wissenschaftliche Orientierung ersetzt. Sozialwissenschaften wie Psychologie, Anthropologie, Volks- und Betriebswirtschaftslehre sowie Politologie, die im neunzehnten Jahrhundert entweder noch gar nicht existierten oder nur sehr unbedeutend waren, wurden zu dominierenden Kräften in der akademischen Ausbildung des zwanzigsten Jahrhunderts. Gleichzeitig verloren Geisteswissenschaften und Theologie an Bedeutung. Die jenseits konkurrierender Wertvoreingenommenheiten stehende wissenschaftliche Konzeption der Wahrheit gelangte zu unangefochtener Vorherrschaft. Und dann kamen die 60er Jahre!

In der Empörung über die Dominanz der Mächtigen über die Schwachen – Weiße über Schwarze, Reiche über Arme, USA über Nordvietnam, die Regierung über das Volk, Männer über Frauen, Bildungseinrichtungen über Studierende – wurde das wissenschaftliche Establishment der Seite der Herrschenden zugeordnet. Der Wissenschaft wurde vorgeworfen, die Technologien für Herrschaft, Kontrolle und Ausbeutung zu liefern. Ansprüche auf Neutralität wurden als naiv bis lächerlich abgetan. Die damals noch im Anfangsstadium befindlichen konstruktionistischen Ideen wurden immer wichtiger, vor allem, weil sie sich als intellektuelle Munition für das Durchdringen der Rüstung der wissenschaftlichen Neutralität – der Objektivität jenseits von Ideologie – eigneten. Wie in den vorangegangenen Kapiteln dargestellt ergibt sich die von Wissenschaftlerinnen und Wissenschaftlern verwendete Sprache des Beschreibens und Erklärens nicht zwangsläufig aus dem, was gerade vorliegt. In unseren Darstellungen der Welt haben wir viel Spielraum. Da wissenschaftliche Sprachen im sozialen Leben dazu dienen, Menschen in Kategorien einzuordnen, Anerkennung auszusprechen und Schuld zuzuweisen, sind diese Sprachen nie wertfrei. Werden bestimmte Daten als „Hinweise auf angeborene Intelligenz" angesehen und verwendet, um manche Gruppen zu privilegieren („die Intelligenten") und andere zu bestrafen (die mit geringerem IQ), ist die wissenschaftliche Sprache kaum als neutral anzusehen. Sie beeinflusst die Gesellschaft mit der Macht eines Polizeiregiments. Aus dieser Sicht sollten alle wissenschaftlichen Vorschläge aus moralischen und politischen Gründen hinterfragt werden. Wir erkennen somit, dass die konstruktionistische Kritik der Trennung zwischen Fakten und Werten die Wissenschaftlerinnen und Wissenschaftler – und uns alle – dazu einlädt, sich zu Fragen des Guten zu äußern. Nicht, weil wir Expertinnen oder Experten wären, sondern weil wir an der kulturellen Erzeugung von Bedeutung und damit unserer Lebensweise teilhaben – in Gegenwart und Zukunft.

Während konstruktionistische Argumente zu Überlegungen bezüglich Moral und Politik anregen, bevorzugen sie nicht bestimmte Ideale gegenüber anderen. Der Konstruktionismus unterstützt Feministinnen, ethnische Minderheiten, Marxisten, Schwule und Lesben, Alte, Arme und alle anderen Menschen darin, die „Wahrheiten" und „Tatsachen" der vorherrschenden Ordnung in Frage zu stellen. Er respektiert alle Wertetraditionen – religiöse, spirituelle, politische und soziale. Dennoch entscheidet sich der Konstruktionismus für keine Siegerin unter den konkurrierenden Stimmen. In diesem Sinne ist er relativistisch. Alle Positionen mögen auf ihre eigene Weise ihre Berechtigung haben. Wir sollten jedoch nicht den Fehler machen zu behaupten, der Konstruktionismus vertrete den Relativismus. Es gibt keine *Position des Relativismus* im Sinne eines übergeordneten Standpunktes, von dem aus wir über die jeweiligen Vorteile unterschiedlicher Vorschläge urteilen könnten, ohne selbst bestimmte Werte zu vertreten. Alle Bewertungen und Vergleiche konkurrierender Positionen beruhen zwangsläufig auf bestimmten Vorannahmen über das Wirkliche und Gute. Um uns überhaupt verständlich zu machen, müssen wir eine bestimmte Sicht der Welt und des rechten Handelns in ihr vertreten. Der Konstruktionismus mag zu einer Haltung kontinuierlicher Reflexion einladen, doch jeder Moment des Nachdenkens ist unweigerlich von Werten geprägt.

Lassen Sie uns nun überlegen, wie es wäre, wenn der Konstruktionismus der Kritik nachgeben und ganz bestimmte Werte vertreten würde. Zum Beispiel könnte sich der Konstruktionismus für Prinzipien wie Gerechtigkeit, Gleichberechtigung und universellen Frieden einsetzen. Diese könnten dann als Begründung dienen, um all diejenigen zu verurteilen, die diesen Zielen im Wege stehen. Sie werden schnell erkennen, dass es keine Grundlagen, keine Rechtfertigung und keine Autorität für ein solches Vorgehen gibt. Wäre es denn wirklich zu begrüßen, wenn Konstruktionistinnen und Konstruktionisten die Natur des Guten, ein universelles politisches und wirtschaftliches System oder eine von allen Menschen zu befolgende Lebensweise vorgeben würden? Wohl kaum. Diejenigen, die die moralische Leere des Konstruktionismus kritisieren, haben kaum Interesse daran, einfach irgendwelche beliebigen Werte festzulegen. Es wird demnach vom Konstruktionismus nicht lediglich eine moralische Haltung gefordert, sondern in der Regel die Zustimmung zu den Theorien einer bestimmten Gruppe – seien es Marxisten, Liberale, Feministinnen, Christen oder sonstige.

Genau an diesem Punkt stellen sich schwierige Fragen. Wie sollten wir das „universelle Gute" etablieren oder uns unter den vielen Möglichkeiten für die beste Lebensweise entscheiden? Wer sollte diese Entscheidungen treffen? Und mit welcher Begründung? Die meisten von uns sind selbst etwas unentschlossen in Bezug auf unsere eigenen Werte. Oft ist es uns schwer möglich, in der Vielfalt der konkurrierenden Möglichkeiten eindeutige Entscheidungen zu treffen. Es gibt keinen Wert, kein moralisches Ideal und keine politische Überzeugung, die sich rigoros durchsetzen ließen, ohne dass nicht dabei manche wertvollen Alternativen verloren gingen – auch solche, die wir gerne bewahren würden. Nutzen wir unsere individuellen Freiheiten bis an die Grenzen aus, verlieren wir dabei die Gemeinschaft. Stellen wir die Ehrlichkeit in den Vordergrund, könnte dies die persönliche Sicherheit gefährden. Räumen wir der Sozialgemeinschaft den Vorrang ein, mag die individuelle Initiative darunter leiden. Wollen wir wirklich verbindliche ethische Richtlinien festlegen, anhand derer alle Menschen zu allen Zeiten beurteilt werden können?

An dieser Stelle erschließt uns das konstruktionistische „Versagen" neue Sichtweisen der mit ethischen und politischen Werten verbundenen Probleme. Nehmen wir zunächst die auf den letzten Seiten behandelte Darstellung ethischer Werte. Indem wir unser Verhalten mit dem unserer Mitmenschen koordinieren, entwickeln wir „unsere gemeinsamen" Handlungsmuster. Dies ist der Fall bei Mutter und Säugling, bei Freunden beim gemeinsamen Zelten, Fremden in einem Zug und sogar bei einem Mann und seinem Hund. Der moralische Diskurs ist nicht wesentlich, um diese Muster zu etablieren. In perfekter Harmonie bedarf es keiner Bestimmung des Guten und des Bösen. Der moralische Diskurs mag jedoch in Erscheinung treten, wenn Korrekturen erforderlich werden („Dies ist falsch; mach das nicht noch mal!"). Auch wenn eine Lebensweise gefährdet wird, ist es hilfreich, das Befolgen der Tradition anzuerkennen und zu loben und Abweichungen zu bestrafen. Gemäß dieser Darstellung tun wir nicht deshalb „das Gute", weil es eine Sprache des Guten gibt – Regeln, Gesetze, Prinzipien usw. Ein moralischer Diskurs mag dazu beitragen, eine Lebensweise zu erschaffen. Er ist jedoch weder für die Entstehung noch für den Erhalt der Tradition verantwortlich.

Wenn dies verständlich erscheint, erkennen wir, dass weder der Konstruktionismus noch sonst irgendein Ansatz eine Lebensweise vorschreiben kann. Statt dessen wird es immer dort Tendenzen zur Bestimmung des Guten geben, wo eine erfolgreiche Koordination zwischen Menschen gelingt (siehe Kapitel 3) und eine Form von lokaler Moral „auf natürlichem Wege" entsteht. Wir können nicht das „eine Gute" bestimmen, sondern lediglich eine unendliche Vielfalt an lokalen Werten und Moralvorstellungen erkennen – die in all den Situationen umgesetzt werden, in denen Menschen sich aufeinander beziehen müssen. Die Herausforderung liegt demnach nicht darin, ethische oder politische Positionen festzulegen, da diese einem stetigen Wandel unterliegen und immer wieder neu geschaffen werden.

Wäre jede Gemeinschaft mit ihren Wertvorstellungen völlig von allen anderen isoliert, würde sich das Problem politischer oder moralischer Standpunkte kaum stellen. Jede Gemeinschaft könnte nach ihren Standards leben, ohne von außen beeinflusst oder kritisiert zu werden. Offensichtlich ist dies selten der Fall. Die Welt erscheint zunehmend kleiner und immer mehr Menschen mit unterschiedlichen Werten prallen aufeinander. Dies zeigt sich nicht nur in den Bewegungen der Identitätspolitik (siehe Kapitel 2) und verschiedenen technologischen Kulturen (Kapitel 8), sondern auf globaler Ebene z.B. in explosiven ethnischen und religiösen Konflikten. Gerade an diesem Punkt sind die konstruktionistischen Ressourcen besonders wertvoll. Konstruktionistinnen und Konstruktionisten mögen die Berechtigung der konkurrierenden Werte und Interessen aus der jeweiligen Sicht der unterschiedlichen Traditionen anerkennen. Womöglich fühlt sich die Konstruktionistin oder der Konstruktionist selbst der einen oder anderen Tradition verbunden. Nichts im Konstruktionismus hält uns davon ab, eigene Werte zu vertreten. Allerdings besteht gleichzeitig die Einsicht, dass starre Festlegungen oftmals dazu dienen, die anderen auszuschalten und sämtliche Stimmen zum Schweigen zu bringen, die nicht mit der eigenen übereinstimmen. Am Ende dieses Eliminationsprozesses verbleibt nur noch eine Stimme – die einzige und wahre. Die Existenz dieser einen Stimme ist zugleich das Ende aller Gespräche, Dialoge und Verhandlungen – oder auch der Tod der Bedeutung selbst. In feindseligen Konflikten sind somit alle Wertvorstellungen und ethischen und politischen Überzeugungen gefährdet.

Der Konstruktionismus bietet hier eine positive Alternative. Wie die vorangegangenen Kapitel zeigen, besteht unter Konstruktionistinnen und Konstruktionisten ein großes Interesse am Problem vielfältiger, konkurrierender Wirklichkeiten. Aus dieser Sorge entspringt eine Vielzahl an Praktiken, die einen produktiven Austausch unterstützen sollen. Erinnern Sie sich z.B. an das Öffentliche Gesprächsprojekt und die Diskussion des transformativen Dialogs (Kapitel 6). In dieser Diskussion ging es darum, die Prozesse der Bedeutungserzeugung unter schwierigen Bedingungen aufrechtzuerhalten. Ebenso relevant ist die Praxis der wertschätzenden Untersuchung (Kapitel 7), die in Organisationen eingesetzt wird, um gegnerischen Gruppen zu ermöglichen, eine für alle Beteiligten erwünschte Zukunft zu gestalten.

Implizieren diese Vorschläge, dass Konstruktionistinnen und Konstruktionisten sich einem grundlegenden Wert verpflichten – nämlich dem Erhalt von Bedeutung und somit Werten an sich? Nein, es bedeutet lediglich, dass Konstruktionistinnen und Konstruktionisten ebenfalls an der Geschichte der Kultur teilnehmen und innerhalb von Traditionen handeln. Vorschläge für derartige Praktiken sind damit Ausdruck einer Tradition. Daraus ergibt sich nicht, dass solche Werte für universell gehalten werden. Es sind „Werte innerhalb einer Tradition" und keine endgültigen Positionen. Als Einladung zu einer bestimmten Lebensweise erscheinen sie jedoch als überaus vielversprechend.

Was ist es wert, getan zu werden:
Die Frage des Engagements

> Würde ich all deine Argumente beherzigen,
> hätte ich Montag Morgen nichts mehr zu tun.
>
> Persönliche Kommunikation eines Kollegen

Viele Kritikerinnen und Kritiker halten die konstruktionistischen Argumente für desillusionierend, weil sie deutlich machen, auf wie künstlichen Fundamenten Wahrheit, Vernunft, Moral und politische Prinzipien stehen. Sobald diese bittere Botschaft verstanden wird, können wir, so lautet der Vorwurf, kaum noch etwas rechtfertigen von dem, was wir tun. Wenn es keinen intrinsischen Wert hat, anderen zu helfen oder gegen Ungerechtigkeit zu kämpfen, da dies nur Formen kultureller Voreingenommenheiten sind, warum sollten wir uns dann noch in dieser Weise engagieren? Erfahren wir, dass der Geist eine soziale Konstruktion ist, wie können wir dann die Psychologie oder eine auf Individuen ausgerichtete Bildung noch ernst nehmen? Ist Liebe etwas von uns Erfundenes, untergräbt dies nicht die meisten unserer festen Beziehungen? Sind Absichten kulturell konstruiert, warum sollten wir dann eine Person für ihre Taten verantwortlich machen? Was ist es dann überhaupt noch wert, getan zu werden?

Hier müssen wir zunächst fragen, von welchen Annahmen in diesem Ausdruck von Desillusionierung ausgegangen wird. Eine offensichtliche Vorannahme besteht darin, dass der Wert einer Handlung oder Lebensweise davon abhängt, ob sie auf irgendwelchen Grundlagen beruht, durch die sie sich rechtfertigen lässt. Würden wir nicht annehmen, dass Menschen im Einklang leben sollten mit dem, was wahr, moralisch und intrinsisch wertvoll ist, wäre es auch nicht desillusionierend, diese Vorstellungen als problematisch zu bezeichnen. Die konstruktionistischen Argumente wären dann nicht schlimm, da durch sie nichts bedroht würde. Natürlich haben diese Vorannahmen tiefe Wurzeln in der westlichen Religion, Wissenschaft und Politik. Wir können sie nicht einfach ablegen, weil wir zu einer bestimmten Einsicht gelangt sind. Es ist jedoch wichtig zu erkennen, dass die Frage, was es noch „wert ist, getan zu werden", stets in eine bestimmte Zeit und Kultur eingebettet ist.

Des Weiteren können wir fragen, ob solche Vorannahmen für engagierte, genußvolle oder gar leidenschaftliche Handlungen notwendig sind. Ist der Glaube an fundamentale Wahrheiten oder Werte nötig, um das Leben wertschätzen und sich an ihm erfreuen zu können? Die Antwort lautet wohl eher „nein." Hat der Säugling den Diskurs der grundlegenden Wahrheiten und

Werte begriffen, bevor er lacht und spielt? Beruft sich das Kind, das nach einem Spielzeug greift und „meins" ruft, auf einen grundlegenden Sinn für Gerechtigkeit? Oder glaubt ein Mathematik lernendes Kind, das auf die Frage „Was ist zwei plus zwei?" „vier" erwidert, diese Frage sei von transzendentaler Wahrheit? Eher nicht. Der Diskurs über fundamentale Wahrheiten und Werte erscheint daher in Bezug auf unsere Teilnahme am kulturellen Leben als eher nebensächlich. Außerdem fragen Konstruktionistinnen und Konstruktionisten, wie es denn kommt, dass wir uns auf bestimmte Handlungen festlegen und diese für wertvoll halten. Warum schmeckt Champagner köstlich? Die vorangegangenen Kapitel haben versucht darzustellen, dass eine weiterführende Antwort auf diese Fragen im Bereich der Beziehungen liegt. Innerhalb unserer Beziehungen erlangen wir ein Gefühl für das Wirkliche und Gute und entwickeln einen Sinn für Werte, Gerechtigkeit und Freude. Nehmen wir die Metapher des Spiels. Wir sind begeistert, wenn wir unser Ziel erreichen und niedergeschlagen, wenn wir verlieren – nicht jedoch, weil das Spiel auf grundlegender Wahrheit oder Moral basiert. Lassen wir uns in den Bann des Spiels ziehen, dann ist *dies* das Wirkliche und Gute – für diesen Moment. Hans-Georg Gadamer schreibt: „Das tatsächliche Thema des Spiels ist nicht der Spieler, sondern das Spiel selbst. Das Spiel zieht den Spieler in seinen Bann, drängt ihn zum spielen und hält ihn dort."[5]

Dem fügt die Konstruktionistin oder der Konstruktionist hinzu, dass es möglicherweise besser wäre, wenn wir diese Sicht des „ernsthaften Spiels" den Vorstellungen über grundlegende Wirklichkeiten und Moral vorziehen würden. Indem wir erkennen, dass unsere Festlegungen zeitlich und kulturell eingebettet sind und bestimmte Traditionen zum Ausdruck bringen, schwächen wir unsere Tendenz, andere Sichtweisen verdrängen zu müssen. In der reflexiven Betrachtung wird es uns möglich, die Grenzen unserer eigenen Annahmen und die in alternativen Sichtweisen enthaltenen Potenziale zu erkennen. In diesem Sinne besteht die konstruktionistische Einladung nicht darin, „aufzugeben und nichts zu tun", sondern uns für die enormen Potenziale menschlicher Beziehungen zu öffnen.

Konstruktionismus und die Gefahren des elitären Denkens

Ein Schwerpunkt des Konstruktionismus liegt auf den innerhalb einer Gruppe entstehenden Bedeutungen und den Gefahren, die sich aus der Festlegung auf eine bestimmte Version des Wirklichen und Guten ergeben. Sobald eine Gruppe sich auf „eine Art des Verstehens" geeinigt hat, wird es schwer, die Einwände der anders Denkenden verstehen oder wertschätzen zu können (siehe Kapitel 6). Sie werden jedoch erkannt haben, dass sich dieser Vorwurf auch auf den Konstruktionismus selbst anwenden lässt. Was hält den Konstruktionismus davon ab, lediglich ein weiterer isolierter Ansatz zu werden – eine auf sich selbst bezogene Gruppe, die alle anderen Orientierungen im Dienste der eigenen Expansion zu untergraben versucht? Sicher hat dieses Buch die Zweifel genährt an jenen, die Ansprüche auf Wahrheit, Objektivität oder tieferes Verständnis anmelden. Ein solcher dekonstruktionistischer Versuch entfremdet üblicherweise die Gegenstände der Analyse. Warum ist also der Soziale Konstruktionismus nicht lediglich eine in sich geschlossene, sich selbst beweihräuchernde Gemeinschaft?

Diese Kritik ist nicht auf die leichte Schulter zu nehmen. Konstruktionistinnen und Konstruktionisten neigen in der Tat dazu, nach Gleichgesinnten zu suchen und sich intellektuell, wenn nicht gar moralisch, im Recht zu wähnen. Sicher sind derartige Tendenzen möglich. Es gibt jedoch drei rettende Aspekte in den konstruktionistischen Dialogen, die diesen Tendenzen entgegenwirken und breitere Verbindungen möglich machen. Erstens erhebt der Konstruktionismus keinen Anspruch auf bestimmte Grundlagen; er bietet keine Ansätze, um sich selbst zu rechtfertigen. Es fehlen ihm somit die Möglichkeiten, in irgendeiner Hinsicht eigene Überlegenheit geltend zu machen. Sicher kritisiert der Konstruktionismus andere Positionen, doch aus dieser Sicht beansprucht diese Kritik nicht, den einzig wahren oder endgültigen Standpunkt zu vertreten. Es wird nicht der Versuch unternommen, Bedeutungtraditionen, die den eigenen Annahmen widersprechen, zu zerstören. Zweitens weckt der Konstruktionismus das Interesse an den positiven Potenzialen alternativer Orientierungen, da diese ebenfalls in Traditionen oder Lebensweisen eingebettet sind. Konstruktionistinnen und Konstruktionisten würden fragen: In welcher Weise können menschliche Gemeinschaften davon profitieren, die Welt oder das Selbst in einer bestimmten Weise zu konstruieren, und wie könnten diese Bedeutungen geteilt werden?

Zen-Buddhistinnen und -Buddhisten sprechen von einem Zustand des leeren Geistes, der vor allem durch lange Meditation erreichbar ist. In diesem Zustand soll das Individuum in der Lage sein, die lokalen kulturellen Bedeutungen zu transzendieren und Zugang zu finden zu einer transzendenten Seinsebene. Auf intellektueller Ebene könnten Konstruktionistinnen und Konstruktionisten bezweifeln, ob es für irgendjemanden möglich sein kann, kulturelle Bedeutungen zu transzendieren. Da der Konstruktionismus jedoch keine Ansprüche auf Wahrheit erhebt, ist die Kritik eher ein Versuch, über Begrenzungen der Zen-Tradition nachzudenken, ohne Zen durch Konstruktionismus ersetzen zu wollen. Wir werden vielmehr dazu angeregt, nach den positiven Auswirkungen dieses Konzepts des leeren Geistes und der mit ihm verbundenen Praktiken zu fragen. In welcher Weise können wir innerhalb bestimmter Bedeutungtraditionen von der Meditation profitieren? Und welche interessanten Verbindungen lassen sich zu anderen Sichtweisen herstellen? in Bezug auf das Hinterfragen von allgemein akzeptierten Wirklichkeiten – und unserer Tendenz, Sprache mit dem Wirklichen gleichzusetzen – ist der Zen-Buddhismus dem Sozialen Konstruktionismus sehr ähnlich. Lassen Sie uns daher die Möglichkeit des leeren Geistes mit offener Neugierde betrachten und nach den Konsequenzen dieser Sicht für unser gemeinsames Leben fragen.

Aus den konstruktionistischen Dialogen ergibt sich ein drittes Argument, das ebenfalls die Tendenz zur Objektivierung und Isolierung unterminiert. Es besteht im Wesentlichen in der Anerkennung der Labilität eigener Bedeutungen. Konstruktionistinnen und Konstruktionisten halten Bedeutungen für fortwährend verhandelbar. Keine Anordnung von Wörtern ist so starr, dass sie nur eine einzige Bedeutung zuließe. Zum Beispiel gibt es nahezu unendlich viele Bedeutungen der Aussage „Ich liebe dich." Hier zeigt sich, dass alle Denkgerüste grundsätzlich schwankend sind. Alles, was gesagt wird, kann viele unterschiedliche Bedeutungen haben. Bedeutungen können sich auch im Verlauf von Gesprächen verändern. Vor allem aus diesem Grund gibt es so viele Bücher, die versuchen, die Worte der bedeutenden Philosophinnen und Philosophen von Platon bis zur Gegenwart zu interpretieren. Dieses Merkmal der Sprache bezieht sich auch auf konstruktionistische Annahmen. Auch ihr Vokabular ist porös und jeder Begriff kann je nach Kontext in unterschiedlicher Weise aufgefasst werden. Jede andere Bedeutung baut eine Brücke zu anderen Gemeinschaften, anderen Gesprächen und wiederum zu anderen Bedeutungen. Die immense Dehnbarkeit von Wörtern zerstört somit starre Grenzen und erweitert das Spektrum der an den Gesprächen Beteiligten.

Dieser Punkt führt zu wichtigen Konsequenzen. Es existiert eine starke intellektuelle und therapeutische Tradition, die häufig als „Konstruktivismus" bezeichnet wird. Ihre Wurzeln hat diese Tradition in der rationalistischen Philosophie, und vertreten wird sie in der jüngeren Psychologie durch Personen wie Jean Piaget,[6] George Kelly[7] und Ernst von Glaserfeld.[8] Den Konstruktivistinnen und Konstruktivisten zufolge konstruiert jedes Individuum mental die Welt der Erfahrungen. In diesem Sinne ist der Geist nicht ein Spiegel der Welt, wie sie ist, sondern er erschafft die Welt, die wir kennen. Gemäß dieser Sichtweise könnte es ebenso viele Wirklichkeiten geben wie es Individuen gibt, die interpretieren und konstruieren. Wie Sie sehen, ist die konstruktivistische Sichtweise der konstruktionistischen dahingehend ähnlich, dass sie ihr Augenmerk auf die menschliche Konstruktion dessen, was wir für „das Reale" halten, richtet. Deshalb differenzieren viele Wissenschaftlerinnen und Wissenschaftler auch kaum zwischen „Konstruktivismus" und „Konstruktionismus." Es gibt jedoch einen grundlegenden Unterschied: Für Konstruktivistinnen und Konstruktivisten ist der Prozess der Konstruktion der Welt ein psychologischer; er spielt sich „im Kopf" ab. Für Sozialkonstruktionistinnen und -konstruktionisten ist dagegen das, was wir für real halten, eine Folge sozialer Beziehungen. Dies ist kein unbedeutender Punkt, weder intellektuell noch politisch. Der Konstruktivismus ist mit der individualistischen westlichen Tradition verbunden, in der der individuelle Geist im Zentrum der Aufmerksamkeit steht. Im Gegensatz dazu stehen viele Konstruktionistinnen und Konstruktionisten der individualistischen Tradition überaus kritisch gegenüber und suchen nach relationalen Alternativen des Verstehens und Handelns (Kapitel 5).

Diese Unterschiede haben zu erheblicher gegenseitiger Kritik zwischen den beiden Lagern geführt. Für Sozialkonstruktionistinnen und -konstruktionisten hat diese Kritik jedoch ihre Grenzen. Ihr Anliegen liegt nicht darin, „die gegnerische Seite zu besiegen", sondern über Begrenzungen und Potenziale nachzudenken. Es besteht für sie kein Grund, Verbindungen zurückzuweisen. Da Wörter eine unbegrenzte Vielfalt an Bedeutungen annehmen können, erschließen sich uns durch beide Ansätze neue Formen des Verstehens und Handelns. Studien dieser Mischformen gibt es bereits, da manche Wissenschaftlerinnen und Wissenschaftler nunmehr die Gemeinsamkeiten zwischen den Positionen und den mit ihnen einhergehenden Therapiepraktiken untersuchen.[9] Auf dieser Grundlage ist der Ansatz des *Sozialen Konstruktivismus* entstanden. Dieser schlägt vor, dass Individuen geistig die Welt konstruieren, sich dabei jedoch vorwiegend der in sozialen Beziehungen bereitgestellten Kategorien bedienen. Für sozialkonstruktivistische Therapeutinnen und Therapeuten mag z.B. ein großes Interesse an den von einem Individuum in die Therapie eingebrachten Erzählungen bestehen, die von ihr jedoch als psychologisch aufgefasst werden. Die behandelnde Person kann damit erkunden, was diese Erzählungen für die Person bedeuten und wie zentral sie für ihr Denken sind. Als Ergebnis haben wir nunmehr eine neue Position, die bei beiden Traditionen Anleihen macht und damit ein weiteres Spektrum an Möglichkeiten eröffnet.

Konstruktionismus und wissenschaftlicher Fortschritt

Konstruktionistische Argumente erscheinen dann am überzeugendsten, wenn wir uns nicht sicher sind, ob es tatsächliche Sachverhalte gibt, auf die sich die Worte beziehen. So wird z.B. kaum jemand schockiert von der Aussage, Begriffe wie „soziale Struktur", „das Unbewusste" oder „Neurosen" seien sozial konstruiert, da die meisten von uns ohnehin nie überzeugt waren, dass diese Wörter für reale Entitäten stehen. Die Zweifel nehmen jedoch zu, wenn es um Wissenschaften wie Biologie, Chemie und Physik geht. Die wissenschaftlichen Begriffe für die physische Welt werden als naturgegeben angesehen. Teilweise aus diesem Grund wurde auf den letzten Seiten soviel über die soziale Konstruktion unserer Vorannahmen über „Atome", „chemische Elemente" und die „runde Erde" gesprochen. Doch selbst vor dem Hintergrund dieser Argumente spüren Sie bei sich womöglich noch immer Widerstände. Ein wichtiger Aspekt dieser Widerstände ist der weitverbreitete Glaube, naturwissenschaftliche Forschung hätte im Laufe der Jahre zu einer stetig wachsenden Ansammlung von Wissen geführt. Wer würde – ungeachtet der konstruktionistischen Behauptungen – leugnen, dass die naturwissenschaftliche Forschung eine Fülle an Ressourcen zum Wohle der Menschheit entwickelt hat – elektrisches Licht, Mittel gegen Pocken und Typhus, Flugzeuge, Atomkraft usw.? Wenn die Wissenschaft sozial konstruierte Welten erzeugt, wie können wir dann diese großen Fortschritte erklären? Die nützlichen Fortschritte der Wissenschaft scheinen die konstruktionistische Suppe gehörig zu versalzen.

Dazu gibt es eine ganze Reihe von Antworten. Zunächst einmal müssen wir uns die konstruktionistischen Argumente in diesem Bereich verdeutlichen. Es wird nicht versucht zu leugnen, dass „etwas passiert", wenn es um die Arbeit der wissenschaftlichen Gemeinschaft geht. Der Konstruktionismus stellt nicht in Frage, dass sich die Wissenschaft auf das, „was ist", richtet. Die wichtige Frage lautet jedoch, ob die wissenschaftlichen Begriffe, mit denen dieses „Etwas" benannt oder beschrieben wird, das wiedergeben, was tatsächlich der Fall ist. Wir verfügen über eine Sprache der atomaren Eigenschaften, chemischen Elemente und neurologischen Übertragung. Die Gefahr besteht nun darin anzunehmen, diese Wörter seien besonders genau darin, das, was existiert, „zu reflektieren" oder „abzubilden." Informieren uns diese Begriffe tatsächlich über die wahre Beschaffenheit der Dinge? Aus konstruktionistischer Sichtweise könnte z.B. das, was wir als „chemische Elemente" kennen, auch mit den Namen griechischer Götter versehen werden. Ohne einen Verlust an Exaktheit könnten wir in der Physik die Wörter „Neptun" statt „Neutron" und „Zeus" statt „Proton" verwenden.

Sie mögen erwidern, dass es hier nicht nur um Wörter geht. Wissenschaftliche Aussagen machen Vorhersagen. Unsere wissenschaftlichen Theorien erlauben uns die Schlussfolgerung, wir könnten eine Rakete auf den Mars schicken, und wenig später werden wir Zeugen des Erfolgs dieser Vorhersage. Wie geht der Konstruktionismus mit der Tatsache um, dass Theorien erfolgreiche Vorhersagen machen können? Die Antwort ist, dass es ein Fehler wäre anzunehmen, Theorien könnten vorhersagen. Wie kann eine Theorie – eine Sammlung von Diskursen, eine Anordnung von Silben, eine Anzahl von Symbolen auf Papier – irgendetwas vorhersagen? Nehmen wir an, Sie entdecken eine im Meer schwimmende Flasche, in dem sich ein Zettel befindet, auf dem steht: „Ich sage voraus, dass der Eintritt der Thronese zum Untergang der Quintabie führen wird." Hierbei handelt es sich möglicherweise um eine enorm wichtige Vorhersage. Sind die Wörter jedoch nicht Bestandteil unserer Sprachgemeinschaft, sagen sie uns gar nichts. Sie bleiben ohne jede Konsequenzen. Für Konstruktionistinnen und Konstruktionisten ist daher die Gemeinschaft von Anwendern entscheidend. „Vorhersagen" sind ein Umgang mit Bedeutungen, entstanden aus Beziehungen. Die spezifischen Wörter sind nur einige konstituierende Bestandteile jener sozialen Praktiken, die wir „Vorhersagen" nennen. Auch ob eine Vorhersage bestätigt oder widerlegt wird, hängt von den Übereinkünften innerhalb der jeweiligen Gemeinschaft ab. An den üblichen Standards gemessen haben wir daher erfolgreich eine Rakete auf den Mars gebracht. Dies liegt jedoch nicht an der magischen Vorhersagekraft, die den Begriffen der NASA-Gemeinschaft inne wohnt. Das Formulieren einer Vorhersage sowie deren Erfolg sind die Errungenschaften einer Gemeinschaft von Personen.

Bei der Betrachtung des wissenschaftlichen Fortschritts müssen wir uns abschließend noch fragen, was wir mit „Fortschritt" meinen. Wie die vorangegangenen Ausführungen zeigen, macht es wenig Sinn anzunehmen, wissenschaftlicher Fortschritt brächte uns „der Wahrheit" immer näher. Es gibt keine überzeugende Erklärung dafür, wie eine Ansammlung von Silben (wissenschaftliche Theorien) die wahre Beschaffenheit dessen, was existiert, zunehmend genauer abzubilden vermag. Des Weiteren hat es wichtige Vorteile, die Sicht von der Wissenschaft als einem Weg zur Wahrheit aufzugeben. Erstens beseitigen wir dadurch die von Konkurrenzdenken geprägte Haltung der Wissenschaften, erkennbar etwa in dem Versuch, das Spektrum an Ideen auf die „eine beste" Annäherung an die Wirklichkeit einzuengen. Konstruktionistische Argumente laden uns zur Beibehaltung vielfältiger Sichtweisen, Bilder und Metaphern ein. In diesem Sinne muss es der Physik nicht peinlich sein, sowohl die Wellen- als auch die Teilchentheorien des Lichts zu bewahren. Ebenso wenig muss es für die Psychologie ein Problem sein, dass es mehrere Theorien geistiger Störungen gibt. Vielfältigkeit geht mit Flexibilität einher. Indem wir uns von dem Ideal der „einen, einzigen Wahrheit" trennen, öffnen wir das Tor zu einer weitreichenden Beteiligung an den Dialogen der Wissenschaft. Was für eine Person Fortschritt darstellt, mag einer anderen als Gefahr erscheinen. Die soziale und ethische Bedeutung wissenschaftlichen Forschens sollte auf breiter Ebene untersucht werden (siehe Kapitel 3).

Des Weiteren lädt uns der Konstruktionismus zu einer Wertschätzung jener Disziplinen und Praktiken ein, die aufgrund ihres mangelnden Fortschritts häufig diskreditiert werden. Zum Beispiel spielen Therapie und visuelle Kunst oftmals eine sekundäre Rolle hinter den Naturwissenschaften, da sie als nicht kumulativ angesehen werden. In Therapie und Kunst bewegen wir uns angeblich nur von einem Stil oder Trend zum nächsten und diese Bewegung ist horizontal statt vertikal. Wie wir jedoch gesehen haben, entbehrt die Annahme einer vertikalen Bewegung – des wissenschaftlichen Fortschritts – jeglicher Grundlage. Der Weg von der aristotelischen Physik über die Newtonsche Mechanik bis hin zur Atomphysik bringt uns der Wahrheit nicht näher. Wir bewegen uns lediglich von einem Bereich an Bedeutungen zu einem anderen.

In jedem Fall wirken die Theorien jedoch innerhalb von Gemeinschaften von Handelnden, in denen bestimmte Errungenschaften und Werte bevorzugt werden. In diesem Sinne erkennen wir nunmehr, dass der fortwährende Wandel der Therapieformen und Kunststile keineswegs ein Manko darstellt. Jede Therapie- und Kunstform verschafft der Kultur eine Option, eine Lebensform und ein mögliches Vorgehen in Beziehungen. Für viele Menschen stellen diese Optionen eine enorme Bereicherung dar.

Nachgedanken

Dieses Buch findet hier ein Ende, das mit einem Gefühl von Traurigkeit verbunden ist. Während ich die Ergebnisse von Tausenden von Gesprächen in das Buch eingebracht habe, führte ich in meiner Vorstellung auch ein Gespräch mit Ihnen als Leserin und Leser. Ich stelle Sie mir vor, wie Sie mir so geduldig Ihre Aufmerksamkeit geschenkt und so viele interessante Fragen gestellt haben. Sie waren bereit, meiner mitunter seltsamen Logik in exotische Gebiete zu folgen und haben mir meine Leidenschaften und Vorurteile nachgesehen. Mit dem Abschluss dieses Buches endet auch diese wertvolle projizierte Beziehung. Jede Trennung ist ein kleiner Tod, und dieser ist nicht trivial. Welche Hoffnungen kann ich nun vor dem Hintergrund meines vielfältigen Eingebundenseins in Beziehungen hegen? Vielleicht, dass diese Seiten Ihnen eine Beziehung von bleibendem Wert angeboten haben – ein inneres Gespräch mit der Kraft zu provozieren, das sie dazu anregt, sich mitzuteilen, zu handeln und den Dialog voranzubringen. Vielleicht wird dieses Buch es uns ermöglichen, unsere Beziehung als Autor und Leserin und Leser in unseren Beziehungen mit anderen fortzusetzen. Während sich die Dialoge fortsetzen, könnten Spuren unserer gegenwärtigen Gemeinschaft in die Zukunft projiziert werden. In diesem Sinne werden wir uns wiedersehen.

Anmerkungen

1 Eliade, M. (1971). *The Quest: History and Meaning in Religion*. Chicago: University of Chicago Press. p. 67. (Deutsche Ausgabe: *Das Heilige und das Profane. Vom Wesen des Religiösen*. Frankfurt a. M.: Insel. Erschienen 1998.)
2 Zitiert in Crimp, D. (1992). *Portraits of people with AIDS*. In L. Grossberg, C. Nelson & P. Treichler (Eds.). *Cultural Studies*. New York: Routledge.
3 Ebd., S. 118.
4 Nagel, T. (1997). *The Last Word*. New York: Oxford University Press. pp. 10-11. (Deutsche Ausgabe: *Das letzte Wort*. Ditzingen: Reclam. Erschienen 1999.)

5   Gadamer, H.-G. (1990). *Wahrheit und Methode: Grundzüge einer philosophischen Hermeneutik.* Tübingen: Mohr. (Original erschienen 1960).

6   Siehe z.B. Piaget, J. (1998). *Der Aufbau der Wirklichkeit beim Kinde.* Stuttgart: Klett-Cotta.

7   Kelly, G.A. (1955). *The Psychology of Personal Constructs.* New York: Norton.

8   von Glasersfeld, E. (1988). *The reluctance to change a way of thinking.* Irish Journal of Psychology, 9, 83-90.

9   Siehe z.B. Ausgaben des Journal of Constructivist Psychology.

Weiterführende Literatur

Kritische Überlegungen

Eagleton, T. (1997). *Illusionen der Postmoderne.* Stuttgart: Metzler.

Gross, B. & Levitt, N. (1994). *Higher Superstition: The Academic Left and its Quarrels with Science.* Baltimore, MD: Johns Hopkins University Press.

Held, B. (1996). *Back to Reality, A Critique of Postmodern Psychotherapy.* New York: Norton.

Nagel, T. (1999). *Das letzte Wort.* Ditzingen: Reclam.

Michael, M. (1996). *Constructing Identities: The Social, the Nonhuman and Change.* London: Sage.

Parker, I. (Ed.). (1998). *Social Constructionism, Discourse and Realism.* London: Sage.

Phillips, D. (1997). *Coming to grips with radical social constructivisms.* Science and Education, 6, 85-104.

Konstruktionistische Reflexionen

Edwards, D., Ashmore, M. & Potter, J. (1995). *Death and furniture: the rhetoric and politics and theology of bottom line arguments against relativism.* History of the Human Sciences, 8, 25-49.

Gergen, K.J. (1994). *Realities and Relationships.* Cambridge, MA: Harvard University Press.

Gergen, K.J. (1997). *The place of the psyche in a constructed world.* Theory and Psychology, 7, 724-745.

Hacking, I. (1999). *Was heißt ‚soziale Konstruktion'? Zur Konjunktur einer Kampfvokabel in den Wissenschaften.* Frankfurt a. M.: Fischer.

Ruse, M. (1999). *Mystery of Mysteries: Is Evolution a Social Construction?* Cambridge, MA: Harvard University Press.

Simons, H.W. & Billig, M. (Eds.). (1994). *After Postmodernism.* London: Sage.

Smith, B.H. (1997). *Belief and Resistance.* Cambridge, MA: Harvard University Press.

Squires, J. (Ed.). (1993). *Principled Positions: Postmodernism and the Rediscovery of Value.* London: Lawrence & Wishart.

Register

**Rundum auf dem neuesten Stand
der Forschung**

Hans-Werner Bierhoff

Sozialpsychologie

Ein Lehrbuch

5., aktualis. Auflage 2000
508 Seiten. Kart.
€ 36,20
ISBN 3-17-016581-X

»Dieses Buch ist ein unverzichtbares aktuelles Nachschlage-
werk für einschlägig Vorgebildete (...) Es kann (...) in idealer
Weise in Ergänzung zu einer einführenden Lehrveranstal-
tung oder als Basistext für Prüfungen im Fach Sozialpsychologie herangezogen werden.«

Zeitschrift für Medienpsychologie

www.kohlhammer-katalog.de

W. Kohlhammer GmbH
70549 Stuttgart · Tel. 0711/7863 - 7280 · Fax 0711/7863 - 8430

Kohlhammer

Bedeutende Werke der Psychologie und ihre Autoren – übersichtlich vorgestellt

H. E. Lück/R. Miller/G. Sewz-Vosshenrich (Hrsg.)

Klassiker der Psychologie

2000. 247 Seiten. Kart.
€ 25,–
ISBN 3-17-015914-3

»Diese Sammlung ist eine längst fällige Orientierungshilfe für Einsteiger, wie ich sie mir in meinem Psychologiestudium vor zwanzig Jahren gewünscht hätte.«

Psychologie Heute

www.kohlhammer-katalog.de

W. Kohlhammer GmbH
70549 Stuttgart · Tel. 0711/7863 - 7280 · Fax 0711/7863 - 8430

Kohlhammer